rowohlt
BERLIN

W0088792

WEDEN

Stockholm

Narwa

Reval

Nowgorod

KAISERREICH
RUSSLAND

Ösel

Pleskau

Moskau

Gotland

Riga

Kalmar

Hzm. Kurland

Ostsee

Memel

Smolensk

Bornholm

Tauroggen
⚔ 1691–1793

Tilsit

Kowno

Wilna

Orel

Königsberg

Preußen

⚔ Serrey

Litauen

Minsk

Kolberg

Danzig

Hinter-
pommern

Białystok

Stettin

Bromberg

Pinsk

eumark

Thorn

Groß-Polen

Warschau

Brest-Litowsk

Kiew

Posen

Schwiebus
1686–95/1742

KGR. POLEN

Glogau

Lublin

Schlesien

Breslau

Neiße

Krakau

Lemberg

Klein-Polen

men

Mgft. Mähren

Brünn

Kaschau

Czernowitz

Wien

Pressburg

Jassy

sterreich

Ofen ⚬⚬ Pest

Klausenburg

Graz

KGR. UNGARN

Hermannstadt

ain

Szegedin

Brăila

Agram

Bukarest

Schwarzes
Meer

Zara

Belgrad

Warna

Sarajevo

Nisch

Sofia

Ragusa

Adrianopel

Cattaro

OSMANISCHES REICH

Konstantinopel

Benevent

Saloniki

⬛ Königreich Preußen 1740

Jens Bisky

UNSER KÖNIG

Friedrich der Große und seine Zeit –
ein Lesebuch

Rowohlt · Berlin

2. Auflage November 2011
Copyright © 2011 by Rowohlt · Berlin
Verlag GmbH, Berlin
Alle Rechte vorbehalten
Karte auf Vor- und Nachsatz Peter Palm, Berlin
Satz aus der Janson Text PostScript, InDesign,
bei Pinkuin Satz und Datentechnik, Berlin
Druck und Bindung CPI – Clausen & Bosse, Leck
Printed in Germany
ISBN 978 3 87134 721 4

INHALT

KRIEG 193

ALTER 287

UNSER KÖNIG

Im ersten Sommer der neuen deutschen Einheit sorgte Friedrich der Große wieder für Streit, obwohl er schon mehr als zweihundert Jahre tot war. Sein Sarg hatte bis 1943 in einer Gruft hinter dem Altar der Potsdamer Garnisonkirche neben dem Sarg seines Vaters, Friedrich Wilhelms I., gestanden. Adolf Hitler, der sich zu Propagandazwecken gern im Glanz der preußischen Geschichte sonnte, aber binnen kurzem alles zerstörte, was von Preußen bis dahin lebendig geblieben war, ließ auch den Königen keine Ruhe. 1943 befahl er, die sterblichen Überreste in das Hauptquartier Hermann Görings, des Oberbefehlshabers der Luftwaffe, in Wildpark bei Potsdam zu bringen. Das war nur die erste Station einer Irrfahrt. Zusammen mit anderen Schätzen wurden die Särge in das Kalibergwerk Bernterode bei Heiligenstadt evakuiert, wo die Amerikaner während der Befreiung Thüringens sie fanden und nach Marburg abtransportierten. In der Elisabethkirche setzte man die Königssärge bei. 1952 wurden sie auf die Burg Hohenzollern überführt, von wo sie 1991, da die Nachkriegszeit endgültig vorbei schien, heimkehren sollten. Der historische Sonderzug mit dem 1905 gebauten Kronprinzenwagen brauchte fünfzehn Stunden vom Bahnhof Hechingen, bis er am 17. August in Potsdam eintraf. Dort drohten, wie der «Spiegel» damals schrieb, «Riesenrummel und militärischer Mumpitz»[1]:

Bundeswehroffiziere hielten Totenwache im Ehrenhof des Schlosses Sanssouci, Helmut Kohl nahm an der Beisetzung teil, als Privatperson, nicht als Bundeskanzler. Golo Mann nannte das eine «absolute Geschmacklosigkeit». Die «Aktion Sarg und Asche», wie Witzbolde die Rückkehr der Könige getauft hatten, polarisierte. Wer befürchtet hatte, das neue Deutschland würde preußischer werden als die gute alte Bonner Republik, fand schlimmste Ahnungen bestätigt. Die Mehrzahl im Lande hielt Friedrich für eine bedeutende historische Gestalt, in Umfragen nach den «großen Deutschen» kam er nach Adenauer, Luther und Bismarck auf einen stolzen vierten Platz. Aber die meisten wollten ihn doch lieber im schwäbischen Abseits ruhen lassen oder wünschten, wenn es denn schon sein musste, eine Überführung in aller Stille.

Friedrich hätte gewiss gelacht über den Aufwand, den man mit seinem Sarg trieb in einer Zeit, da es Preußen nicht mehr gab und das von ihm eroberte Schlesien endgültig zu Polen gehörte. Aber niemand hätte sich im Umbruch der frühen neunziger Jahre wundern dürfen, dass über den großen Herrscher und seine Bedeutung wieder einmal gestritten wurde. Das war immer so gewesen: Wenn die Deutschen über ihr Selbstverständnis nachdachten, spielte auch Friedrich II. von Preußen eine Rolle. Kein anderer König ist ihnen als Person so nahe gerückt wie dieser. In den sechsundvierzig Jahren seiner Herrschaft hatte er Wert darauf gelegt, dass seine Untertanen sich direkt an ihn wenden konnten; persönlich entschied er über die Heiratsgesuche seiner Offiziere und begleitete diese gern mit sarkastischen oder frivolen Kommentaren; im Felde ließ er sich von den Soldaten duzen; auf Inspektionsreisen prunkte er mit seinem formidablen Gedächtnis für die Schicksale einfacher Leute und kleinste Einzelheiten. Friedrich war ein Monarch neuen Typs. Die Fortschritte des Verkehrs und der Technik erlaubten späteren Herrschern zweifelsohne häufigere Auftritte und ermöglichten eine weitere Verbreitung der Bilder von ihnen. Aber die mittelalterlich kostümierte, pathetisch schlichte oder neuzeitlich pompöse Inszenierung der Majestät sorgte im Regelfall für Distanz. Friedrich dagegen war in seinen späten Regierungsjahren schon volkstümlich geworden, er wurde zur Legende im 19. Jahrhundert und zum Klischee im frühen 20.; so hatte sich noch keine Generation mit ihm gelangweilt.

Das Interesse an Friedrich II. war gewachsen in dem Maße, in dem Preußen die kleindeutsche Einigung vorangetrieben hatte. Nach und nach erschienen die Schriften und Briefe des Königs, Erinnerungen von Zeitgenossen und Biographien. Nachfolger und nachgeborene Generationen setzten sich zu ihm ins Verhältnis; jeder entwarf sein Friedrich-Bild. Friedrichs Leben bot dem Nachdenken abwechslungsreichen Stoff: Da war der hochbegabte Jüngling, der einen grausamen Konflikt mit seinem Vater auszustehen hatte; da war der Kronprinz, der sich – mehr unter Zwang denn aus Leidenschaft – in Verwaltungsfragen einarbeitete und bald darauf in Rheinsberg eine preußische Freundschaftsidylle in Szene setzte; und da war der junge Monarch, der Glanz nach Berlin und Potsdam brachte und die erste günstige Gelegenheit wahrnahm, sein Territorium zu vergrößern. Mit der glücklichen Eroberung Schlesiens war Kriegsruhm verbunden, der vornehmste, den ein Herrscher in Friedrichs Zeit erwerben konnte. Die neue Provinz musste mehrfach verteidigt werden. Im Siebenjährigen Krieg, den Friedrich mit dem ruchlosen Einfall in Sachsen eröffnete, gelangte Preußen, gelangte auch er an das Ende seiner Kräfte. Das Unglücksjahr 1759, gipfelnd in der Niederlage bei Kunersdorf, bezeichnet einen Wendepunkt in seinem Leben.

Ein Wunder schien es ihm wie den Zeitgenossen, dass er einer übermächtigen Koalition aus Feinden sieben Jahre standzuhalten vermochte. Am Ende hatte er nichts gewonnen, lediglich den Status quo ante zementiert. In den siebenundzwanzig letzten Jahren seiner Herrschaft war Friedrich bemüht, Preußens Stellung unter den europäischen Großmächten zu festigen. Dies glückte und ermöglichte ihm in der ersten polnischen Teilung eine weitere Vergrößerung seiner Staaten. Er ging räuberisch vor wie 1740, aber diesmal ohne Blutvergießen und mit der Zustimmung Österreichs und Russlands, die vom Raub profitierten. Schließlich installierte er Preußen mit Hilfe des Fürstenbunds als norddeutsche, protestantische Schutzmacht. Wer immer die Landkarte Europas künftig verändern wollte, musste ein Auge darauf haben, wie man sich in Berlin dazu stellte.

Klammert man Schriften und Aussagen des Königs vorerst aus und blickt allein auf sein Handeln, sind kaum Anzeichen für das vielberedete «Königtum der Widersprüche» (Theodor Schieder) zu entdecken. Sichtbar wird im Rückblick vielmehr ein erstaunlich kohärentes Programm. Friedrich wollte seine Territorien sinnvoll vergrößern, weitgehende Unabhängigkeit vom Reich und dem Hause Habsburg gewinnen, uneingeschränkter Souverän einer starken Macht sein. Das ist ihm gelungen. In diesem Sinne besteht kein Gegensatz zwischen dem Überfall auf Schlesien und der Trockenlegung des Oderbruchs, zwischen Justizreform und der Ausplünderung Sachsens. All das diente der Macht des Hauses Brandenburg und dem souveränen Territorialstaat, zu dem Preußen allmählich wurde.

Um es so zu sehen, muss man sich allerdings von zwei Postulaten ehrwürdiger Tradition verabschieden. Am meisten in die Irre führt die nationale Deutung, führt die Frage, inwiefern und wann und wann nicht und mit welchem Erfolg Friedrich zum Wohl der deutschen Einigung gewirkt habe. Deutschland war für ihn in erster Linie ein geographischer Begriff. Auch hat er sich gelegentlich überlegt, wie die deutsche Sprache und Literatur dem überlegenen Niveau der französischen näher kommen könne. Er war nicht der Einzige seiner Zeit, den die Kulturkonkurrenz umtrieb. Ein Staat aller Deutschen aber, ein Nationalstaat, wie ihn die Franzosen in ihren Revolutionskriegen nach 1789 erkämpften, lag außerhalb seines Horizonts, weil er auch außerhalb des im 18. Jahrhundert politisch Möglichen lag. Friedrich war kein Phantast. Insofern mussten sich selbst die größten borussischen Historiker in die Tasche lügen, wenn sie Friedrich als Vorkämpfer deutscher Einheit feierten. Solche Versuche zogen scharfe Polemiken auf sich. Ob nun Onno Klopp im Namen der Bismarck unterlegenen großdeutschen Partei, Franz Mehring für die Sozialdemokraten des Kaiserreichs, Werner Hegemann aus Zorn über gelehrte wie ungelehrte Kriecherei noch in der Weimarer Republik oder Rudolf Augstein nach der Katastrophe des Zweiten Weltkriegs Friedrich den Prozess machte – sie alle führten schwungvoll vor Augen, dass Friedrich sich für Deutschland und die «deutsche Frage» nicht interessiert hatte. Diese stand zu seinen Lebzeiten nicht auf der Tagesordnung.

Andere überschätzen den Autor Friedrich, den «Philosophen von Sanssouci». Aber nicht seine Briefe, Gedichte und philosophischen Dialoge erklären ihn, so interessant sie sein mögen, sondern seine Taten. Bei jeder Zeile dieses wirkungsbewussten, seine Umwelt genau beobachtenden Menschen ist zu fragen, was er damit erreichen wollte. Er verfolgte einen Zweck, wenn er schrieb. Und sei es nur den, sich zu entspannen, so wie er es im Mai 1742 seinem Freund, dem Sohn eines venezianischen Kaufmanns, Francesco Algarotti, erläuterte: «Von allen Lebensweisen ist die des Studiums, glaube ich, die glücklichste, weil man lernt, sich selbst genug zu sein und Bücher, Dinte und Nachdenken lassen uns, in welchem Verhältnisse wir uns auch befinden, niemals zu Schanden werden. Sobald der Krieg beendiget sein wird, werden Sie mich als Philosoph sehn und dem Studium mehr ergeben, als jemals.»[2] Das klingt suggestiv. Der König schreibt aus dem Feldlager des ersten Krieges um Schlesien, wenige Tage zuvor hatten die Österreicher bei Chotusitz eine Niederlage einstecken müssen. Der eroberungslustige Monarch wollte dem Italiener vor allem ein Kompliment dafür machen, dass er sich so intensiv den Wissenschaften widmete, und ihn einladen, um im Feldlager einen Gesprächspartner zu haben.

Das philosophische Gespräch diente dem König zur Erholung, zur Schulung und Selbstverständigung, zum Training der Geisteskräfte, hauptsächlich aber zur Geselligkeit. Die Philosophiegeschichte des 18. Jahrhunderts kann getrost geschrieben werden, ohne seine Meinungen und Abhandlungen zu berücksichtigen. Immerhin – und dies hebt ihn über Dutzende Regenten seiner Zeit – hatte er verstanden, dass man als Monarch im «Siècle des Lumières» gut daran tat, auf die Philosophen zu achten und sich mit ihnen ins Benehmen zu setzen. Sie wurden zunehmend eine Macht. Es konnte sich rächen, sie zu missachten; wie viel besser, wenn man sie auf seine Seite zu ziehen verstand.

In einem Punkt war Friedrich ein Autor von besonderem Gespür und hoher Intelligenz: Er schrieb sich, um es lax zu sagen, seine Stellenbeschreibung selbst, erfand das König-Sein um die Mitte des 18. Jahrhunderts neu. Seine Freundschaft zu Voltaire, dem damals hellsten und erfolgreichsten Kopf Europas, trug dazu bei, aber sie war nicht das Entscheidende – so wenig, wie das Testament seines Vaters oder naturrechtliche Theorien, über die damals viel diskutiert wurde. All das spielte eine Rolle und muss herangezogen werden, um ein adäquates Bild zu gewinnen. Den Ausschlag jedoch gab Friedrichs Wille, Autor, Urheber und Souverän seines Wirkens als Monarch zu werden. Er verfasste gleichsam ein Drehbuch für seine Regentenjahre. Oft fehlten darin Seiten, und er musste improvisieren; oft konnte Geplantes nicht realisiert werden, musste von vorne begonnen, ein liegengebliebener Handlungsfaden an anderer Stelle wiederaufgenommen werden. Mal wechselten die Dekorationen überraschend, mal schienen sie keinen Platz für Neues machen zu wollen. Gunst und Ungunst der Umstände besaßen großen, nur unter Mühen zu parierenden Einfluss. Aber Friedrich überließ sein Glück so wenig dem Zufall wie der Tradition oder der Theorie.

Was ist ein König? Welche Möglichkeiten eröffnen sich einem König heute? Welche Art König will ich sein? Dass er sich diese Fragen vorlegte und auch beantwortete, begründet Größe und Schrecken seiner Herrschaft. Weil er, den Geboten und Angeboten der Aufklärung folgend, sich als König selbst erfand, verwarf er Überkommenes, Althergebrachtes, stellte sich regelmäßig gegen Zeremonielles und Formalitäten, wenn diese – geronnene Überlieferung – seinen Absichten nicht dienlich oder bloß lästig schienen. Das verleiht seinem Handeln auf verschiedensten Gebieten einen gemeinsamen Zug. Parteigänger der Aufklärung haben ihn dafür gepriesen, romantische Verteidiger des Alten hatten immer ihre liebe Not mit ihm. Unmittelbar nach der Französischen Revolution haben sie den Feind der Rituale, Zeremonien und Bräuche verdammt. Bis heute können sich Konservative nur unter Verbiegungen auf Friedrich berufen.

Sein Vater, der Soldatenkönig Friedrich Wilhelm I., hatte bereits mit den Konventionen des Hofzeremoniells gebrochen und bei Regierungsantritt verkündet: «Mein Vater fand Freude an prächtigen Gebäuden, großen Mengen Juwelen, Silber, Gold und Möbeln und äußerlicher Magnifizenz – erlauben Sie, daß ich auch mein Vergnügen habe, das hauptsächlich in einer Menge guter Truppen besteht.»[3] So konnten, wie der zu Unrecht unterschätzte Aufklärer Christian Garve zusammenfasste, nur noch «drey Arten der Formalitäten» Friedrich belästigen oder «bey seinen Entwürfen einschränken», als er seine Regierung antrat: die am Hofe, die an den Gerichtshöfen, die bei der Führung der öffentlichen Geschäfte und den Unterhandlungen mit anderen Staaten.[4] Auf diesen Gebieten hat Friedrich Neues unternommen, ist bei Gewohnheit und Regel nicht stehen geblieben.

Zahlreiche Beispiele belegen seine Missachtung des Herkommens wie der Formalitäten, das Unkonventionelle seiner Regierungsart: So wie er dem zeremoniellen Hofleben abgeneigt war und einige Meisterschaft darin erwarb, Erwartungen zu enttäuschen, so legte er auch wenig Wert auf den komplizierten Mechanismus des Heiligen Römischen Reiches Deutscher Nation. Seine deutsche Rechtschreibung war nicht nur äußerst fehlerhaft, sie interessierte ihn nicht, er schrieb die Wörter deshalb auf verschiedene Weise falsch. Nur im Französischen ließ er sich helfen. Berühmt ist seine Vernachlässigung der eigenen Kleidung, auf deren Reinlichkeit er nicht achtete. Er musste es auch nicht, dafür hatte er Personal. Wenn seine Uniformjacke dennoch von Tabakresten und anderem verdreckt war, konnte dies nur als Zeichen der Gleichgültigkeit gegenüber den Formen des gesellschaftlichen Umgangs und des Urteils der Welt verstanden werden. Er war so frei. Er nahm sich ab und an sogar die Freiheit, sich an Formen zu halten, Erwartungen zu erfüllen, die ihm vom Zeremoniell zugedachte Rolle zu spielen. Der große Schriftsteller und Lebenskünstler Giacomo Casanova hat ihn dabei im Juli 1764 beobachtet: «Zu jener Zeit machte Friedrichs Schwester, die Herzogin von Braunschweig, dem König einen Besuch; sie wurde von ihrer Tochter begleitet, die im folgenden Jahre den Kronprinzen heiratete. Aus diesem Anlaß kam der König nach Berlin und ließ auf seiner kleinen Bühne in Charlottenburg eine italienische Oper aufführen. Ich sah an diesem Tage den König von Preußen höfisch gekleidet in einem Rock von Glanzseide, der an allen Nähten mit Goldborten besetzt war, und in schwarz-seidenen Strümpfen. Seine Erscheinung war geradezu komisch. Den Hut unterm Arm betrat er den Saal, seine Schwester an der Hand führend. Alle Zuschauer betrachteten ihn mit dem größten Erstaunen; denn nur alte Leute konnten sich erinnern, ihn ohne seinen Uniformrock und seine Stiefel gesehen zu haben.»[5]

Wieder hatte es der König geschafft, von sich reden zu machen: Erst teilte jeder mit, dass er tatsächlich nur im abgenutzten Uniformrock herumlaufe, nun konnte die Ausnahme berichtet werden. Der Anlass rechtfertigte die Förmlichkeit – schließlich ging es um Familienbande und nebenher auch um das künftige Schicksal der Dynastie. Dafür konnte man schon einmal schwarzseidene Strümpfe anziehen. Wie wichtig es ihm mit der Zukunft des Hauses Brandenburg tatsächlich war, offenbart sein Wunsch, in aller Stille und abgeschieden begraben zu werden – als sei die Beerdigung des Herrschers nicht einer der großen, zeremoniell und zur Legitimation wesentlichen Augenblicke beim ohnehin oft prekären Übergang zum neuen König. Daher hat sich sein Nachfolger auch mit guten Gründen nicht an die ungehörige Verfügung gehalten. Wusste Friedrich, der eine Geschichte des Hauses Brandenburg geschrieben hat, wirklich nicht um die Unmöglichkeit seiner Bestattung als Philosoph?

Wer es leid ist, den König, der das Staunen seines Jahrhunderts war, auf eine Formel zu bringen, ist eingeladen, in der folgenden Textauswahl Dokumente und Geschichten von und über Friedrich nachzulesen. Diese Auswahl soll weder der Glorifizierung noch der Verdammung dienen. Sie soll historische Neugier mal wecken, mal stillen. Sie verfolgt nicht die Absicht, Legenden zu dekonstruieren, wohl aber, sie ins rechte Licht zu stellen. Für einen Prozess gegen den Preußenkönig ist es längst zu spät, über ein Verfahren zu seiner Seligsprechung hätte er nur gespottet. Die Zahl der Texte hätte sich leicht verzehnfachen lassen, die Literatur zu Friedrich ist von beängstigendem Umfang; man kann ein Leben mit ihrem Studium verbringen. Die Auswahl lässt charakteristische Stimmen zu Wort kommen, rühmende, kritische und abwägende. Weil es so viel über ihn zu sagen gibt, weil er immer wieder Kontroversen auslöst, ist er «unser König»: der umstrittenste Monarch der deutschen Geschichte, Vorbild und

Schreckbild. Keiner der Versuche, ihn ganz zu historisieren, ihn als einen «normalen» Herrscher des 18. Jahrhunderts erscheinen zu lassen, hat bisher die Faszination auslöschen können, die von seiner Person, seiner Zeit und den Legenden über ihn ausgeht.

JUGEND

1712 Am 24. Januar wird Friedrich im Berliner Schloss geboren. Er ist das vierte Kind des Kronprinzenpaares Friedrich Wilhelm (1688–1740) und Sophie Dorothea (1687–1757).

1713 Friedrich Wilhelm I. folgt am 25. Februar seinem Vater auf dem Thron und wird der zweite König in Preußen.

1716 Der König bestimmt den hugenottischen Réfugié Jacques Égide Duhan de Jandun (1685–1746) zum Erzieher Friedrichs. In den ersten Lebensjahren steht der Kronprinz unter der Obhut der Gouvernante Madame de Rocoulle.

1718 Von nun an führt Albrecht Konrad Graf Finck von Finckenstein (1660–1735) gemeinsam mit Christoph Wilhelm von Kalckstein die Aufsicht über die Erziehung des Thronfolgers.

1728 Friedrich reist nach Dresden und lernt dort an der Seite des preußischen Königs den Hof Augusts des Starken kennen, ein Gegenbild zum kargen preußischen Hofleben. In den kommenden Monaten wachsen die Spannungen zwischen dem auf Gehorsam drängenden Vater und dem schöngeistig interessierten, eigensinnigen Sohn.

1730 Am 4. August versucht Friedrich in Steinsfurt bei Heilbronn, dem Vater zu entfliehen. Er wird arretiert, verhört und eilig über Wesel nach Küstrin verbracht. Sein Freund und Fluchthelfer, Leutnant Hans Hermann von Katte (1704–1730), wird am 6. November vor seinen Augen hingerichtet. Der König hatte das Urteil des Kriegsgerichts verschärft.

Von November 1730 bis April 1732 lernt Friedrich in der Kriegs- und Domänenkammer in Küstrin die Verwaltungsarbeit en détail kennen.

1731 In einem Brief an seinen Kammerjunker Karl Dubislav von Natzmer, mit dem er abends gern politisierte, entwirft der Kronprinz ein Programm zur Vergrößerung Preußens.

1732 Friedrich wird Kommandeur des Infanterieregiments von der Goltz (Nauen und Neuruppin).

1733 Auf Wunsch des Vaters und gegen seinen Willen heiratet Friedrich Elisabeth Christine von Braunschweig-Bevern (1715–1797).

1734 Friedrich reist zu den Truppen am Oberrhein und trifft dort einen der größten Feldherren der Zeit: Prinz Eugen von Savoyen (1663–1736).
Schloss Rheinsberg wird durch Johann Gottfried Kemmeter und Georg Wenzeslaus von Knobelsdorff (1699–1753) umgebaut, hier entwickelt der Kronprinz ein Hofleben nach seinem Geschmack.

1735 Ende September bricht Friedrich zu einer mehrwöchigen Reise nach Ostpreußen auf.
Carl Heinrich Graun (1704–1759) wird Kapellmeister der Hofkapelle in Rheinsberg.

1736 Beginn der Korrespondenz mit Voltaire (1694–1778), die trotz aller Zerwürfnisse bis zu dessen Tode fortgesetzt wird.

1738 Entwurf der Flugschrift «Betrachtungen über den gegenwärtigen Zustand von Europa».

1739 Niederschrift des «Antimachiavell».

1740 Am 31. Mai stirbt Friedrich Wilhelm I. im Potsdamer Stadtschloss.

Als Friedrich geboren wurde, saßen auf den Thronen Europas einige außergewöhnliche Herrscher. In Frankreich regierte seit Jahrzehnten der «Sonnenkönig» Ludwig XIV., dem es gelang, den widerspenstigen Adel zu bändigen und in ein Hofleben einzubinden, das ganz auf die Person des Monarchen ausgerichtet war. Versailles wurde zum Vorbild für begabte wie beschränkte Regenten in Dutzenden Territorien, französische Sprache und französische Kultur beherrschten die Lebenswelt der europäischen Aristokratie. In Russland setzte Peter I. als Alleinherrscher energisch und skrupellos Reformen durch, die das Land dem Westen annähern sollten. Der schwedische König, Karl XII., führte einen Krieg nach dem anderen und verspielte dabei die im 17. Jahrhundert noch gefürchtete Macht Schwedens. In Sachsen glänzte August der Starke, der Dresden zur prächtigen Residenz ausbauen ließ und obendrein die polnische Königskrone für sich errungen hatte. Karl VI. war 1711 zum Kaiser des Heiligen Römischen Reiches gewählt worden und brauchte fortan einen Großteil seiner Kräfte, um die «Pragmatische Sanktion» durchzusetzen, die eine weibliche Erbfolge im Hause Habsburg ermöglichte.

Und in Preußen? 1701 hatte Kurfürst Friedrich III. sich in Königsberg die Krone eines Königs in Preußen aufs Haupt gesetzt und seitdem als Friedrich I. viel unternommen, um diesen Anspruch durch kostspielige Repräsentation zu unterstreichen. Es scheint, als habe er die Rangerhöhung unbedingt anstreben müssen, wollte er nicht gegenüber den Nachbarn zurückbleiben, nachdem die Wettiner die polnische Krone gewonnen und die Welfen die englische in Aussicht hatten. Sein Enkel, Friedrich der Große, fand selten freundliche Worte für ihn. In den «Denkwürdigkeiten zur Geschichte des Hauses Brandenburg» schrieb er: «Friedrich III. fühlte sich in seinem Ehrgeiz beengt, ihm genügte weder sein Stand noch sein Besitz. Seine Schwäche erlaubte ihm nicht, sich auf Kosten der Nachbarn auszudehnen, die ebenso stark und mächtig waren wie er. Daher blieb ihm nur der Ausweg zum Schwulst der Titel, um damit zu ersetzen, was ihm an Macht fehlte.»[6] Der Vorwurf, Friedrich III./I. habe den Schein und den «blendenden Glanz»[7] mehr geschätzt als die Macht und das Nützliche, verkennt die Bedeutung, die Zeremonien und Rangordnungen um 1700 besaßen, trifft aber doch ein Problem: Die Kosten der Pracht überstiegen die Möglichkeiten der preußischen, im Dreißigjährigen Krieg arg verwüsteten Staaten, während die Abhängigkeit von der Diplomatie und dem Wohlwollen fremder Höfe trotz all der Anstrengungen kaum geringer wurde.

Friedrich Wilhelm I., der 1713 den Thron bestieg, konzentrierte sich daher auf die Finanzen und das Militär – und entwickelte einen ganz eigenen Regierungs- und Lebensstil, den zu verspotten nie schwerfiel. Voltaire etwa ließ seinen Roman «Candide oder der Optimismus» in Westfalen beginnen, auf dem Schloß des Barons Thunder-ten-tronckh. Dessen Besitz erinnerte in manchem an die derbe Kargheit unter dem «Soldatenkönig», dem Vater Friedrichs des Großen. Die Beschreibung spiegelt satirisch, was man sich über das merkwürdig glanzlose, schlichte Leben auf Königs-Wusterhausen erzählte, wo der Kronprinz Friedrich Wilhelm im Kleinen erprobt hatte, was er als König im Großen unternehmen wollte. Königs-Wusterhausen war, so der Historiker Carl Hinrichs, die «Keimzelle der künftigen Regierung»[8]. Verglichen mit Versailles oder Dresden, den Residenzen in Fulda, Würzburg oder Bamberg wirkte es grotesk, lächerlich.

Wer von Verwaltung, Haushaltsführung und der neuen militärischen Kultur unter Friedrich Wilhelm nicht reden wollte, wer sich dort wie Kronprinz Friedrich als bedrohter Außenseiter empfand, der mochte es schildern, wie es im ersten Kapitel des «Candide» geschieht: «Der Baron war einer der mächtigsten Herren in Westfalen, denn sein Schloß besaß eine Tür und Fenster. Den großen Saal schmückte sogar eine Tapisserie. Die Hunde auf dem Hühnerhof stellten im Notfall eine Jagdmeute dar; die Stallknechte waren die Piköre; der Dorfgeistliche gab den Schloßkaplan ab. Alles nannte ihn ‹Euer Gnaden› und lachte über die Geschichten, die er zum besten gab. Die Baronin, die etwa dreihundertfünfzig Pfund wog, stand dadurch in hohem Ansehen und machte die Honneurs des Hauses mit einer Würde, die ihr noch größeren Respekt einbrachte.»[9]

Die Mutter Friedrichs, Sophie Dorothea von Braunschweig-Hannover-Lüneburg, neigte zur Fettleibigkeit. Man ließ deswegen in späteren Jahren eigens breitere Stühle für sie anfertigen. Aufgrund ihrer «stattlichen Gestalt» nannten die Gesandten fremder Höfe sie «Olympia». Bei ihr, im Schloss Monbijou, wuchs Friedrich auf. Zwei Söhne waren ihr bereits verstorben. Der Großvater, Friedrich I., hatte aus Sorge um die Nachfolge ein drittes Mal geheiratet, um den Fortbestand der Dynastie zu sichern. Umso erleichterter war man nun, dass der am 24. Januar 1712 Geborene kräftig genug war und überlebte.

Sophie Dorothea stammte – wie die Gemahlin des ersten Königs in Preußen – aus dem ehrwürdigen, anspruchsvollen Haus Hannover, das damals auch auf dem englischen Thron saß. Ihr Ehrgeiz fand in Berlin kaum Befriedigung. Sie war an barocke Hofhaltung gewöhnt und litt unter der Sparsamkeit ihres Mannes. Der König, dem sie im Lauf der Jahre dreizehn Kinder gebar, hielt ihr nicht nur die eheliche Treue, sondern gestand ihr eine eigenständige Position am Hofe zu, sosehr er auch sonst auf sein

Selbstherrschertum pochte – «ist mein Will, ohne zu resonnieren»[10].

Um die Königin sammelte sich eine eigene Partei, und erst dadurch gewann der Vater-Sohn-Konflikt jene Unversöhnlichkeit und Sprengkraft, die 1730 zur Katastrophe führen sollten, als der Kronprinz versuchte, ins Ausland zu fliehen, und dann vor ein Kriegsgericht gestellt wurde. Die späteren Ereignisse verstellen den Blick auf Friedrichs Jugend. Es fällt schwer, die Zeit seines Heranwachsens nicht von diesem gewiss doch vermeidbaren Ende her zu betrachten.

Die Mutter wünschte, ihn zum Instrument ihrer Ambitionen zu machen, der Vater tat alles, ihn nach seinem Bild zu modeln. Es spricht für die Charakterstärke und Intelligenz des Kronprinzen, dass er schon früh auf Distanz zur Umwelt ging, seinen Weg einschlug. Er zahlte dafür einen hohen Preis.

Erzogen wurde er zunächst nach den Instruktionen, nach denen man sich auch in der Jugend seines Vaters gerichtet hatte. Über den kleinen Prinzen wachte Frau von Rocoulle, die zwei Jahrzehnte zuvor über Friedrich Wilhelm gewacht hatte. Zum Erzieher wurde der hugenottische Kavalier Jacques Égide Duhan de Jandun bestimmt. Der Unterricht galt vor allem dem Praktischen und Nützlichen. Aber wie der Vater in seiner Jugend las auch Kronprinz Friedrich den populären Fürstenspiegel «Die Abenteuer des Telemach, Sohn des Odysseus», und er las ihn in der Kultursprache der Zeit, auf Französisch: «Les aventures de Télémaque, fils d'Ulysse» lautete der Titel des Buches, das der Erzbischof von Cambrai, François de Salignac de la Mothe-Fénelon, für den Enkel und Thronerben Ludwigs XIV., den Herzog von Bourbon, verfasste. Begleitet von Mentor, dessen Gestalt die Göttin Minerva angenommen hat, macht sich Telemach auf die Suche nach seinem Vater Odysseus, der noch nicht aus dem Trojanischen Krieg heimgekehrt ist. Er lernt dabei gute wie despotische Regenten kennen, bestechliche wie weise Minister. Fénelon verband Kritik an den Zuständen unter dem Sonnenkönig wirkungsvoll mit der Beschwörung eines goldenen Zeitalters. Der unumschränkte Alleinherrscher, der keinem anderen Gesetz gehorche als sich selbst, der den Staat als seinen alleinigen Besitz betrachte und nur egoistische Interessen verfolge, untergrabe die Grundlagen seiner eigenen Herrschaft. Eine Despotie, die alle Bürger zu Sklaven mache, sei nicht lebensfähig; sie werde ebenso enden wie die verheerten Länder, die der Despot im Streben nach Ruhm und raschen Siegen überfallen hat. Auch der Luxus wird verworfen, da er Neid und Eifersucht nähre und das Gemeinwesen im Ganzen korrumpiere. Einen Gegenentwurf bietet der Roman am Beispiel von Salent: Der Staat und sein weit entwickelter Beamtenapparat kümmern sich um nahezu alles, aber es handelt sich nicht um eine Despotie, da der Herrscher sich freiwillig den Gesetzen der Natur unterwerfe und – im wohlverstandenen Eigeninteresse – als erster Diener des Gemeinwesens agiere. Er sorgt für sein Volk wie ein Hirt für seine Herde oder ein Vater für seine Familie.

Friedrich hat «Die Abenteuer des Telemach» zum ersten Mal 1721 gelesen, noch als Kind also. In seiner berühmtesten Schrift über Probleme des Regierens, dem «Antimachiavell», stellt er dem «niederträchtigen Politiker aus Florenz» den «ehrwürdigen Erzbischof von Cambrai» gegenüber.[11] Er besaß verschiedene Ausgaben des «Telemach»; als 1782 in Maastricht eine neue erschien, ließ er auch diese für seine Bibliothek in Sanssouci beschaffen. Ein Lebensbuch also. Was mag er gedacht und gefühlt haben, wenn er im Schloss Monbijou darin las, wissend, dass er bald wieder aufbrechen musste nach Königs-Wusterhausen zur ungeliebten Parforcejagd? Wie erschien das Königreich, wie erschien Brandenburg unter Friedrich Wilhelm I., wenn man gerade Fénelons Kritik am Despotismus studiert hatte?

Es ist ein aussichtsloses Unterfangen, ins Innere des jungen

Friedrich blicken zu wollen. Das misslang schon dem Vater, dessen Zorn darüber, dass sich ausgerechnet der Kronprinz seiner Kontrolle entzog, stetig wuchs. Einen guten Christen, tapferen Soldaten und sorgsam Wirtschaftenden wünschte Friedrich Wilhelm I. zu formen; Friedrich machte Schulden, las und musizierte, schien sich hinter Masken zu verbergen, Komödie zu spielen, gab sich gern spöttisch. Der König spürte Widerstand, Andersartigkeit, unterwarf nun seinen Sohn einem strengen Reglement, schlug ihn, fuhr ihn immer wieder scharf an – umsonst, es gelang ihm nicht, den «effeminierten Kerl» zu unterwerfen. So konnte er ihn nur immer aufs Neue kränken, zurechtweisen, ermahnen. Der König besaß ohnehin ein aufbrausendes Temperament, war jähzornig und verlor schnell die Beherrschung, seine Launen wechselten rascher als das Wetter – zumal dann, wenn ihn Gichtschmerzen plagten.

Wie reagiert ein Heranwachsender darauf, in einer Zeit ohne Therapeuten und ohne entlastende Konzepte wie das der «Pubertät»? Wilhelmine von Bayreuth, Friedrichs Lieblingsschwester, hat in ihren späteren, nicht sehr zuverlässigen Memoiren über Zorn und Entgleisungen am Hohenzollernhof berichtet. Sie schildert Furcht, kleine Listen und eine Art Alltagsstoizismus. Für Friedrich dürfte der Konflikt mit dem König eine Schule der Verstellung gewesen sein, ein Ansporn, genau zu beobachten, auf kleinste Signale zu achten, situative Intelligenz zu entwickeln. Er legte sich verschiedene Gesichter zu: eines für die Welt des Vaters, ein anderes für die Welt der Mutter.

Der Familienkonflikt hätte sich möglicherweise irgendwann beruhigt, wären nicht politische Gegensätze dazugekommen. Sophie Dorothea strebte eine Doppelhochzeit mit dem Hause England-Hannover an. Friedrich sollte die englische Prinzessin Amalie, Wilhelmine den Herzog von Gloucester heiraten. Das hätte Preußen dem Heiligen Römischen Reich und den Habsburgern entfremdet, zu denen Friedrich Wilhelm I. damals treu stand, auch wenn er dabei nie viel gewann. Er hoffte, der Hof in Wien würde ihm helfen, seine Ansprüche auf das Herzogtum Berg durchzusetzen. Der österreichische Gesandte in Berlin, Graf Seckendorff, nährte im Interesse des Hauses Habsburg Illusionen auf allen Seiten, bot Bestechungsgelder gegen eine Verbindung mit England auf.

Sophie Dorothea, welfisch gesinnt, nach Glanz für ihre Kinder und damit auch für sich dürstend, ließ nicht ab von ihren Plänen, auch nachdem diese eigentlich abgetan waren. Indessen spitzte sich das Verhältnis zwischen Vater und Sohn unerträglich zu. Friedrich beschloss, auf einer Reise die Flucht zu wagen. Die Vorbereitungen wirken im Rückblick einigermaßen dilettantisch. Weder dem Kronprinzen noch seinen Mitwissern, dem Leutnant Peter von Keith und dem Premierleutnant Hans Hermann von Katte, kann man den Vorwurf des Leichtsinns ersparen, zumindest dann nicht, wenn man das ganze Bündel an Konflikten in Rechnung stellt[12]: Da haderten miteinander der zweiundvierzigjährige Vater und sein achtzehnjähriger Sohn, aber auch der König und die Königin, in deren jahrelangem Ringen es um die Ausrichtung der preußischen Außenpolitik ging, wobei die «habsburgische» und die «englische» Partei in Berlin involviert waren. Die Konkurrenz zwischen Hohenzollern, Welfen und Wettinern spielte ebenso hinein wie der Souveränitätsanspruch des Königs, der den Adel seiner Staaten in den Dienst zwingen wollte und mithin in besonderem Maße auf den Gehorsam in seinen Regimentern und die Festigung der noch jungen Regimentskultur achten musste.

In der Nacht vom 4. auf den 5. August 1730 misslang der Fluchtversuch in Steinsfurt, in der Nähe von Heilbronn. Trotzig bekannte sich Friedrich zum Vorsatz der Flucht, «weil er als ein Prinz von achtzehn Jahren es nicht mehr ausstehen könne, vom

Könige, wie noch jüngst im sächsischen Lager, mit Schlägen ge-
mißhanddelt zu werden»[13]. Nach erster Untersuchung ließ der
König Arrest über den Kronprinzen verfügen, Keith entkam
über Holland nach England. Er wurde später in effigie und in
aller Form gehängt. Am 16. August verhaftete man Hans Hermann von Katte in Berlin. Es folgten zahlreiche Verhöre und das
Kriegsgericht im Wappensaal des Schlosses Köpenick. Ein Urteil
über den Kronprinzen lehnte das Gericht ab, das sei eine Staats-
und Familiensache, über die zu befinden es sich nicht erkühnen
wolle. Katte wurde von drei Richtern zum Tode verurteilt, zwei
erkannten auf Festungshaft, weil es beim bösen Vorsatz geblieben
sei. Das Votum des Vorsitzenden gab den Ausschlag, auch er fällte
ein milderes Urteil, da es zu einer wirklichen Desertion nicht gekommen sei.

Dem König erschien die Milde der Richter ein Unrecht, als
seien sie mit dem Federwisch über die Sache hinweggegangen.
Am 11. November beklagte er sich an öffentlicher Tafel, «daß er
zwar geglaubt, er hätte ehrliche und solche Leute erwählet, so ihre
Pflicht nicht vergäßen, die aufgehende Sonne nicht anbeteten und
bei dem Kriegsrecht allein ihr Gewissen und des Königs Ehre beobachten würden. Allein nun lerne er sie besser kennen, indem
sie den Fuchsschwanz strichen und dem meineidigen Katte das
Leben nicht absprechen wollten, welcher doch als ein Verbrecher
der verletzten Majestät den Tod hundertmal verdient gehabt. Die
Ursache von der dadurch gegen ihn bewiesenen Untreue könnte
keine andere sein, als daß sie schon auf die künftigen Zeiten sähen
und also das vorgehabte Vorhaben von seinem Kronprinzen und
dessen Anhängern vor lauter Kinderspiel in den Augen der ganzen Welt wollten passiren machen, welches keine so harte Strafe
verdiente.»[14]

Katte habe, so hatte der König am 1. November in einer Kabinettsordre beschieden, den Fahneneid gebrochen, «mit der künf-

tigen Sonne tramiret zur Desertion»[15]. Er verschärfte die Strafe, was er zwei Tage später mit höchster Notwendigkeit rechtfertigte: «Ich bin also diesesmahl nicht im Stande, zu pardonniren, weil die Wohlfahrt des gantzen Landes, und meiner selbst, wie auch meiner Familie, wegen derer kunfftigen Zeiten es nothwendig erfodert.»[16]

Ganz ähnlich wird zu Beginn des 19. Jahrhunderts Michael Kohlhaas in Heinrich von Kleists gleichnamiger Erzählung eine mögliche Vergebung verwerfen und glauben, dass sonst der Bestand der Rechtsordnung überhaupt gefährdet sei. Theodor Fontane hat die Entscheidung des Königs für das Recht gutgeheißen. Sie habe Preußen ebenso begründet wie der Sieg des Großen Kurfürsten bei Fehrbellin im Jahr 1675. Der 6. November 1730, an dem Katte in Küstrin vor den Augen des rechtzeitig in Ohnmacht fallenden Kronprinzen enthauptet wurde, veranschauliche «in erschütternder Weise jene moralische Kraft», aus der Preußen erwachsen sei.[17] Friedrich Wilhelm I. befand sich durch die Milde des Kriegsgerichts in der Tat in einer Zwangslage. Hätte dieses, wie das Gesetz es vorsah, einhellig über Katte die Todesstrafe verhängt, wäre dem Recht Genüge geschehen – und der Monarch hätte, ohne sich etwas zu vergeben, Gnade walten lassen können.

Das «Patriotische Archiv für Deutschland», eine Zeitschrift der Aufklärung, die Friedrich Karl von Moser ab 1784 herausgab, irrte gewiss, als es dem Soldatenkönig im Jahr 1785 einen «Königlichen Kabinets-Justiz-Mord» vorwarf und in der Hinrichtung Kattes ein Beispiel für verderbliche Justizwillkür eines Despoten erblicken wollte. Bis heute aber verstört der pädagogische Überschuss bei der Vollstreckung des Urteils. Friedrich sollte seine Schuld erkennen und einsehen, dass er nur gnadenhalber dem Schicksal Kattes entgangen war. Nun dienten Strafen damals viel unvermittelter der Abschreckung, hier jedoch zugleich der

Niederwerfung möglicher Opponenten. Wo verlief die Grenze zwischen einem abschreckenden Beispiel und der Verbreitung allgemeiner Furcht? In einem Marginaldekret auf einer Kabinettsordre an den preußischen Geschäftsträger in London ließ Friedrich Wilhelm I. seinem Zorn freien Lauf: «Soll antworten, das wan(n) noch 100000 solche Katten wehren, ich sie alle miteinander lasse redern, da es genug wehre, das er ein meineidger Schelm wehre gewesen. (...) So lange Gott mir das Lehben gehbe, ich mir als Herr dispoticke suteniren werde, wan(n) ich auch noch sollte 1000 der Vornehmste die Köppe fürder abschlagen lassen, denn die Engelle(nder) solten wissen, daß ich keine Nebenregenten nit würde bey meiner Seite zulassen.»[18]

Der Despot aber, der sich an kein Gesetz über ihm gebunden fühlt, untergräbt, wie nicht nur Fénelon wusste, die Grundlagen seiner Herrschaft. Das «Patriotische Archiv» warnte – noch zu Lebzeiten Friedrichs, kurz vor der Französischen Revolution – am Beispiel der Hinrichtung Kattes vor den verheerenden Folgen willkürlicher Justiz, die schlechterdings nicht anders als «mit innerer Zerrüttung der politischen Verfassung und öffentlichem Aufruhr endigen kan»[19] oder zumindest den Ruhm des Herrschers beflecke, ihn seinen Untertanen verhasst mache.

Das Verhältnis von Recht und Macht war ein Hauptthema im 18. Jahrhundert – mindestens so bedeutsam wie der gern beschworene Aufstieg des meist ominösen «Bürgertums». Friedrich hatte darüber nicht nur gelesen, er hatte einen Konflikt mit Justiz und Staatsmacht durchlebt. Das Thema sollte ihn zeitlebens begleiten – vom Einfall in Schlesien bis zu den Prozessen des Müllers Arnold in seinen letzten Lebensjahren. Im Urteil über Katte und ihn waren Justiz und Staatsräson aufs engste verknüpft. Das Haus Brandenburg, so die Überzeugung des Vaters, konnte sich nur behaupten, wenn Justiz und Gerechtigkeit triumphierten, koste es, was es wolle. Friedrich musste gezwungen werden, die

Staatsräson zu verstehen, lernen, worin sie bestand, welchen Regeln sie folgte.

Der Angehörige einer therapeutischen Kultur kann nur staunen, wie rasch Friedrich das Trauma der Hinrichtung des Jugendfreundes und der Haft überwand, in der er lange mit sich hatte allein bleiben müssen. Er zeigte Reue, über deren Aufrichtigkeit zu spekulieren müßig ist, und durfte sich in der Neumärkischen Kriegs- und Domänenkammer bewähren. Der Kronprinz sei bald schon wieder «lustig wie ein Buchfink» gewesen, schrieb der Kammerdirektor Hille, der den Begnadigten in der Kameralistik unterwies. Friedrich hatte seinem Vater Wohlverhalten geloben müssen und nahm auf sich, was geeignet schien, weitgehende Eigenständigkeit zu erlangen. Er passte sich an, aber er unterwarf sich nicht. Seit 1732 kommandierte er ein Infanterieregiment in Ruppin, lernte den Militäralltag aus Exerzieren, Exerzieren, Rekruten anwerben und Exerzieren kennen. Eben damals wurde in Preußen das Kantonssystem endgültig installiert, das ein zahlreiches Heer mit vielen Inländern ermöglichte, ohne die einheimische Wirtschaft über Gebühr zu belasten. Die drei entscheidenden Verordnungen vom Mai und September 1733 legten Aushebungsbezirke, Kantone, für jedes Regiment fest, womit die berüchtigten «wilden Werbungen» eingeschränkt wurden, die immer wieder zu diplomatischen Konflikten geführt hatten. Junge Männer wurden nun in Regimentslisten eingeschrieben, enrolliert. Die notwendige Exerzierzeit einschließlich Revuen und Manövern dauerte zwei, drei Monate. Waren diese überstanden, wurden die Soldaten im Regelfall beurlaubt und arbeiteten in der Landwirtschaft oder im städtischen Kleingewerbe. Das Kantonssystem entlastete die einzelnen Soldaten und ihre Familien und sorgte zugleich für eine enge Verklammerung von Sozial-, Wirtschafts- und Militärleben. Friedrich änderte später als König nur

Kleinigkeiten daran, im Wesentlichen behielt er das während seiner Ruppiner Kommandeurszeit eingeführte System bei.

Der Vater hatte für ihn nach gewohntem Muster eine detaillierte Instruktion aufgesetzt. Erwünscht waren Regelmäßigkeit, Fleiß, Keuschheit; im Gespräch sollte ein anständiger Ton herrschen; größten Wert legte der König des «Plus Machens» auf sparsames Wirtschaften und ein gottgefälliges Leben, wie er es verstand. Sehr streng dürfte die Etikette unter den Offizieren um den jungen Friedrich allerdings nicht gewesen sein. Ein scherzhafter Ton wurde allmählich zur Pflicht, man spielte Karten, musizierte, las, wartete fröhlich auf die aus Hamburg eintreffenden Delikatessen: Kapaunen, Steinbutte, Austern. Von Liebeshändeln ist die Rede. Letzte Klarheit, wie viel davon erdichtet war, lässt sich nicht mehr gewinnen. Friedrich erfüllte jedenfalls seine Kommandeursaufgaben, gab sich Mühe und kaum Widerworte – und so stand einem entspannteren Verhältnis zum Vater wenig im Wege. Alles ließ sich gut an.

Umso empfindlicher traf den Kronprinzen die Forderung, eine ihm von Friedrich Wilhelm zugedachte Prinzessin zu ehelichen. Außenpolitische Interessen hatten den Ausschlag gegeben: Elisabeth Christine von Braunschweig-Bevern war eine Nichte der Kaiserin. Graf Friedrich Heinrich von Seckendorff, der die habsburgischen Interessen in Berlin zu wahren verstand, sorgte dafür, dass der auch in dieser Angelegenheit hilfreiche preußische Minister von Grumbkow eine kaiserliche «Begnadigung» von vierzigtausend Gulden erhielt. Friedrich widersetzte sich vergebens. Am 12. Juni 1733 schloss er in Salzdahlum im Braunschweigischen die Ehe mit der unbeholfenen, schüchternen Elisabeth Christine, die so gar nicht seinem Wunschbild einer geistreichen, weltgewandten Frau entsprach.

Der Kronprinz gewann durch die Hochzeit, seine Position festigte sich. Auch erhielt er die Herrschaft Rheinsberg unweit von Neuruppin zum Geschenk. Hier legte er die Grundlagen für seine Neuerfindung der Königsrolle. Er hatte zunächst konventionelle Stationen der Vorbereitung durchlaufen: Domänenkammer, Kommandeursposten. 1734 begleitete er preußische Hilfstruppen an den Neckar, wo das Reich und Frankreich einander gegenüberstanden. Der Streit um die polnische Thronfolge hatte die beiden Länder entzweit. Unter feindlichem Beschuss demonstrierte Friedrich damals schon Unerschrockenheit, das Ereignis dieses Sommers aber war seine Begegnung mit dem größten Feldherrn jener Jahre. Er traf den kaiserlichen Generalleutnant und Reichsfeldmarschall Eugen, Prinz von Savoyen, der in den Schlachten von Turin, Höchstädt und Malplaquet gesiegt hatte, taktisches Geschick mit persönlicher Tapferkeit und Edelmut verband. Eugen war allerdings in die Jahre gekommen – er starb 1736. Friedrich traf einen an mancherlei Gebrechen leidenden Greis und eine nachlässig geführte Truppe. Er begegnete einem Schattenriss früherer Größe und beobachtete viel Verwirrung unter den Soldaten. Es war ein Rendezvous mit verblassendem Ruhm.

1735 und 1736 bereiste der Kronprinz, den der Vater nicht mehr ins Feld ließ, das Herzogtum Preußen, um die Fortschritte des «Retablissements» – der Wiederbesiedlung und Wiederbelebung der durch die Pest verödeten Provinz – an Ort und Stelle zu besichtigen.

Das Entscheidende aber geschah am Grienericksee, in und um Schloss Rheinsberg, wo Friedrich eine für Preußen neue Art der Hofhaltung erprobte, seinen königlichen Stil entwickelte. Was dem Vater Wusterhausen gewesen war, wurde ihm der «Remusberg», wie er das Schloss in Anspielung auf die lokale Sage vom angeblichen Remus-Grab gern nannte.

Friedrich Wilhelm hatte in Wusterhausen die fürsorgliche, auf genauer Detailkenntnis beruhende Verwaltung vorgebildet, der er nach seinem Regierungsantritt das gesamte Land unterwerfen sollte. Nicht Repräsentationsabsichten, sondern Gesichtspunkte der Wirtschaftlichkeit waren ausschlaggebend. Die Erträge des Amtes wurden zu großen Teilen für Anwerbung und Unterhalt von Soldaten verwendet, Militärbedürfnisse, Wirtschaft und Sozialleben wurden in ungewöhnlicher Konsequenz aufeinander abgestimmt. In den Wusterhausener Anordnungen Friedrich Wilhelms fehlte die feierliche Weitschweifigkeit der zeittypischen Kabinettsschreiben. Er schrieb seine Verfügungen «auf einem Quartblatt, dem üblichen Format für Privatbriefe»[20], während die Regenten zu Beginn des 18. Jahrhunderts ihren Willen üblicherweise in Folio und unter verschnörkeltem Kopf mit allen Titulaturen verlautbarten. Bereits in Wusterhausen traten an diese Stelle «die Kabinettsordre und die Marginalresolution», mittels derer auch Friedrich II. regieren würde. Aber er tat dies vor einem anderen kulturellen Hintergrund, setzte an die Stelle des Zeremoniells und der hochbarocken Steifigkeit nicht die Starre des Reglements, sondern den zwanglosen Zwang verfeinerter Geselligkeit. Der prägte die Formen in Rheinsberg, am so oft zum Idyll verklärten Hof des Kronprinzen.

Das Zeremoniell hatte jedem seinen Platz zugewiesen, in der Kommandowirtschaft Friedrich Wilhelms I. erhielt jeder seine Aufgabe qua Verordnung. In der neuen Rheinsberger Lässigkeit gab es Regelmäßigkeiten, Ordnung, Routinen, aber kein Reglement. Die Stellung der Höflinge und Freunde bemaß sich nach ihrer Bereitschaft und Fähigkeit, das Dasein in ein galantes Fest zu verwandeln. Das wirkte ungezwungener, weil die Anforderungen dem Einzelnen nicht als etwas völlig Fremdes von außen starr entgegentraten. Indem er die Erwartungen erfüllte, erhöhte und kultivierte er seine Person, und er leistete das Erhoffte, weil er es wünschte. Formalitäten und Äußerlichkeiten konnten – gemessen etwa am spanischen Hofzeremoniell – leichter genommen und manchmal auch vernachlässigt werden, da im Inneren jeder ähnlichen Zielen nach ähnlichem Gesetz nachstrebte.

Dem Großvater, Friedrich I., war die Architektur die wichtigste der Künste gewesen, sie verband Ordnung, Pracht und Dauer. Das passte zum Herrschaftsstil. Auch Friedrich interessierte sich für die Baukunst, die Leidenschaft des Enkels aber galt nicht umsonst der Musik, für die er ein beachtliches Talent besaß. Im gemeinsamen Musizieren wurden jene Tugenden geübt, die auch an seinem Hof, in seiner unmittelbaren Umgebung gelten sollten: Virtuose Variationen über konventionelle Themen, Präzision mit Anmut verbindend, Wettstreit gehörte dazu, aber er gefährdete nicht den Wohlklang insgesamt.

Der neue, leichtere Stil wie der programmatisch heitere Ton kamen – wenig überraschend – aus Frankreich. Freilich war es nicht mehr die Hofhaltung des Sonnenkönigs, dessen Vorbild die Lebenshaltungskosten europäischer Regenten ins Unbezahlbare getrieben hatte. Anregung kam von den Kritikern der absolutistischen Prachtentfaltung, zu denen ja auch Fénelon gehört hatte. Nach den durch devote Frömmelei bedrückenden letzten Regierungsjahren Ludwigs XIV. genossen unter der Regentschaft Philipps von Orléans Libertinismus und Hedonismus höchste Wertschätzung. Die Beschränkung durch Formalität und Zwang wich dem kultivierten Dasein im Kreis der Freunde. Das Hofzeremoniell, das noch vor kurzem das Staunen der Welt gewesen war, langweilte nun. Ludwig XV. bevorzugte Geselligkeiten kleineren Formats, unter Ludwig XVI. ähnelten die Zusammenkünfte bei Hofe an den meisten Tagen bereits Privatgesellschaften. Der Ton war intimer, witziger. Autoritäten, welche auch immer, mussten sich Spott gefallen lassen. In der Malerei wurden neben und statt der Herrscherporträts und Historienbilder nun die *fêtes galantes* geschätzt: sorgloses Dasein mit Musik, Tanz, Gesang. In dieser Tradition steht der Hof Friedrichs in Rheinsberg, steht dann auch die Tafelrunde in Sanssouci: aristokratisch, elegant, spielerisch, nicht ohne zarte, innige Momente. Von der späteren, im emphatischen Sinne bürgerlichen Kunst unterscheidet sich diese durch die Freude an der Oberfläche, an gekonnten Verfeinerungen, kleinen Nuancen. Das Interesse am Innenleben und der Zergliederung der Seele bleibt dagegen gering. Es ist eine Kunst für sehr wenige.

In Rheinsberg fand Friedrich ein feineren Ansprüchen nicht genügendes Renaissanceschloss vor, er ließ es umbauen von Johann Gottfried Kemmeter und Georg Wenzeslaus von Knobelsdorff, der sich dabei als Architekt übte. Dank zweitem Turm und zweitem Geschoss gewann es Symmetrie, sah es von außen auf schlichte Art feierlich aus, im Inneren wurde es mit den neuen, spielerischen Formen des Rokoko verziert.

Das Schloss ist heute wieder zugänglich, nachdem es jahrzehntelang als Diabetiker-Klinik zweckentfremdet worden war. Man erlebt überwiegend den Zustand, den es unter dem späteren Besitzer, Friedrichs begabtem Bruder Heinrich, erhielt. Spürbar geblieben ist die Künstlichkeit der Anlage. Preußen wurde oft als ein «künstlicher Staat» bezeichnet, als ob es einen naturwüchsigen geben könne. Friedrich aber hat das Artifizielle auf die Spitze getrieben, indem er auch im Brandenburgischen nur die höchsten Vorbilder gelten ließ. Keine Verbeugung vor den lokalen Schwächen und Stärken, keine Anknüpfung an regionales Brauchtum, vielmehr lächelnde Anstrengung, es den Besten gleichzutun.

Deswegen hatte der Kronprinz an seinem preußisch-europäischen Kreis aus Offizieren, Edelleuten und Musikern nie genug. Er schätzte die Kenntnisse des weitgereisten, geistvollen Hugenotten Charles Étienne Jordan, er erfreute sich an den mit ihm nach Kenntnissen und Ruhm strebenden Mitgliedern des eigens gegründeten Bayard-Ordens, an Dietrich Freiherr von

Keyserlingk oder an Heinrich August Baron de la Motte Fouqué, an dem ritterlichen, um kein Wort verlegenen Vicomte Chasôt wie dem gebildeten venezianischen Kaufmannssohn Francesco Graf von Algarotti. Aber er wollte mehr und schrieb an den berühmtesten und geschäftstüchtigsten unter den «hommes de lettres» seiner Zeit. Berlin, 8. August 1736, ist der erste Brief an Voltaire datiert. Er begründet eine Korrespondenz, die vier Jahrzehnte andauerte. In diesem Briefwechsel kann man die Kunst des Komplimentemachens studieren, und sollte sie je ganz vergessen werden, wäre sie hier wiederzuentdecken. Die Dichtungen Voltaires, schmeichelt der Kronprinz, seien eine «moralische Lektion», man lerne Handeln und Denken aus ihnen. «Tugend ist hier in den schönsten Farben gemalt. Die Idee von wahrem Ruhm ist fest umrissen; und Sie verführen mit solcher Feinheit und solchem Raffinement zum Genuß an den Wissenschaften, daß ein jeder, der Ihre Werke gelesen hat, voller Ehrgeiz Ihren Spuren folgen möchte. Wie oft habe ich nach diesem trügerischen Köder geschnappt, und wie oft habe ich mir dann gesagt: Unseliger! Laß die Last, deren Gewicht deine Kräfte übersteigt; Voltaire läßt sich nicht imitieren, es sei denn, man wäre Voltaire. In solchen Augenblicken fühlte ich, daß die Vorzüge von Geburt und der Dunst von Größe, in dem die Eitelkeit uns wiegt, zu wenig nütze sind, oder besser ausgedrückt: zu nichts. Es bleiben Auszeichnungen, die von uns getrennt sind und die nur die Erscheinung schmücken. Wie sehr sind ihnen die Gaben des Geistes vorzuziehen, und was verdanken wir nicht jenen Männern, welche die Natur durch das glückhafte Ingenium ausgezeichnet hat, das sie ihnen bei der Geburt mitgab! Sie gefällt sich darin, Wesen auszuformen, die sie mit der ganzen nötigen Begabung versieht, welche den Fortschritt in den Künsten und Wissenschaften bewirkt; und es obliegt den Fürsten, die Nächte des Schaffens zu entlohnen. Ah! möge der Ruhm sich meiner bedienen, um Ihre Erfolge zu krönen! Ich fürchte nichts weiter, als daß dieses Land, das dem Lorbeer nicht günstig ist, nicht soviel davon sprießen läßt, wie Ihre Werke verdienten, und man aus Mangel zur Petersilie greifen müßte.»[21]

Der Brief ist ein kleines Meisterstück. In unaufdringlich eindrücklichen Formulierungen enthält er Rollenangebote für beide Partner: Der eine, hervorragend von Geburt, und der andere, Erster im Reich des Geistes, könnten einander ergänzen, anspornen und helfen im Zeichen von Edelmut und Wissenschaft. Das war ein Angebot, das man nicht ablehnen konnte. «Betrachten Sie meine Taten künftig als die Frucht Ihrer Lektionen»[22], heißt es im November. Damit schien Voltaire ein doppeltes Interesse am Ruhm Friedrichs nahegelegt: Ihm winkte Belohnung, Auszeichnung, wenigstens in Gestalt eines Petersilien-Kranzes, und ihm war tatsächlicher Einfluss zugesichert.

Friedrich studierte in dieser Zeit die eigens für ihn, der zeitlebens unsicher im Deutschen war, ins Französische übersetzten Schriften Christian Wolffs, der seine Zeitgenossen in geordnetem, Sprünge, Widersprüche und Fehlschlüsse vermeidendem Denken unterrichtete. Wolffs Schriften, die meist als «Vernünfftige Gedanken von ...» erschienen, lassen heute die gewaltige Wirkung des Mannes kaum noch erraten. Er hatte in Halle gelehrt, bis ihn Pietisten beim Soldatenkönig verschrien, der ein offenes Ohr für die eifernden Stillen im Lande hatte. Wolff sei, hieß es, Atheist, er lehre, dass ein Deserteur nicht bestraft werden könne, da ihm die Willensfreiheit abginge – und dergleichen mehr. Wolff wurde ohne Umschweife aus Halle verwiesen, in Preußen durfte er sich nicht mehr sehen lassen. Nun las ihn der Kronprinz, dessen philosophische Bibliothek in Rheinsberg alles bot, was man brauchte, um als Ebenbürtiger am Gespräch der Weltweisen teilzunehmen. Bald wurde John Locke empfohlen und dann studiert. Friedrich konnte in philosophischen Diskussionen mithalten, ohne dass es gebildeten Partnern hätte peinlich werden müssen. Das blieb so bis zur kritischen Wendung Immanuel Kants.

Im Briefverkehr mit Voltaire, aus dem Austausch der Ideen und Papiere, entstanden kleine Schriften, wie die noch zur Kronprinzenzeit verfasste «Dissertation sur l'innocence des erreurs de l'esprit», eine «Abhandlung über die Unschädlichkeit der Irrtümer des Geistes». Es handelt sich um einen fingierten Brief an einen Freund, in dem über ein Gespräch berichtet wird, das den Verfasser und seinen Begleiter Philante beim Spaziergang auf Fragen wie diese führte: ob es ewige Wahrheiten gebe, und was die Menschen daran hindere, diese zu erkennen. «Irrtum», heißt es da, sei «das Erbteil der Menschheit». Verantwortlich dafür werden unter anderem die «Schwäche und Unzulänglichkeit unseres Geistes und die Vorurteile der Erziehung» gemacht.[23] Aber, so die Schlussfolgerung, das sei so schlimm nicht. Mancher Irrtum sei beglückend, wie der eines Wahnsinnigen in einem Pariser Irrenhaus: «Er dachte über alles vernünftig, nur nicht über seine Glückseligkeit, und so glaubte er sich in Gesellschaft von Cherubim, Seraphim und Erzengel; er sang den ganzen Tag im Konzert dieser unsterblichen Geister und wurde mit beseligenden Visionen beehrt. Das Paradies war sein Aufenthalt, die Engel seine Gefährten, das himmlische Manna seine Speise.»[24] Dieses vollkommene Glück fand ein Ende, als ein Arzt ihm auf Wunsch der Familie den Wahnsinn nahm und – man weiß nicht wie – den gesunden Menschenverstand wiedergab.

Friedrich nutzt in der bis heute amüsant zu lesenden «Dissertation» Argumente antiker und aufgeklärter Philosophen, er spielt mit ihnen, ohne sich auf eine Seite zu schlagen. Sehr stark scheint in diesem Text die Position des Skeptizismus, des Pyrrhonismus, in Friedrichs Schriften wimmelt es darüber hinaus von Anklängen an Epikur, Lukrez einerseits und die Stoa seit Zenon andererseits. Er sei, so eine Lehrmeinung, in der Jugend und im Glück Epikureer, im Krieg und im Alter Stoiker gewesen. Das ist nicht ganz falsch, zielt aber daneben. Friedrich philosophierte nicht, um ein Bekenntnis abzulegen oder eine Partei zu ergreifen. Die kleine, erst postum veröffentlichte «Abhandlung über die Unschädlichkeit der Irrtümer des Geistes» zeigt aufs schönste, dass es ihm, neben dem Training der Geisteskräfte und der Ablehnung von Vorurteilen, vor allem um das gesellige Vergnügen des Philosophierens selbst ging, um die Praxis, nicht um das Dogma: «Verfallen wir niemals in den lächerlichen Dünkel jener unfehlbaren Gelehrten, deren Worte als Orakelsprüche zu gelten haben. Seien wir nachsichtig gegen die handgreiflichsten Irrtümer und rücksichtsvoll gegen die Ansichten derer, mit denen wir in Gesellschaft leben. Warum sollten wir die zarten Bande, die uns vereinen, einer Meinung zuliebe zerreißen, von der wir selbst nicht ganz überzeugt sind.»[25]

Diese Art geselligen, schöner Ordnung folgenden Gesprächs über Fragen der Weisheit und Lebensführung ist nicht vereinbar mit Fachdisziplin oder gar akademischer Philosophie. Sie ist an die Kultur einer Elite gebunden, die philosophiert, um das Leben zu verfeinern, es besser zu genießen, um Tücken und Fallen auszuweichen. Friedrich beargwöhnt die Ablösung der Philosophie vom kultivierten Leben der Oberschicht ebenso wie die Abstraktion vom Konkreten, Sinnlichen, Fassbaren. Ein allmählicher Fortschritt der Kenntnisse wird erhofft, aber den späteren Radikalismus einer auf praktische Veränderung drängenden Aufklärung wird er verabscheuen wie den Fanatismus des Aberglaubens, die Unduldsamkeit der Religionen. Seine Wahrheitsansprüche weichen, wenn nötig, den Forderungen des menschlichen Miteinanders, des gesellschaftlichen Verkehrs; nach seinem Tod wird dies anders, und Philosophie, die weder Partei ergreift noch Schule macht und Widersacher vernichtet, wird dann als seicht gelten.

In Rheinsberg beginnt Friedrich auch seine Laufbahn als Autor; «Frédéric le Philosophe» hatte er sich zwar schon mit sechzehn Jahren genannt, aber nun erst geschieht dies zu Recht. Philosophisches und Poetisches, bei Friedrich wie bei Voltaire nicht zu trennen, werden am Ende nur einen kleinen Teil der postum dreißig Bände seiner Schriften und Briefe bilden. Lesenswert bis heute ist der Historiker, der die Geschichte des Hauses Brandenburg und seiner eigenen Zeit, der von ihm geführten Kriege und Verhandlungen verfasste. Der Geschichtsschreiber Friedrich, auch auf diesem Feld ein Schüler Voltaires, versteht sich auf die Kunst der eleganten Darstellung, er behelligt die Leser nicht mit allzu viel Verwicklungen und Komplexität. Er streut großzügig Aphorismen und süffisante Formulierungen über den Text. Es gibt wenig Historiker seiner Zeit, die heute noch so unmittelbar und ohne Beistand eines gelehrten Kommentars verständlich sind.

Geschrieben haben viele Regenten, aber kaum einer so regelmäßig, vielgestaltig und dauerhaft wie Friedrich. Er versuchte auf diese Weise, den eigenen Nachruhm, die Wahrnehmung seiner Person und seiner Handlungen zu steuern. Seine Werke entstanden meist aus einem konkreten Anlass, die Gelegenheitsschriften des Königs – es ist noch längst nicht alles ordentlich ediert – dienten dem freundschaftlichen oder offiziellen Kontakt. Sie erfüllten die Aufgaben von Propaganda und Public Relations. Sie trösteten, wiesen an und zurück, baten, schmeichelten, drohten. Nur eines tun diese Schriften nie: Sie offenbaren nie den wirklichen, wahren Friedrich. An keiner Stelle schrieb er, um sein Inneres darzustellen, sich auszusprechen. Wer nach Authentizität sucht, muss woanders suchen. Auch als Autor agiert Friedrich mit hohem Bewusstsein für seine Rolle, für sein Gegenüber und für die Erfordernisse und Möglichkeiten der Situation. Die Irrtümer des Geistes mochten unschädlich sein, sich gehenzulassen war es gewiss nicht.

Indem er schrieb, band Friedrich sich auf nicht zeremoniöse

Weise. Voltaire und eine der allmählichen Verbesserung des Status quo verpflichtete Philosophie, das Verfassen philosophischer, historischer und poetischer Schriften, das Musizieren mit der Hofkapelle, das feinsinnige Spiel mit literarischen Rollen bildeten nur den Hintergrund seines Wirkens. Im Vordergrund ging es um die Dynastie, Preußen und das Reich. Und das, obwohl der Kronprinz nach der letzten schmerzlichen Unterwerfung, der Eheschließung, den erwünschten Eifer bei der Thronfolgerzeugung vermissen ließ. Ob er nicht wollte oder nicht konnte, ist ausgiebig diskutiert worden, mehr als Vermutungen sind nicht herausgekommen. Dem Minister von Grumbkow, der geholfen hatte, das Verhältnis zum Vater zu verbessern, und der die österreichische Partei in Berlin stützte, weil es sich auszahlte, beschied der zu vermehrter Fortpflanzungsanstrengung ermahnte Kronprinz, dass die Königreiche immer einen Nachfolger fänden und ein Thron nie leer geblieben sei.

Später, während des Feldzugs im Jahre 1758, hat Friedrich seinem Vorleser Henri de Catt erzählt, er habe sich in Rheinsberg für die Beschränkungen in seiner Jugend schadlos gehalten und «ungeheuer viel gelesen, und ich hätte es im Übermaß getan, wenn ich nicht streng darauf geachtet hätte, mir aus meiner Lektüre Auszüge anzufertigen. Jede Woche las ich diese wieder durch.»[26] Die Rokokodekorationen im Schloss, das in der märkischen Landschaft steht, als habe es eine Fee dort abgesetzt, die Berichte über gemeinsames Tafeln, Musizieren und Scherzen verführen dazu, sich die Jahre in Rheinsberg als Idylle fernab des höfischen Treibens und politischer Kabale vorzustellen. Aber solch harmloses Traumbild trügt. Der Kronprinz erfüllte weiterhin seine Pflichten als Kommandeur, und er unternahm viel, um sich bestmöglich auf die Thronbesteigung vorzubereiten. Der König ließ ihn seit 1734 über die politischen Vorgänge unterrichten, erteilte ihm eine Unterschriftenvollmacht. Und der widerspenstige

Sohn nahm die Sache sehr ernst, wann und wo es geboten war. Er habe, erzählte er von Catt, frühzeitig gefühlt, «daß ich ohne die beständige Übung meiner Fähigkeiten die Rolle eines Königs nur recht traurig spielen würde. Sie können sich nicht vorstellen, was ich in Rheinsberg alles getrieben habe! Ich studierte Tag und Nacht.»[27] Auch habe er mancherlei geübt, um dem Körper «Kraft, Geschicklichkeit und Anmut»[28] zu verleihen. Tanzen könne er gut.

Der viel redende König Friedrich kam gern auf seine Behauptung zurück, «ein unwissender Prinz» sei «in der Welt und in seinem Staate eine sehr traurige Figur»[29]. Dichtkunst, schöne Künste und Philosophie erlaubten es ihm, sich für alle nützlichen Wissenschaften zu bilden, die Eignung auch fürs Praktische, Spezielle zu erwerben. Das stand, seit er begnadigt worden war, immer vornean. Ein frühes Dokument der durchdachten Vorbereitung auf die Königsrolle ist der Brief, den Friedrich im Februar 1731 noch aus Küstrin an den Kammerjunker von Natzmer schrieb. Er setzt einen mündlichen Disput über die Existenzbedingungen Preußens fort. Friedrich leitet aus ihnen ein politisches Programm ab. Das Europa quer durchschneidende Land sei dem Anschein nach darauf angewiesen, mit den Nachbarn auf gutem Fuß zu stehen, wolle es nicht von mehreren Seiten zugleich angegriffen werden. Aber dies ist nur die halbe Wahrheit. Nüchtern notiert Friedrich ein Gesetz der großen Politik seiner Zeit: Wer nicht vorwärtskommt, der geht zurück. Es müsse also geachtet werden auf die «fortschreitende Vergrößerung des Staates». Bei allen Plänen komme es darauf an, «einen engeren Zusammenhang zwischen den Landesteilen herzustellen oder die losgerissenen Stücke, die eigentlich zum preußischen Besitz gehören, ihm wiederanzugliedern»[30]. Friedrich denkt an Polnisch-Preußen, Schwedisch-Pommern sowie Jülich und Berg im Westen, vielleicht auch Mecklenburg.

Emphatisch beschwört er historische Größe: «Ich schreite von Land zu Land, von Eroberung zu Eroberung und nehme mir wie Alexander stets neue Welten zu erobern vor.»[31] Rechtsgründe sind der Staatsräson, der Notwendigkeit, Preußen zu vergrößern, nachgeordnet. Das müsse man dann im Detail erörtern.

Von Schlesien ist in diesem Brief noch nicht die Rede, aber das Programm gewaltsamer, nichts als den Zorn des Himmels fürchtender Eroberungen steht doch erstaunlich früh schon fest. Die Aggressivität wird gezügelt durch genaue Beobachtung politischer Gefahren, etwa eines drohenden Krieges an mehreren Fronten, und durch die Bereitschaft, im Gleichgewicht der Mächte den Frieden zu wahren, bis die Gelegenheit zum Zuschlagen kommt. Dieser doppelgleisigen Politik ist Friedrich als Monarch gefolgt. Es passt zu seinem hochentwickelten situativen Gespür, dass er auch politisch und militärisch dem Gesetz der Stunde folgen wollte, dass er versuchte, den Kairos nicht zu verpassen.

Damit Preußen groß und geachtet werden könne, müsse es den protestantischen Glauben stärken und «die Zuflucht der Bedrängten, der Hort der Witwen und Waisen, die Stütze der Armen und der Schrecken der Ungerechten» werden. Diese Andeutung innenpolitischer Absichten ist charakteristisch für Friedrichs Politikstil: Das innere Vorwärtskommen Preußens ist, ganz im Gegensatz zur Regierung Friedrich Wilhelms I., nachrangig gegenüber den außenpolitischen Entwürfen. Mehr noch, «Gottesfurcht und Rechtssinn» sollen den Eroberungsplänen dienen. Da all das zweitrangig ist, bescheidet sich der Kronprinz mit wohlklingenden Floskeln, aus denen konkret nichts folgt. «Phrasen», hätte man später dazu gesagt. Aber geschickt gewählte. Bekundungen wie diese mussten dem Ohr der Zeitgenossen schmeicheln, die gerade die Tugend des Mitleids entdeckten.

Auch in Rheinsberg hat Friedrich nie die Hauptrolle von Militär und Diplomatie vergessen. Im Januar 1738 verfasste er eine Flugschrift, die für die anonyme Verbreitung gedacht war. «Die Betrachtungen über den gegenwärtigen politischen Zustand Europas» sollten als das angebliche Werk eines Engländers gedruckt werden. Es drohte ein Übereinkommen zwischen Wien und Versailles und die Missachtung preußischer Ansprüche auf Jülich und Berg. Dagegen schrieb Friedrich. Der Anfang der Flugschrift betont wieder den Augenblick: «Nie haben die öffentlichen Angelegenheiten die Aufmerksamkeit Europas mehr verdient als gegenwärtig. Nach großen Kriegen ändert sich die Lage der Staaten, und mit ihr wechseln die politischen Gesichtspunkte.»[32] Europa sei an einem «sehr kritischen Punkt»[33] angelangt, das Gleichgewicht so gut wie verloren. Beispiele aus der griechischen und römischen Geschichte warnen vor Unachtsamkeit und Unüberlegtheit. Wenn Staatskunst und Klugheit nicht Einhalt gebieten, werde das Recht des Stärkeren gelten: «Der Mächtigere gibt Gesetze, der Schwächere muß sie unterschreiben, kurz, alles trägt zur Vermehrung der Unordnung bei. Der Stärkere ist wie ein wütender Gießbach. Er schwillt über, reißt alles fort und ruft die verderblichsten Umwälzungen hervor.»[34]

Ebendas wird Friedrich im Winter 1740 tun. Er hat immer beide Pfeile im Köcher, kann für Gerechtigkeit und Gleichgewicht eintreten oder – wenn die Chancen auf Gewinn gut scheinen – die Position des Stärkeren beanspruchen. Das ist es, was man politische Klugheit nennt. Die Verfassung Europas, das stets und notwendig instabile Gleichgewicht zwischen Frankreich, England, Österreich und dem allmählich erstarkenden Russland, forderte Lavieren und abrupte Wechsel geradezu heraus, wenigstens dann, wenn man ein ruhmbegieriger Prinz war und den Willen verspürte, Großes zu tun. Ungewöhnlich war dies nicht im Zeitalter des Absolutismus, Friedrich bewies lediglich außerordentliche Konsequenz und Geschick dabei.

Die «Betrachtungen» sind nicht erschienen, die Lage hatte sich diesmal zu rasch wieder verändert. Aber ein Fundus von Argumenten und Denkfiguren war inzwischen gewonnen. Friedrich hatte die Beeinflussung der europäischen Öffentlichkeit, die klein, aber bestens vernetzt war, erprobt. Er würde das später öfter tun, auch darin ein sehr zeitgemäßer Monarch.

Seine Politik beruhte nicht auf unumstößlichen, starren Grundsätzen, sondern reagierte flexibel auf wechselnde Umstände. Nur das Ziel stand fest: Preußens Größe, sie wäre zugleich auch die seine. Begründungen, das eine oder etwas Entgegengesetztes zu tun, lagen bereit, bevor er den Thron bestieg. Die Staatsräson, der er sich verpflichtete, konnte Verschiedenes fordern. Sein Vater agierte in Gottesfurcht, die Friedrich als bindende, beschränkende nicht kannte. Der Zorn des Himmels, hatte er Natzmer beschieden, sei nicht zu fürchten, solange im Lande «Gottesfurcht und Rechtssinn über Unglauben, Parteihader, Habgier und Selbstsucht herrschen»[35].

So gesehen war er auf der wichtigsten Bühne, der europäischen, keiner höheren Instanz unterworfen. Eigentlich banden ihn die Gesetze des Reiches und die Treue zum Kaiser, dessen Wahl zu den vornehmsten Aufgaben der Kurfürsten gehörte. Diese Ketten würde Friedrich zerreißen, sobald die Gelegenheit dazu gekommen war. Seine aufgeklärten Ansichten standen dem machtpolitischen Kalkül nicht im Wege. Friedrich ragte unter vielen Fürsten und Prinzen heraus, weil er die illusionslose Analyse von Kräfteverhältnissen ebenso beherrschte, wie er am theoretischen Gespräch über Herrschaft und Staatswohl teilzunehmen vermochte.

Beides steht auch weitgehend unverbunden, und ohne dass ein Widerspruch benannt würde, in seiner bis heute berühmten Polemik gegen Niccolò Machiavellis politische Klugheitslehren. Die erste Niederschrift des «Antimachiavell» war im November 1739 abgeschlossen. Voltaire, der über die Entstehung auf dem Laufenden gehalten wurde, korrigierte, Friedrich arbeitete um. Das Manuskript für die Drucklegung bekam Voltaire im April 1740.

Friedrich missverstand «Il Principe» als «ein Dogmen- und Lehrbuch tyrannischer Ruchlosigkeit»[36]. Gegen Tyrannei und Despotismus setzte er eine etwas schlichte naturrechtliche Vorstellung vom Vertrag zwischen Monarch und Untertanen. So heißt es gleich im ersten Kapitel: «Um ihrer Ruhe, um ihrer Erhaltung willen haben es die Völker für nötig befunden, Richter zu haben, die ihren Hader schlichten, Schirmherren, die ihren Besitz wider die Neider decken. Fürsten, die die Interessen aller, so mannigfaltig sie sind, zusammenfassen könnten zu einem großen Gesamtinteresse, und die Völker haben aus ihrer Mitte die Männer ausgewählt, die sie für die weisesten, gerechtesten, uneigennützigsten, menschlichsten und tapfersten hielten, über sie Herren zu sein und die drückende Last der Geschäfte ihnen abzunehmen.»[37] Demzufolge sei die «Wahrung des Rechts» die erste Aufgabe eines Herrschers. Die Frage, ob die Völker, deren Wohlfahrt den Fürsten über alles gehen solle, ein Recht zum Widerstand besitzen, wenn die Regenten ihrer Bestimmung zuwiderhandeln oder diese vernachlässigen, streift der Kronprinz nicht. Er skizziert die Rolle des Herrschers in berühmt gewordenen Worten, die meist verkürzt zitiert werden: «So läuft's also darauf hinaus, daß der Herrscher, weit entfernt, der unumschränkte Gebieter über seine Untertanen zu sein, nur ihr erster Diener ist, das Werkzeug ihres Glückes, wie jene das Werkzeug seines Ruhmes.»[38]

Da er für sie sorgt, sind sie als Untertanen zur Erfüllung ihrer Pflichten verbunden. Friedrichs Rollenbeschreibung des «ersten Dieners» beruht auf der Idee eines Staatswohls, das über den Launen des Regenten und jenseits seines Beliebens steht. Die Beherrschten vergüten das mit Gehorsam – und werden so zu Werkzeugen des Herrschers, der das Wohl des Staates verkörpert. Dieser rückt ihnen enger als je zuvor auf den Leib. Sie gewinnen wohl den Anspruch auf Geltung des Rechts und Schutz vor Willkür, was beides nicht wenig ist. Aber sie bleiben auch unter einem «ersten Diener» Untertanen und werden überdies stärker beansprucht als unter dem Schlendrian ständischer Regierung. Ihr Glück erfordert Pflichterfüllung, nicht Selbsttätigkeit oder Räsonnement. Indem Friedrich sich an die Staatsräson bindet, bindet er seine Preußen an sich.

In der Praxis gestaltete sich das weit weniger eindeutig. Die Tendenz zu einem unmittelbaren, modernen Verhältnis zwischen dem Staat und dem Einzelnen war freilich stark. Kein hergebrachtes Recht, keine Gewohnheit, keine ständische Institution sollte dazwischentreten. Friedrich Wilhelm I. hatte dem vorgearbeitet, indem er die Hofämter drastisch beschnitt und stattdessen eine zentrale Verwaltung aufbaute. Die Vereinheitlichung ist nie vollständig gelungen, nicht einmal in Militärfragen. Dafür waren die über Jahrhunderte gewachsenen Unterschiede zwischen den Provinzen zu groß, und durch den Raub Schlesiens und den Erwerb vormals polnischer Gebiete werden sie während Friedrichs Regierungszeit noch größer. Auch blieben die Hohenzollern, gerade die beiden Autokraten Friedrich Wilhelm I. und Friedrich II., auf den Adel angewiesen, der die Offiziere stellen sollte und weiterhin in den Gutsherrschaften Gerichts- und Polizeiaufgaben wahrnahm. Die wenigen Beamten allein hätten auch nie ganz Preußen mit seinen 2,2 Millionen Einwohnern im Jahr 1740 ordentlich verwalten können. Aber der Anspruch auf Vorrang des Staates, nicht der Dynastie, blieb und gab in Krisensituationen oft den Ausschlag.

Im «Antimachiavell» springt Friedrich vom Modell des Diener- und Pflichtstaats unvermittelt in die Wirklichkeit des 18. Jahrhunderts. Da ist dann plötzlich von Vertrag und Naturrecht nicht mehr die Rede. Wie wird man König? «Es gibt also nur drei Wege, auf rechtmäßige Weise Herr über ein Land zu werden: durch Erbfolge, durch Wahl durch die Völker, die zur Wahl ermächtigt sind, oder durch Eroberungen von feindlichen Provinzen in einem rechtmäßig unternommenen Krieg.»[39]

Vom «Antimachiavell» erschienen 1740 zwei Ausgaben, für eine davon hatte Voltaire die Abhandlung umgearbeitet, was Friedrich missfiel. Er überlegte, eine eigene, neue Fassung herzustellen. Wichtigeres kam dazwischen: Sein Vater lag krank auf den Tod. Er reiste zu ihm nach Potsdam, erhielt detaillierte Auskunft über die Stellung Preußens und die Gesinnungen der anderen Länder. Vater und Sohn versöhnten sich. Vom Haus Habsburg enttäuscht, soll Friedrich Wilhelm, auf den Kronprinzen deutend, gesagt haben: «Der wird mich rächen.» Gut erfunden! Solche Geschichten helfen immer, die unruhige Zeit des Thronwechsels durchzustehen und später dann Kontinuitäten zu behaupten, wo Brüche waren.

Der König starb am 31. Mai im Potsdamer Stadtschloss. Sein Sohn folgte ihm auf den Thron, ohne dass es auch nur einen Moment der Unruhe oder Unsicherheit gegeben hätte. Am 20. Oktober starb Kaiser Karl VI. in Wien, und an eine Umarbeitung des «Antimachiavell» war vorerst nicht zu denken. Friedrich versicherte seinem Freund Algarotti, man könne in dem Buch manches hinzufügen, manches weglassen, einiges bessern. «Allein der Tod des Kaisers ist für mich ein sehr schlechter Corrector. Diese Zeit ist verhängnißvoll für mein Buch und vielleicht ruhmvoll für meine Person.»[40]

Nun konnte gehandelt werden. Eine neue Zeit begann.

Johann von Besser vermeldet Geburt und Taufe

Der Dichter Johann von Besser (1654–1729), einer der gewandtesten seiner Zeit, hatte seit 1690 das Amt eines Zeremonienmeisters am Berliner Hofe inne, war also zuständig für Repräsentationskultur. Er sorgte dafür, dass die Feste in gehöriger Ordnung abgehalten wurden, verfasste Festspiele, Trauergedichte, Staatsschriften und vieles mehr. Außerdem führte er das Hof-Journal, in dem er die Geburt des Kronprinzen festhielt, wie es die Schicklichkeit gebot. 1713 fiel Johann von Besser der kleinen Kulturrevolution Friedrich Wilhelms I. – mehr Militär, weniger Hofprunk – zum Opfer. 1717 fand er eine neue Aufgabe in Dresden und blieb bis zu seinem Tode Zeremonienmeister Augusts des Starken.

Sonntags Morgens nach der Predigt, da man eben in der Predigt um eine glückliche Genesung der Kronprinzessin wegen herangenahter Geburtsstunde gebeten, genas sie zwischen 11 und 12 Uhr ihres dritten Prinzen, des jetzigen Prinzen von Preußen und Oranien. S. M. hatten sich eben in ihrem Gemache an die Tafel gesetzt, aber weilen kurz darauf der Königliche Leibmedicus, der Herr Hofrat Gundelsheim, die fröhliche Zeitung von der Geburt eines Prinzen gebracht, wurde S. M. vor Freuden so sehr darüber alterirt, daß sie mit Tränen in den Augen sich alsbald zur Kronprinzessin herübertragen ließen und hernachmals nicht essen konnten. Die Glocken wurden alsbald geläutet und alle Stücke auf den Wällen gelöset, so daß in einem Augenblick die ganze Stadt und der Hof in eine unaussprechliche (Freude) versetzt ward. S. M. declarirten, daß auch dieser Prinz gleich den vorigen den Namen «Prinz von Preußen und Oranien» führen sollte, und hingen ihm Nachmittags um 2 Uhr nebst einem ganz neuen Ordenskreuz das Ordensband [des Schwarzen-Adler-Ordens] um, wozu S. M. sich abermals zu I. K. H. der Kronprinzessin tragen ließen.

Als S. M. aus der Prinzessin Zimmer zurückkam und sich eben in ihren Tragsessel setzen wollten, trat ich herzu und legte meine untertänigsten Glückwünsche ab, und weil ich unter anderem auch erinnerte, daß, da dieser Prinz in der Ordnung der dritte wäre, den die Kronprinzessin zur Welt gebracht, wir hoffen könnten, daß er auch derjenige sein würde, der beim Leben bleiben und nach Sr. M. glücklichem Exempel zur Regierung dermaleins kommen sollte, als welcher gleichfalls ihre zwei älteren Brüder verloren und als dritter Prinz des Kurhauses Successor geworden, empfunden S. M. darüber ein so großes Vergnügen, daß sie alsbald sagten: «Ei, so will ich ihm auch meinen Namen geben», und es der Kronprinzessin anzudeuten, wieder in dieser Prinzessin Gemach zurückgingen.

Nachgehends ward Vesper gehalten und in dem Gebet für die glückliche Entbindung gedankt, da der Herr Oberhofprediger Andreä, der die Vesper hielt, durch Gelegenheit seines Textes «Wandelt würdig dem Evangelio» Anlaß nahm, den Hof zu ermahnen, für eine so große Gnade dem Allerhöchsten nicht mit Essen und Trinken und anderen Üppigkeiten, sondern durch einen würdigen Wandel zu danken, wofern wir wollten, daß derjenige Gott, der uns nach seinem Wohlgefallen erfreuen und betrüben kann, uns diese Freude, wie schon zu zweien Malen geschehen, nicht wieder nehmen sollte. Nach der Vesper hielten S. M. Tafel, weil Sie nur einmal des Tages essen und zum Mittage daran durch die Freude über die Geburt des Prinzen verhindert worden. Auf den Abend aber ward bei Sr. K. H. dem Kronprinzen eine kleine Réjouissance angestellet in Gesellschaft des Fürsten von Anhalt und der beiden Herrn von Kameke, des Herrn von Printzen und anderer.

Sonntags Nachmittags ward der neugeborene Prinz in der Schloßkapelle von dem Herrn Bischof getaufet und bekam den Namen Sr. M., nämlich: Friedrich.

Johann Michael von Loen schildert den preußischen Hof im Jahr 1718

Im Winter 1717/18 weilte der Jurist Johann Michael von Loen (1694–1776) in Berlin. Seine Beobachtungen über den preußischen Hof veröffentlichte er 1749, als Friedrich bereits Ruhm erlangt hatte, in seinen «Kleinen Schriften». Von 1752 bis 1765 war von Loen preußischer Regierungspräsident in Lingen.

Wenn man von dem Berliner Hof redet, so versteht man darunter schier nur die Kriegsleute; diese allein machen eigentlich den königlichen Hof aus. Die Räte, Kammerherrn, Hofjunker und dergleichen, wann sie nicht zugleich Kriegsämter haben, werden nicht viel geachtet und kommen meistenteils wenig nach Hof; die Gelehrten aber haben sich bei dem König am meisten verächtlich gemacht. Er hat einige dieser Leute um sich, weil er ihrer nicht entbehren kann; sie sind aber bei weitem nicht so geschliffen, wie seine Soldaten. Die Zucht macht Leute; die preußische ist herrlich. (...)

Kein Fürst hat noch jemals das kindische Flitterwerk, worin sich die menschliche Hoheit zu kleiden pfleget, natürlicher und vernünftiger eingesehen als der König von Preußen. Sein Herr Vater hatte die Ehre seiner Krone, die er sich selbst auf das Haupt gesetzet, nach dem üblichen Wohlstand der Monarchen durch einen erstaunenden Aufwand und außerordentliche Pracht verherrlichet. Seine Staats- und Hofbedienten wurden dadurch groß und reich, die Schatzkammer aber ziemlich erschöpft. Der König führte bei dem Antritt seiner Regierung eine genaue Haushaltung ein. Er schaffte viele unnötige Bedienten und Müßiggänger ab, setzte seine Leute auf halben Sold herunter und ließ viel überflüssiges Geschirr verkaufen und zu Geld machen. Er sammlete sich dadurch in kurzer Zeit so große Schätze in barer Münze, als kein Monarch in seiner Zeit besaß. (...)

Ich komme auf den Kronprinzen. Dieser zeiget bei einem noch zarten Alter eine ungemeine Fähigkeit, ja etwas ganz außerordentliches. Er ist ein überaus munterer und lebhafter Prinz. Er hat eine sehr feine und geistreiche Bildung. Er zeiget dabei eine gewisse Leutseligkeit und eine so gute Gemütsart, daß man alles von ihm hoffen kann. Die Frau von Sacetot [die Oberhofmeisterin der Königin], welche bisher die Aufsicht über dessen Erziehung gehabt hat, redet von ihm nicht anders als mit Entzücken: «C'est un esprit angélique», pfleget sie zu sagen: es ist ein englischer Verstand. Er fasset, er lernet alles, was man ihm vorlegt, mit der größten Leichtigkeit. Der berühmte Monsieur La Croze [Bibliothekar in Berlin] hat unter andern geschickten Lehrmeistern die Ehre, ihn und die Kronprinzessin zu unterweisen.

Der Kronprinz gehet nun in das siebente Jahr: man ist beschäftigt, denselben aus dem Frauenzimmer zu tun und ihm eine besondere Hofstaat beizulegen. Der Obrist von Kalckstein ist von dem König ernennet worden, unter dem Grafen von Finckenstein die Stelle eines Hofmeisters bei dem Prinzen zu versehen. Dieser Kavalier ist einer der artigsten und aufgeräumtesten Köpfe bei Hof. Niemand ist reicher an guten und muntern Einfällen. Der König sowohl als die Königin halten im übrigen diesen Prinz unter einer scharfen Zucht, und es sind wohl wenig Königskinder in der Welt, denen so durch den Sinn gefahren und der jugendliche Wille gebeuget wird. In der Tat leben Ihre beiderseits Majestäten bei aller ihrer Hoheit nicht anders als wie zwei christliche Eheleute zusammen, die mit einer den Eltern geziemenden Sorgfalt ihre Kinder zur Frömmigkeit und allen anständigen Tugenden aufzuziehen suchen.

Die Königin ist eine höchste verehrungswürdige Dame: sie hat das beste Herz von der Welt und eine gründliche Vernunft. Sie weiß sich vollkommen in die Gemütsart des Königs zu schicken. Sie liebt die Musik als ihre einzige Ergötzlichkeit. Dem ungeachtet aber finden sich doch wenig Virtuosen bei Hof. Der König wendet lieber etwas auf einen guten Waldhornisten. Der Kammerherr von Brandt ist der Aufseher der königlichen Musik. Im Sommer fährt die Königin insgemein gegen Abend nach Monbijou, welches ein Garten an der Spree mit einem kleinen Lustgebäude ist, worinnen vor einem Jahr der Zar [im September 1717 besuchte Peter I. Berlin und Potsdam] sich hat gefallen lassen, sein Quartier zu nehmen. Ein paar schlechte Kutschen mit sechs alten Pferden bespannet und ein kleiner Mohr zu Seiten: dieses ist gemeiniglich der ganze Aufzug dieser großen Königin. Hier, dacht' ich, können die Großen haushalten lernen.

Man kann sich leicht einbilden, daß, da weder der König noch die Königin die Pracht lieben, der Hof zu Berlin wenig glänzendes und reiches aufzuweisen habe. Ich wollte es keinem raten, daß er sich an demselben mit buntscheckigten französischen Modekleidern sehen ließ, er müßte sich dann gern auslachen lassen, wie solches einem von meinen guten Freunden begegnet ist, der seine von Paris mitgebrachte Kleider, nachdem er sich einmal damit bei Hof gezeiget, wieder einpacken mußte, um dem Mißfallen des Königs und dem Gespötte der Höflinge sich zu entziehen. Dieser Monarch kann nichts weniger als dergleichen kleine geputzte Puppen leiden.

Der schönste Glanz des preußischen Hofs bestehet in der auserlesenen Mannschaft, die der König auf den Beinen hat; insonderheit ist das große Grenadier-Regiment zu Potsdam etwas so herrliches und majestätisches, daß kein Potentat in der Welt es darinnen leicht dem König in Preußen wird vortun können. Man kann nichts schöners, nichts ordentlichers und zugleich auch nichts kriegerischers sehen. Wann sie ihre Waffenübungen machen, wann sie sich schwenken, wann sie Feuer geben, wann sie auf und ab ziehen, so läßt es, als ob sie zusammen nur einen Körper ausmachten und von einer einzigen Triebfeder zugleich angezogen würden.

Man sagt, daß der König im Stand sei, für das Geld, womit er unter dem Schloß die Gewölbe angefüllet hätte, noch zwei solche Armeen auf die Beine zu setzen. Dieses ist wohl zu glauben. Der größte Teil der königlichen Einkünfte kommet in die Gewölbe. Die Torheit der Menschen zollet dem König jährlich einen Haufen Geld für bloße Titel. Keiner kommt zu einer wirklichen Bedienung, er muß davon so viel abgeben.

Als unlängst der Kronprinz mit einem großen Gefolg von Offizieren hinter dem König herging, radelte derselbe mit seinem kleinen Stöckchen wieder die Palisaden, die vor dem Schloß auf der Seite sind, wo die Schätze verwahret liegen, und sprach: «Wie froh werden einmal diese Gefangenen sein, wenn man sie erlösen wird.» Die Offiziere, die um ihn waren, fingen darüber an, überlaut zu lachen. Der König hörte solches, er wand sich herum und fragte, was da wär. Niemand wollte sich erkühnen, das gute Wörtchen, welches dem Kronprinzen entfahren war, dem König zu sagen; dieser aber drang mit Heftigkeit darauf und machte, als er es vernahm, darüber keine gar gnädige Miene; er entdeckte in den Worten des Kronprinzen die Sprache anderer Leute.

Friedrich Wilhelm I. bestimmt das Erziehungsreglement
Friedrich Wilhelm I. hat nicht nur die Kenntnisse und Fortschritte
seines Sohnes höchstselbst examiniert, sondern ihm auch einen eigenen
Lehrplan verordnet und Erziehungsinstruktionen verfasst. Sie atmen
den starren Geist der Strenge. Die Freiräume waren eng bemessen.
Als wäre der Prinz knetbarer Teig, sollte er zum Ebenbild des Vaters
geformt werden – das führte in die Katastrophe, dürfte aber doch mit
verantwortlich gewesen sein für die Leistungsfähigkeit und Zähigkeit,
die Friedrich als Monarch auszeichneten.

REGLEMENT, WIE MEIN ÄLTESTER SOHN FRIEDRICH
SEINE STUDIEN ZU WUSTERHAUSEN HALTEN SOLL.

Wusterhausen, 3. September 1721

Am Sonntage soll Er des Morgens um sieben Uhr aufstehen; sobald Er die Pantoffeln an hat, soll Er vor dem Bette auf die Knie
niederfallen und zu Gott kurz beten und zwar laut, daß alle, die im
Zimmer sind, es hören können. Das Gebet soll dieses sein, so Er
auswendig lernen muß: «Herr Gott, heiliger Vater! Ich danke Dir
von Herzen, daß Du mich diese Nacht so gnädiglich bewahret
hast; mache mich geschickt zu deinem heiligen Willen und daß
ich nichts möge heute, auch alle meine Lebetage tun, was mich
von dir scheiden kann, um unseres Herrn Jesu, meines Seligma-
chers Willen Amen.» Und hierauf ein Vater unser!

Sobald dies geschehen ist, soll Er sich geschwinde und hurtig
anziehen und sich propre waschen, schwänzen und pudern und
muß das Anziehen und das kurze Gebet in einer Viertelstunde fix
und fertig sein, alsdann es ein Viertel auf acht Uhr ist. Dann soll
Er Frühstücken in sieben Minuten Zeit. Wenn das geschehen ist,
dann sollen alle Domestiquen und sein Erzieher Duhan herein-
kommen, das große Gebet zu halten auf die Knie; darauf Duhan
ein Kapitel aus der Bibel lesen soll und ein oder ander gutes Lied

singen, da es drei Viertel auf Acht sein wird. Als dann alle Domestiquen wieder heraus gehen sollen. Duhan soll alsdann mit Meinem Sohne das Evangelium vom Sonntage lesen, kurz expliciren und dabei alligiren [festhalten], was zum wahrsten Christentum nötig ist, auch etwas vom Catechismo Noltenii repetiren und soll dieses geschehen bis neun Uhr; alsdann mit Meinem Sohne zu mir herunter kommen soll und mit Mir in die Kirche gehen und essen; der Rest vom Tage aber ist vor Ihn.

Des Abends soll Er um halb zehn Uhr von Mir guten Abend sagen, dann gleich nach der Kammer gehen, sich sehr geschwind ausziehen, die Hände waschen, und sobald solches geschehen ist, soll Duhan ein Gebet auf den Knieen halten, ein Lied singen, dabei alle seine Domestiquen wieder mit zugegen sein sollen, alsdann Mein Sohn gleich zu Bette gehen soll, daß er halb elf gleich zu Bette ist.

Des Montags um halb sechs Uhr wird Er geweckt und, sobald solches geschehen ist, sollten sie ihn anhalten, daß Er, sonder sich zu ruhen oder nochmals umzuwenden, hurtig und sogleich aufsteht, und muß Er alsdann niederknieen und ein kleines Gebet halten wie des Sonntags früh. Sobald Er solches getan, soll Er geschwinde als möglich sich anziehen, auch das Gesicht und die Hände waschen, aber nicht mit Seife: ferner soll er das Casaquin anziehen, das Haar auskämmen und schwänzen, aber nicht pudern lassen. Indeß daß Er sich kämmen und einschwänzen läßt, soll Er sogleich Tee und Frühstück nehmen, daß das zugleich Eine Arbeit ist, und muß dies Alles vor halb sieben Uhr fertig sein. Alsdann Duhan und alle seine Domestiquen herein kommen sollen und wird alsdann das große Gebet gehalten, ein Capitel aus der Bibel gelesen, ein Lied gesungen, wie am Sonntage, welches alles bis sieben Uhre dauert, da die Domestiquen auch wieder weggehen sollen. Von sieben bis neun soll Duhan mit Ihm Historie tractiren, um neun Uhr kommt Noltenius, der soll Ihm bis drei Viertel elf im Christentum informieren. Um drei Viertel auf elf Uhr soll Er sich das Gesicht geschwinde mit Wasser und die Hände mit Seife waschen, sich weiß anziehen, pudern und den Rock anziehen und um elf zum Könige kommen, da bleibt Er bis zwei Uhr. Duhan soll alsdann auch gleich da sein, Ihm von zwei bis drei Uhr die Landkarte zu weisen; dabei sie Ihm sollen aller Europäischen Reiche Macht und Schwäche, Größe, Reichtum und Armut der Städte expliciren. Von drei bis vier Uhr soll er die Moral tractiren, von vier bis fünf Uhr soll Duhan deutsche Briefe mit Ihm schreiben und dahin sehen, daß Er einen guten Stylum bekomme. Um fünf Uhr soll Er die Hände waschen und zum Könige gehen, ausreiten, sich in der Luft und nicht in der Kammer divertiren und tun, was Er will, wenn es nur nicht gegen Gott ist.

Dienstag genau wie Montag, nur daß Patzendorf statt Noltenius von neun bis halb elf kommt, Ihn im Fechten zu informieren. Des Nachmittags soll es wie am Montage sein, außer daß am Platze vom Briefschreiben Er die Arithmetica vornehmen soll.

Mittwoch wie Montag, ausgenommen von sieben bis halb zehn Uhr soll mit Ihm Duhan nichts als die Historie tractiren und Ihm was auswendig lernen lassen, damit die Memorie verstärkt werde. Halb zehn soll Er sich geschwinde anziehen und zum König kommen. Das Uebrige vom Tage gehört vor Fritzchen.

Donnerstag Vormittag wie am Mittwoch, Nachmittag wie am Montag Nachmittag, statt des deutschen Briefschreibens aber soll Er lernen einen guten französischen zu schreiben und die Rechenkunst.

Freitag Vormittag wie Mittwoch, im deutschen Schreiben und Arithmetica.

Am Sonnabend soll des Morgens bis halb elf Uhr in der Historie, im Schreiben und Rechnen Alles repetirt werden, was Er die ganze Woche gelernt hat, auch in der Moral desgleichen, um zu sehen, ob Er profitiret hat, so ist der Nachmittag vor Fritzen, hat Er aber nicht profitiret, so soll Er von zwei bis sechs Uhr Alles repetiren, was Er in den vorigen Tagen vergessen hat.

Im Aus- und Anziehen müssen sie Ihn gewöhnen, daß er hurtig aus und in die Kleider kommt, soviel menschenmöglich ist. Sie sollen auch dahin sehen, daß Er sich selbst aus und anziehen lerne und daß Er propre und reinlich werde, und nicht so schmutzig sei.

Der Kronprinz bedichtet das Tabakskollegium

Derbe Späße, Tabakqualm und Bier prägten die Atmosphäre in der Männergesellschaft des Tabakskollegiums, das der Vater regelmäßig abhielt. Der Kronprinz hat es verabscheut. Als König wird auch er dann Männerrunden bevorzugen. Die folgenden leichten Verse sind um 1729 entstanden, sie zeigen in konventionellen Formen den Gegensatz zwischen Vater und Mutter, der für den Kronprinzen verhängnisvoll wurde.

Das Tabakskollegium

Ich hab' mich aus der Tabagie gedrückt,
Sonst wär' ich ohne Hexerei erstickt;
Dort kann man herzlich Langeweile spüren,
Geredet wird allein vom Bataillieren.
Mir, der ich friedlicher Gemütsart bin,
Will dieses Thema gar nicht in den Sinn.
Die Flucht ergreifend, eile ich zum Mahl,
Nicht etwa, weil ich gar so hungrig bin,
Nein, um mit einem Zuge den Pokal
Zu leeren auf die teure Königin.

Theodor Fontane über die Katte-Tragödie

Das Leben des großen Königs und seiner Generäle, die Schlachten seiner Kriege, die gesamte friderizianische Welt spielen im Werk Theodor Fontanes (1819–1898) eine kaum zu überschätzende Rolle. Sie dienen als Kontrast zur eigenen Gegenwart. In den «Wanderungen durch die Mark Brandenburg» behandelt Fontane häufig Episoden aus der Lebensgeschichte Friedrichs. Seine Darstellung der «Katte-Tragödie» in dem Band «Das Oderland», der Ende 1879 erschien, folgt den Quellen genau und entwirft ein kraftvolles Bild vom alten Preußen. Es habe seine Stärke dem Schwert und dem Recht verdankt, was auch heißt: nicht Dünkel und Pomp.

Stadt und Festung Küstrin haben eine fünfhundertjährige Geschichte, die zu skizzieren ich in vorstehendem bemüht gewesen bin. Nur über *einen* Tag innerhalb dieses langen Zeitabschnitts: über den 6. November 1730, an dem das Haupt Kattes auf Bastion Brandenburg fiel, bin ich hinweggegangen. Und doch wiegt dieser Tag schwerer als die Gesamtsumme dessen, was vorher und nachher an dieser Stelle geschah, und mag als das Gegenstück zu dem 18. Juni 1675 gelten, zu dem «Tage von Fehrbellin». Mit diesen beiden Tagen, dem heiteren 18. Juni und dem finsteren 6. November, beginnt unsere Großgeschichte. Aber der 6. November ist der größere Tag, denn er veranschaulicht in erschütternder Weise jene *moralische Kraft*, aus der dieses Land, dieses gleich sehr zu hassende und zu liebende Preußen, erwuchs.

Es gibt kaum einen Abschnitt in unserer Historie, der öfter behandelt worden wäre als die *Katte-Tragödie*. Aber so viele Schilderungen mir vorschweben, das Ereignis selbst ist bisher immer nur auf den Kronprinzen Friedrich hin angesehen worden. Oder wenigstens vorzugsweise. Und doch ist der eigentliche Mittelpunkt dieser Tragödie nicht Friedrich, sondern *Katte*. Er ist der Held, und *er* bezahlt die Schuld.

Es ist meine Absicht, in nachstehendem *dem* die Ehre zu geben, dem sie gebührt.

Und hierin wird sich meine Darstellung von der anderer nicht unwesentlich unterscheiden, indem sie sich eigens vorsetzt, von allem, was auf den Kronprinzen Fritz Bezug nimmt, nur das Unerläßliche zu geben, nur soviel, wie zum Verständnis des Ganzen überhaupt erforderlich ist. Das ist zunächst, als Grundlage der ganzen Tragödie:

Der Fluchtversuch des Kronprinzen
Schon im November 1729 hatte der Kronprinz vorgehabt, «weil Dero Herr Vater immer ungnädiger auf ihn geworden», außer Landes zu gehen, und seitens des ins Vertrauen gezogenen Lieutenants von Keith, der damals Pagendienste beim Könige tat, waren einleitende Schritte geschehen, um die Flucht ins Werk zu setzen. Aber man stand schließlich von der Ausführung ab und nahm den Plan erst, nachdem auch ein Entweichen aus dem sächsischen Lager bei Mühlberg im Mai 1730 gescheitert war, im Juli letztgenannten Jahres wieder auf.

Um diese Zeit hatte der König eine Reise nach dem Ansbachschen hin angetreten, die bis an den Ober- und Unterrhein ausgedehnt werden sollte. In seiner Begleitung befand sich wie gewöhnlich der Kronprinz, dem noch im Momente der Abreise, seitens des inzwischen als Günstling an die Stelle des von Keith getretenen Lieutenants von Katte, aufs dringendste angeraten worden war: seine Flucht *nicht* von Süddeutschland, sondern lieber erst von Wesel aus zu bewerkstelligen, von welcher Grenzfestung aus er am leichtesten und schnellsten über Holland nach England gelangen könne. Diese Mahnung wurde später schriftlich wiederholt, und zwar in einem Briefe, den der in Berlin zurückgebliebene von Katte nach Ansbach hin richtete. Aber dem Kronprinzen brannte bereits der Boden unter den Füßen, und er antwortete: «daß er *so* lange *nicht* zu warten, vielmehr von Sinsheim aus (bei Mannheim) fortzugehen gedenke. Katte solle nachkommen und ihn, den Kronprinzen, im Haag unter dem Namen Comte d'Alberville erfragen. Mißlänge die Flucht, so wolle er in einem Kloster Zuflucht suchen, wo man unter Skapulier und Kutte den argen Ketzer nicht entdecken werde.» Dieser der Post anvertraute Brief wurde verhängnisvoll. Auf seiner Adresse, die «An den Lieutenant von Katte, über Erlangen, *Berlin*» hätte lauten sollen, vergaß der in begreiflicher Hast und Erregung schreibende Kronprinz die Hinzufügung des Wortes *«Berlin»*, und so gelangte das Schreiben nur bis Erlangen, wo der Postmeister in Verlegenheit geriet, was damit anzufangen sei. Da sich zufällig ein Rittmeister von Katte, ein Vetter des Lieutenants, als Werbeoffizier am Orte befand, so hielt er es für das Geratenste, *diesem* den Brief einzuhändigen. Der Rittmeister von Katte aber, als er von dem Inhalte Kenntnis genommen, konnte sich seinerseits nicht der Pflicht entziehen, den Brief durch einen Courier an den König zu schicken.*

Dieser war mittlerweile (am 31.) von Ansbach aufgebrochen und ging über Öttingen, Ludwigsburg und Heilbronn auf Sinsheim zu. Da letzterer Ort, sehr gegen den Wunsch und Willen des Königs, am 4. August nicht mehr erreicht werden konnte, so bequemte man sich, in dem zwei Stunden vorher gelegenen

---

* Die Köpenicker Kriegsgerichtsakten erzählen diesen Hergang anders. Danach schickte der Lieutenant von Katte seinen an den Kronprinzen gerichteten Brief *nicht direkt an diesen*, sondern an seinen Vetter, ebenden im Text genannten, auf Werbung in Erlangen liegenden Rittmeister von Katte, mit der Bitte, den Brief, seiner Adresse gemäß, weiter nach Ansbach an den Kronprinzen gelangen zu lassen. Der Rittmeister aber, der den Brief «suspekt» finden mochte, scheint ihn entweder geöffnet und gelesen oder vielleicht auch uneröffnet auf bloßen Argwohn hin, per Courier an den König geschickt zu haben. Die Differenz ist erheblich. In dem einen Falle würde der *kronprinzliche* Brief an Katte, in dem anderen der Kattesche Brief an den Kronprinzen die Katastrophe herbeigeführt haben.

Dorfe Steinsfurth die Nacht in einer Scheune zuzubringen. Für die Pläne des Kronprinzen indes machte Steinsfurth oder Sinsheim keinen Unterschied, und so beschloß er, in selbiger Nacht noch seine Flucht von diesem Dorf aus ins Werk zu setzen. Um zwei Uhr erhob er sich, kleidete sich in einen roten Roquelaure [Reisemantel], der zu diesem Behuf eigens angefertigt war, und ging auf die Dorfstraße hinaus, wohin er den Pagen Keith (einen jüngeren Bruder des früher genannten) mit Pferden bestellt hatte.

Alles dieses war aber von dem Kammerdiener Gummersbach bemerkt worden, der nicht säumte, den mit der Beobachtung des Kronprinzen speziell betrauten Oberstlieutenant von Rochow zu wecken. Dieser sowie Generalmajor von Buddenbrock und die Obersten von Waldow und von Derschau folgten dem Kronprinzen auf die Dorfgasse und fanden ihn hier an eine Wagendeichsel gelehnt, immer noch auf Keith* und die Pferde wartend. Die

---

* Zwei Brüder von Keith spielen in der Fluchtgeschichte des Kronprinzen eine Rolle. Es ist nötig, dies gegenwärtig zu haben, wenn man sich nicht in Angaben, die mehr als einmal wie Widersprüche wirken, verwirren soll. Der eigentliche Freund des Kronprinzen war der *ältere* von Keith. In seiner Eigenschaft als Page des Königs erfuhr er vieles und konnte mehr als einmal den Kronprinzen vor ihn bedrohenden Gefahren warnen. Es geschah dies alles, wie durchaus hervorgehoben werden muß, nicht aus Hang zur Intrige oder auch nur aus besonderer Eitelkeit, sondern aus wirklicher Liebe zum Prinzen, jedenfalls aus Mitgefühl. Endlich entdeckt, schickte ihn der König zur Strafe nach Wesel in das dort stehende von Dossowsche Infanterieregiment und ließ den *jüngeren* von Keith in die Pagenstelle einrücken. Aber dieser jüngere Bruder erwies sich nicht viel anders als der ältere, bis er endlich, «gerührt von der ängstlichen Gemütsstimmung des Königs, diesem in Mannheim alles reumütig bekannte». Er scheint denn auch mit einer geringen Strafe davongekommen zu sein. Der ältere Bruder, als er von den Vorgängen in Steinsfurth hörte, floh klugerweise von Wesel nach England und konnte daselbst in den Zeitungen lesen, daß er nach kriegsrechtlichem Spruch *«in effigie gehenkt worden sei»*. Bald darauf nahm er portugiesische Dienste, aus denen er später (nach 1740), übrigens ohne sonderliche Karriere zu machen, in preußische Dienste zurück trat.

Obersten, über seine Kleidung erstaunt, baten ihn, die Uniform wieder anzulegen, ehe ihn der König in diesem Aufzuge sähe. Aber eben jetzt brachte Keith die Pferde, und Friedrich schickte sich ohne weiteres an, sich in den Sattel zu werfen und davonzureiten. Nur mit Mühe gelang es den Obersten, ihn in die Scheune zurückzunötigen.

Derschau hinterbrachte das Vorgefallene dem Könige, der sich zunächst – weil es noch an eigentlichen Schuldbeweisen fehlte – gegen den Kronprinzen wie gewöhnlich zeigte. Auch in den folgenden Tagen noch, während welcher die Reise sich über Mannheim und Darmstadt fortsetzte. Nur in Darmstadt, am 6. August, konnte der König mit einer spöttischen Bemerkung gegen den Prinzen nicht zurückhalten. «Er wundre sich, ihn noch hier zu sehen; er habe ihn bereits in Paris vermutet.»

Und so blieb es bis zum 8. früh.

Am Abend vorher hatte man Frankfurt am Main erreicht, allwo der vom Rittmeister von Katte nachgesandte Courier dem Könige den vorerwähnten kompromittierenden Brief einhändigte. Durch diesen Brief war der Schuldbeweis gegeben, und der lange zurückgehaltene Zorn brach jetzt hervor. Das erste Zusammentreffen zwischen Vater und Sohn fand am Morgen des 8. auf einem Rheinboot statt, das für die Stromfahrt nach Wesel bestimmt war. Als der Kronprinz das Schiff betrat, stürzte sich der König auf ihn und schlug ihn, bis ihn der Oberst von Waldow durch sein Zwischentreten befreite und auf ein anderes bereitliegendes Schiff brachte.

Die Reise ging nun rheinabwärts. Am 10. war man in Bonn, am 11. in Wesel. Der «Arrestant» ward am Ufer von dem Oberstlieutenant von Borcke mit einem starken Kommando in Empfang genommen und in die Festung gebracht. Am anderen Morgen, den 12., erfolgte seine Vorführung vor den König.

«Warum habt Ihr entweichen wollen?»

«Weil Sie mich nicht wie Ihren Sohn, sondern wie einen gemeinen Sklaven behandelt haben.»

«Ihr seid nichts als ein feiger Deserteur, der keine Ehre hat.»

«Ich habe soviel Ehre wie Sie, und ich habe nichts getan, was Sie an meiner Stelle nicht auch getan hätten.»

Bei diesen Worten zog der König den Degen und wollte den Prinzen erstechen. Aber der tapfere Kommandant, Generalmajor von der Mosel, warf sich dazwischen und sagte: «Sire, durchbohren Sie mich, aber schonen Sie Ihres Sohnes.»

Einige Tage nachher empfingen die mehrgenannten Obersten den Befehl, den Kronprinzen unter sicherer Bedeckung von Wesel nach Treuenbrietzen zu schaffen. Schon vorher (ebenfalls am 12.) hatte der König folgende Zeilen an die Oberhofmeisterin der Königin gerichtet: «Meine liebe Frau von Kameke. Fritz hat desertieren wollen. Ich habe mich genötigt gesehen, ihn arretieren zu lassen; ich bitte Sie, auf eine gute Art meine Frau davon zu unterrichten, damit solche Neuigkeit dieselbe nicht erschrecke. Übrigens beklagen Sie einen unglücklichen Vater. F. W.»

Die Überführung des Kronprinzen erfolgte der Ordre des Königs gemäß. *Wann* er in Treuenbrietzen eintraf, ist nicht genau ersichtlich. Am 29. August wurde Generalmajor von Buddenbrock angewiesen, ihn von Treuenbrietzen nach Mittenwalde zu schaffen.

Aber auch Mittenwalde war nur Etappe, von der aus sein Weitertransport nach Küstrin am 4. September erfolgte. Tags darauf (am 5.) bezog er ein Arrestzimmer im zweiten Stocke des alten Küstriner Schlosses.

Von Katte vor dem König

Am 15. August wußte der in Berlin zurückgebliebene Grumbkow von dem Fluchtversuche des Kronprinzen, und am folgenden

Tage war es in der Stadt herum. Gleichzeitig mit der Nachricht an Grumbkow war auch bei dem Feldmarschall von Natzmer der Befehl eingetroffen: «den Lieutenant von Katte vom Regiment Gensdarmes verhaften und auf die Wache seines Regiments abführen zu lassen».

Kein Zweifel, daß Katte, *wenn er nur für seine Person besorgt gewesen wäre*, vollauf Zeit gehabt hätte, sich zu retten; das ergibt sich aus den verschiedensten Angaben. Alles befleißigte sich, ihn zu warnen, und ein von Asseburg, der ihm begegnete, rief ihm zu: «Was, Katte, Sie noch hier!» Ja, man ging weiter und schob seine Verhaftung um mehrere Stunden hinaus. So wenigstens stellt es die Prinzessin Wilhelmine, die spätere Markgräfin von Bayreuth, in ihren Memoiren dar. «Der uns zugetane dänische Gesandte von Löwenör», so schreibt sie, «hatte gehört, was sich gegen Katte vorbereitete. Sofort schrieb er an ihn und riet ihm, aufs schnellste abzureisen, weil er unstreitig arretiert werden würde. Katte bat sich infolge dieser Benachrichtigung einen ‹kurzen Urlaub› aus, der ihm – da sein Regimentskommandeur, Oberst von Pannewitz, von den umlaufenden Gerüchten zu jener Stunde noch nichts gehört haben mochte – auch ohne weiteres bewilligt wurde. Und so war denn eine vorzügliche Gelegenheit zur Flucht gegeben. Aber Katte sah sich verhindert, unmittelbaren Gebrauch davon zu machen, weil ein Sattel, in dem er Geld und Wertsachen zu verbergen vorhatte, leider noch nicht fertig war. So verging Zeit. Diese wandte er an, um alle Papiere zu verbrennen. Das war gut. Und nun endlich kam das Pferd, der Sattel war da, und er wollt es eben besteigen, als der Feldmarschall von Natzmer (in Wahrheit war es der vorgenannte Oberst von Pannewitz) erschien, um ihn im Namen des Königs zu verhaften. Katte übergab ihm, ohne die Farbe zu wechseln, den Degen und wurde sogleich auf die Wache des Regiments abgeführt. Man legte all seine Sachen in Gegenwart des Feldmarschalls – der betretener als sein Gefangener schien – unter Siegel. Der alte Herr hatte länger als drei Stunden mit Ausführung des königlichen Befehls gezögert und war sehr böse, Katten noch vorzufinden.»

So die Markgräfin in einer durch die ganzen Memoiren sich hinziehenden Mischung von Falschem und Richtigem. Übrigens wird, von Namensverwechselungen und ähnlichen kleinen Irrtümern ganz abgesehen, auch *das*, was Katte den rechten Augenblick zur Flucht versäumen ließ, von verschiedenen Personen sehr verschieden angegeben. Friedrich II. selbst soll später zu dem englischen Gesandten Sir Andrew Mitchell von einem «Liebesverhältnis» gesprochen und *dieses* als Grund der Versäumnis bezeichnet haben. Mir, offen gestanden, noch unwahrscheinlicher als der «verspätete Sattel». Nach dem Bilde, das ich aus der Lektüre der zeitgenössischen Aufzeichnungen gewonnen habe, liegen die Dinge viel natürlicher und namentlich viel ehrenvoller für Katte. Er war einfach mit Aufträgen und Verpflichtungen überbürdet, indem er, wie schon angedeutet, nicht bloß an *sich*, sondern vor allem auch an den Kronprinzen, an die Königin und die Prinzessin Wilhelmine zu denken hatte. Und so glaube ich ihm nur gerecht zu werden, wenn ich ihn als ein *Opfer seiner ritterlichen Gesinnung hinstelle*, der er denn auch – was im übrigen immer seine Fehler gewesen sein mögen – bis zum letzten Atemzuge treu geblieben ist.

Aber kehren wir zu den Ereignissen selbst zurück.

Am 27. war der König von Wesel her in Berlin eingetroffen und hatte schon zwei Stunden später den Arrestanten von Katte vorfordern lassen. Es war ein schwerer Gang. Die Prinzessin Wilhelmine stand an einem der hohen Fenster und sah den Unglücklichen über den Schloßplatz führen. «Er war bleich und entstellt», so schreibt sie, «nahm aber doch den Hut ab, um mich zu grüßen. Hinter ihm trug man die Koffer meines Bruders und die seinen, welche man weggenommen und versiegelt hatte. Gleich darauf erfuhr der König, dessen Empörung bis dahin sich gegen *uns* gerichtet hatte, daß Katte da sei. Und er verließ uns nun, um den Ausbrüchen seines Zorns ein neues Ziel zu geben.»

Als Katte den Gefürchteten eintreten sah, warf er sich vor ihm nieder. Der König aber riß ihm das Johanniterkreuz vom Halse, mißhandelte ihn mit dem Stock und trat ihn mit Füßen. Alsdann befahl er dem schon vorher herbeigerufenen Generalauditeur Mylius, unverzüglich mit dem Verhör zu beginnen. Katte bewies eine Standhaftigkeit, die den König in Verwunderung setzte, und gestand nur ein, von der Flucht des Kronprinzen gewußt und die Absicht, ihm zu folgen, gehabt zu haben. Auf die Frage jedoch, «an welchen Hof der Prinz sich habe begeben wollen», antwortete er, «das wisse er nicht». Und danach wurde er in die Gensdarmenwache zurückgebracht.

Während der Septemberwochen – auch noch bis in den Oktober hinein – folgte nunmehr Verhör auf Verhör, und als endlich mit Hülfe derselben ein ausgiebiges Material zur Anstrengung eines prozessualischen Verfahrens gesammelt war, wurde die Voruntersuchung geschlossen und ein *Kriegsgericht*, das über *fünf* Angeklagte, in erster Reihe aber über den Kronprinzen Fritz und den Lieutenant von Katte, zu befinden hatte, zusammenberufen.

Das Kriegsgericht zu Köpenick
Über dies Kriegsgericht und das durch dasselbe gefällte Urteil finden sich infolge regelmäßiger und oft ausschließlicher Benutzung der als Quelle dienenden Memoiren des Freiherrn von Pöllnitz und der Markgräfin von Bayreuth* immer noch Irrtümer

---

* Diese Memoiren der Markgräfin sind nichtsdestoweniger, wie nicht genug anerkannt werden kann, von einem unschätzbaren Wert. Im einzelnen haben sie beständig unrecht, im ganzen haben sie beständig recht. Handelt es sich darum, ob etwas an diesem oder jenem Tage geschah, soll über Personen und Namen Endgültiges festgestellt werden, so lassen sie einen im Stich. Mitunter auch

verbreitet, die den Ergebnissen einer strengeren historischen Forschung bis diesen Tag getrotzt haben. Es wird nötig sein, die betreffenden irrtümlichen Stellen aus den Memoiren der beiden Vorgenannten zunächst zu zitieren. So schreibt die Markgräfin: «Dönhoff und Linger stimmten für Pardon, aber die anderen, um dem Könige zu Willen zu sein, *verurteilten den Kronprinzen und Katte zur Enthauptung.*» Und in Übereinstimmung damit heißt es bei Pöllnitz: «Weder der Kronprinz noch Katte waren persönlich zugegen. Nichtsdestoweniger wurden sie von dem Kriegsgerichte gerichtet und *verurteilt, den Kopf zu verlieren.*» Diese beiden Stellen sind in unzählige volkstümliche Geschichts- und Nachschlagebücher übergegangen, während umgekehrt das Wort «Tod» von seiten des Kriegsgerichts *nicht* gesprochen worden ist. Die dasselbe bildenden oder, richtiger, die innerhalb desselben den Ausschlag gebenden Männer fällten vielmehr über den Kronprinzen, «weil er jenseits ihrer Kompetenz läge», *gar kein* Urteil und verurteilten Katte zu lebenslänglicher Festungsstrafe. Dies ist kurz das Tatsächliche.

Foerster und Preuß, unter Benutzung reicher und zuverlässigerer Quellen, haben in ihren epochemachenden Werken die Dinge so gegeben, wie sie realiter liegen; aber auch ihnen scheint ein voller Einblick in die *Details* des Verfahrens gefehlt zu haben, und erst eine verhältnismäßig sehr neue Veröffentlichung (1861) ermöglicht einen solchen Einblick. Diese Veröffent-

---

dann noch, wenn sie Selbsterlebtes erzählen. Aber das Gesamtbild, vor allem die *Stimmung* jener Tage, ist in unübertrefflicher Weise wiedergegeben. Selbst die *Charakteristik* der Personen – einige wenige ausgenommen, wo der Groll über erlittene Unbill ihr Urteil trübte – halte ich im wesentlichen für zutreffend. Wenn es heißt, daß sie den König zu streng beurteilt habe, so ist das nur halb richtig. Das Große, was unzweifelhaft in ihm steckte, können wir leicht bewundern; seiner Umgebung aber, die vor ihm zitterte, war es mindestens schwer gemacht, dies Große jeden Augenblick gegenwärtig zu haben.

lichung führt den Titel: «Vollständige Protokolle des Köpenicker Kriegsgerichts» und wurde durch Professor Danneil, den Vorstand des in der Propstei zu Salzwedel befindlichen Schulenburgschen Familienarchivs, veranstaltet. In einem kurzen Vorworte gibt der Herausgeber (Danneil) zunächst Auskunft darüber, wie dieser Protokollenschatz in das ihm unterstellte Familienarchiv gelangte. Einfach dadurch, daß ein Schulenburg, und zwar der Generallieutenant Achaz von der Schulenburg, der Vorsitzende des Köpenicker Kriegsgerichts war. «Alle diese Protokolle», heißt es dann weiter, «finden sich in *Abschrift* vor. Die *Originale* wurden dem König überreicht. Sämtliche Abschriften sind sehr sorgfältig und sicherlich auf Veranlassung des Generallieutenants von der Schulenburg selbst angefertigt worden. Ihre Orthographie, weil man sich an die Originale hielt, weicht hier und dort untereinander ab. Die *von diesen Verhandlungen bisher allein bekannt gewordene Cabinetsordre vom 1. November 1730* (in der der König das *nicht* auf Tod lautende Urteil des Kriegsgerichts umstößt, um es seinerseits zu verschärfen) stimmt mit dem Abdruck derselben bei Preuß bis auf wenige unwesentliche Punkte überein.»

Soweit Professor Danneil. Seiner wichtigen Veröffentlichung entnehme ich nunmehr das unmittelbar Folgende. Zunächst einige Daten, die, namentlich auch, was die abweichenden *Zahlenangaben* betrifft, auf Zuverlässigkeit Anspruch haben.

Unterm 22. Oktober wurde das Kriegsgericht von seiten des Königs ernannt. Es bestand aus fünfzehn Offizieren, die sich in fünf Ranggruppen sonderten.

Und zwar:

Generalmajor von Schwerin
Generalmajor von Dönhoff
Generalmajor von Linger

Oberst von Derschau
Oberst von Stedingk
Oberst von Wacholtz

Oberstlieutenant von Weyher
Oberstlieutenant von Schenck
Oberstlieutenant von Milagsheim

Major von Einsiedel
Major von Lestwitz
Major von Lüderitz

Capitain von Itzenplitz
Capitain von Pudewels*
Capitain von Jeetze

Am 27. Oktober traten diese fünfzehn Offiziere, aber zunächst noch in Gruppen gesondert, zu einer Vorberatung zusammen, um *fünf* schriftliche Separatvota abzugeben. Daran schloß sich als *sechstes* Separatvotum das des Vorsitzenden Achaz von der Schulenburg.

Der 28. war der Tag des eigentlichen Kriegsgerichts, an dem das Endurteil gefällt werden sollte und auch wirklich gefällt wurde. Dies Urteil in seiner ganzen weitgedehnten Motivierung hier zu bringen, verbietet der Raum, weshalb ich mich auf Wiedergabe des vorerwähnten Achaz von der Schulenburgschen *Separatvotums* beschränke. Dieses Separatvotum deckt sich *inhaltlich* mit

---

* Von Pudewels ist von Podewils. – Die Namensschreibungen wechseln überhaupt im Laufe der Zeit, dies gilt auch von *Katt* und *Katte*, die im Text beide, und zwar abwechselnd, wiederkehren. Die Familie nennt und schreibt sich jetzt von *Katte*, damals aber von Katt. Verschiedene später mitzuteilende Briefe führen diese letztere Unterschrift *(Katt)*.

dem kriegsgerichtlichen Spruch und mag deshalb in Vertretung desselben hier seine Stelle finden. Es lautete:

«Nach fleißiger und genauer Erwägung sämmtlicher dem General-Kriegs-Gericht vorgelegenen Akten finde *ich*, Praeses dieses Gerichtes, nach meinem Gewissen und abgestatteten Eyde mich verbunden

1. Was den Cron-Printzen betrifft, denen *sämmtlichen* dahin gehenden Votis beyzufallen, daß deßelben jetzige Sache nach ihren Umständen von einem Krieges-Recht *nicht* gesprochen werden könne, sondern Sr. K. M. zu überlassen sey, welchergestalt Sie deßen wiederholte wehmüthige Reu-Bezeugung, submission und Bitte als König und Vater in Gnaden anzusehen geruhen mögten.

2. So viel den Hans Hermann Katten anlanget, muß ich *denjenigen* Votis beistimmen, welche ewigen Vestungs-Arrest erkannt haben, Allermaaßen desselben sonst böser Raht und Anschläge, auch seine dem Cron-Printzen zur Flucht so offt versprochene und abgeredete Hülffe dennoch zu keinem Effect und Würcklichkeit gelanget. Aus meiner gesunden Vernunfft aber und vor mich ich nicht anders begreifen kann, als daß auch in denen größten Verbrechen ein sonderbahrer Unterschied zwischen wirklicher Vollziehung der vorgenommenen bösen That und zwischen denen dazu allererst genommenen Mesures seyn müsse, und eine Lebens Straffe zwar bey *jener*, nicht aber bey *diesen* stattfinden könne. Und da es in diesem Falle noch zu keiner wirklichen Desertion gekommen, so kann ich nach meinem besten Wißen und Gewißen, auch dem theuer geleisteten Richter-Eyde gemäß, den Katten mit keiner Lebens-Straffe, sondern mit ewigem Gefängniß zu belegen mich entschließen.»

Am selbigen, spätestens an dem darauffolgenden Tage wurde das Urteil – wahrscheinlich unter Beischluß der Separatvota – dem zu Schloß Wusterhausen in finsterer Ungeduld wartenden König eingehändigt. Er war *nicht* befriedigt und sandte folgende

---

74

Bemerkung zurück: «Sie sollen *Recht* sprechen und nit mit dem Flederwisch darübergehen. Das Kriegsgericht soll wieder zusammenkommen und *anders* sprechen.»

Auf der Rückseite des Blattes stand von der Hand des Königs: «5. Buch Mose, Kap. 17, Vers 8 bis 12. Zweites Buch Samuelis, Kap. 18, Vers 10 bis 12. Zweites Buch Chronika, Kap. 19, Vers 5 bis 7.» Im 5. Buch Moses heißt es an der Hauptstelle: «Und du sollst dich halten nach dem Gesetz, das sie dich lehren, und nach dem Recht, das sie dir sagen, daß du von demselben nicht abweichest, weder zur Rechten noch zur Linken.»

Aber alle diese Mahnungen zu größerer Strenge waren vergeblich. Das Kriegsgericht blieb bei seinem Spruch, und Achaz von der Schulenburg, in seiner Eigenschaft als Vorsitzender, antwortete unterm 31. Oktober: «Nachdem er nochmals reiflich erwogen und wohl überleget, finde er sich in seinem Gewissen überzeugt, daß es *dabei bleiben müsse* und solches zu ändern ohne Verletzung seines Gewissens nicht geschehen könne noch in seinem Vermögen stehe.»

Worauf nun, de dato Wusterhausen am 1. November 1730, jener königliche Machtspruch erfolgte, der den durch Kriegsgericht lediglich zu lebenslänglicher Festungshaft verurteilten Katte mit dem *Tode* bestrafte. Unter Fortlassung einiger weniger, die drei mitangeklagten Lieutenants von Keith, von Spaën und von Ingersleben* betreffenden Sätze, lautete diese berühmt gewordene «*Cabinetsordre*» wie folgt:

«Se. Königliche Majestät in Preußen, Unser allergnädigster König und Herr, haben das Denenselben eingesandte Kriegesrecht

---

* Von Keith, wie schon in einer früheren Anmerkung hervorgehoben, war durch das Kriegsgericht zum Strang, von Spaën zu Kassation, von Ingersleben zu sechsmonatiger Festungshaft verurteilt worden. Da von Keith bereits flüchtig geworden war, ward er «in effigie» gehenkt.

durchlesen, und sind mit demselben in allen Stücken sehr wohl zufrieden.» (Folgt die Zustimmung zu dem über die Lieutenants von Keith, von Spaën und von Ingersleben gefällten Urteile.)

«Was aber den Lieutenant v. *Katt* und dessen Verbrechen, auch die vom Kriegsrecht deshalb gefällte Sentenz anlanget, so sind S. K. M. zwar nicht gewohnt, die Kriegsrechte zu schärfen, sondern vielmehr, wo es möglich, zu mindern, dieser Katt aber ist nicht nur in meinen Diensten Offizier bey der Armee, sondern auch bey der Garde Gens D'Armes, und da bey der ganzen Armee meine Offiziers mir getreu und hold sein müssen, so muß solches um so *mehr* geschehen von den Offiziers von *solchen* Regimentern, indem bey solchen ein großer Unterschied ist, denn Sie immediatement Sr. Königl. Majestät und Dero Königlichem Hause attachirt seyn, um Schaden und Nachtheil zu verhüten, vermöge eines Eides.

Da aber dieser Katt mit der künftigen Sonne tramiret, zur Desertion mit fremden Ministern und Gesandten allemal durch einander gestecket, und er nicht davor gesetzet worden, mit dem Kronprinzen zu complottiren, au contraire es Sr. Königlichen Majestät und dem Herrn General-Feldmarschall v. Natzmer hätte angeben sollen, so wüßten S. K. M. nicht, was vor kahle Raisons das Kriegsrecht genommen, und ihm das Leben *nicht* abgesprochen hätten. S. K. M. werden auf die Art sich auf keinen Offizier noch Diener, die in Eid und Pflicht stehen, verlassen können. Denn solche Sachen, die einmal in der Welt geschehen, können öfters geschehen. Es würden aber dann alle Thäter den Prätext nehmen, wie es Katten wäre ergangen, und weil der so leicht und gut durchgekommen wäre, ihnen desgleichen geschehen müßte. S. K. M. seynd in Dero Jugend auch durch die Schule geloffen, und haben das lateinische Sprüchwort gelernet: Fiat Justitia et pereat mundus! Also wollen Sie hiermit, und zwar von Rechtswegen, daß der Katte, ob er schon nach denen Rechten verdient gehabt, wegen des begangenen Crimen Laesae Majestatis mit glühenden Zangen gerissen und aufgehenket zu werden, Er dennoch nur, in Consideration seiner Familie, mit dem Schwert vom Leben zum Tode gebracht werden solle. Wenn das Kriegsrecht dem Katten die Sentence publicirt, soll ihm gesagt werden, daß es Sr. K. M. leid thäte, es wäre aber besser, daß er stürbe, als daß die Justiz aus der Welt käme.

F. Wilhelm.»

Von Kattes letzter Tag in Berlin

Katte war all die Zeit über in seinem Arrestlokal auf der Wache des Regiments Gensdarmes verblieben. Endlich, am 2. November, ward er nach dem «Neuen Markt» auf die daselbst befindliche Auditoriatsstube gebracht, wo jene fünfzehn Offiziere, die das Kriegsgericht gebildet hatten, bereits versammelt waren, um ihm durch den Vorsitzenden, Achaz von der Schulenburg, erst das ihrerseits gefällte Urteil, danach aber die verschärfte, auf Tod lautende Sentenz des Königs mitzuteilen. Katte bewahrte gute Haltung. «Ich bin», sagte er, «völlig in die Fügungen der Vorsehung und den Willen des Königs ergeben. Ich habe keine schlechte Handlung verübt, und wenn ich sterbe, so ist es um einer guten Sache willen.»

Gleich darnach ward er vom Neuen Markt aus in sein Arrestzimmer zurückgeführt, das noch durch viele Jahre hin, bis zu seinem Abbruch, in einer seiner Fensterscheiben eine Reminiszenz an diesen seinen so berühmt gewordenen Gefangenen aufbewahrte. Es war dies ein Vers, den er während der langen Untersuchungshaft mit dem Stein seines Ringes ins Glas gekritzelt hatte. Der Vers lautete:

Mit der Zeit (geduldbeflissen)
Wird uns auch ein gut Gewissen.

Wenn du fragst, wer dies geschrieben hier,
Wird der Name Katt es sagen dir.
Hoffnung läßt Zufriedenheit nicht missen.

Darunter standen die Worte: «Derjenige, den die Neugier treiben wird, diese Schrift zu lesen, wird erfahren, daß der Schreiber auf Befehl Seiner Majestät den 16. August des Jahres 1730 in Arrest gekommen ist nicht ohne Hoffnung, die Freiheit wiederzuerhalten, obgleich die Art, wie er bewacht wird, ihn etwas Unglückseliges ahnen läßt.»

Bald nach seiner Rückkehr bat er um Tinte und Feder. Als ihm beides gebracht war, schrieb er an den König: ein Bekenntnis seiner Schuld und zugleich ein Gnadengesuch. Der Brief lautete:

«Nicht mich zu rechtfertigen, nicht meine bisherige Aufführung zu entschuldigen noch durch viele Rechtsgründe meine Unschuld zu bezeugen, nein, sondern die wahre Reue und Leid, Ew. Königliche Majestät beleidigt zu haben, verpflichten mich in aller Untertänigkeit, mich Denenselben zu Füßen zu legen. Meiner Jugend Irrtum, Schwachheit, Unbedachtsamkeit, mein nichts Böses meinender Sinn, mein durch Liebe und Mitleid eingenommenes Herz, ein eitler Wahn der Jugend, der keine verborgene Tücke im Schilde geführt, sind es, mein König!, die demütigst um Gnade, Erbarmen, Mitleiden, Barmherzigkeit und Erhörung bitten und flehen! Gott, als der König und Herr aller Herren, läßt Gnade vor Recht ergehen und bringet durch Erbarmen und Gnade den auf irrigem Wege gehenden Sünder und Missetäter wiederum zu seiner Pflicht: Also, mein König! Sie, als ein Gott auf Erden, lassen mir doch dieselbe Gnade, als einem gegen Ew. Königliche Majestät mißhandelnden Sünder und Missetäter, zufließen. Die Hoffnung der Wiedererholung schonet noch des verdorreten Baums und erhält ihn vor der Glut des

Feuers. Warum soll denn mein Baum, der schon wiederum neue Sprossen neuer Treue und Untertänigkeit zeiget, nicht Gnade vor Ew. Königlichen Majestät finden? Warum soll er sich schon in seiner Blüte neigen und nicht noch vorher Ew. Königlichen Majestät Gnade und Barmherzigkeit für unverfälschte Treue und Gehorsam erwirken? Ich habe gefehlet, mein König! Ich erkenne es mit treuem Herzen, also verzeihen Sie es dem redlichen Gesteher und gewähren mir, was auch Gott dem größten Sünder nicht versaget. Manasse vermehrte ja, so gottlos er war, die Zahl seiner Fürsten; Saul konnte nicht so sehr in Ungehorsam verfallen und David nach Unrecht dürsten, als aufrichtig hernach ihre Bekehrung war. So viele Tropfen Blut in meinen Adern fließen, so viele sollen es Zeugen sein der neuen Treue und Gehorsams, die Dero Gnade und Huld würket; Gottes Gnade und Liebe lässet mich auch seiner Gnade hoffen; so verzweifle denn auch nicht, der darum flehet und bittet, als Ew. Majestät ungehorsam gewesener, nunmehr aber durch Reu und Leid zu seiner Pflicht getriebener Vasall und Untertan

Katt.»

So der Brief an den König.

Gleichzeitig schrieb er an seinen Großvater mütterlicherseits, den Generalfeldmarschall von Wartensleben. In diesem Briefe bezieht er sich auf sein eben an den König gerichtetes Gnadengesuch und schreibt wörtlich: «Ihm (Gott) ist nichts unmöglich, es sind ihm noch Mittel genug bekannt, um zu helfen; denn er kann das Herz des Königs noch regieren und lenken, daß er sich so zur Gnade wiederum kehrt, als er sich zur Schärfe bezeiget. Ist es sein Wille *nicht*, so sei er auch dafür *gelobet*; denn er kann es nicht anders als gut mit uns meinen; darum gebe mich in Geduld und erwarte, was Dero und andrer Vorsprache bei Ihro Majestät für Würkung tun werden.»

Aber alle «Vorsprache» war umsonst, das Gnadengesuch selbst blieb unbeantwortet, und am 3. November früh erschien Major von Schack von den Gensdarmes mit einem starken Kommando selbigen Regiments vor dem Wachtlokal, um den Delinquenten nach Küstrin zu schaffen, wo derselbe «vor den Augen des Kronprinzen» enthauptet werden sollte.

Von Schack war tief erschüttert. «Ich habe Befehl von Seiner Majestät», so wandte er sich an Katte, «bei Ihrer Hinrichtung zugegen zu sein. Zweimal habe ich mich geweigert, aber ich habe zu gehorchen; Gott weiß es, was es mich kostet. Gebe der Himmel, daß das Herz des Königs sich noch wenden und ich in letzter Stunde noch die Freude haben möchte, Ihnen Ihre Begnadigung anzukündigen.»

«Sie sind zu gütig», antwortete Katte, «aber ich bin mit meinem Schicksal zufrieden. Ich sterbe für einen Herrn, den ich liebe, und habe den Trost, ihm durch meinen Tod den stärksten Beweis der Anhänglichkeit zu geben.»

Und danach bestieg er den Wagen, der vor dem Wachtlokale hielt, und der Zug setzte sich, durch das Landsberger Tor hin, auf Küstrin zu in Bewegung.

Von Kattes Überführung nach Küstrin
Das Kommando unter Major von Schack bestand aus dreißig Pferden, einem Rittmeister, einem Lieutenant und zwei Unteroffizieren, die den Wagen in ihre Mitte nahmen. In diesem selbst saßen außer Katte der Major von Schack, der Feldprediger Müller vom Regiment Gensdarmes und ein Unteroffizier. Als sie bis an den Wasserlauf der «Landwehr» gekommen, begann der Feldprediger ein Singen und Beten, und besonders war es das Lied: «Weg, mein Herz, mit den Gedanken», was eines Eindrucks auf Katte nicht verfehlte. Zu guter Stunde kamen sie ins Quartier (nur Dörfer wurden gewählt), und hier sprach Katte den Wunsch aus,

einen Abschiedsbrief an seinen «Herrn Vater schreiben zu dürfen, den er so sehr betrübet habe». Dies wurde ihm bewilligt, und man ließ ihn allein, um sich zu sammeln. Aber es wollte ihm nicht gelingen, und als Major von Schack nach einiger Zeit wieder bei ihm eintrat, fand er ihn noch auf und ab gehend. Und dabei klagte er, «daß es so diffizil wäre und daß er vor Betrübnis keinen Anfang finden könne». Von Schack sprach ihm zu, und er setzte sich nun hin und schrieb. Dieser Brief aber war folgenden Inhalts:

«In Tränen, mein Vater, möcht ich zerrinnen, wenn ich daran gedenke, daß dieses Blatt Ihnen die größte Betrübnis, so ein treues Vaterherze empfinden kann, verursachen soll; daß die gehabte Hoffnung meiner zeitlichen Wohlfahrt und Ihres Trostes im Alter mit einmal verschwinden muß, daß Ihre angewendete Mühe und Fleiß in meiner Erziehung zu der Reife des gewünschten Glücks sogar umsonst gewesen, ja daß ich schon in der Blüte meiner Jahre mich neigen muß, ohne vorher Ihnen in der Welt die Früchte Ihrer Bemühungen und meiner erlangten Wissenschaften zeigen zu können. Wie dachte ich nicht, mich in der Welt emporzuschwingen und Ihrer gefaßten Hoffnung ein Genüge zu leisten; wie glaubte ich nicht, daß es mir an meinem zeitlichen Glück und Wohlfahrt nicht fehlen könnte; wie war ich nicht eingenommen von der Gewißheit meines großen Ansehens! Aber alles umsonst! Wie nichtig sind nicht der Menschen Gedanken: mit einmal fällt alles über einen Haufen, und wie traurig endiget sich nicht die Szene meines Lebens, und wie gar unterschieden ist mein jetziger Stand von *dem*, womit meine Gedanken schwanger gegangen; ich muß, anstatt den Weg zu Ehren und Ansehen, den Weg der Schmach und eines schändlichen Todes wandeln. Aber wie unbegreiflich, o Herr, sind deine Wege und unerforschlich deine Gerichte. Wohl recht heißet es: ‹Gottes Wege sind nicht der Menschen Wege, und der Menschen Wege sind nicht Gottes Wege.› Würd ich nicht etwan in der Sicherheit fortgegangen, bei allem Glück und Wohlleben Gott vergessen und ihn hintenangesetzt haben? Würd ich nicht bei den guten Tagen den Weg des Fleisches, der Sünden und der Wollust dem Wege zu Gott vorgezogen haben? Ja gewiß hätte mich solches viel mehr von Gott ab- als zu ihm geführt.

Die verdammte Ambition, die einem von der Kindheit auf, ohne den rechten Begriff davon zu geben, eingeflößet wird, würde immer weitergegangen sein und zuletzt dem eitlen Verstande zugeschrieben haben, was doch einzig und allein von Gott kommt. Solchem hat der gütige und gerechte Gott wollen zuvorkommen und – da ich seiner öftern und vielfältigen Regung nicht Gehör gegeben – auf *solche* Art mich fassen müssen, daß ich mich nicht weiter ins Verderben stürzte und gar die ewige Verdammnis mir zuzöge. Darum sei er auch dafür gelobet! Fassen Sie sich demnach, mein Vater, und glauben Sie sicherlich, daß Gott mit mir im Spiel, ohne dessen Willen nichts geschehen, auch nicht einmal ein Sperling auf die Erde fallen kann! Er ist es ja, der alles regieret und leitet durch sein heiliges Wort; darum kommt auch dieses mein Verhältnis von ihm her. Ist gleich die Art des Todes bitter und herbe, so ist die Hoffnung und die Gewißheit der künftigen Seligkeit desto süßer und angenehmer! Ist es gleich mit Schimpf und Schmach verknüpfet, so ist es doch nicht im Vergleich der künftigen Herrlichkeit! Trösten Sie sich, mein Vater! Hat Ihnen doch Gott mehr Söhne gegeben, denen er vielleicht mehr Glück in dieser Welt geben wird, und Ihnen, mein Vater, die Freude in denenselben erleben lassen, die Sie vergebens an mir gehoffet. Welches ich Ihnen von Grund meiner Seele wünsche. Unterdessen danke mit kindlichem Respekt für alle mir erwiesene Vatertreue, von meiner Kindheit an bis zur jetzigen Stunde. Gott der Allerhöchste vergelte Ihnen tausendfach die mir erzeigte Liebe und ersetze Ihnen durch meine Brüder, was bei mir rückständig geblieben. Er erhalte und bewahre Sie bis in Ihr hohes und graues Alter und speise Sie mit Wohlergehen und tränke Sie mit der Gnade seines Geistes.

Ihr bis in den Tod getreuer Sohn Hans Hermann von Katt.

Nachschrift. Was soll ich aber ihnen, liebwerteste Mama, die ich so sehr, als hätte uns das Band der Natur verbunden» (sie war seine Stiefmutter), «geliebet, und Euch, liebwerteste Geschwister, wie soll ich mein Andenken bei Euch stiften? Mein Zustand läßt nicht zu, alles, was ich auf dem Herzen habe, Euch vorzustellen; ich stehe vor der Pforte des Todes, muß also bedacht sein, mit einer gereinigten und geheiligten Seele einzugehen, kann also keine Zeit versäumen.

H. H. v. K.»

Als Katte mit diesem flüchtig und auf bloße Zettel niedergeschriebenen Briefe geendigt hatte, wollte er an eine Abschrift desselben gehen, aber der Prediger riet ihm ab: «seine Zeit wäre zu edel, und er möcht es nur lassen; sein Herr Vater sähe ja doch seine Meinung». So begab er sich und bat den von Schack, den Brief späterhin rein abschreiben zu lassen. Danach aß er ein weniges, trank ein Glas korsikanischen Wein und nahm die geistlichen Unterredungen wieder auf, bei welcher Gelegenheit er ebenso große Fassung und Ergebung wie Kenntnis und Geistesschärfe zeigte. «Er gehe mit Freuden in den Tod», so sagte er, «und wenn er die Wahl zu leben oder sterben hätte, so woll er das letztere wählen, denn es möchte ihm nicht immer die Zeit werden, sich so gut vorzubereiten wie jetzt.» Unter solchen Gesprächen verging der Abend. Gegen zehn Uhr bat ihn von Schack, sich niederzulegen, was er anfänglich nicht mochte. Zuletzt aber tat er es und genoß eines festen Schlafes.

Am anderen Morgen ging es weiter. Er war mitteilsam wie den Tag zuvor und sprach viel darüber, daß man ihn für einen Atheisten gehalten. Das sei er nie gewesen, ja er dürfe vielmehr versichern, daß er vor atheistischen Büchern allezeit einen wahren Abscheu gehabt habe. Andererseits könne er nicht leugnen, daß er öfters «eine Thesin maintenieret», aber bloß, um seinen Verstand sehen zu lassen. Denn er habe gefunden, daß solches in belebten Gesellschaften «vor sehr artig passieret wäre». Und so hätte er es mitgemacht.

Auch an diesem Tage – die jedesmalige Tagesfahrt war nur vier Meilen – kamen sie früh ins Quartier, und er erquickte sich an Kaffee, «der überhaupt sein bestes Labsal war». Sowohl abends wie morgens.

Der dritte Tag war ein Regentag. Als er gegen Mittag Küstrin erkannte, das er immer nur bei Gelegenheit des in Sonnenburg (eine Meile östlich von Küstrin) stattfindenden Johanniter-Ritterschlages gesehen haben mochte, erinnerte er sich des Markgrafen Albrecht, damaligen Herrenmeisters, und bat von Schack, dem Markgrafen seinen untertänigsten Respekt vermelden, demselben auch danken zu wollen, daß er ihn in den Johanniterorden aufgenommen habe. Dieses sei die höchste Ehre gewesen, die ihm diese Welt erwiesen, und er wolle in schuldiger Dankbarkeit dafür bei Gott bitten, den hohen Herrn in seinen himmlischen Orden aufzunehmen.

Während dieses Gespräches waren sie bis an die große Oderbrücke gekommen; der Regen ließ nach, und die Sonne trat hervor. «Das ist mir ein gutes Zeichen», sagte er, «hier wird meine Gnadensonne anfangen zu scheinen.»

Gleich danach hielten sie vor dem Tor und wurden von dem Platzkommandanten von Reichmann empfangen, der den Delinquenten in eine dicht über dem Tor gelegene Stube führte.

Von hier aus trat er den anderen Morgen seinen letzten Gang an.

Der 6. November 1730
Der nächste Morgen war für die Hinrichtung bestimmt. Eine Relation des Majors von Schack, die derselbe dienstlich an den Feldmarschall von Natzmer richtete, enthält eine genaue Schilderung aller Vorgänge von dem Augenblick an, wo Katte am 5. nachmittags am Küstriner Tore eintraf. Es ist aus dieser Relation, daß ich nachstehendes entnehme.

«... Als wir um zwei Uhr», so schreibt von Schack, «an das Tor kamen, fanden wir daselbst den Kommandanten. Er hielt uns an und ließ uns aussteigen. Danach nahm er den seligen Herrn von Katt bei der Hand und führte ihn die Treppe zum Wall hinauf, allwo über dem Tor» (es ist das Tor zwischen Bastion König und Bastion Königin; vergleiche die Festungsskizze) «eine Stube mit zwei Betten, eines für Katt und das andere für den Feldprediger, präparieret war. Der Kommandant sagte mir danach, daß wir den Herrn von Katt auch an dieser Stelle noch in Verwahrung zu halten hätten, und zeigte mir die Punkte, wo unsre Posten am besten auszusetzen wären. Gleicherzeit wies er mir die königliche Ordre, aus der ich ersah, daß die Hinrichtung am andern Morgen um sieben Uhr stattfinden und mein ganzes Kommando (aber zu Fuß) den Herrn von Katt in einen durch 150 Mann von der Küstriner Garnison zu bildenden Kreis hineinführen solle.

Als ich alles dieses erfahren, ging ich zu dem seligen Herrn von Katt, nicht ohne Wehmut und Betrübnis des Herzens, und sagte ihm, ‹daß sein Ende näher sei, als er vielleicht vermute›. Er fragte auch unerschrocken, ‹wann und um welche Zeit?›. Da ich ihm solches hinterbracht, antwortete er mir: ‹Es ist mir lieb; je eher, je lieber.›

Darauf hat ihm der Gouverneur von Lepel Essen, Wein und Bier geschickt, wovon er auch gegessen und getrunken.

Etwas später schickte der Herr Präsident von Münchow auch

Essen und ungarischen Wein, wovon er auch genossen. Dann aber nahm unser Feldprediger Müller den dasigen Garnisonprediger Besser mit zur Hülfe und blieb in beständiger Arbeit mit ihm. Von acht bis neun Uhr war ich mit den anderen Offiziers bei ihm, und wir sangen und beteten mit. Weil aber die Prediger gern mit ihm allein sein wollten, gingen wir weg. Um zehn Uhr ließ man ihm Kaffee machen, davon er nachgehende drei Tassen getrunken; meinen Kerl (Burschen) ließ ich die ganze Nacht bei ihm, ihm an die Hand zu gehen.

Um elf Uhr ging ich wieder zu ihm; ich konnte nicht schlafen; aber wenn ich noch so bekümmert und beängstet war und sah ihn nur, so richtete und munterte seine Standhaftigkeit mich wieder auf. Und ich betete und sang mit bis um ein Uhr morgens. Von zwei bis drei Uhr sah man an der Couleur des Gesichts wohl einen harten Kampf des Fleisches und Blutes. Um diese Zeit hat der Prediger ihn gebeten, sich ein wenig aufs Bette zu legen, um für sein Gemüt neue Kräfte zu erlangen, welches er auch getan und von drei bis fünf Uhr geschlafen, wo ihn das Ablösen des Postens aufgewecket. Darauf er kommuniziert. Wie das vorbei, ging ich wieder zu ihm. Da sagte er mir, sein Zeug, so er bei sich hätte, sollte mein Kerl haben, seine Bibel schenkte er dem Korporal, welcher sehr fleißig mit ihm gesungen und gebetet, insonderheit das oben benannte Lied, sooft er ohne den Prediger allein gewesen.

Wie kurz vor sieben das Kommando der Gensdarmes da war, fragte er mich: ‹ob es Zeit wäre›. Wie ich solches mit Ja beantwortet, nahm er Abschied von mir, ging hinaus, und das Kommando nahm ihn in die Mitte; der eine Prediger ging zur Rechten, der andre zur Linken und beteten und sprachen ihm immer vor. Er ging ganz frei und munter, den Hut unter dem Arm, nicht gezwungen noch affektiert, sondern ganz naturell weg.

Er war ein paar hundert Schritte längs dem Wall geführt und waren die Zugänge des Walles militärisch besetzt, so daß wenig

Menschen oben waren. Im Kreise ward ihm nochmals die Sentenz vorgelesen, ich kann aber hoch versichern, daß ich vor Betrübnis nichts gehöret habe, und wußt auch nicht drei Worte zusammenzubringen. Bei Vorlesung der Sentenz stund er ganz frei; wie solches vorbei, fragte er nach den Offiziers von den Gensdarmes, ging ihnen entgegen und nahm Abschied. Hernach ward er eingesegnet. Darauf gab er die Perruque an meinen Kerl, der ihm eine Mütze darreichte, ließ sich den Rock ausziehen und die Halsbinde aufmachen, riß sich selbst das Hemd herunter, ganz frei und munter, als wenn er sich sonsten zu einer sérieusen Affaire präparieren sollen, ging hin, kniete auf den Sand nieder, rückte sich die Mütze in die Augen und fing laut selbst an zu beten: ‹Herr Jesu! dir leb ich› etc. Weil er aber meinem Kerl gesagt, er sollt ihm die Augen verbinden, sich aber hernach resolvieret, die Mütze in die Augen zu ziehen, so wollte der Kerl, der schrecklich konsternieret, ihm immer noch die Augen verbinden, bis von Katt ihm mit der Hand winkte und den Kopf schüttelte.

Darauf fing er nochmalen an zu beten: ‹Herr Jesu!›, welches noch nicht aus war, so flog der Kopf weg, welchen mein Kerl aufnahm und wieder an seinen Ort setzte.

Seine présence d'esprit bis auf die letzte Minute kann nicht genug admirieren. Seine Standhaftigkeit und Unerschrockenheit werde mein Tage nicht vergessen, und durch seine Zubereitung zum Tode habe vieles gelernet, so noch weniger zu vergessen wünsche.»

Außer dieser Relation des Majors von Schack liegt auch ein Bericht des Garnisonpredigers Besser vor, der, wie vorerwähnt, in Assistenz des Feldpredigers Müller, den von Katt auf seinem letzten Gange begleitete. Auf die Angaben dieser beiden «Augenzeugen» (von Schack und Besser) werden wir auch in der Folge bei Lösung schwebender Fragen in allen Hauptpunkten angewiesen sein. Alles andere steht erst in zweiter Reihe. Hier zunächst der Schluß des Besserschen Berichts im Wortlaut.

«… So trat er seinen letzten Gang zum Vater an mit solcher freimütigen Herzhaftigkeit, die jeder bewundern mußte. Seine Augen waren meistens zu Gott gerichtet und wir erhielten sein Herz unterwegens immer himmelwärts durch Vorhaltung der Exempel solcher, die im Herrn verschieden, als des Sohnes Gottes selbst und des Sankt Stephanus wie auch des Schächers am Kreuz, bis wir uns unter solchen Reden dem hiesigen Schlosse näherten. An andern, die solchen Gang gehen, habe ich sonst wohl Alteration und Betrübnis ihrer Sinne gemerkt, wenn sie dem entsetzlichen Gerichtsplatz nahe kamen, daß ihnen auch öfters der freudige Mut entfallen ist. Ich hatte daher auch meine Obacht, ob der Wohlselige auch etwa eine verborgene Hoffnung in seinem Herzen hege wegen Linderung seines auszustehenden Urteils, wenn solche aber fehlschlagen möchte, daß ja nicht Kleinmütigkeit und schüchterne Blödigkeit entständen. Allein Gott sei gedanket, der ihn mit seinem *Freudengeist* in seiner letzten Stunde stärkte und unsträflich behielt. *Er erblickte endlich, nach langem sehnlichen Umhersehen, seinen geliebtesten Jonathan, Ihro Königliche Hoheit den Kronprinzen, am Fenster des Schlosses,* von selbigem er mit höflichen und verbindlichen Worten in französischer Sprache Abschied nahm, mit nicht geringer Wehmut.* Er hörte ferner seine abgefaßte Todessentenz durch den Herrn Geheimrat Gerbett unerschrocken vorlesen. Da solche geendiget, nahm er vollends Abschied von denen Herren Offiziers, besonders von dem von Asseburg, von Holzendorf, und dem ganzen Kreise, empfing die

---

* «Mon cher Katte», rief ihm der Kronprinz zu, nachdem er ihm mit der Hand einen Kuß zugeworfen, «je vous demande mille pardons.» Worauf Katte mit Reverenz antwortete: «Point de pardon, mon prince; je meurs avec mille plaisirs pour vous.»

letzte Absolution und die priesterliche Einsegnung mit großer Devotion, entkleidete sich selber bis aufs Hemd, entblößte sich den Hals, nahm seine Haartour vom Haupte, bedeckte sich mit einer weißen Mütze, welche er zuvor zu dem Ende bei sich gesteckt hatte, kniete nieder auf den Sandhaufen und rief: ‹Herr Jesu, nimm meinen Geist auf!› Und als er solchergestalt seine Seele in die Hände seines Vaters befohlen, ward das erlösete Haupt mit einem glücklich geratenen Streich durch die Hand und Schwert des Scharfrichters Coblentz vom Leibe abgesondert; ein Viertel auf acht Uhr, den 6. November 1730. Dabei mir einfiel, was stehet 2. Makkabäer 7, Vers 40: ‹Also ist dieser fein dahingestorben und hat seinen Trost allein auf Gott gestellt.› Ich nahm ferner nichts mehr wahr als einige Zuckungen des Körpers, so vom frischen Geblüt und Leben herrührten. Wenig zusammengelaufene Leute sah man außer dem Kreise, auf dem Walle und in denen Fenstern, und noch weniger von Extraktion waren zugegen, weil viele teils solches nicht geglaubet, teils nicht gewußt, teils es anzusehen Bedenken getragen.

Der Körper und Haupt ward mit einem schwarzen Tuch bedecket, bis er von denen besten und vornehmsten Bürgern dieser Stadt aufgehoben, in einen beschlagenen Sarg geleget und auf hiesigem Gottesacker in der sogenannten ‹Kurzen Vorstadt› neben einen andern Offizier von hiesiger Garnison, so nicht lange vorher beerdigt ward, eingesenket wurde. Nachmittags um zwei Uhr.»

Dieser Gottesacker, vom «Hohen Kavalier» aus sichtbar, liegt in erheblicher Entfernung von der Stadt, jenseits der Warthe. Hier ruhte der Tote, bis der Familie zugestanden war, ihn wieder ausgraben und auf dem Rittergute Wust, in der Nähe von Jerichow, bestatten zu lassen. *Wann* dies geschah, ist nicht bestimmt ersichtlich. Der Sarg aber wurde nach dem genannten Gute (Wust) hinübergeführt und steht daselbst bis diesen Tag in der Familiengruft der Kattes. (…)

Das Recht und das Schwert
Die Hinrichtung Kattes, abgesehen von ihrer geschichtlichen Bedeutung, ist auch in ihrer Eigenschaft als *Rechtsfall* immer als eine cause célèbre betrachtet worden. War es Gesetz oder Willkür? War es Gerechtigkeit oder Grausamkeit? So steht die Frage. Unsere Zeit, einerseits in Verweichlichung, andererseits in Oberflächlichkeit, die nicht tief genug in den Fall eindringt, hat in dem Geschehenen einen *Fleck* auf dem blanken Schilde der Hohenzollern erkennen wollen. Ich meinerseits erkenne darin einen *Schmuck*, einen Edelstein. Daß es ein Blutkarneol ist, ändert nichts.

Entscheidend für die Beurteilung des Katte-Falles erscheint mir in erster Reihe die Frage: «Wie hat sich die *damalige* Zeit dazu gestellt?»

Lesen wir die zeitgenössischen Berichte, so kommt uns freilich der Eindruck, daß ein Zittern durch die halbe Welt gegangen sei. Sind wir aber aus dem «Sensationellen» der Erzählung erst heraus, beginnen wir zu sichten und zu sondern, so werden wir sehr bald gewahr, daß die tiefgehende, ganz unzweifelhaft vorhandene Bewegung der Gemüter nicht dem Katte-Fall, sondern dem begleitenden *Kronprinzen*-Falle gilt und daß man in solch ungeheurer Aufregung war nicht um des Geschehenen, sondern um des *vielleicht noch zu Geschehenden willen*. Wird das Schwert, das den Lieutenant von Katte traf, auch den Kronprinzen treffen? Das war es, was alle Schichten der Gesellschaft in Schrecken setzte. Von dem Augenblick an, wo *diese* Furcht aus den Gemütern gewichen war, war der Schrecken überhaupt dahin, und nur dem Umstande, daß die Schicksale Kattes und des Kronprinzen viele Wochen lang Hand in Hand gingen und fast identisch erschienen, nur diesem Umstande ist es zuzuschreiben, daß die Vorstellung: die Hinrichtung sei als etwas Außerordentliches oder gar Unerhörtes angesehen worden, jemals hat Platz greifen können.

Es liegt vielmehr umgekehrt, und weder in den Pöllnitzschen Memoiren noch in denen der Markgräfin findet sich, bei schärferer Prüfung, auch nur ein einziges dahin lautendes Wort. Es findet sich nicht und *kann* sich nicht finden: denn Hof, Adel, Armee* fanden eben alles, was geschah, zwar streng, *sehr* streng vielleicht, aber schließlich doch nur in der Ordnung. Jedenfalls statthaft, zulässig. Ja, die Familie selbst, so tief erschüttert sie war (...), so bestimmt sie Begnadigung erwartet haben mochte, scheint den auf Tod lautenden Machtspruch des Königs in seinem *Rechte* keinen Augenblick angezweifelt zu haben.

Es ist nötig, so sagte ich, den Fall aus der *damaligen* Zeit heraus zu beurteilen, aber er besteht auch vor dem Urteil der unserigen, vorausgesetzt, daß unsere Zeit sich Zeit nimmt, auf die Spezialien des Falles einzugehen. Denn die Wandlung der Gesamtanschauungsweise, die die Welt seit 150 Jahren erfahren hat, ist doch nicht so groß und stark, als manche glauben möchten, und wenn nicht alle Zeichen trügen, so stehen wir eben jetzt wieder auf dem Punkt, uns einer zurückliegenden und schon überwunden geglaubten Strenge mehr zu *nähern* als immer weiter von ihr zu entfernen. Und ich setze hinzu: «Gott sei Dank», ohne damit

---

* Wie die Armee über den Fall dachte, darüber geben die *«Kriegsgerichtsprotokolle»*, über die ich weiter oben ausführlich gesprochen, den besten Aufschluß. Das «Kriegsgericht» als *Ganzes* entschied in seiner Schlußsitzung am 28. Oktober allerdings für lebenslängliche Festungsstrafe. Liest man aber die einzelnen Protokolle, will sagen die Separatvota der fünf Ranggruppen durch, so ergibt sich, daß eine Majorität von neun Stimmen (die Majore, die Oberstleutenants und die Obersten) für *Tod* und eine Minorität von *sieben* Stimmen (die Capitaine und die Generalmajore, dazu der Vorsitzende selbst) für lebenslängliche Festung stimmten. Der König, als er das Urteil schärfte, stieß also nur das *Schlußurteil* um, das unter dem hohen moralischen Ansehen der mildesten und vornehmsten: Achaz von der Schulenburg, General Graf Schwerin und General Graf Dönhoff, sich gebildet hatte, und griff auf die vorher dagewesene Majorität der Einzelstimmen zurück.

die Segnungen, die wir einer anderthalbhundertjährigen freiheitlichen Entwickelung verdanken, anzweifeln oder verkennen zu wollen.

Und so denn noch einmal: auch von *unserem* Standpunkt aus angesehen, war Katte nicht das Opfer einer Willkür oder Laune, sondern einer schweren selbsteigenen Schuld, indem er unter chevaleresken und in gewissem Sinne selbst unter loyalen Allüren (denn er diente seinem *künftigen* Herrn) in naiv-frivoler Weise durch alle Stadien des Hoch- und Landesverrates ging. Er war, um seines Kriegs- und Landesherrn eigene Worte zu zitieren, «dazu da, seinem Könige getreu und hold zu sein», doppelt in seiner Eigenschaft als Offizier der *Garde*-Gensdarmes, die des Vorzugs genossen, «immediatement an Seine Majestät Allerhöchste Person attachieret zu sein» – und was finden wir tatsächlich?

Der Kronprinz steckt in Schulden; Katte tut das Seine, diese Schulden zu mehren.

Der Kronprinz steckt in Debauchen; Katte geht ihm dabei mit Rat und Tat zur Hand.

Der Kronprinz steckt im Unglauben; Katte bestärkt ihn darin.

Der Kronprinz steckt in Komplotten mit seiner Mutter und seiner Schwester, mit fremden Höfen und Gesandten*, und Katte macht den Zwischenträger und zuletzt gar den Liebhaber.

Der Kronprinz will desertieren; Katte nimmt es in die Hand

---

* Diese Komplotte waren nichts weniger als harmloser Natur und nahmen auf die Lage des Königs und des Landes nicht die geringste Rücksicht. England (um nur einen Fall herauszugreifen) sollte helfen, und der englische Legationssekretär Guy Dickens ward ins Vertrauen gezogen. Er übernahm es auch, seinem Hofe Vorstellungen zu machen, brachte jedoch einen Refus zurück, «weil ein Sicheinmischen das Feuer an allen Ecken in Europa anzünden und die Brouillerien mit England nur noch stärker machen würde». Man erkennt in dieser englischen Antwort sehr gut den starken und ernsten *politischen* Hintergrund, den der ganze Hergang hatte.

und hält ihm einen Vortrag «über die beste Weise des Gelingens». Endlich rüstet er sich selber zur Desertion.

Das sind so einige der «species facti»; nur einige, aber gerade genug, um seinen König und Herrn mit allem Fug und Recht aussprechen zu lassen: «Und da denn dieser Katte mit der künftigen Sonne tramieret, auch mit fremden Ministern und Gesandten allemal durcheinandergestecket, er aber nicht davor gesetzet worden, mit dem Kronprinzen zu komplottieren, au contraire es Seiner Königlichen Majestät hätte angeben sollen, so wissen Seine Majestät nicht, was vor kahle Raisons das Kriegsrecht genommen und ihm das Leben *nicht* abgesprochen hat.»

Es ist nur *eines*, was uns in diesem Schreckensschauspiel – denn ein solches bleibt es – widerstrebt und widersteht: der König wechselt hier die Rolle mit dem Richter. *Er läßt das Recht über die Gnade gehen.* Und das soll nicht sein.

Wenn aber etwas damit versöhnen kann, so ist es *das*, daß er dies im eigenen Herzen empfunden hat. Hören wir noch einmal ihn selbst: «Wenn das Kriegsrecht dem Katten die Sentenz publizieret, so soll ihm gesagt werden, *daß es Seiner Königlichen Majestät leid täte*; es wäre aber besser, daß er stürbe, als daß die Justiz aus der Welt käme.» Ein großartiges Wort, das ich nie gelesen habe (und ich habe es oft gelesen), ohne davon im Innersten erschüttert zu werden. Wer will nach *dem* noch von Biegung des Rechtes sprechen!

Es war ein grades Recht, freilich auch ein scharfes. Und das *Schwert*, das zuletzt diese Schärfe besiegelte – es existiert noch. *Die Familie Katte selbst besitzt es*, und auf dem alten Katten-Gute Vieritz, eine Meile von Wust, wird es bis diese Stunde aufbewahrt. Dreimal wurd es gebraucht, und drei Namen sind eingekritzelt. Der dritte und letzte aber heißt: Hans Hermann von Katte.

Der Kronprinz entwirft sein politisches Programm
In Küstrin sprach der Kronprinz abends vor dem Einschlafen oft mit seinem Kammerjunker, Karl Dubislav von Natzmer (gestorben 1738), der gern Diplomat geworden wäre, über politische Angelegenheiten. Im Februar 1731 entwarf er in einem Brief an Natzmer sein politisches Programm: Preußen müsse größer und stärker werden. Das könne nur gelingen, wenn man das europäische Kräfteverhältnis berücksichtige, sich geschickt verhalte, günstige Gelegenheiten abwarte – und dann entschlossen nutze.

Küstrin, Februar 1731

Lieber Freund!

Unser gestriger Disput blieb noch unentschieden, da der Schlaf uns beide übermannte, als wir im besten Zuge waren, unsere Ansichten auszukramen. Um das Versäumte aber nachzuholen, fahre ich fort:

Das erste System ist die Erhaltung des europäischen Friedens. Demgemäß muß der König von Preußen sich die größte Mühe geben, mit allen Nachbarn in gutem Einvernehmen zu leben. Da sein Land Europa quer durchschneidet und in zwei Hälften teilt, so versteht es sich, daß er sich mit allen Königen, dem Kaiser und den vornehmsten Kurfürsten auf guten Fuß stellen muß. Denn mit welchem seiner Nachbarn er auch Krieg führt, Vorteile kann er schwerlich erringen, da sein Land von Nachbarstaaten durchsetzt und ohne inneren Zusammenhang ist. Er kann also von mehreren Seiten angegriffen werden, und um sich allerseits zu verteidigen, müßte er die ganze Armee zur Defensive verwenden, sodaß nichts für die Offensive übrig bliebe. Stützte er sich zur Behauptung seiner Macht auf dieses System, so wäre er ein schlechter Staatsmann und aller Phantasie und Erfindungsgabe bar, wenn er es dabei bewenden ließe. Denn wer nicht vorwärtskommt (ich spreche von der großen Politik), der geht zurück.

Das andere System, das sich auf dieser Grundlage von selbst aufbaut, ist die fortschreitende Vergrößerung des Staates. Ich habe schon gesagt, daß der preußische Länderbesitz sehr zerstückelt ist. Da kommt es denn bei allen Plänen, die man entwirft, vor allem darauf an, einen engeren Zusammenhang zwischen den Landesteilen herzustellen oder die losgerissenen Stücke, die eigentlich zum preußischen Besitz gehören, ihm wiederanzugliedern.

So hat Polnisch-Preußen von jeher zu Preußen gehört, ist aber durch die Kriege der Polen mit dem Deutschritterorden, seinem damaligen Besitzer, abgesplittert worden. Von der Provinz Preußen ist Polnisch-Preußen nur durch die Weichsel getrennt. Nach Westen stößt es an Hinterpommern. Im Norden bildet das Meer und im Süden Polen seine Grenze. Gehört es einmal zu Preußen, so hat man nicht nur freie Verbindung von Pommern nach Ostpreußen, sondern man hält auch die Polen im Zaum und kann ihnen Gesetze vorschreiben; denn ihre Waren können sie nur verkaufen, wenn sie diese die Weichsel und den Pregel hinunterschicken, und hierzu bedürfte es dann unserer Zustimmung.

Fahren wir fort. Schwedisch-Pommern ist von Preußisch-Pommern nur durch die Peene getrennt. Es würde sich sehr hübsch ausnehmen, wenn es mit unserem Besitz vereinigt wäre. Abgesehen von den Einkünften (die nur die Finanzleute oder die Steuerräte angehen und die als solche nicht in das politische System gehören, das ich erörtern will), abgesehen von den sehr beträchtlichen Einkünften, die man aus dieser Provinz ziehen könnte, würde man sich vor allen Übergriffen von seiten Schwedens schützen und eine beträchtliche Truppenzahl sparen, die jetzt zur Verteidigung der Grenze oder des Peeneufers notwendig ist. Ferner rundete man das Land mehr und mehr ab und bahnte sich sozusagen den Weg zu einer Eroberung, die sich ganz von selbst darbietet: ich meine Mecklenburg. Hier braucht man nur das Erlöschen des Herzogshauses geduldig abzuwarten, um das Land ohne weitere Förmlichkeit einzustecken.

Ich schreite von Land zu Land, von Eroberung zu Eroberung und nehme mir wie Alexander stets neue Welten zu erobern vor. Den nächsten Schauplatz bilden Jülich und Berg. Sie müssen durchaus erworben werden, damit die armen Länder Kleve, Mark usw. nicht so einsam und verlassen sind. Durch Erwerbung von Jülich und Berg beseitigt man viele Anlässe zu Reibereien und Schikanen, die jetzt in einem fort aus Streitigkeiten über die gegenwärtigen Grenzen entspringen. Der Nutzen dieser Erwerbung liegt auf der Hand. Die Länder der Kleveschen Erbschaft werden vereinigt, sie können eine Besatzung von 30000 Mann tragen und dann mit Verachtung auf die kleinen Schikanen herabsehen, die das Klever Land jetzt nicht allein abwehren kann. Bei einem Bruche mit Frankreich kann man Kleve vom ersten Kriegslärm an nur so lange als preußisch betrachten, wie es den Franzosen beliebt. Ist es aber mit Jülich und Berg vereinigt, so liegt die Sache ganz anders: die Länder sind imstande, sich selbst zu verteidigen.

Hier breche ich ab, um mich ganz allgemein darüber auszulassen, wie man mein System verstehen soll. Erstens spreche ich nur als Politiker ohne Erörterung der Rechtsgründe. Sonst kommt man vom Hundertsten ins Tausendste; denn jeder der von mir berührten Punkte verdient eine besondere Darlegung der Rechtsgründe und Ansprüche, die das Haus Brandenburg erheben kann. Zweitens gehe ich nicht ins Detail darüber, wie man sich in den Besitz dieser Provinzen setzen soll, da man sich des längeren darüber verbreiten müßte. Es kommt mir lediglich auf den Nachweis an, daß Preußen sich bei seiner eigenartigen Lage in der politischen Notwendigkeit befindet, die genannten Provinzen zu erwerben. Meiner Ansicht nach muß nach diesem Plane jeder kluge und treue Diener des Hauses Brandenburg arbeiten. Er muß auf das große Ziel hinstreben, kleinere aber fallen lassen. Ich hoffe auch, man wird meine Ausführungen für ziemlich vernünftig halten. Denn liegen die Dinge so, wie es nach meinem Projekt der Fall ist, so könnte der König von Preußen unter den Großen der Welt eine gute Figur machen und eine bedeutende Rolle spielen, wenn er einzig und allein aus Gerechtigkeitssinn und nicht aus Furcht den Frieden aufrechterhielte, und wenn er, sobald die Ehre des Hauses und des Landes es verlangte, mit Nachdruck Krieg führen könnte. Hätte er doch nichts anderes zu fürchten als den Zorn des Himmels, und der wäre nicht zu fürchten, solange in seinem Lande Gottesfurcht und Rechtsinn über Unglauben, Parteihader, Habgier und Selbstsucht herrschen. Ich wünsche dem preußischen Staate, daß er sich aus dem Staube, in dem er gelegen hat, völlig erhebe und den protestantischen Glauben in Europa und im Reiche zur Blüte bringe, daß er die Zuflucht der Bedrängten, der Hort der Witwen und Waisen, die Stütze der Armen und der Schrecken der Ungerechten werde. Solle aber ein Wandel eintreten und Ungerechtigkeit, Lauheit im Glauben, Parteiwesen oder das Laster den Sieg über die Tugend davontragen, was Gott auf ewig verhüten wolle, dann wünsche ich ihm, daß er in kürzerer Zeit untergehe, als er bestanden hat. Damit ist alles gesagt.

Und so bin ich am Schluß meiner allgemeinen Politik und meines Briefes angelangt. Was die private Politik angeht, so kenne ich keine andere als die, Liebe zu üben und meinen Freunden treu zu sein. Da ich hoffe, Dich zu ihnen zählen zu dürfen, so kannst Du selbst Dich kühn dazu rechnen. Oder, um in meinem politischen Stil fortzufahren: Sei gewiß, so wenig Brandenburg und jedes beliebige Land der Welt Klima und Lage zu wechseln vermag, so wenig verändere ich meine Gesinnung gegen meine Freunde.

Elisabeth Christine schreibt aus Rheinsberg

Nur in Rheinsberg führten Friedrich und seine Gemahlin Elisabeth Christine ein gemeinsames Leben. Nach der Thronbesteigung sollte sie ihn nur selten und nur zu offiziellen Anlässen zu Gesicht bekommen. In der Erinnerung erschienen beiden die Rheinsberger Tage als die glücklichsten ihres Lebens. Wie es am Grienericksee zuging, beschrieb die Kronprinzessin 1736 in einem Brief an ihre Großmutter Christine Luise, geborene Prinzessin von Öttingen, Gemahlin des Herzogs Ludwig Rudolf von Braunschweig-Wolfenbüttel.

Rheinsberg, 3. Oktober 1736

Will man Lust, wahre und richtige Philosophie und Geist finden, so muß man sicherlich hierher kommen. Man findet sie in höchster Vollendung; denn unser Herr und Gebieter steht an der Spitze. Ich habe ihn noch nie so fleißig gesehen wie jetzt. Von sechs Uhr morgens bis ein Uhr beschäftigt er sich mit Lektüre, Philosophie und allen schönen Dingen. Von halb zwei bis drei Uhr ist Mittagstafel, danach trinken wir bis vier Uhr gemeinsam Kaffee; dann setzt er sich bis sieben Uhr wieder an die Arbeit. Hierauf beginnt die Musik; sie dauert bis neun Uhr. Dann schreibt er und kommt zum Spiel; die Abendtafel ist gewöhnlich um halb elf oder elf Uhr. So vergeht die Zeit sehr rasch mit mannigfacher Beschäftigung. Wahrlich, man kann sagen: er ist der größte Fürst unserer Zeit, nicht nur als Fürst, sondern als Zeitgenosse. Er ist Gelehrter, besitzt Geist, soviel wie man haben kann. Er ist gerecht, hilfsbereit, mag niemandem etwas Böses tun, ist großmütig, mäßig, liebt keine Ausschweifung, weder im Wein noch sonstwie. Er hat das Herz auf dem rechten Fleck. Kurz und gut, er ist ein Phönix unserer Zeit, und ich bin selig, die Frau eines so großen Fürsten mit so vielen guten Eigenschaften zu sein. Wer ihn kennt, muß ihn lieben. Wäre ich auch nicht seine Frau, ich müßte ihn wegen seiner guten Eigenschaften und seiner großen Gaben lieben. Der liebe Gott, der alles gut macht, hat auch dies wohl getan, daß er so große Gaben einem Mann verliehen hat, der sie so gut zu gebrauchen weiß wie er.

Da ich hier geschildert habe, wie das Leben des Kronprinzen im einzelnen verläuft, will ich jetzt auch meine Lebensweise schildern. Um sieben Uhr stehe ich auf, nachdem ich gebetet und meine Andacht verrichtet habe. Dann lese ich noch in dem Buche von Reinbeck und schreibe [der Propst und Konsistorialrat in Berlin Johann Gustav Reinbeck hatte seit 1731 in vier Teilen die «Betrachtungen über die in der Augsburgischen Konfession enthaltenen und damit verknüpften göttlichen Wahrheiten» erscheinen lassen]. Danach lese ich ein gutes französisches Buch, und nachdem ich zu Mittag gespeist und Kaffee getrunken habe, arbeite ich und lasse mir bis sieben Uhr vorlesen. Hierauf spiele ich Schach, und dann geht es hinaus zum Spiel. Ich kann wohl sagen, die Zeit verstreicht blitzschnell, und man weiß nicht, wo sie bleibt. Stets bedaure ich es, wenn der Tag vorüber ist. Man ist lange wach und schläft wenig; denn ich komme vor zwei Uhr nie zu Bett und stehe um sieben auf. Dabei geht es mir ausgezeichnet. So viel von dem Leben, das wir hier führen.

Johann Jakob Bielfeld erinnert an die glücklichen Rheinsberger Tage

Johann Jakob Bielfeld, den Sohn eines Hamburger Kaufherrn, hatte Friedrich kennengelernt, als er 1738 in Braunschweig Freimaurer wurde. Im Herbst 1739 kam Bielfeld auf Einladung des Kronprinzen nach Rheinsberg. Seine Erinnerungen veröffentlichte er, lange nachdem er aus preußischen Diensten wieder ausgeschieden war, 1763 als «Lettres familières». Er vergegenwärtigt eine entschwundene Idylle der Freundschaft und Bildung in einer aristokratischen Kronprinzenrepublik.

Rheinsberg ist ein sehr freundliches Städtchen, obwohl in der unfruchtbarsten Sandgegend an der Mecklenburgischen Grenze gelegen. Es zählt etwa 1000 Einwohner und gehörte früher einem französischen Edelmann, einem Réfugié. Der König hat es angekauft und hat es seinem Sohne, dem Kronprinzen, geschenkt, nebst dem Schloß, den Gärten, den Wäldern und einigen zugehörigen Feldern. Das Schloß war sehr verfallen und die Gärten fast gar nicht vorhanden, als der Kronprinz dies Geschenk erhielt, das für ihn um so wertvoller ist, als sein Regiment in Ruppin steht, das nur zwei deutsche Meilen von hier entfernt ist, und die Garnisonen hierzulande nie wechseln. Auch die Lage des Schlosses ist sehr schön. Ein großer See bespült beinahe seine Grundmauern, und jenseits dieses Sees steigt ein sehr schöner Eichen- und Buchenwald amphitheatralisch auf.

Das alte Gebäude bildete nur einen Hauptbau mit einem Flügel, den ein alter Turm abschloß. Dies Gebäude und diese Lage genügten dem Kronprinzen, um seinen Geist und Geschmack zu entfalten, und dem Freiherrn von Knobelsdorff, dem Bauintendanten, um seine Begabung als Baumeister zu zeigen. Das Hauptgebäude wurde ausgebessert und außen durch gewölbte Fenster, Statuen und sehr elegante Ornamente verschönert. Ein zweiter Flügel wurde angebaut, ähnlich wie der schon stehende, und an seinem Ende ein Turm als Gegenstück zu dem alten errichtet. Beide Türme wurden durch eine doppelte Säulenstellung verbunden, deren Plattform eine mit Vasen und Kindergruppen geschmückte Verbindungsgalerie darstellte. Durch diese Anordnung bildet das ganze Gebäude jetzt ein völliges Viereck. (…)

Alle, die im Schloß wohnen, genießen die völligste Freiheit für ihre Beschäftigungen oder Vergnügungen. Sie sehen den Kronprinzen und die Kronprinzessin nur bei Tafel, bei Spiel und Tanz, beim Konzert oder bei anderen Vergnügungen, an denen die Herrschaften teilnehmen. Die Zeit, die für denkende Wesen so kostbar und für nichtdenkende so lang ist, vergeht hier nicht damit, daß man bis in den hellen Tag hinein schläft, frühstückt, seine Gläubiger beschwichtigt und fortschickt, ernste Unterredungen mit seinem Schneider oder einem anderen Verschönerungskünstler hat, lange Toilette zu machen und sich dann in ein Vorzimmer zu begeben, um sich dort die Beine in den Leib zu stehen und während des übrigen Tages seichte Reden zu führen. Ein jeder denkt, liest, malt, zeichnet, spielt irgend ein Instrument und vertreibt sich die Zeit oder beschäftigt sich in seiner Wohnung und kleidet sich zur Stunde der Mahlzeit gut, aber nicht prunkhaft um.

Alle Arbeiten und Vergnügungen des Kronprinzen sind die eines geistvollen Mannes. Gegenwärtig beschäftigt er sich damit, die gefährlichen politischen Hirngespinste Machiavellis zu widerlegen. Seine Unterhaltung bei Tafel ist reizend; er spricht viel und sehr gut. Über alles hat er ein Urteil, und seine Einbildungskraft bringt über alles neue und richtige Gedanken hervor. Sein Geist gleicht dem Feuer der Vestalinnen, das nie verlischt. Er duldet bescheidenen und höflichen Widerspruch, besitzt die so seltene Gabe, den Geist der anderen leuchten zu lassen, und versteht sehr gut, denen den Ball zuzuwerfen, die ihren Geist leuchten lassen sollen, indem er ihnen Gelegenheit gibt, eine feine Bemerkung anzubringen. Er scherzt oft und neckt bisweilen, aber ohne Schärfe und ohne sich an einer geistvollen Antwort zu stoßen. Antithese und Vergleich scheinen seine bevorzugten Redefiguren zu sein. Kurz, glauben Sie nicht, der Glanz eines Kronprinzen blende mich; ich schwöre Ihnen, wäre er ein einfacher Bürger, ich ginge gern ein paar Meilen zu Fuße, um wenigstens einmal in der Woche den Genuß zu haben, an seinen köstlichen Soupers teilzunehmen.

Nichts ist hübscher als die Bibliothek des Kronprinzen; sie befindet sich in einem der schon genannten Türme mit dem Blick auf See und Gärten. Eine nicht große, aber gewählte Sammlung der besten französischen Bücher steht in Glasschränken mit

Schnitzwerk und sehr schönen Vergoldungen. Voltaires Bildnis nimmt einen Ehrenplatz ein. Das ist der Lieblingsautor des Kronprinzen, der überhaupt viel von den guten französischen Dichtern und Prosaschriftstellern hält. Sie begreifen, daß diese Bibliothek kein bloßes Prunkstück für den Kronprinzen ist, und daß die Bücher nicht nach der Elle gekauft sind, um die Fächer der Bücherschränke genau auszufüllen und mehr als Ausstattung eines Arbeitszimmers als eines Kopfes zu dienen, sondern daß ihr Besitzer einen großen Teil des Tages darin verbringt, um angenehme oder nützliche Studien zu treiben.

Nach der Hauptmahlzeit begeben sich alle Kavaliere in das Zimmer einer der Damen, die hier der Reihe nach, mit der Oberhofmeisterin beginnend, den Kaffee geben, selbst die fremden Damen nicht ausgenommen. Der ganze Hofstaat versammelt sich bei der, die an der Reihe ist. Da wird geplaudert, gescherzt, ein Spielchen oder ein Spaziergang arrangiert, und diese Stunde ist nicht die übelste am Tage. Das Kronprinzenpaar nimmt seinen Kaffee zusammen in seinen Zimmern.

Die Abende sind der Musik gewidmet. Der Kronprinz hat sein Konzert in seinem Salon, und dazu eingeladen zu werden ist eine besondere Gunst. Gewöhnlich spielt er eine Sonate und ein Flötenkonzert; er ist Meister im Flötenspiel. Sein Ansatz ist wunderbar, seine Fingerfertigkeit groß, seine Musikbegabung bedeutend. Er komponiert auch selbst Sonaten. Mehrmals hatte ich die Ehre, hinter ihm zu stehen, während er spielte. Ich war entzückt von seinem Geschmack, besonders für das Adagio. Das ist eine fortwährende Neuschöpfung von Ideen.

Er tanzt mit Adel und Grazie. Schließlich liebt er alle vernünftigen Vergnügungen außer der Jagd, die ihm ebenso unerfreulich und nicht nützlicher dünkt als das Essenkehren. (...)

Neulich hatten wir einen Ball, der mich entzückte. Der Kronprinz, der sonst nur die Uniform seines Regiments trägt, erschien in grünem Moirérock mit breiten silbernen Aufschlägen und beweglichen Quasten oder Eicheln an den Rändern und reichbetreßter Weste aus Silbermoiré. Alle Kavaliere seines Gefolges trugen fast die gleiche Kleidung, nur weniger prächtig. Diese Art von Uniform wirkte sehr hübsch, doch ich hatte nur Augen für den Tanz der Kronprinzessin.

So verfließen hier die Tage in einem Frieden, der mit allen Freuden gewürzt ist, die ein verständiges Gemüt reizen können.

Der erste Brief Friedrichs an Voltaire

Voltaire, eigentlich François-Marie Arouet (1694–1778), war der Fürst der Aufklärung, berühmt und vermögend geworden durch seine Werke. Sie haben Friedrich stark geprägt. In ihnen lernte er die großen Vorbilder kennen, Heinrich IV. («Die Henriade», 1723) und Peter den Großen und mit ihnen jene Regierungsform, die wir heute «aufgeklärten Absolutismus» nennen. Der erste Brief an den berühmten Philosophen und Dichter wurde zum Auftakt einer lebenslangen Korrespondenz. Charakteristischerweise ergreift Friedrich gleich zu Beginn die Partei der Modernen, des Fortschritts. Er ist ein Mann des Neuen.

Berlin, 8. August 1736

Habe ich auch nicht das Glück, Sie persönlich zu kennen, so sind Sie mir doch durch Ihre Werke bekannt genug. Das sind Geistesschätze, wenn der Ausdruck erlaubt ist, Kunstwerke, die mit so viel Geschmack und Feinheit gebildet sind, daß ihre Schönheiten sich bei jeder Lektüre in neuem Lichte zeigen. Ich glaube in ihnen den Charakter ihres geistvollen Verfassers zu erkennen, der unserem Jahrhundert und dem menschlichen Geiste zur Ehre gereicht. Die großen Männer der neueren Zeit werden Ihnen einst Dank wissen, und nur Ihnen allein, falls der Streit wieder ausbricht, ob den Neueren oder den Alten der Vorzug gebührt; denn Sie lassen die Wagschale zugunsten der Neueren sinken.

Mit den Eigenschaften eines hervorragenden Dichters verbinden Sie eine Fülle von Kenntnissen, die freilich mit der Poesie in gewisser Weise verwandt sind, ihr aber erst durch Ihre Feder zugehören. Nie hat ein Dichter metaphysische Gedanken in Verse gebracht: solche Ehre war Ihnen zuerst vorbehalten. Diese philosophische Tendenz Ihrer Schriften veranlaßt mich, Ihnen eine durch mich angeregte Übersetzung der Anklage und Rechtfertigung von Wolff zu übersenden, des berühmtesten modernen Philosophen, der Licht in die dunkelsten Gebiete der Metaphysik getragen und diese schwierigen Fragen ebenso erhaben wie klar und bestimmt erörtert hat, dafür aber grausamerweise der Irreligiosität und des Atheismus bezichtigt worden ist. Das ist das Schicksal großer Männer: stets setzt ihr überlegener Genius sie den vergifteten Pfeilen der Verleumdung und des Neides aus.

Ich lasse jetzt die Abhandlung desselben Verfassers «Von Gott, von der Seele und der Welt» übersetzen und werde sie Ihnen zusenden, sobald sie vollendet ist. Ich bin gewiß, Sie werden die Beweiskraft aller seiner Schlüsse schlagend finden; denn sie folgen mathematisch einer aus dem anderen und sind ineinandergeschmiedet wie Kettenglieder.

Bei der Nachsicht und Unterstützung, die Sie allen gewähren, die sich den Künsten und Wissenschaften widmen, hoffe ich, Sie werden mich nicht aus der Zahl derer streichen, die Sie Ihrer Belehrung würdigen. Denn so nenne ich Ihre Korrespondenz, die jedem denkenden Wesen nur nützlich sein kann. Ja, ohne das Verdienst anderer zu schmälern, wage ich zu behaupten, daß es auf der ganzen Welt ohne Ausnahme keinen gibt, dessen Lehrer Sie nicht sein könnten.

Fern sei es mir, Sie in einer Weise zu beweihräuchern, die

Ihrer unwürdig wäre; dennoch kann ich Ihnen versichern, daß ich in Ihren Werken zahllose Schönheiten finde. Ihre «Henriade» entzückt mich und triumphiert glücklich über die wenig einsichtsvolle Kritik, der man sie unterzogen hat. Das Trauerspiel «Cäsar» zeigt uns durchgeführte Charaktere und ist von großen, gewaltigen Gefühlen erfüllt. Ihr Brutus kann nur Römer oder Engländer sein. «Alzire» verbindet den Reiz der Neuheit mit dem glücklichen Kontrast zwischen den Sitten der Wilden und der Europäer. Der Charakter Gusmans zeigt, daß ein mißverstandenes und von falschem Eifer geleitetes Christentum noch barbarischer und grausamer ist als das Heidentum. Stünde Corneille, der große Corneille, der sich die Bewunderung seines ganzen Zeitalters erwarb, in diesen Tagen wieder auf, er sähe mit Staunen und vielleicht mit Neid, wie die tragische Muse Sie mit Gunstbezeugungen überhäuft, die sie ihm nicht gegönnt hat. Was läßt sich nicht alles von dem Verfasser so vieler Meisterwerke erwarten! Was für neue Wunder werden nicht aus der Feder des Mannes hervorgehen, der schon den «Tempel des Geschmacks» so geistreich und zierlich errichtet hat!

Das erweckt in mir den sehnlichen Wunsch, alle Ihre Werke zu besitzen. Ich bitte Sie, mir diese zu schicken und mir keines zu versagen. Sollte sich unter den handschriftlichen eins befinden, das Sie aus notgedrungener Vorsicht der Öffentlichkeit vorenthalten, so verspreche ich Ihnen, tiefstes Geheimnis zu wahren und ihm nur insgeheim Beifall zu zollen. Leider weiß ich, daß ein Fürstenwort heutzutage wenig gilt; doch hoffe ich, Sie werden sich nicht von den allgemeinen Vorurteilen bestimmen lassen, sondern sich zu meinen Gunsten zu einer Ausnahme entschließen.

Ihre Werke würden mich reicher machen als alle vergänglichen und verächtlichen Glücksgüter dieser Welt, die ein und derselbe Zufall uns schenkt und wieder nimmt. Mit Hilfe des Gedächtnisses kann man sich jene, Ihre Werke, aneignen und sie solange besitzen wie dieses. Mein Gedächtnis ist schlecht; darum schwanke ich lange, bevor ich mich entscheide, was darin Aufnahme finden soll.

Stünde die Dichtkunst noch auf ihrer alten Stufe, d. h. könnten die Dichter nur langweilige Idyllen trillern, Eklogen nach dem alten Schema und abgeleierte Stanzen verfertigen, oder wüßten sie ihre Leier nur auf den elegischen Ton zu stimmen – ich würde ihr für immer entsagen. Allein, Sie veredeln die Dichtkunst, Sie zeigen uns neue Wege, die ein Cotin und Rousseau nicht beschritten haben.

Ihre Gedichte besitzen so große Vorzüge, daß alle höher stehenden Geister sich gern in sie vertiefen. Sie sind ein Lehrbuch der Moral, das uns denken und handeln lehrt. Sie schmücken die Tugend mit leuchtenden Farben. Der Begriff des wahren Ruhmes wird darin formuliert. Sie gewinnen den Wissenschaften so feine und zarte Reize ab, daß man nach der Lektüre Ihrer Werke vom Ehrgeiz erfaßt wird, in Ihre Spuren zu treten. Wie oft habe ich mich nicht dieser trügerischen Lockung hingegeben und mir dann gesagt: Unseliger, laß ab, diese Bürde übersteigt deine Kräfte! Man kann Voltaire nicht nachahmen, wenn man nicht selber Voltaire ist.

In solchen Augenblicken habe ich es empfunden, daß die Vorzüge der Geburt, der leere Schall von Größe, mit dem die Eitelkeit uns einlullt, nur wenig oder besser gesagt gar nichts vorstellen. Das sind Maßstäbe, die unser inneres Wesen nicht berühren, lediglich äußerer Schmuck! Wie sehr sind ihnen die Geistesgaben vorzuziehen! Wieviel ist man denen schuldig, die die Natur schon bei ihrer Geburt ausgezeichnet hat! Gefällt sie sich doch, Wesen zu schaffen und mit allen nötigen Gaben auszustatten, um Fortschritte in den Künsten und Wissenschaften zu machen; ihre durchwachten Nächte zu belohnen, ist dann Sache der Fürsten. Ach, erwählte der Ruhm doch mich zum Werkzeuge, um Ihre Erfolge zu krönen! Nur das eine würde ich fürchten, daß dies lorbeerarme Land weniger Lorbeeren hervorbrächte, als Ihre Werke verdienen, und daß man statt seiner zum Eppich greifen müßte.

Begünstigt aber das Schicksal mich nicht so sehr, daß ich Sie mein nennen kann, so darf ich wenigstens hoffen, Sie, den ich schon lange von ferne bewundere, eines Tages zu sehen, um sie persönlich all der Achtung und Hochschätzung zu versichern, die denen gebührt, die, der Leuchte der allgemeinen Wahrheit folgend, ihre Arbeiten dem allgemeinen Wohl widmen.

Friedrich berichtet Voltaire aus Ostpreußen

Der Brief, den Friedrich 1739 aus Ostpreußen an Voltaire schrieb, zeichnet ein heroisches Bild Friedrich Wilhelms I. in seinem Wirken als Landesvater. Problematische Seiten des nicht nur gegenüber dem Kronprinzen despotischen Vaters sind ausgespart. Das Urteil ist das eines Historikers. Zugleich wird eine Herrscherrolle beschrieben, an der Friedrich sich orientierte.

Um dem Elend in Preußen, vor allem in Preußisch-Litauen, das von der Pest entvölkert worden war, abzuhelfen, begann Friedrich Wilhelm I. 1721 das «Retablissement», ein teures und nicht immer erfolgreiches staatliches Aufbauprogramm zur Peuplierung und zum Wiederaufbau des Landes. Auf dem Verordnungswege und aus dem fernen Berlin ließ sich allerdings vieles nicht bessern; der König erhöhte den Druck, ohne dadurch etwas zu gewinnen. Die Zugewanderten zahlten einen hohen Preis, da auf die regionalen und lokalen Besonderheiten wenig geachtet worden war. 1727 schienen eine Dürre und die folgende Hungersnot alles zunichtezumachen. Neue Untertanen kamen, als der Erzbischof von Salzburg 1732 Lutheraner und Reformierte auswies. Ein Patent des Soldatenkönigs versprach ihnen günstige Bedingungen für die Ansiedlung. Von den zwanzigtausend

Vertriebenen gingen mehr als sechzehntausend nach Preußen, wo sie zwar nicht, wie erhofft, ein Gelobtes Land fanden, aber nach zähem Ringen mit der Verwaltung und der Natur einen entlegenen Landstrich wieder kultivierten.

An Voltaire, Insterburg, 27. Juli 1739

Endlich sind wir hier angekommen, lieber Freund. Wir waren drei Wochen unterwegs, und zwar in einem Lande, das ich für das Non plus ultra der zivilisierten Welt halte. Es ist eine in Europa wenig bekannte Provinz, die freilich bekannter zu sein verdiente, da sie als eine Schöpfung des Königs, meines Vaters, gelten kann.

Preußisch-Litauen ist ein Herzogtum von stark 30 deutschen Meilen in der Länge und 20 in der Breite, obwohl es nach Samogitien hin spitz zuläuft. Die Provinz wurde zu Anfang des Jahrhunderts von der Pest verheert; über 300000 Einwohner raffte die Seuche und das Elend hin. Der Hof, der von dem Unglück wenig wußte, unterließ es, der reichen und fruchtbaren Provinz, die an Einwohnern und an jeder Art von Erzeugnissen Überfluß hatte, wieder aufzuhelfen. Die Krankheit raffte das Volk hin; die Felder lagen brach und bedeckten sich mit Gestrüpp. Auch das Vieh ging in dem allgemeinen Elend zugrunde; kurz, unsere blühendste Provinz verwandelte sich in die schrecklichste Einöde.

Inzwischen starb Friedrich I. und wurde mit seiner falschen Größe begraben. Ihm lag nur an eitlem Prunk und an der pomphaften Zurschaustellung nichtiger Zeremonien.

Mein Vater, der ihm nachfolgte, wurde durch das öffentliche Unglück gerührt. Er begab sich selbst an Ort und Stelle und sah die weiten verheerten Länderstrecken nebst all den schrecklichen Spuren, die Seuche, Hungersnot und die schmutzige Habgier der Minister hinterlassen hatten. Zwölf bis fünfzehn entvölkerte Städte, vier- bis fünfhundert unbewohnte und verödete Dörfer boten seinen Augen einen trostlosen Anblick. Er ließ sich dadurch nicht abschrecken, im Gegenteil, er beschloß, das Land, das fast zur Wüstenei geworden war, neu zu besiedeln und Handel und Wandel wieder zu beleben.

Seitdem hat der König keine Ausgabe gescheut, um seine heilsamen Absichten zu verwirklichen. Er erließ zunächst weise Reglements, baute alles, was die Pest zerstört hatte, wieder auf und ließ Tausende von Familien aus allen Ecken Europas kommen. Die Äcker wurden wieder bestellt, das Land bevölkerte sich, der Handel blühte wieder auf, und gegenwärtig herrscht in dieser fruchtbaren Gegend mehr Überfluß denn je. Litauen besitzt über eine halbe Million Einwohner. Es zählt mehr Städte und Herden als früher, hat mehr Wohlstand und Fruchtbarkeit als irgend eine Gegend Deutschlands. Und all das ist lediglich dem König zu danken, der die Ausführung persönlich angeordnet und auch selbst geleitet hat. Er hat die Pläne entworfen und sie allein ausgeführt; er hat weder Mühe noch Sorge, noch ungeheure Schätze, noch Versprechungen oder Belohnungen gespart, um einer halben Million denkender Wesen Glück und Leben zu sichern. Ihm allein verdanken sie ihr Wohlergehen und ihre Versorgung.

Ich hoffe, Sie werden über die Einzelheiten, die ich Ihnen berichte, nicht böse sein. Ihre Menschenfreundlichkeit muß sich auf Ihre litauischen Brüder so gut erstrecken wie auf die französischen, englischen, deutschen usw., zumal ich zu meinem großen Erstaunen durch Dörfer kam, wo nur Französisch gesprochen wurde [Siedler aus der französischen Schweiz].

Ich finde etwas so Heroisches in der hochherzigen und tätigen Art, wie der König diese Wüstenei besiedelt, sie fruchtbar und glücklich gemacht hat, daß es mir schien, als müßten Sie der gleichen Meinung sein, wenn Sie die näheren Umstände dieser Neuschöpfung erführen.

Heinrich von Podewils beobachtet die Versöhnung von Vater und Sohn

Heinrich von Podewils (1695–1760) war Minister im Departement der Auswärtigen Affären. Im Frühjahr 1740 wurde er nach Potsdam gerufen, von wo aus er seinem Kollegen im Departement, Wilhelm Heinrich von Thulemeier (1683–1740), über die letzten Tage des Königs berichtete – ein vertrauenswürdiges Zeugnis für die Versöhnung zwischen Vater und Sohn.

Potsdam, 30. Mai 1740

Der Zustand Sr. Majestät ist stets bemitleidenswürdig, so viel hat der König zu leiden. Er scheint völlig ergeben, und die Schwäche nimmt zusehends zu. Letzten Sonnabend (28. Mai) unterhielt sich der König mit dem Kronprinzen in meiner Gegenwart anderthalb Stunden über die Lage der auswärtigen Politik im Großen. Ich werde mir erlauben, Ew. Exzellenz diesen Überblick heute oder morgen im Auszug zu übersenden, soweit ich ihn im Gedächtnis behalten habe.

Gleich darauf waren wir Zeugen der rührendsten, aber zugleich erbaulichsten Szene. Nachdem der König seine gewohnte Gesellschaft hatte abtreten lassen, sagte er: «Aber thut mier Gott nicht viel Gnade, daß er mier einen so braven und würdigen Sohn gegeben!» Bei diesen Worten stand der Kronprinz auf und küßte zärtlich die Hand Sr. Majestät, die er mit Tränen netzte. Der König umarmte ihn und hielt seinen Hals umklammert, während er ausrief: «Mein Gott, ich sterbe zufrieden, da ich einen so würdigen Sohn und Nachfolger habe.»

Wir brachen alle in Tränen aus, als wir diese glückliche Einigkeit und diesen Akt väterlicher Liebe sahen.

GLANZ

1740 Am 31. Mai stirbt Friedrich Wilhelm I., sein Sohn besteigt als Friedrich II. den Thron.

Am 3. Juni wird die Folter in den preußischen Staaten weitgehend abgeschafft.

Einrichtung des 5. Departements für Kommerzien und Fabriken im Generaldirektorium.

Erste Begegnung mit Voltaire auf Schloss Moyland bei Wesel (11. September).

Am 20. Oktober stirbt Karl VI. in Wien, seine Tochter Maria Theresia wird Königin von Ungarn und Erzherzogin von Österreich.

Am 24. November rückt die Berliner Garnison aus, der Erste Schlesische Krieg beginnt.

1741 Am 10. April siegen die Preußen bei Mollwitz über Österreich.

Beginn der Bauarbeiten für das Berliner Opernhaus.

1742 Am 17. Mai gewinnt Friedrich die Schlacht bei Chotusitz.

Am 11. Juni wird in Dresden ein Präliminarfrieden geschlossen. Im Frieden von Berlin (28. Juli) muss Maria Theresia Ober- und Niederschlesien sowie die Grafschaft Glatz an Preußen abtreten.

1743 Friedrich setzt in Schlesien den Prälaten Schaffgotsch als Koadjutor des Kardinalerzbischofs ein und behauptet damit seinen landesherrlichen Einfluss auch gegenüber der katholischen Kirche.

Friedrich war achtundzwanzig Jahre alt, als er den Thron bestieg. Er hatte ausgiebig von klugen Herrschern und ruhmreichen Feldherren gelesen und die politische Lage auf dem Kontinent aufmerksam verfolgt. Europa genoss damals einen Augenblick des Friedens, nur England und Spanien fochten in den Kolonien der Neuen Welt gegeneinander. In den preußischen Staaten schien vieles gut bestellt, wenn auch auf kargem Fuß. In der «Geschichte meiner Zeit» schrieb der alte König 1775: «Die Einkünfte Preußens betrugen beim Tode König Friedrich Wilhelms nur 7 400 000 Taler. Die Bevölkerung in allen Provinzen belief sich höchstens auf drei Millionen Seelen. Der verstorbene König hinterließ im Schatze 8 700 000 Taler, keine Schulden, die Finanzen in guter Verwaltung, aber wenig Industrie; die Handelsbilanz verlor jährlich 1 200 000 Taler an das Ausland. Das Heer zählte 76 000 Mann, darunter fast 26 000 Ausländer: ein Beweis, daß seine Stärke die Kräfte des Landes überstieg und daß drei Millionen Einwohner nicht einmal zum Ersatz von 50 000 Mann hinreichten, zumal in Kriegszeiten. Der verstorbene König hatte sich in kein Bündnis eingelassen, um seinem Nachfolger freie Hand zu lassen, welche Bündnisse er nach Zeit und Umständen als die für den Staat vorteilhaftesten eingehen wollte.»[41] Friedrich konnte sich also 1740 in seinen außenpolitischen Entscheidungen weitgehend unbeschränkt fühlen, dazu aufgerufen, die Einnahmen zu erhöhen, die Handelsbilanz zu verbessern und, wenn ein günstiger Moment gekommen schien, seine Territorien zu vergrößern.

Wer unter seinem Vater gedient hatte, rechnete damit, nun einem der Rheinsberger Freunde weichen zu müssen. Doch Friedrich änderte zunächst wenig am System Friedrich Wilhelms I. Der hatte zwar geraten, seinem Vorbild zu folgen, in den ersten sechs Wochen die Etats durchzugehen, unnütze Pensionen zu streichen, Zivilbedienstete zu entlassen, andere Posten zu kürzen und erst nach einem Jahr den gebeutelten Ministern und Beamten wieder Zulagen zu gewähren. Aber der Sohn dachte nicht daran, auf diese Weise, im kalkulierten Wechsel von Strenge und Gunst, Treue und Gehorsam zu prüfen. Er bestätigte alle Minister im Amt und folgte nur in einem Punkt uneingeschränkt der Empfehlung Friedrich Wilhelms I.: Zügig vergrößerte er die Armee. Die Garde der langen Kerls wurde aufgelöst, zu den 81 000 Mann unter Waffen (der Historiker Friedrich hatte die Zahl zu gering angesetzt) kamen 17 654 hinzu. Der ererbte Staatsschatz machte es möglich. Dank des Kantonssystems verliefen die Anwerbungen in den eigenen Staaten ruhig. Zusätzlich wurden ganze Einheiten aus anderen Ländern übernommen, aus Anhalt-Dessau und Württemberg, aus Braunschweig, Sachsen-Eisenach und Sachsen-Gotha.

Außerdem verordnete Friedrich dem Land eine kulturelle Modernisierung, setzte deutliche Signale für seinen Willen, zeitgemäß zu regieren. Schon am vierten Tag auf dem Thron schaffte der neue König die Folter ab; nur bei Landesverrat, besonders abscheulichen Morden und Verbrechen gegen die Majestät sollte der Delinquent hinfort noch der Tortur unterworfen werden. Eine Veränderung des Prozesswesens wurde damit unvermeidlich, brauchte es doch für die Verurteilung bis dahin zwei Zeugen oder ein Geständnis. Das überbordende Theater der Grausamkeit, das damals Strafen begleitete, hat Friedrich überhaupt stark eingeschränkt. Er untersagte das – von seinem Vater wieder eingeführte – Säcken bei Kindstötung, auch sollte niemand mehr vor der

Hinrichtung malträtiert, zum Richtplatz geschliffen oder mit glühenden Zangen gerissen werden. Das Abhacken von Gliedmaßen wurde untersagt.[42]

Leicht ist es, Friedrich mit der Eitelkeit des Spätgeborenen Inkonsequenzen nachzuweisen – die Abschaffung der nach Regeln verübten Grausamkeiten bleibt eine Leistung auf dem Weg in eine humanere Welt. Dies umso mehr, als er 1755 auch die Ausnahmeregelungen aufhob, die Folter bis dahin noch gestattet hatten. Die stolzesten Rechtsstaaten des 21. Jahrhunderts haben der Versuchung nachgegeben, im «höheren Interesse» zu foltern. Da gewinnt Friedrichs rasch erlassenes Dekret in einer Welt allseits akzeptierter Gewalttätigkeit und ohne nennenswerte Kriminaltechnik neuen Glanz. Die Verordnung zur Abschaffung der Tortur wurde nicht veröffentlicht, man wollte Straftäter nicht ermuntern. Die Untertanen erfuhren also nichts von diesem Ruhmestitel ihres neuen Königs.

Gleich im Juni 1740 erreichte ihn auch das Gesuch eines Katholiken, der im überwiegend evangelischen Frankfurt an der Oder Bürgerrechte erwerben wollte. Der König folgte der zu gleichen Teilen ökonomisch und konfessionspolitisch motivierten Tradition der Hohenzollern, die als Reformierte selbst einer Minderheit im Lande angehörten. Er beschied: «Alle Religionen Seindt gleich und Guht, wan nur die leüte, so sie profesiren Erliche Leüte seindt, und wen Türken und Heiden Kähmen und Wollten das Land Pöpliren, so wollen wier sie Mosqueen und Kirchen bauen.»[43] Auch das ist bis heute keine Selbstverständlichkeit in ehrwürdigen europäischen Demokratien.

Um die Entscheidung ganz zu würdigen, sollte man bedenken, dass Friedrich persönlich die römische Kirche oft verfluchte und Katholiken gern verspottete. Sie schienen ihm aufklärungsresistent und vorurteilsbeladen. Gewiss darf das klare Urteil des Kulturhistorikers Ludwig Geiger nicht vergessen werden. In seiner

«Geschichte der Juden in Berlin» (1871) konstatierte er, dass mit Friedrich «nicht sogleich eine neue Epoche» begann. «Die ersten zehn Jahre seiner Regierung waren für die Juden eine Fortsetzung ihrer Leiden, es schien, als wenn nur der Name des Herrschers, nicht die Grundsätze seiner Herrschaft andere geworden wären.»[44] Das sollte sich ändern, wenn auch langsam und nie bis zur letzten Konsequenz, der bürgerlichen Gleichstellung der Juden. Aber es war kein Zufall, dass ein Beamter Friedrichs diese Forderung am deutlichsten formulierte. Der preußische Kriegsrat Wilhelm Dohm, dessen Schrift «Über die bürgerliche Verbesserung der Juden» 1781 bis 1783 erschien, erfasste damit eine Tendenz der friderizianischen Politik. Im Oktober 1785, um weit vorzugreifen, wurde in Brieg, Oberschlesien eine Untersuchung gegen Josef Steblitzki, Ratsmann zu Nicolai, angestrengt. Er war vom angestammten katholischen Glauben abgefallen und zum Judentum übergetreten. Hätte Brieg zu Österreich gehört, hätten dem Manne «Leibes- und Lebensstrafe» gedroht. Die zuständige Oberamtsregierung und das Justizkommissariat trauten sich nicht zu entscheiden und wandten sich an den König. Der konnte in den Akten lesen, dass langjähriges, intensives Bibelstudium den alten Steblitzki zum Übertritt bewogen und er die Beschneidung selbst an sich vollzogen hatte. Nun nannte er sich Josef Abraham. Friedrich entschied: «Eine weitere Untersuchung und Bestrafung ist nicht nötig.»[45] Der Konvertit erhielt einen Schutzbrief und lebte von nun an unbehelligt. Sohn und Frau blieben Christen. Josef Abraham starb 1807 geachtet und geehrt von seiner Gemeinde. Der Einzelfall ersetzte nicht die gesetzlich festgeschriebene Gleichheit, die noch immer auf sich warten ließ, aber es wäre historisch ungerecht, die Toleranz Friedrichs in religiösen Fragen gering zu veranschlagen.

Ökonomische Motive haben für die Religions- und Einwanderungspolitik der Hohenzollern immer eine Rolle gespielt.

Stärker aber dürfte unter Friedrich das neue, allmählich um sich greifende Staatsverständnis gewirkt haben. Zwischen dem Staat und seinen Bürgern sollte eine beiderseitige Verpflichtung bestehen, die durch andere Loyalitäten nur gestört werden konnte. Ein Untertan des preußischen Königs war daher zuerst und vor allem als Untertan Friedrichs II. anzusehen, mochte er daneben auch Katholik oder Jude, Offizier oder Verleger, Pommer oder Hugenotte, Kossäte oder Knecht sein. Friedrich hat diese neue Unmittelbarkeit des Staatsbürger-Seins partiell gefördert und insgesamt an einer ständischen Gliederung festhalten wollen, in der dem Einzelnen durch Geburt seine Rolle in der Welt zugeteilt wurde. Die Begründung lieferte allerdings nicht mehr der Verweis auf eine göttliche Ordnung. Es ging, je länger, desto mehr, um funktionale Gesichtspunkte – und damit war im Prinzip die Tür zur formalen Gleichheit aufgestoßen. Für viele Zeitgenossen war dies eine Zumutung, die Gewissheiten, Privilegien und die Sicherheit des beschränkten Lebens gefährdete.

Die Mehrzahl der preußischen Untertanen dürfte im Sommer 1740 kaum etwas vom neuen Stil des neuen Königs mitbekommen haben, aber seinen Residenzen brachte Friedrich Glanz, zumindest legte er den Grund dazu in den ersten Monaten seiner Regierung. Tatkräftig schien er, entschlossen, und er liebte die Geschwindigkeit, die ja bis heute ein Zeichen des Neuen, der Modernisierung ist. Er sei, heißt es, von Berlin nach Potsdam in gut einer Stunde geritten, «immer Galopp und Carriere»[46]. Seine Reisen hätten Flügen geglichen. Er hatte einiges vor.

Friedrich war sich der kulturellen Rückständigkeit Preußens bewusst. Unter seinem Vater, so schrieb er, seien die Akademie der Wissenschaften, die Universitäten, die freien Künste und der Handel «ganz in Verfall geraten»[47]. Auch die Sitten verkamen: «Man gefiel sich darin, sauertöpfische Mienen aufzusetzen. Jedermann in Preußen trug höchstens drei Ellen Tuch am Leibe und einen Degen an der Seite, der nicht weniger als zwei Ellen lang war. Die Frauen flohen die Gesellschaft der Männer, und diese entschädigten sich dafür durch Wein, Tabak und Hanswürste. Kurz, unsere Sitten waren denen unserer Vorfahren ebenso unähnlich wie denen unserer Nachbarn; wir waren ganz original und genossen die Ehre, von einigen kleinen deutschen Fürsten schlecht kopiert zu werden.»[48]

Um das zu bessern, betrieb Friedrich Kulturimport in großem Stil. Gleich zu Beginn bemühte er sich als König darum, den Philosophen Christian Wolff wieder nach Preußen zu holen. Er wusste um die propagandistische Wirkung eines solchen Schrittes, der nicht ohne Einfluss auf die Gemüter der Gebildeten bleiben konnte. Der Gerechtigkeit zuliebe muss gesagt werden, dass auch Friedrich Wilhelm I. den von ihm vertriebenen Weltweisen hatte zurückrufen wollen. Wolff blieb aus verständlichen Gründen in Marburg, der Soldatenkönig hatte ihm 1723 schließlich mit dem Strang gedroht, sollte er Halle nicht zügig verlassen.

Nun ereilte Wolff ein Ruf nach Berlin, an die Spitze der Akademie der Wissenschaften, die Friedrich neu organisieren wollte. So wurde der Konsistorialrat Reinbeck am 6. Juni 1740 vom König beauftragt, nachzufragen. Ein Mensch, der die Wahrheit suche und liebe, müsse in jeder Gesellschaft geschätzt werden. Wolff aber wollte nicht nach Berlin, ihn zog es wieder an die Hallenser Universität. Sein Einzug dort gestaltete sich prächtig, kein Geringerer als der Literaturreformer Johann Christoph Gottsched, der einst vor den Werbern des Soldatenkönigs geflohen war, verfasste darüber einen Bericht. Drei Postillione ritten dem Philosophen voraus, fünfzig Studenten zu Pferde folgten, vierspännig fuhr der Heimkehrer, Pauken und Trompeten kamen zum Einsatz. So viel Wert legte die fortgeschrittene Gesellschaft damals aufs Zeremoniell, so wenig Dauer versprach es: Für die Lehrveranstaltungen Christian Wolffs interessierten sich fortan nur wenige.

Da Wolff nicht nach Berlin kam, folgte Friedrich dem Rat Voltaires und rief Pierre Louis Moreau de Maupertuis, damit sich unter seiner Präsidentschaft die etwas heruntergekommene «Societät der Wissenschaften» in eine weithin ausstrahlende «Académie Royale des Sciences et Belles-Lettres de Prusse» verwandele. Maupertuis, der berühmt dafür war, dass er die Abflachung der Polkappen nachgewiesen hatte, machte sich auf den Weg nach Berlin. Dem begabten Georg Wenzeslaus von Knobelsdorff hatte noch der Kronprinz Friedrich eine Reise nach Italien ermöglicht, wo sich die Bauwerke und Gemälde studieren ließen, die in ganz Europa als vorbildlich galten. Im Jahr des Regierungsantritts erhielt Knobelsdorff die Oberaufsicht über alle königlichen Bauten und wurde noch einmal auf Reisen geschickt: nach Paris. Der Komponist Carl Heinrich Graun – Friedrich hatte ihn wie seinen Flötenlehrer Quantz aus dem kulturell überlegenen Sachsen abgeworben – reiste nach Italien, um dort Sängerinnen und Sänger für die neue Königliche Oper zu engagieren. Kurz, Friedrich suchte vom Besten in Europa zu profitieren: Gelehrte Gespräche, Musik, vor allem Oper, und glanzvolle Bauwerke – das ist das kulturelle Repertoire, dem der König auch in Zukunft verpflichtet blieb. Französischer Esprit, italienische Musik, Architektur nach italienischen und französischen Mustern sollten an einem neuen, repräsentativen Platz in der Mitte Berlins, am Forum Fridericianum, eine Heimstatt finden.

Gesandte fremder Höfe, die argwöhnisch jeden Schritt des neuen Königs beobachteten, registrierten Friedrichs Vorliebe für Wissenschaften und Künste und rätselten, welche Absichten er sonst noch verfolgen mochte. Da nicht ersichtlich war, wozu die Unrast diente, was ihn trieb, fühlten Beobachter sich in der Annahme bestätigt, Friedrich neige zur Verstellung, verberge seine Absichten. Das heißt zunächst wenig mehr, als dass er ein guter König war, der es wie ein vollendeter Hofmann verstand, die eigenen Leidenschaften zu lenken, sein Gegenüber zu täuschen und zur Erreichung seiner Zwecke über Bande zu spielen. Verstellung war eine der ersten unter den vielen erforderlichen Fertigkeiten bei Hofe. Aufrichtigkeit im bürgerlichen Sinn wäre fehl am Platze gewesen. Ein Monarch durfte das Herz nicht auf der Zunge tragen.

Jugendfreunde wie der Freiherr Dietrich von Keyserlingk versorgten die neugierigen Fremden mit Informationen, manches wurde erzählt, aber niemand konnte genauen Einblick in Pläne des Königs geben, da keiner einen solchen hatte. Die Familie lebte von ihm getrennt, und obwohl er seiner Lieblingsschwester Wilhelmine, die nach Bayreuth verheiratet worden war, regelmäßig schrieb und seine Mutter gern im Schloss Monbijou besuchte, war keine von beiden in Staatsgeschäfte eingeweiht. Die Minister erhielten schriftliche Anweisungen, mit dem Außenminister Podewils und dem Feldmarschall Schwerin hielt Friedrich Kronrat, entschied aber allein und nach den Erfordernissen des Augenblicks. Seinen Rheinsberger Kammerdiener Michael Gabriel Fredersdorf, einen Mann von beachtlichem Wuchs und mit auffallend schönem Gesicht, ernannte er zum «Geheimen Kammerier», was kein großer Titel war, Fredersdorf jedoch beachtlichen Einfluss sicherte. In diesem Fall forcierte der König sogar die Ausnahme von seiner Regel und schenkte dem Faktotum bürgerlicher Herkunft Gut Zernickow bei Rheinsberg. Der Kammerdiener wurde Rittergutsbesitzer. Fredersdorf verwaltete die königliche Schatulle, kümmerte sich also um die Liebhabereien des Monarchen, kaufte Flöten und Tabakdosen und Geschirr, sorgte für die Ausstattung der Schlösser und genoss eine Vorzugsstellung wie kaum ein anderer. Geschickt wahrte er dabei den eigenen Vorteil. Zwar konnte sich jeder direkt an den König wenden, aber über Fredersdorf schien es rascher möglich und eindringlicher. Er besaß den direkten Draht zum vielbeschäftigten Alleinherrscher, direkten

Zugang zum Machthaber. Bezeichnend für Friedrich, dass er auf einen setzte, der außer persönlichem Gewinn wenig wollen konnte, keine eigenständigen politischen Ambitionen entwickelte. Das innige Verhältnis der beiden fand seinen Höhepunkt in ihrer Korrespondenz über Zipperlein und Gebrechen, wobei sie auch Ratschläge zur Gesundung austauschten; ihre Briefe sind Pflichtlektüre für Hypochonder – «gotbewahre Dihr!»[49]

Mit der gleichen Entschlossenheit wie auf dem Feld der Künste und Wissenschaften agierte Friedrich auf der Bühne des Heiligen Römischen Reiches Deutscher Nation. Er demonstrierte Stärke. Zuerst im Westen, im Ringen um die Herrschaft Herstall. 1775 beschrieb er den Vorfall in der «Geschichte meiner Zeit»: «Ein armseliger Bischof von Lüttich suchte seine Ehre darin, den König zu kränken. Einige Untertanen der Herrschaft Herstall, die zu Preußen gehört, hatten sich aufgelehnt. Der Bischof nahm sie in Schutz. Der König sandte den Obersten Kreytzen mit Vollmacht und Beglaubigungsschreiben nach Lüttich, um die Sache beizulegen. Aber der Herr Bischof dachte gar nicht daran, ihn zu empfangen. Drei Tage hintereinander sah er den Gesandten in den Hof seines Palastes kommen, und jedesmal versagte er ihm den Eintritt.»[50] Der Bischof wollte seine Räte zusammenrufen, hatte damit aber die Rechnung ohne den schnellen König gemacht.

Die Situation war charakteristisch für die Verhältnisse im Reich. Verschiedene Rechte und Ansprüche bestanden nebeneinander. Die Grafschaft hatte zum oranischen Erbe gehört und war dadurch 1732 in preußischen Besitz gelangt; die Lehnshoheit aber wurde vom Bischof von Lüttich, Georg Ludwig von Berghes, beansprucht; man zankte, weigerte sich, Geldstrafen zu zahlen, den Anweisungen der preußischen Verwaltung zu folgen. Berlin bestand auf der Reichsunmittelbarkeit des Besitzes, dem widersprachen das Bistum Lüttich und das Herzogtum von Brabant.

Das wäre ein Fall für zähe Verhandlungen gewesen. Friedrich Wilhelm I. hatte die Sache nie klären können, einer seiner Minister riet auch dem Sohn, die Lehnshoheit zu akzeptieren. Die Untertanen im Westen verweigerten die Huldigung, weil er ebendies nicht tat. Daraufhin marschierten preußische Truppen in die lüttichsche Grafschaft Hoorn ein. Die Grenadiere beeindruckten; Ende Oktober erschienen Gesandte aus Lüttich in Berlin, und man einigte sich auf den Verkauf der Herrschaft Herstall. Friedrich hatte erfolgreich agiert. Inzwischen war allerdings beim Reichshofrat in Wien eine Klage wegen Landfriedensbruchs eingegangen.

Dort hatte man freilich andere Sorgen. Am 20. Oktober 1740 war Karl VI. gestorben, ohne einen männlichen Erben zu hinterlassen. Er hatte viel Mühe aufgewandt, mittels der «Pragmatischen Sanktion» seiner Tochter Maria Theresia die Erbschaft zu sichern. Sie wurde, wie beabsichtigt, Königin von Ungarn und Erzherzogin von Österreich. Dann fielen die Ehrgeizigen über sie her, um die Chance nicht ungenutzt zu lassen, die die scheinbare Schwäche der Habsburger eröffnete. Der Augenblick des Thronwechsels ist immer ein kritischer, eine ganze Reihe von Erbfolgekriegen wurde im 18. Jahrhundert geführt. Nun überlegten Frankreich, Bayern und Sachsen, wie sie ihre eigene Macht auf Kosten Österreichs vergrößern konnten.

Friedrich aber handelte am schnellsten. Er ließ Magazine anlegen, Geschütze bereitstellen, setzte Truppen in Marsch – es galt, das benachbarte, vor allem durch Woll- und Leinenproduktion wohlhabende Schlesien zu erobern. Irgendwo fanden sich auch verjährte Ansprüche und Rechtstitel, Gründe für das militärische Vorgehen ließen sich deduzieren. Besonders ernst nehmen muss man die nachgeschobenen Gutachten nicht. Friedrich II. war in der «Geschichte meiner Zeit» ehrlicher als mancher borussisch verzückte Historiker. Für Schlesien sprach, dass er hier am bequemsten und mit den größten Aussichten auf Erfolg Krieg führen konnte; hier bot sich, so brachte er es selbst auf den Punkt, «die einzige Art von Offensive, welche die Lage seiner Staaten begünstigte, weil er hier nahe an seinen Landesgrenzen blieb und durch die Oder eine stets sichere Verbindung behielt»[51]. Preußens Ansprüche im Westen, etwa auf das Herzogtum Berg, waren weitaus begründeter, nur ließ sich, wie die Dinge und Preußen nun einmal lagen, dort kein ordentlicher Krieg führen. Noch ein halbes Jahrhundert später, während der Revolutionskriege, bekam die preußische Armee die Nachteile des langen Anmarsches und die daraus resultierenden Versorgungsschwierigkeiten zu spüren.

Sarkastisch merkt der Historiker Friedrich an, er, der König, habe es doch für richtig gehalten, «Versuche zum gütlichen Vergleich beim Wiener Hofe zu machen»[52]. Also reiste Graf Gotter nach Wien. Aber Schlesien lag näher: «Die Armee war flinker als der Gesandte. Sie rückte … zwei Tage eher in Schlesien ein, als Graf Gotter in Wien anlangte.»[53]

Am 24. November 1740 rückte die Berliner Garnison aus, am 16. Dezember marschierten die preußischen Soldaten in Schlesien ein. Der Rubikon war überschritten, und es sollten drei Kriege deswegen gekämpft werden. Der Kanzler der Universität Halle verfasste eine gelehrte Darstellung zur Demonstration, wie triftig die Erbansprüche des Hauses Hohenzollern auf die schlesischen Herzogtümer waren. Es waren aber die Waffen, die entschieden.

Feldherrenruhm war der größte Ruhm, den das Jahrhundert zu vergeben hatte. Friedrich sprach von den Leidenschaften der Jugend und dem Wunsch, seinen Namen in den Zeitungen und in der Geschichte zu lesen. Er riskierte einiges, als er seine Truppen zum «Rendezvous mit dem Ruhm» führte; im Krieg herrscht der Zufall mächtiger und unmittelbarer. Es wäre jedoch überzogen, im ehrgeizigen König einen Hasardeur zu erblicken. Dazu war das Ziel zu sorgfältig ausgewählt und der Augenblick des Losschlagens zu genau überlegt worden. Die Glücksspielmetapher, der sich Friedrich wie viele seiner Zeitgenossen bediente, verdeckt Entscheidendes. Er marschierte nicht auf gut Glück ein, sondern gut vorbereitet und im Wissen um seine Kräfte. Jeder Wurf im Glücksspiel, jeder Schritt war kalkuliert. Dabei irrte er, traten neue Umstände ein, aber er setzte nicht alles auf eine Karte, trat die Souveränität nicht an das Schicksal ab. Wenn er später dessen Unzuverlässigkeit hervorhob, dann doch wohl auch, damit er – Alexander und Cäsar ähnlich – als Günstling des Glücks erscheinen konnte. «Friederisiko» heißt das Motto, unter dem in Potsdam der dreihundertste Geburtstag Friedrichs gefeiert wird – das erfasst etwas von seiner Ungewöhnlichkeit, verklärt diese aber zugleich. Das Risiko, das er mit dem Einfall in Schlesien einging, war begrenzt und wohl berechnet. Die Stunde für eine neue Ordnung in Europa schien gekommen; das eröffnete Bündnismöglichkeiten. Der diplomatischen Absicherung hat Friedrich ebenso viel Aufmerksamkeit geschenkt wie militärischen Erfordernissen. Sowohl der alte Gegenspieler Frankreich als auch Bayern unter dem Kurfürsten Karl Albrecht wandten sich gegen Maria Theresia, um ihr Stück vom Kuchen abzubekommen. Mit beiden machte Friedrich während des österreichischen Erbfolgekriegs gemeinsame Sache, aber immer nur eine Zeitlang und soweit es das Ziel, die Eroberung und der Erhalt Schlesiens, verlangte. Es waren zweckrationale Bündnisse, die er skrupellos einging und aufkündigte wie die meisten der zeitgenössischen Herrscher.

Die zunächst kleine preußische Armee – etwa 16 460 Infanteristen, 5000 Mann Kavallerie – stieß in Schlesien anfangs kaum auf Widerstand, die Stände fügten sich, die zahlreichen evangelischen Bewohner waren den Preußen freundlich gesinnt. Nach sieben winterlichen Wochen waren weite Teile der Provinz besetzt. Breslau, das über eigene Truppen verfügte, schloss einen Neutralitätsvertrag mit dem König; die Festung Glogau konnte am 9. März 1741 genommen werden. Die Festungen Neiße und Brieg aber wurden noch gehalten, sie erlaubten es im Frühjahr 1741 dem österreichischen Feldherrn Neipperg, kühn und rascher als erwartet vorzurücken. Maria Theresia war entschlossen, Schlesien zurückzugewinnen.

Friedrich musste handeln, im März und April 1741 zog er rasch seine Truppen zusammen. Am 10. April kam es zur Schlacht bei Mollwitz, der ersten des Krieges und der ersten des Königs. Die Preußen besaßen die zahlenmäßige Überlegenheit, nur ihre Kavallerie war schwächer, ihre Reiter unterlagen dem Ansturm der Österreicher. Da brachte Feldmarschall Schwerin den König in Sicherheit und vom Felde: «Als aber der vermutlich stark aufgeregte König entfernt war, gelang es Schwerin, die Infanterie und Artillerie wieder zum Vorgehen zu bringen, und die Österreicher mußten der Überlegenheit ihres unablässig rollenden Feuers weichen.»[54]

Der König hatte seine erste Schlacht überstanden, überraschend und in Abwesenheit noch gewonnen. Der Sieg war vor allem moralisch und politisch bedeutsam. Er stärkte die Kriegspartei in Frankreich, das Preußen den Besitz von Niederschlesien garantierte, eigene Truppen gegen Österreich in Bewegung setzte und den bayerischen Kurfürsten Karl Albrecht unterstützte, der im September 1741 die österreichische Grenze überschritt und rasch Linz einnahm. Im Januar 1742 wurde er in Frankfurt am Main zum Kaiser gewählt; im Gegenzug besetzten am 14. Februar österreichische Truppen München. Der wichtigste Kriegsschauplatz aber war Böhmen, wo Bayern und Franzosen vorübergehend Prag einnehmen konnten. Doch die anti-österreichische Koalition litt wie die meisten Koalitionen unter Misstrauen und Koordinationsproblemen. Friedrich suchte einen Ausweg. Eine siegreiche Schlacht sollte die Österreicher friedenswillig stimmen. Am 17. Mai 1742 wurden sie von den Preußen bei Chotusitz geschlagen. Maria Theresia brauchte dringend eine Atempause und war bereit zu verhandeln. Im Juni wurde in Breslau ein Präliminarfrieden zwischen Preußen und Österreich geschlossen, am 28. Juli dann der Frieden von Berlin, in dem sie Preußen Ober- und Niederschlesien und die Grafschaft Glatz überließ.

Die Königin von Ungarn und Böhmen konnte nun ihre Kräfte gegen Karl VII. konzentrieren, dessen Hausmacht kaum ausreichte, sein Kaisertum zu verteidigen. Zwar halfen ihm die Franzosen, damit nicht Franz von Lothringen, der Gemahl Maria Theresias, die Kaiserkrone erhielt, aber das Kriegsglück war nicht auf seiner Seite, seine Erfolge blieben vorübergehende. Als Karl VII. geschlagen schien, trat Friedrich wieder in den Krieg ein. Die Propaganda sagte, er wolle die deutsche Freiheit schützen, ihm musste daran gelegen sein, Österreich und das Haus Habsburg zu schwächen. Gemeinsame Interessen ließen ihn wiederum ein Bündnis mit Frankreich eingehen. Im Sommer 1744 marschierte Friedrich in Böhmen ein und belagerte Prag, das sich am 16. September ergab. Doch damit war wenig erreicht. Karl von Lothringen führte Truppen aus dem Elsass nach Böhmen, wo er durch geschickte Manöver, eine Schlacht vermeidend, den Preußen hohe Verluste zufügte. Ruhr und Typhus und Tausende Desertionen kamen hinzu. Die Preußen mussten Prag wieder räumen, im Winterquartier in Schlesien wurde die Armee auf einen neuen Feldzug vorbereitet, aber die politischen Nachrichten waren schlecht. Im Januar 1745 verbanden sich England, Holland, Österreich und Sachsen-Polen zur Quadrupel-Allianz. Am 20. Januar 1745 endete die Herrlichkeit Karls VII., der wie Friedrich auf Vergrößerung seines Herrschaftsbereichs und Machtzuwachs gehofft hatte. Er starb. Sein Nachfolger würde froh sein, das retten zu können, was die Wittelsbacher schon vor Kriegseintritt besessen hatten. Das Blatt schien sich zugunsten Maria Theresias zu wenden.

Da französische Unterstützung für das bedrohte Preußen auf

sich warten ließ, hoffte Friedrich auf einen erlösenden Schlag, eine erfolgreiche Schlacht gegen Karl von Lothringen. Die entscheidende Begegnung mit den österreichisch-sächsischen Truppen bei Hohenfriedberg hatte er gründlich vorbereitet. Wachtfeuer vor leeren Zelten täuschten den Gegner, der die Preußen noch im Lager vermuten musste; sehr früh und sehr still – auch das Rauchen war verboten – bezogen Friedrichs Soldaten ihre Angriffsstellung. Die Überraschung lag auf ihrer Seite, der rechte Flügel schlug die Sachsen, der linke trieb die Österreicher ins Gebirge.

«Das war», schrieb Friedrich, «die dritte Entscheidungsschlacht um den Besitz von Schlesien, aber nicht die letzte. Wenn die Fürsten um Provinzen spielen, bilden die Untertanen den Einsatz. Durch List wurde die Schlacht vorbereitet, aber durch Tapferkeit gewonnen. Wäre der Prinz von Lothringen durch seine selbst getäuschten Spione nicht irregeführt worden, so wäre er niemals so plump in die Falle gegangen. Das bestätigt wieder die alte Lehre, daß man nie von den Grundsätzen der Kriegskunst abweichen und nie die Vorsicht außer acht lassen soll. Ihre peinliche Beobachtung sichert allein den Erfolg. Selbst wenn alles dem Plan eines Heerführers Erfolg verspricht, ist es immer das sicherste, seinen Feind nie so weit zu unterschätzen, daß man ihn für unfähig zum Widerstande hält. Der Zufall behauptet stets sein Recht.»[55] Diesmal habe er dem Staat nicht gefährlich werden können: «Die Welt ruht nicht sicherer auf den Schultern des Atlas, als Preußen auf einer solchen Armee.»[56]

Am 30. September 1745 behauptete sich Preußen bei Soor gegen eine feindliche Übermacht; Friedrich schien unbesiegbar. Der Zeitpunkt war gekommen, aus dem österreichischen Erbfolgekrieg zum zweiten Mal auszuscheiden. Am 25. Dezember wurde in Dresden Frieden geschlossen. Preußen erkannte Franz I. Stephan von Lothringen-Toskana als Kaiser an und behielt Schlesien. Maria Theresia erinnerte sich später, sie habe «bis zu dem

Dresdner Frieden ... herzhaft agieret, alles hazardieret und alle Kräfte angespannet». Danach habe sie die «erforderlichen Maßregeln» überlegt, «wie die teutschen Erblande vor den so mächtigen beiden Feinden, Preußen und Türken, bei ermangelnden Festungen und baren Geldes, auch geschwächten Armeen noch zu erhalten und zu beschützen wären»[57].

Der gefährliche Gegner, der türkengleiche Feind in Berlin, ließ sich gebührend feiern. Die «Berlinischen Nachrichten von Staats- und gelehrten Sachen», die seit dem 30. Juni 1740 auf seinen Wunsch und mit königlichem Privileg erschienen, meldeten am 30. Dezember 1745: «Nachdem Se. Majestät auf dem Lustschlosse Wusterhausen bei des Prinzen von Preußen Kgl. Hoheit das Mittagsmahl eingenommen hatten, näherten Sie sich hiesigen Residenzstädten. Vor der Britzer Heide hielten die Kompagnien der jungen Kaufleute zu Pferde, welchem dem König alleruntertänigst Glück wünschten und ein dreimaliges ‹Vivat Friedrich der Große!› anstimmten, worüber Se. Majestät Dero allergnädigste Zufriedenheit mündlich zu erkennen geruheten.»[58]

Vor dem Cöllnischen Rathaus sangen Chorschüler: «Vivat, vivat Fridericus Rex, Victor, Augustus, Magnus, Felix, Pater patriae!» Jüngst ist vermutet worden, dass die rühmende Zuschreibung «der Große» nicht ganz so spontan aufkam, wie oft dargestellt. Da die Quellen meist aus offiziellem Umfeld stammen, ist es nicht unwahrscheinlich, dass der Jubel mehr oder weniger sanft gesteuert wurde. Wie auch immer: An diesem König blieb das Attribut haften.

Friedrich hatte Tapferkeit auf dem Schlachtfeld bewiesen und Glück gehabt, er hatte eine Provinz erobert und verteidigt. Vor allem aber traf er einen Nerv der Zeit. In Abenteuer haben sich manche gestürzt, er verkörperte erfolgreich das Neue. Das Heilige Römische Reich war kein Staat in unserem Sinne. Herrschaft war diffus verteilt, unterschiedliche Ansprüche standen gegeneinander, die Grenzen waren durchlässig. So gab es immer Grund zum Streit, aber eine Reihe von Einrichtungen und Verfahren versuchten, für Ausgleich, Mäßigung, Einigung zu sorgen. So schlecht, wie später behauptet, arbeiteten weder das Reichskammergericht in Wetzlar noch der Reichshofrat in Wien, allerdings fehlte oft die Exekutivmacht. Jede Kaiserwahl handelte alte Rechte neu aus. Zwischen Untertan und Herrscher gab es eine Fülle von Institutionen, etwa ständische und kirchliche, die eigenen Regeln folgten. Auch das nannte man «deutsche Freiheit». Im Vergleich mit dem klassischen Nationalstaat mag vieles im Alten Reich umständlich, kleinlich, ineffizient, unordentlich, veraltet erscheinen. Doch im heutigen, sich allmählich an neue Formen der Souveränität und des Aushandelns gewöhnenden Europa wirkt es mit seiner «komplementären Staatlichkeit» weit weniger anachronistisch.

Friedrich stand nach dem zweiten Schlesischen Krieg für Initiative, Expansion und Ordnung. Wer das Partikulare, Irrationale, den langsamen Gang der Dinge, auch Untätigkeit verachtete, besaß in ihm eine Projektionsfläche für Wünsche und Sehnsüchte. Den Wettlauf der kleineren Dynastien hatte er überraschend klar gewonnen. Noch in seinem Geburtsjahr hatten die Hohenzollern mit den Wettinern und dem Haus Hannover konkurriert. Dreißig Jahre später war entschieden, wer im protestantischen Norddeutschland den Ton angab.

Einem Geschichtenerzähler bieten die Jahre nach dem Dresdner Frieden reichhaltigen Stoff. Friedrichs Initiativen zur kulturellen Modernisierung Preußens entfalten jetzt Wirkung. Das Opernhaus, das im Krieg eilig eröffnet worden war, um Stärke zu demonstrieren, spielt erfolgreich, was Carl Heinrich Graun alljährlich in den Wochen vor Karneval komponiert. Maupertuis kommt, nachdem ihn bei Mollwitz Husaren festgenommen und nach Wien gebracht hatten, endlich auf die ihm zugedachte Stelle. Der Akademie fehlt es an Mitteln, es geht dennoch voran. Alte Pläne zur Trockenlegung des Oderbruchs werden endlich umgesetzt. Der erfahrene holländische Ingenieur Simon Leonhard von Haerlem leitet die Arbeiten, auch der Mathematiker Leonhard Euler setzt sich in einen Oderkahn, um Land und Flusslauf zu vermessen. Die Verwaltung wird neuen Bedürfnissen angepasst, das Justizwesen reformiert. Johann Sebastian Bach besucht den König in Potsdam. Im Geist des Wettstreits improvisiert Friedrich das «königliche Thema», das Bach seinem «Musikalischen Opfer» zugrunde legt. Sanssouci wird als ein Schloss eigener Art eröffnet, wo ein literarischer Freundeskreis zur Tafelrunde zusammenkommt. Voltaire siedelt nach Potsdam über. Hier entsteht eine Exklave der französischen Aufklärung. In der Auseinandersetzung mit dieser entwickelt sich Berlin allmählich zum geistigen Zentrum Norddeutschlands. Friedrich Nicolai, Moses Mendelssohn, Gotthold Ephraim Lessing und Christlob Mylius registrieren das Treiben des Königs und seiner französischen Gelehrtenfreunde genau.

Diese Fülle an Neuigkeiten aber wird vom Schatten des kommenden Krieges verdunkelt. Der Friedensschluss von Aachen beendete 1748 den österreichischen Erbfolgekrieg, ohne dauerhafte Entspannung zwischen den europäischen Mächten herbeizuführen. König Friedrich sonnt sich misstrauisch im Glanz. Seine Gesundheit ist nicht die beste, Gicht plagt ihn, 1747 erleidet er einen Schlaganfall. Ungebrochen sind sein Wille zur Alleinherrschaft, sein Arbeitseifer, das Bedürfnis, herauszuragen, sich auszuzeichnen. So wie er seinen Körper zu unterwerfen und zu nutzen versteht, verwandelt er nun Preußen in ein taugliches Instrument seines Ehrgeizes. Er verändert vorsichtig den Staat Friedrich Wilhelms I., schneidet ihn zu auf seine Person. Dabei spielt der Philosoph, der unablässig schreibt, musiziert, komponiert, nur eine untergeordnete Rolle, der absolute Monarch die erste. Bereits 1740 hatte Friedrich die oberste Verwaltung um ein fünftes Departement für Handel und Gewerbe ergänzt, nach den Schlesischen Kriegen kommt eines für die Heeresversorgung hinzu. Gegen die Logik der Vereinheitlichung erhält Schlesien eine eigene Provinzialverwaltung, die nicht dem General-Ober-Finanz-Kriegs- und Domänendirektorium unterstellt ist, der vom Soldatenkönig eingerichteten, zentralen Behörde. Letztlich entscheidet der König, der anfangs zweimal im Jahr für vierzehn Tage in die neue Provinz reist.

Mehr Verständnis und Entgegenkommen als unter seinem Vater findet nun der Adel. Lokale Streitigkeiten zwischen der Krone und Gutsbesitzern werden zu deren Gunsten eingestellt, Bürgerlichen ist der Erwerb von Rittergütern untersagt. Das Bewusstsein der Exklusivität sollte sie an den König binden, er war als ihr Feldherr der Erste in einer Gruppe von Gleichen und wachte ebendarum auch über deren Lebensführung und Heiratsabsichten. Politische Gefahr, die noch Friedrich Wilhelm I. gewittert hatte, ging von den pommerschen, preußischen und brandenburgischen Geschlechtern nicht mehr aus: Die Junker müssen nicht mehr zum Dienst gezwungen werden wie noch zwei, drei Jahrzehnte zuvor. Ihnen bleibt oft keine andere Wahl, als im Heer oder der Verwaltung ihr Auskommen zu suchen. Die Offiziersstellen sind für sie reserviert.

Der Aufklärer Christian Garve aus Breslau, der den König aus der Nähe beobachtet hat, meinte: «Der Vorzug, welchen er der adlichen Geburt einräumte, ist bey einem jeden erblichen Monarchen ein sehr natürliches Vorurtheil. Denn wie sollte er die Unterschiede der Geburt unter den Menschen nicht für wichtig halten, da sein eigner Thron auf diesem Grunde ruht?»[59] Akzeptabel wurde das Festhalten am Vorurteil durch eine berufsständische Auffassung der Gesellschaftsgliederung. Den Adligen unterscheide vom Bürger «eine gewisse Freyheit und Feinheit der gesellschaftlichen Sitten, kriegerischer Muth, und der Geist, der zum Regieren nothwendig ist.»[60] In diesem Sinne bevorzugte der König seinen Adel und tastete dessen Vorrechte nicht an. In den Weg trat er nur denen unter ihnen, die Bauern allzu sehr auspressten. Die Beschlagnahme von Bauernland zur Erweiterung der adligen Güter, ungemessene, also nicht detailliert festgeschriebene Frondienste und Prügel missfielen Friedrich. Weitergehende Pläne zur Bauernbefreiung allerdings lehnte er ab, um die Existenzgrundlage des Adels nicht zu gefährden.

Auf Inspektionsreisen traf er den Ton der einfachen Leute, er gab sich mild und hatte ein offenes Ohr für deren Sorgen. Die Begegnung mit dem Monarchen war ohnehin ein besonderes Ereignis; lokale Behörden und höhere Beamte, die sich auf unverständliche Gesetze oder den Geschäftsgang beriefen, standen bei den Betroffenen rasch im Verdacht der Cliquenwirtschaft, zumal sie oft der Oberschicht angehörten oder enge Beziehungen zu dieser unterhielten. Wie anders der König! Er vermittelte für einige Minuten den Eindruck des Gehört- und Wichtig-genommen-Werdens. Die Beamten hatten dann Tage mit dem Fall zu tun. Prinzipielle Lösungen aber hat der König immer zurückgewiesen. Nur die Exzesse sollten vermieden werden, weil sie die Ordnung insgesamt gefährdeten. Preußen war schließlich auf Bauernsöhne im Heer und eine florierende Landwirtschaft angewiesen.

Es sei noch einmal der abwägend formulierende, klar blickende Garve zitiert: «Die Nachsicht, und die mitleidige Fürsorge, die er für den Bauern hatte, und der Vorzug, den er dem Adel einräumte, standen beyde mit einander im Verhältnisse, und flossen aus einer Quelle. Der Bauer war nur als Stand, der Edelmann als Individuum bey ihm angesehen. Jener Stand gab ihm seine Soldaten, dieser seine Officiere. Beyde gehörten näher zu ihm als Haupt der Armee. Der Bürger war ihm nur insofern wichtig, als er reich, – oder als er unternehmend und fleißig war.

Jene sahe er zugleich als Werkzeuge und als Gegenstände seiner Regierung, diese nur in dem letztern Lichte an. Das Wohl jener Classen, glaubte er, durch besondere Aufsicht über ihre Lage, und ihre Schicksale, und zuweilen durch außerordentlichen Beystand, das Wohl dieses nur durch allgemeine Anordnungen besorgen zu müssen.»[61] So kann man es sehen, es handelt sich freilich um eine spätere Rationalisierung der Regierungspolitik Friedrichs. Manches schien auf den Versuch hinzudeuten, die ständische Gesellschaft vorsichtig in eine nach berufsständischen Gesichtspunkten geordnete umzuformen. Überkommene Vorrechte und Beschränkungen blieben allerdings in Kraft.

Die Verwandlung der preußischen Lande in einen moderneren Staat wurde nur auf einzelnen Gebieten konsequent verfolgt. Das Militär, das jährlich zwei Drittel der Gesamteinnahmen verschlang, stand dabei vornean. Das Heer war der Motor der preußischen Staatsbildung seit dem Großen Kurfürsten gewesen und blieb es bis zu den napoleonischen Kriegen. Das Rechtswesen wurde unter Samuel von Cocceji von den größten Missbräuchen und dem Sportelwesen bereinigt, was die Professionalisierung der juristischen Berufe durch bessere Ausbildung und Besoldung voraussetzte, damit die Justiz unabhängig arbeiten konnte. Das kam langsam auf den Weg. Rascher verfuhr Cocceji 1746 in Pommern, wo vierhundert Prozesse unerledigt lagen und nun binnen zwei Monaten entschieden wurden. Auch in den anderen Landesteilen drängte er auf Abschluss der Streitfälle. Die «Kammer-Gerichts-Ordnung», als «Codex Fridericianus» ab 1749 überall verbindlich, legte fest, dass jeder Prozess innerhalb eines Jahres durch drei Instanzen zu Ende gebracht werden müsse. Vieles blieb unangetastet: die Patrimonialgerichtsbarkeit etwa, auch waren Verwaltung und Justiz weiterhin nicht scharf voneinander getrennt, aber eine Richtung war vorgegeben, eine Entwicklung hatte begonnen, die 1794 im «Allgemeinen Landrecht» gipfeln sollte, das einen Kompromiss darstellte zwischen Preußen, wie es nun einmal war, und avancierten juristischen Staatstheorien. Man näherte sich der Formulierung bürgerlicher Freiheitsrechte, auch wenn die Grundzüge der ständischen Gesellschaft erhalten blieben. Sie wurde gleichsam nur mit Wegfahrsperre entsichert. Eine Umwälzung der Verhältnisse lag Friedrich gewiss fern, ihm ging es um die Tüchtigkeit eines jeden an der ihm zugewiesenen Stelle. Aber indem er, und sei es auch zaghaft und inkonsequent, Professionalisierung vorantrieb, bereitete er den Boden, in dem die Saat der Aufklärung aufgehen würde.

Vor allem von seinen Offizieren verlangte er, dass sie «Ambition» zeigten, also die Verbesserung ihrer Fähigkeiten anstrebten, Ehrgeiz mit Loyalität verbanden. Zugleich sollten sie Aristokraten bleiben: standfest, loyal, immer die Contenance wahrend. Sie hatten Subordination und Ehrgefühl in Balance zu bringen, was gerade in Kriegszeiten Konflikte heraufbeschwor.

Militär, Justiz und Zentralverwaltung machten den Staat, wobei Friedrichs Temperament, seine Abneigung gegenüber mündlichen Beratungen, sein Vorwitz und seine Allgegenwart Entscheidungen nach rein sachlichen Gesichtspunkten erschwerten. Er drängte zu Eile, favorisierte Lieblingsprojekte, folgte Launen und seiner Einsicht, die gewiss groß, aber nicht in allen Details ausreichend war. Nachdem der erste Chef des Handelsdepartements, der Minister von Marschall, verstorben war, verzichtete Friedrich darauf, einen Nachfolger zu ernennen, und fungierte fortan als sein eigener Handelsminister. «Das königliche Kabinett wurde zugleich ein großes Geschäftskontor, in dem Produktion und Absatz der gesamten Staatswirtschaft, die mit der unentwickelten Volkswirtschaft noch zusammenfällt, beobachtet und geregelt wird.»[62] Im Entwicklungsland Preußen setzte der Chef der Staatswirtschaft einiges in Gang, projektierte, initiierte, stützte. Aber die Unternehmen und Wirtschaftszweige, die er förderte, die Seidenfabrikation,

Webereien, Leinen- und Wollfabrikation, blieben auf staatliches Wohlwollen angewiesen, auf Privilegien, Konzessionen, Zuweisung von Gebäuden, direkte Finanzhilfen.

Der Meister der staatsnahen Wirtschaft war Johann Ernst Gotzkowsky, dem eine der staunenswerten Karrieren des 18. Jahrhunderts gelang. Die Eltern des 1710 Geborenen fielen der Pest zum Opfer, er wuchs bei Verwandten in Dresden auf, kam 1724 nach Berlin, wo er in einem Krämerladen das Geschäft von der Pike auf lernte. Nach sechs Jahren wurde er Gehilfe in der Galanteriehandlung seines Bruders, der die Königin und den Kronprinzen belieferte. Gotzkowsky reiste nach Rheinsberg, wurde Friedrich vorgestellt. Als dieser König wurde, sicherte er seinem tüchtigen Geschäftspartner Unterstützung zu, damit preußisches Gewerbe und preußische Manufakturen ihren Entwicklungsrückstand aufholen konnten. Gotzkowsky gründete eine Fabrik für Bijouteriewaren und heiratete die Tochter des vermögenden Hoflieferanten Blume. Der wiederum gründete auf Anraten seines Schwiegersohns eine Sammetfabrik, deren Leitung Gotzkowsky nach Blumes Tod übernahm. Leicht war es nicht, die Konkurrenz mit ausländischen Herstellern zu bestehen. Rohstoffe mussten teuer eingekauft, fähige Arbeiter auswärts geworben und gut bezahlt werden. Die Kunden blieben einheimischen Erzeugnissen gegenüber skeptisch, sodass der König die Einfuhr der Konkurrenzprodukte verbot. Auf Friedrichs Drängen versuchte Gotzkowsky auch, einer vor sich hin dümpelnden Seidenmanufaktur neues Leben einzuhauchen. Die Einfuhr auswärtiger Seidenwaren wurde 1756 verboten. Während des Siebenjährigen Krieges zeigte der König seinem Unternehmer im besetzten Meißen sächsisches Porzellan, Gotzkowsky gründete 1761 die Porcelain-Manufacture in Berlin, die ihm Friedrich später für eine überhöhte Summe abkaufte. So eng waren damals schon Staat und Unternehmertum verknüpft.

Die Wirtschafts- wie die Peuplierungspolitik, die Friedrich in großem Stil wiederaufnahm, sorgten zwar für beachtliches Wachstum, es fehlte aber jede Vorstellung von Eigentätigkeit, von Autonomie der Gesellschaft gegenüber dem Staat. Das ist Friedrich nicht vorzuwerfen, er war ein Kind seiner Zeit. Aber es lässt manche Heroisierung doch hohl klingen. «Kein Staat», bemerkte Novalis am Ende des Jahrhunderts, «ist mehr als Fabrik verwaltet worden, als Preußen, seit Friedrich Wilhelm des Ersten Tode.»[63] Allein der Eigennutz habe die Untertanen an den Staat geknüpft. Übersehen hat er in antiliberalem Impuls das Ethos der Pflichterfüllung und dass die «maschinistische Administration» ständige Kontrolle, Zwang, immer neues Eingreifen erforderte.

So wie der König seinen Leib als Werkzeug und die Untertanen, je nach Stand, als Instrumente betrachtete, pflegte er auch zu seiner näheren Umgebung ein instrumentelles Verhältnis. Man denke nur an die Unruhe, in die Voltaire versetzt wurde, als La Mettrie ihm den Spruch des Königs verriet: «Man presst die Zitrone aus und wirft die Schale fort.» Keiner war sicher, wann der König ihn einen «Esel» nennen, ihn verachten würde. Man hat das später zu königlichem Humor oder als den typischen Ton eines anderen, kräftigeren Zeitalters verklärt. Es zeigt aber, wie geringschätzig Friedrich seine Offiziere, Beamten und Untertanen behandelte, wenn sie ihm nicht von Nutzen waren. Ein Oberauditeur, der seit dreißig Jahren diente, fühlte sich zurückgesetzt, da man ihn bei der Beförderung übergangen hatte. Die königliche Antwort: «Ich habe ein haufen alte Maulesels im Stal den lange den Dienst machen aber nicht daß Sie Stalmeisters werden.»[64] Der Militärschriftsteller Georg Heinrich von Berenhorst fasste zusammen: «Was die Offiziere anbelangt, so merkten die Einsehenden endlich wohl, daß ihr philosophischer Kriegsherr sie als bloße Werkzeuge betrachtete, die der Künstler bey Seite wirft, wenn sie stumpf werden, und daß da persönlich nicht viel Dankbarkeit zu erwarten sey.»[65] Das ist der Nachteil, wenn alle nur Diener des Staates sind, die gesamte Gesellschaft nur aus Dienstverhältnissen bestehen soll.

Friedrich hatte eine geringe Meinung von den Menschen überhaupt und pflegte seine Misanthropie. Allgemeine Menschenliebe schien ihm Illusion, Vorurteil. Sie sollte ihn so wenig hemmen wie Formalitäten, Zeremoniell oder Religion. Die Vielzahl der zu treffenden Entscheidungen und die Form der Kabinettsbefehle begünstigten unmäßige, uns respektlos anmutende Deutlichkeit, ja verletzende Schärfe.

Das trifft auch auf seine Äußerungen in Religionssachen zu, auf seine Verachtung derer, die weniger freigeistig als er über Gott und Konfessionen dachten. Ein großer Teil seines Witzes hatte hier seine Quelle. Einem, der ihm das Damaskuserlebnis des Saulus erklären wollte, wurde beschieden, er, der König, sei auch schon vom Pferd gefallen, ohne dergleichen zu erleben. Nicht jeder wusste sich so elegant aus der Affäre zu ziehen wie der schlesische Bischof Sinzendorff, dem auf Friedrichs Wunsch ein zweiter Bischof, ein Koadjutor, an die Seite gestellt werden sollte. Der König schrieb: «Der Heilige Geist und ich haben miteinander beschlossen, daß der Prälat Schaffgotsch zum Koadjutor von Breslau erwählt werden soll, und diejenigen Ihrer Domherren, die sich widersetzen werden, sollen als dem Wiener Hofe und dem Teufel verschriebene Seelen betrachtet werden, die als Widersacher des Heiligen Geistes die höchste Stufe der Verdammnis verdienen.» Zum Hintergrund des scherzenden Briefes gehört, dass Friedrich damals überlegte, seine Forderung mit Grenadieren durchzusetzen. Sinzendorff antwortete geistreicher und verbindlicher: «Das große Einvernehmen zwischen dem Heiligen Geist und Eurer Majestät ist etwas vollständig Neues für mich, ich wußte noch nicht einmal, daß die Bekanntschaft angeknüpfet sei; ich möchte, daß er dem Papst und den Domherren die unseren Wünschen entsprechenden Erleuchtungen sendete.»[66]

Friedrich konnte äußerst liebenswürdig, großzügig und freigebig sein, aber ebenso kalt, unberechenbar und eitel. Preußen verdankte ihm und manchen seiner mal seltsamen, mal scheußlichen Eigenheiten einen Aufschwung und eine nach der Verausgabung unter Friedrich I. und dem Despotismus Friedrich Wilhelms I. gleichsam nachgeholte Jugendzeit. Der Wille zum Glanz ließ die Residenzstädte Berlin und Potsdam erstrahlen, sie profitierten auch ökonomisch.

Das Opernhaus von Knobelsdorff, ein Meisterwerk in den Formen des damals ganz Europa und vor allem die Engländer begeisternden Palladianismus, wurde als erstes Werk des geplanten Forums verwirklicht. Das gesellige Leben in der Hauptstadt fand hier einen neuen Mittelpunkt. Die weiteren Bauten für den neuen repräsentativen Platz ließen zunächst auf sich warten. In großem zeitlichem Abstand vollendete man das überdimensionierte Palais des Prinzen Heinrich (1766), die das Pantheon zitierende Hedwigskirche (1773) für die neuen katholischen Untertanen und schließlich die Bibliothek (1784) mit der ursprünglich für die Wiener Hofburg entwickelten Fassade. Am Ende symbolisierte das friderizianische Zentrum nicht Einheit und Geschlossenheit, sondern war ein Ensemble aus Solitären. Daher taugt es zum Sinnbild für die Entwicklung der preußischen Gesellschaft unter Friedrich, die sich dank seiner Impulse differenzierte und vielgestaltig entwickelte.

Auch das Hofleben hatte kein eigentliches Zentrum. Den Prachtbau des Berliner Schlosses, das Andreas Schlüter und Eosander von Göthe für seinen Großvater errichteten, hat Friedrich nie recht gemocht. Er ließ Schloss Charlottenburg und das Stadtschloss in Potsdam durch Knobelsdorff erweitern und umbauen. In Berlin, im Schloss Monbijou, residierte bis zu ihrem

Tod 1757 seine Mutter. Einen wichtigen Teil der repräsentativen Aufgaben übernahm die Königin, Elisabeth Christine, im kleinen, aber bald aufwendig dekorierten Schloss Schönhausen. Opernaufführungen und die Feste der Karnevalszeit führten den König ebenso regelmäßig nach Berlin wie Revuen der Truppen. Sein eigentliches Schloss, in dem er ganz nach seinen Wünschen leben konnte, wurde Sanssouci, das Knobelsdorff unter heftigem Dreinreden des Bauherrn auf einem Hügel der Bornstädter Feldmark errichten ließ. Es erhielt die Form einer «maison de plaisance», wurde ein Lusthaus auf dem Weinberg und diente mehr der Inszenierung eines Lebensstils als repräsentativen Zwecken, war der schönen Natur und den Musen gewidmet, dem häuslichen Leben des Monarchen vorbehalten. Wie in der Goldnen Galerie des Charlottenburger Schlosses setzte Knobelsdorff auch in Sanssouci einen Wettstreit der Künste mit der Natur in Szene, um eine festlich gesteigerte Stimmung zu erzielen. Spiegel reflektieren das einfallende Licht; die Ornamentik greift Naturformen auf, variiert sie und stiftet ein Beziehungssystem, das den einheitlichen Eindruck in der Vielfalt garantiert. Hier sollen Freundschaft, Musik, Lektüre, festliche, aber nie steife Mahlzeiten ihren Ort finden, die Räume verheißen sinnlich beglückende Erfahrungen. Der Bewohner wird lieblich umfangen, unmerklich umspielt, als wehe eine Sommerbrise. Alles schmeichelt seinem Auge; Grelles, Auftrumpfendes wurde vermieden, auch starke Gegensätze und Bewegungen, in deren dramatischer Steigerung barocke Majestät die ihr angemessene Darstellungsform fand. Das friderizianische Rokoko beeindruckt bis heute durch den Sinn für Nuancen und Balance, durch feine Farbabstimmung.

Eine Bühne ist freilich auch Sanssouci, eine für das arkadische Leben, die dank höchster Kunstfertigkeit erreichte Versöhnung von Natur und Kultur im Geist des galanten Festes. Das Klischee von preußischer Kargheit wird von diesen Räumen ad absurdum geführt. Das in der DDR abgerissene Potsdamer Stadtschloss muss man sich immer noch hinzudenken. Es gibt größere, prächtiger dekorierte Residenzen als Sanssouci, aber Friedrich hat viel Geld für den von ihm gepflegten Lebensstil ausgegeben. Zwar sah er darauf, dass Kostenanschläge eingehalten wurden, auch knauserte er gern im Verkehr mit Händlern und Handwerkern, wofür der «Geheime Kammerier» Fredersdorf eingespannt wurde, aber er gönnte sich manches. Bekannt ist seine Leidenschaft für Tabakdosen, von der er ebenso wenig wie vom spanischen Schnupftabak lassen mochte. Eine einfache Dose war für zweitausend Taler zu haben, für die besten mussten zehn- oder sogar zwanzigtausend Taler berappt werden. Dafür bekam man unter Umständen ein Rittergut.[67] Das kann man eine Marotte nennen, auch wenn viele Bijouterien und Kostbarkeiten angefertigt wurden, um sie illustren Gästen zum Geschenk zu machen. Aber gehört nicht der Sinn fürs Erlesene zu den angenehmsten Eigenschaften Friedrichs? Mit der Verschönerung des Daseins war ein allgemeiner, das bloß Persönliche überschreitender Anspruch verbunden. Der bon goût, der gute Geschmack, war der Statthalter der Vernunft im Reich des Sinnlichen, einer sanftmütigen, dem Lebensgenuss dienenden Vernunft.

Kurz nach der Einweihung von Sanssouci schrieb der König in einer Ode an den Marquis d'Argens, seinen Kammerherrn: «Hoch auf eines Hügels Rücken, / Wo das Auge mit Entzücken / Schweift, soweit der Himmel blau, / Hebt gebietend sich der Bau. / Hohe Kunst ward dran gewendet; / Sorglich schuf und meisterlich / Mir des Meißels Hieb und Stich / Steingestalten formvollendet, / die das Ganze prächtig schmücken, / Ohne lastend es zu drücken. / Morgens taucht mein Schlößlein ganz / Sich in goldnen Frühlichtglanz, / Der es grüßt, wenn er erwacht. / Sechs bequeme Treppen lassen / Nieder über sechs Terrassen, / Mählich sacht / Euch zum Haine niedersteigen, / Euch zu flüchten / In die grüne Dämmernacht.»[68] Diese poetische Maske steht Friedrich jedenfalls besser als das Klagen über die Eitelkeit des Glücksstrebens, über Vergänglichkeit, Zufall und Pflicht, es fehlt die Bitternis, die er so oft glorifizierte. Die Imagination einer heilen Welt hat ihr eigenes Recht und übertrifft jede stoische Heroisierung des Unglücks.

Friedrichs Sammelleidenschaft erstreckte sich auf Wichtigeres als Tabakdöschen und Flöten. Bereits 1740 hatte er einen Schatz römischer Silbermünzen erworben, zwei Jahre später kaufte er die Sammlung des Kardinals Melchior de Polignac, mehrere hundert antike Skulpturen, die künftig die Schlösser zieren sollten. In der Kleinen Galerie in Sanssouci ergänzen antike Bildwerke die französische Malerei um Watteau. Erinnert wurde damit an die Welt Fénelons und dessen Roman «Les Aventures de Télémaque». Die Statue einer Minerva mit Kind auf dem Arm stand für die Erziehung eines kleinen Jungen; auf den Gemälden wird eine ungezwungene, glückliche Gesellschaft gezeigt. Die Ausstattung der Bibliothek wie der Kleinen Galerie vergegenwärtigen Bildung und Kunst vor griechischem Hintergrund. Hier ging es um das Glück des Individuums. Das antike Griechenland stand für Harmonie der Seele, die in der Schönheit der äußeren Erscheinung ihren Ausdruck fand. Es verkörperte das Idealbild eines Lebens im Einklang mit Natur und Mitmenschen, ungestört durch äußere Zwänge und fremde Zwecke. Der Dienst am Staat, die alltäglichen Pflichten und Sorgen des Regenten sollten vor den Türen des Schlosses Sanssouci bleiben. Der Kriegsgott saß im Vestibül, Merkur zeigte ihm einen prall gefüllten Geldbeutel.

«Die Fenster des ganzen Schlosses», schrieb Friedrich Nicolai in seiner «Beschreibung der königlichen Residenzstädte Berlin und Potsdam», «sind von Spiegelglas. Die Aussicht ist vortrefflich und äusserst mannigfach, auf beiden Seiten».[69] Auch die Terrassen der Gärten waren mit zahlreichen Statuen, antiken wie neueren, geschmückt – Zimmer im Freien. Auf beiden Seiten des einfachen, eingeschössigen Gebäudes fand man Laubengänge, an deren Ende «Kabinette von eiserner Gitterarbeit, mit vergoldeten Zierrathen und Kindergruppen darauf»[70], und in einem der Kabinette die berühmteste Antike Friedrichs: den sogenannten Betenden Knaben. Fürst Wenzel von Liechtenstein hatte die Bronze 1747 als Ganymed nach Preußen verkauft. Dort sah man in ihm Antinoos, der sich in den Nilfluss stürzen will, um das Gelübde zu erfüllen, das er für die Genesung des Kaisers Hadrian abgelegt hatte: ein Opfertod.

Der schöne Knabe und Geliebte eines Kaisers taugt kaum, homoerotische Leidenschaften des Königs zu belegen, dessen Sexualität sich seit 1740 wohl im gelegentlichen Reden und frivolen Scherzen über das Triebleben erschöpfte. Vielmehr verkörpert der Antinoos höchste Treue und Opferbereitschaft. Friedrich würde sie vielen abverlangen. Wenn er vor sein Schloss trat, sah er auf dem Berg gegenüber künstliche Ruinen, die zur Meditation über die Vergänglichkeit anregen mochten. Im Inneren aber galten andere Gesetze. Sanssouci diente nicht der Herrscherpropaganda, sondern dem Privatmann als Refugium. In diesem abgezirkelten Reich sollte eine freie, ungezwungene Atmosphäre herrschen. Spätestens am Fuße des Hügels endete Arkadien.

Voltaire, der 1750 nach Potsdam gezogen war, um dort in der Nähe des Königs zu leben und zu arbeiten und dessen Schriften zu korrigieren, mochte die feine, unabänderliche Trennung der Sphären nicht akzeptieren. Dass seine Geschäfte ins Gerede kamen, erregte königlichen Unwillen. Unversöhnlich wurde der Konflikt, als Voltaire den Akademiepräsidenten Maupertuis ob dessen angemaßter Leistungen verhöhnte und ihm eine eigene Spottschrift widmete, die «Diatribe du Docteur Akakia». Der

König soll gelacht haben, als Voltaire sie ihm vorlas, wünschte aber, dass die Satire nur im engen Kreise bekannt und sein Akademiepräsident nicht öffentlich der Lächerlichkeit preisgegeben würde. Das dürfe nicht gedruckt werden. Voltaire versprach es und tat das Gegenteil. Eine erste Ausgabe erschien in Potsdam, Friedrich ließ die gesamte Auflage vernichten. Eine zweite, auswärtige Auflage verbrannte der Henker am Weihnachtsabend 1752 in den Straßen Berlins.

Voltaire wurde der Boden unter den Füßen zu heiß, er beschloss abzureisen und schob seine Gesundheit vor, er müsse die Bäder von Plombières aufsuchen. Friedrich stellte es ihm frei, den Dienst aufzukündigen, verlangte aber die vorherige Rückgabe des Kontrakts, des Kammerherrenschlüssels, des Ordenskreuzes und eines Bandes mit Gedichten, den er ihm anvertraut hatte. Ende März 1753 verlässt Voltaire Preußen für immer, er geht nach Leipzig, macht sich dann auf den Weg nach Frankreich, wird unterwegs krank und muss einen Monat in Gotha zubringen. Am 30. Mai erreicht er Frankfurt am Main, wohin seine Nichte, Madame Denis, ihm entgegengereist ist. Der preußische Bevollmächtigte in Frankfurt, Freytag, erhält zur selben Zeit ein Schreiben von Fredersdorf: Voltaire müsse unbedingt den Band mit den privaten Gedichten des Königs zurückgeben. Ausgerechnet diese Gedichte aber hat Voltaire nicht zur Hand. Sie sollen mit anderem Gepäck über Hamburg nachkommen. Eine unglückliche Verkettung von Umständen, die katastrophale Folgen hat. Der preußische Resident Freytag lässt Mitte Juni Voltaire, dessen Nichte und den Sekretär in der Freien Reichsstadt festsetzen. Er überkompensiert seine Unsicherheit durch drastische Maßnahmen, bedient sich städtischer Soldaten, um den Philosophen und seine Begleiter zu arretieren. Ein Fluchtversuch Voltaires, der sich verkleidet hat, scheitert. Dann treffen die Gedichte ein, aber Freytag ist sich nicht sicher, ob er die drei freilassen darf.

Sind sie nicht Feinde des Königs? Friedrich erteilt am 25. Juni und dann noch einmal am 2. Juli einen Befehl zur Freilassung. Am 7. Juli empfängt man im Kurfürstentum Mainz den endlich wieder freien Voltaire als misshandelte, verfolgte Unschuld. Nach drei Wochen und einem bitteren Abrechnungsbrief an den König reist er weiter nach Frankreich.

Der Vorfall in Frankfurt unterbricht die Beziehung zwischen dem Philosophenkönig und dem König der Philosophen, wenn auch nicht für immer. Der Satz «Einen Voltaire verhaftet man nicht» ist im 20. Jahrhundert zum geflügelten Wort geworden. Friedrich hat es getan, auch wenn seinen übereifrig-gehorsamen Residenten Freytag ein Teil der Schuld trifft. Warum fehlte es diesmal an den sonst so klaren, raschen Anweisungen? Voltaire wird sich rächen, indem er ein Zerrbild vom preußischen Hof und dem angeblich Jünglingen nachstellenden König entwirft. Die Zitrone, die ausgepresst und weggeworfen werden sollte, verspritzte Säure; allerdings bestritt Voltaire, weitere Gewaltmaßnahmen fürchtend, mit den unverschämten «Gedanken zur Person, zur Lebensweise und zum Hof des Königs von Preußen» etwas zu tun zu haben. Die anonym erschienene Schrift stammte wahrscheinlich wirklich von ihm. Doch hatte er nach den Frankfurter Erfahrungen Grund genug, alles abzuleugnen. Auf jeden Fall dauerte es mehr als ein Jahr, bis Voltaire im März 1754 wieder Post aus Potsdam erhielt.

Lessings Freund Christlob Mylius, ein auffallend aufgeweckter Kopf, hatte «Akakia» übersetzt und obendrein Epigramme und ein Lied in Bänkelsängermanier verfasst, das schon einen Tag nach der Bücherverbrennung in Berlin kursierte. So war das mit der Pressefreiheit wohl nicht gemeint gewesen. Da die Frechheit ebenso zu Preußen gehört wie die Subordination, sei das muntere Stück hier ganz wiedergegeben:

JÄMMERLICHE MORD-GESCHICHTE.
WELCHE SICH ZUGETRAGEN IN DER KÖNIGL. PREUSSISCHEN
RESIDENTZ-STADT-BERLIN, AN DEM H. CHRIST-ABEND. 1752
(MEL. KOMT HER ZU MIR, SPRICHT GOTTES SOHN ETC.)

Nun hört ihr Christen, last euch sagen,
Groß Wunder hat sich zugetragen,
Daß ich mit angesehen,
Hört was gleich, da es Mittag war,
Am Heil. Christ-Abend gar,
Hier in Berlin geschehen.

Durch Meister Hemerlings gringe Hand,
Ward ein gottlose Schrifft verbrandt,
Aufm Neumarckt unterm Galgen,
Alt, jung, groß und klein dränget sich
So gar die Jungen jämmerlich
Es anzusehn sich balgen.

Des *Doctors Akakia* Schrift
Ein Teuflisch Werck voll Gall und Gift,
Die Strafe wohl verdienet
Weil er den Herrn von *Maupertuis*
President der *Academie*
Zu schimpfen sich erkühnet.

Er sich darob gar sehr entboßt,
Peltz-Mütz und Kopf sich schier verstoßt,
Im *Academischen* Grimme.
Hilf Hencker, hilf auß Angst und Noth,
Schrie er Blut speyend und halb todt
Mit jämmerlicher Stimme.

Drauf ward das streng Urtheil gefällt,
Deß sich erfreut die gantze Welt,
Und *Akakiens* lachet.
Alsbald die Schrift zum g'meinen Schreck
Verbrennt und stickt wie Teufels-Treck
Und praßelt, daß es Krachet.

Dran spiegelt euch ihr lieben Leut
In dieser letzten und bösen Zeit
Sonst kosts euch Wamß- und Hosen
Geht klüglich um mit Spott und Hohn
Schimpf Gott und die Religion
Nur schonet der Frantzosen.[71]

Auch mit diesem Lied meldete sich eine Öffentlichkeit zu Wort, die der König kaum zur Kenntnis nahm und die gerade dadurch ein eigenes Selbstbewusstsein entwickelte. Es waren Stimmen junger Aufklärer, die französische Autoren so begierig lasen wie englische, und die antiken kannten sie genauer als Friedrich. Ihr Verhältnis zu ihm ist in der simplen Gegenüberstellung von pro- oder antifritzisch nicht zu erfassen. Sie mussten mit ihm rechnen, bildeten keine Opposition um jeden Preis und dachten dennoch nicht daran, Werkzeug höheren Willens zu sein. Sie behandelten ihn wie andere prominente Fälle auch. So hat Moses Mendelssohn im April und Mai 1760 Friedrichs «Poésies diverses» ausführlich in den «Briefen, die neueste Litteratur betreffend» rezensiert. Er lobt die poetischen Fertigkeiten des Königs und kritisiert den gedanklichen Inhalt der Gedichte. Die antiken Philosophen, Epikur und Lukrez, auf die Friedrich sich immer wieder berief, seien, so Mendelssohn, zeitverhaftet und überholt, die Vernunft längst weiter vorangeschritten. Auch stehe dem Nachdenkenden ein skeptischer Ton besser an als ein dogmatischer.

Friedrich hatte in einer langen Ode «An Maupertuis» behauptet und ausgeführt, dass die Vorsehung nicht nach dem Einzelwesen frage, nur nach der Gattung. Diese Auffassung, so Mendelssohn, hätte gut an den Hof des Sonnenkönigs gepasst. Aber nach Preußen? Er verteidigt dagegen die Rechte des Individuums. Es mag klein und unbedeutend scheinen, aber das hängt von der Perspektive ab. Die preußischen Regenten hätten bisher auch die kleinsten Details in ihrem Reich beachtet: «Unsere Petitessen mochten noch so tief unter ihrer Majestät seyn, so bald sie uns nur wichtig waren; so sahen wir mit Bewunderung den Thron sich bis zu ihnen herablassen, und wie ein liebreicher Hausvater, so gar an dem Spiele seiner Kinder mit Theil nehmen.»[72] Das Gemeinwohl, das «allgemeine Beste», steht nicht schlechthin über dem Wohl des Einzelnen, dem «besonderen Besten». Jedes Schicksal hat seine eigene Größe, keiner ist bloß klein und nur bestimmt, Werkzeug zu sein.

Als Mendelssohns Rezension erschien, bewegte sich Friedrich wieder auf dem Feld, auf dem der Zufall die größte Macht besaß. Seit 1756 tobte ein Krieg von ungeheurer Schärfe und weltumspannenden Ausmaßen. Er veränderte den König und die aufgeklärte Öffentlichkeit grundlegend.

Johann Georg Ritter von Zimmermann über
die Stimmung im Jahre 1740

Ein neuer König weckt neue Hoffnungen, gerade bei denen, die bereits dem Kronprinzen nahestanden. Friedrich hat all jene enttäuscht, die glaubten, dass ihnen Freundschaft und persönliche Nähe politischen Einfluss sichern würden. Er dachte gar nicht daran, mächtige Hofleute in seiner Umgebung aufkommen zu lassen. Johann Georg Ritter von Zimmermann (1728–1795), ein in der Schweiz geborener Arzt und einflussreicher Schriftsteller der Aufklärung, hat seine Erlebnisse mit Friedrich in mehreren Büchern festgehalten. In den «Fragmenten über Friedrich den Grossen zur Geschichte seines Lebens, seiner Regierung und seines Charakters», die nach des Königs Tod erschienen, schildert er auch die Stimmung des Jahres 1740: eine Erinnerung aus dem Wissen um das Kommende.

Nur die Berliner ahndeten nichts von allem, was Grosses in ihm lag. Sie hörten, er gebe in Rheinsberg artige Feste, er liebe Mädchen und Musik, er habe einen schönen Fuß, er tanze vortrefflich: und nun versprach sich ganz Berlin, bey Friedrichs Regierungsantritt, nichts als goldene Tage, immerwährende Feste, ewige Comödien, Opern und Reduten. (...) Beym Antritt seiner Regierung glaubten viele von seinen rheinsbergischen Jugendfreunden, sie erhalten nun ganz gewiß Antheil an allen grossen Regierungsgeschäften. Niemand glaubte dieß mehr als Kaiserling, den der König gewöhnlich Cäsarion nannte [Dietrich

Freiherr von Keyserlingk (1698–1745) hatte dem von Friedrich in Rheinsberg gegründeten Bayard-Orden als «Cäsarion» angehört. Bei der Thronbesteigung wurde er zum Obersten und Generaladjutanten ernannt] und den er wirklich liebte. Auf der ersten Reise, die König Friedrich zur Huldigung nach Preussen machte, saß er mit Kaiserling, mit Algarotti und einem Dritten in einem Wagen; und um sich gleich in den Besitz aller Vorrechte eines Günstlings zu setzen, überhäufte Kaiserling den König mit Bittschriften, Recommendationen, und Intercessionen jeder Art. Einigemale erinnerte ihn der König, daß dieß nicht angehe, und mit seinem Regierungsplan nicht übereinstimme. Cäsarion kehrte sich nicht an diesen Wink: und so wollte auch Friedrich ihn nicht mehr in seinem Wagen haben. Als aber nachher in Königsberg, nach wohlhergebrachter und auch jetzt noch gar nicht aus der Mode gekommener preussischer Art und Kunst, ein fürchterlicher Platzregen von Glückwünschen in Versen und Prosa auf den König fiel, übergab er dieß alles an Cäsarion, und sagte zu ihm: «ich weiß, daß sie sich gerne mit fremden Papieren befassen: also thun sie mir den Gefallen, und beantworten alles dieses Zeug.» Cäsarions Exempel machte die übrigen vorsichtiger; und von diesem Tage an, war der Ton der neuen Regierung angegeben.

Johann Ulrich König beobachtet den neuen Herrscher

Johann Ulrich König (1688–1744), Zeremonienmeister und Hofpoet in Dresden, weilte während des Thronwechsels in geheimer Mission in Berlin. Seine Eindrücke hielt er in zwei Denkschriften fest, darunter die «Relation, wie der Königl. Preußische Hof und besonders der Gemütscharakter des itzt regierenden Königs Friedrich II. beschaffen ist». König war der Nachfolger Johann von Bessers, der im Hof-Journal über Friedrichs Geburt berichtet hatte, am sächsischen Hof. Sein Be-

richt aus Berlin ist die beste zeitgenössische Darstellung der kulturellen Modernisierung Preußens, die Friedrich in den ersten Wochen seiner Herrschaft ins Werk setzte.

Dresden, 16. Juli 1740

Der Charakter des Königs von Preußen bestehet aus unendlich vielem Guten, welches aber annoch mit mancherlei Zweideutigkeiten vermenget ist. Er hat sich gleich anfangs verlauten lassen, daß er vor allen Dingen seine Armee, sein Finanzwesen und das Ministerium in Stand setzen, nicht weniger die Wissenschaften wieder emporheben wolle.

Dabei hat er lauter vaste Ideen. Das alte Schloß will er vorerst gar nicht bewohnen, vielleicht mehr aus einem Widerwillen gegen dasselbe, weil er in seinem Leben so vielen Verdruß darin ausstehen müssen, als weil, wie er sagt, doch nichts Gescheutes daraus zu machen sei, wieviel er auch daran wenden würde. Also soll ein sehr großes neues Schloß, nicht weit von dem alten, nebst einem kostbaren Garten, und nahe dabei die große Königl. Akademie erbauet werden, damit der König selbst dahin gehen kann, um bisweilen öffentlich lesen zu hören; dann er will, wie er spricht, keine Académie dormante wie die in Petersburg sei, sondern eine Académie vivante haben, da die Professores öffentlich lesen und dozieren sollen. Daher werden die Professores große Besoldungen haben, damit sie nicht von den Zuhörern ihren Unterhalt suchen dürfen und sich nicht darum zu bekümmern haben, ob viel oder wenig Auditores vorhanden sind.

Dem Hofrat Wolff [der Philosoph Christian Wolff, der 1723 aus Preußen vertrieben worden und nach Marburg gegangen war, kehrte Ende 1740 auf Friedrichs Wunsch nach Halle zurück] sind gleich anfangs 2000 Taler geboten worden zu seinem jährlichen Gehalte, ohne frei Quartier in der Akademie und dergleichen. Einige sagen, daß er in seiner Antwort versprochen, gewiß zu kommen. Andere behaupten, er habe das Gegenteil getan und sich damit entschuldiget, er könne dergleichen nicht annehmen, ohne für den undankbarsten Menschen in seines Herrn, des Königs von Schweden [der regierende Landgraf von Hessen-Kassel, Friedrich I., war seit 1720 auch König von Schweden], Augen zu passieren: maßen Ihro Schwedische Majest. ihn wider seine Verfolger in seiner größten Drangsal so liebreich beschützt und aufgenommen, auch mit Wohltaten solchergestalt überhäuft, daß er nicht nur sein reifliches Auskommen habe, sondern auch noch jährlich ein paar tausend Taler zurücklegen könne. Es würde ihm, wie er sagt, in der ganzen Welt einen üblen Namen machen, wenn er so undankbar an seinem itzigen Herrn handeln und dennoch, wie bisher, in seinen Lektionen und Schriften fortfahren wollte, wider das Laster der Unerkenntlichkeit zu eifern.

Signor Algarotti [der Sohn eines venezianischen Kaufmanns und Schriftsteller, Francesco Algarotti, hatte 1739 Rheinsberg besucht und wurde Anfang Juni 1740 nach Berlin berufen], der schon würklich angekommen, kriegt jährlich 800 Taler, bouche en cour und frei Quartier, ist auch meistens um den König und wird von demselben von Zeit zu Zeit beschenkt.

Die Anatomie-Kammer und das Observatorium, wie auch das Stallgebäude, wo die Sozietät der Wissenschaften sich sonst versammelte, werden alle weggerissen, sollen weit prächtiger erbauet und mit den besten dazu gehörigen mathematischen, optischen und physikalischen Instrumenten aus Frankreich, Engelland und Italien versehen werden.

Außer diesem will der König einen horum medicum anlegen, dem keiner in ganz Europa gleichen und in welchem man das besondere Gute eines jeden allein gleich beisammen finden kann; wie mir dann der Königl. Leibmedicus, Hofrat Dr. Eller, den ganzen Plan davon vorgesagt, welcher so nützlich als sinnreich eingeteilt und kostbar ist.

Ferner soll ein Opernhaus zu italienischen Singspielen, dergleichen noch keines gewesen, ein Komödienhaus zu Tragödien und Komödien für die besten französischen Acteurs, nicht weniger ein großer Saal erbauet werden, worin alle Wochen ein- oder mehrmal öffentlich Konzert sein und nicht nur dem Adel beiderlei Geschlechts, sondern auch den bürgerlichen Töchtern erlaubt sein soll, zu erscheinen und zuzuhören.

Die Königl. Bibliothek soll mit großen Kosten vermehrt und eine besondere Königl. Buchdruckerei von den auserlesensten Schriften angelegt, kurz, alle Künste und Wissenschaften auf das beste befördert und geschützt werden. Wie dann der König eine gewisse französische und eine andere teutsche Berliner Zeitung, die der vorige König verboten, allsofort wieder fortzusetzen anbefohlen, auch dem Verfasser die dazu nötige Nachrichten selber mitteilen zu lassen, verheißen hat.

Zum Beweis, daß der König einen trefflichen goût, wie in allem, also auch im Bauen habe, ziehet man die beiden Schlösser Rheinsberg und Ruppin zum Exempel an, woselbst der König sonst als Kronprinz, obgleich nur im Kleinen, lauter Meisterstücke von Gärten, von Salons, darinnen die Plafonds von Mr. Pesne gemalt sind, und von kostbaren Ameublements, Schildereien-Sammlungen und anderen Auszierungen angebracht habe.

Man prätendieret, der König habe sich seit zehn Jahren zu Rheinsberg solchergestalt auf die Philosophie, Historie, Poesie und französische Sprache nebst der Musik geleget, daß er es in allen diesen Stücken dem größten Meister gleich, wo nicht zuvor tue. Wahr ist's, daß Baron von Keyserlingk mir viele und darunter einige sehr lange französische Poesien von des Königs Arbeit vorgelesen, die man ohne Widerrede für Meisterstücke erkennen muß. In Prosa schreibt er ebenso gut und weiß, im Reden sehr zierlich und mit Nachdruck, auch ohne langes Bedenken, sich auszudrücken. Der König soll einen «Antimachiavell» geschrieben und diese Pièce mit so vielen herrlichen und gründlichen Regeln, Reflexionen und moralischen Maximen ausgearbeitet haben, daß dieser Traktat der politische Katechismus aller Potentaten sein könne.

In der Mechanik besitzt er auch sehr große Einsicht und hat daher den Mr. Vaucanson [Jacques de Vaucanson, 1709–1782] aus Paris verschrieben, welcher alldort bekanntermaßen die berühmte, selbstspielende Statue des Querpfeifers verfertiget hat und ein Mitglied der französischen Académie des Sciences, auch der habilste Mechanicus itziger Zeit und allbereits nach Berlin abgereiset ist. Überhaupt will der König 40 000 Taler jährlich, wie man versichert, zu seiner obgedachten Akademie destinieren, und man schmeichelt sich zu Berlin, die gelehrtesten Leute aus ganz Europa, insonderheit den Mr. Maupertuis aus Paris [Pierre Louis Moreau de Maupertuis, 1698–1759, kam 1745 nach Berlin, wo er 1746 Akademiepräsident wurde], die Herren s'Gravesande aus Leiden [der Philosoph und Mathematiker Wilhelm Jakob s'Gravesande, 1688–1742] und den Herrn Professor Euler aus Petersburg [der Mathematiker Leonhard Euler, 1707–1783] dahin zu ziehen. Zum Anfange der vorhabenden Gebäude soll er allbereits 60 000 Taler haben auszahlen lassen.

Die Direktion aller dieser Gebäude ist einem gewissen von Knobelsdorff aufgetragen, der an dem itzigen Berlinischen Hofe für einen großen Baumeister gehalten wird. Er malt dabei gar sauber in Miniatur, und das Porträt seines Königs, welches neulich in Dresden war, ist von feiner Hand und sehr ähnlich. Es ist derselbe schon viele Jahre um den König als damaligen Kronprinzen gewesen. Er soll eine Reise nach Paris tun, um die vornehmsten Gebäude daselbst in Augenschein zu nehmen. Zu seiner Equipage hat ihm der König 100 Louisdor zahlen lassen. Sonst bekommt er nunmehr, wie ein jeder von den neuen Königl. General-Adjutanten, jährlich 2400 Reichstaler.

Außer obbesagten Gebäuden wird auch an das Schloß zu Charlottenburg ein Flügel angebaut und bereits alle Anstalt dazu gemacht, auch der Grund schon gegraben, wie ich selbst gesehen und mir auch vorher schon Knobelsdorff selber den Riß davon gewiesen.

Nicht weniger hat der König noch einen großen Garten nahe bei Monbijou kaufen lassen, um seiner Mutter zuliebe solchen Ort zu erweitern und noch schöner zu machen: der vielen Häuser zu geschweigen, die auf des Königs Kosten und Befehl alle schon um hundert und etlich und siebenzigtausend Taler erkauft und zum Niederreißen bestimmt sind, damit das Gebäude der Königl. Akademie desto größer und geräumlicher werden kann.

Sein Kapellmeister, namens Graun, ist verschiedene Male bei mir gewesen, von welchem ich, weil er sich mir besonders verpflichtet zu sein glaubt, vieles erfahren. Denn ich habe denselben ehemals, als er noch Kreuz-Schüler in Dresden war, zu dem Herrn Feldmarschall Grafen von Wackerbarth in Dienst als Sänger gebracht, hernach aber an den Wolfenbüttelschen Hof geschickt, woselbst er in weniger Zeit Kammer-Kompositeur und bei Gelegenheit der Vermählung des itzigen Königs als Kronprinzen (1733) von demselben goûtiert und nach Rheinsberg gezogen worden. Dieser erzählte mir jüngsthin, der König habe ihn vor der zuletzt getanen Reise nach Ruppin in Charlottenburg zu sich rufen lassen und ihm gesagt: «Nun habe ich auch für Ihn gesorgt, Er soll künftighin 2000 Taler jährlichen Gehalt und jede Opéra besonders bezahlt bekommen.» Als der Kapellmeister darauf mit innigster Bewegung geantwortet: «Ei! Ihro Majestät, das ist gar zu viel!» habe Baron von Keyserlingk, der dabei gestanden, mit Lachen zum König gesagt: «Das ist der erste, der eine solche Sprache führet.» Worauf der König gelächelt und gegen Graun fortgefahren: «Ich werde Ihm auch lassen Geld zur Reise nach Italien auszahlen, wohin Er gleich nach meiner Abreise nach

Preußen [zur Huldigung in Königsberg] abgehen soll, mir Sänger und Sängerinnen zu suchen und heraus zu bringen.» Es sollen 3 bis 4 Sängerinnen, und diese dabei jung und schön, alle aber, sowohl diese als die Sänger, von gutem Gehör, schöner und reiner Stimme, auch geschickte Acteurs und habile Musici, ingleichen, wo möglich, annoch in keines andern Herrn Dienst gewesen, ja allenfalls lieber noch ganz junge Leute sein, die man zuziehen können. Unter anderen schriftlichen Anfragen des Kapellmeisters Graun war auch diese: wieviel einem Virtuosen Geld zur Zurückreise zu bewilligen, wann er allenfalls dem König nicht anständig sein würde? Dazu ließ der König durch den Fredersdorff an den Rand schreiben: «Sie sollen so sein, daß man sie nicht wieder zurücksenden darf.» Gleichwohl will der König einer Person zum höchsten mehr nicht als 2000 Taler jährlich accordieren. Die ganze Summe, so er dazu ausgesetzt, beträgt jährlich wohl nicht 10 000 Taler und 3000 Taler zur Herausschaffung überhaupt. Von Decorateurs oder Maschinisten und dergleichen ist noch die Frage gar nicht vorgekommen. Metastasio soll eine Opéra nach des Königs Gusto verfertigen, die vor allen Dingen sehr kurz sein soll. (...)

Obwohl der König mit keinen Fremden oder Gesandten bisher öffentlich gespeiset, sondern nur mit seiner Königlichen Familie oder höchstens mit einigen Damen bei den Königinnen, so zieht er hingegen zu Charlottenburg die sich bei ihm allda aufhaltende Officiers ohne Unterschied mit zur Tafel. An solcher ist er sehr gesprächsam und aufgeräumt, vergönnet auch einem jeden ein Gleiches, ja befiehlet es vielmehr, daß man scherzhaft und lustig sein solle.

Es gibt die vortrefflichsten Weine von aller Art, sonderlich Rhein- und ungarische Weine, davon er ganze Keller voll von des vorigen Königs Vorrat gefunden; er selbst aber trinkt am liebsten Champagne-Weine, doch niemals zu viel. Hingegen prädominiert der haut-goût in allem Essen, daher auch der Hofrat Dr. Eller sich schon einige Mal die Freiheit genommen, Sr. Königl. Majestät vorzustellen, daß Ihnen dergleichen dereinst ebenso schädlich fallen werde als vormals Dero Herrn Vater die harten und unverdaulichen Speisen. (…)

Der König selbst arbeitet fleißig mit seinen Kabinettssekretärs und läßt sogar noch bis itzt keinen Particulierbrief unbeantwortet …

Übrigens bezeigt der König noch jeder Zeit so viel Respekt gegen seine Frau Mutter als Kaltsinnigkeit gegen seine Gemahlin, die weder annoch jemals nach Charlottenburg kommen dürfen noch das Vergnügen gehabt, daß er bei ihr in seinem Palais zu Berlin ein einziges Mal über Nacht geblieben wäre.

Schließlich weiß der König gar wohl, daß er es noch nicht allen zu Dank machen oder eines jeden Hoffnung erfüllen kann. Er sagte daher neulich über der Tafel: Man müsse ihm ein Jahr Zeit lassen. Er sehen wohl, daß ganz Europa die Augen auf ihn als einen jungen Regenten richte; aber er müsse und könne auch nicht anders als nur nach und nach seine Sachen in Ordnung bringen. Alsdann wolle er suchen, einen Plan zu finden, wie er seine Untertanen aller Last der Akzise und andrer Plagen entledigen, hingegen seine Magazine und Schätze zum Besten des Vaterlandes aufschließen könne.

In der Tat habe ich nach demjenigen, was ich Zeit meines kurzen Aufenthalts zu Berlin in Erfahrung und Betrachtung ziehen können, ebenfalls Ursache, zu glauben, daß man den König von Preußen annoch Zeit gewinnen lassen müsse, bis dieser junge Herrscher sich völlig in seinen itzigen Stand finden könne.

Da er inzwischen so manche schöne Reden von sich hören und so viele gute Taten allbereits von sich blicken lassen, so kann man nicht ohne Grund in Zukunft viel Rühmliches von ihm hoffen. Anitzt trauet er sich noch allzu viel zu; er hält annoch allzusehr auf seine eigene Autorität und argwöhnet daher allzu leicht, man wolle ihn wider seinen Willen leiten, welches er für einen Schimpf hält. Wann er aber mit seinem Kopf nicht durchkommen, sondern ein paarmal merklich anstoßen wird, alsdann dürfte ihm der gute Rat eines ehrlichen Mannes nicht mehr so verdächtig und unerträglich sein. Genug, daß nur der König selbst ein gutes Herz hat und in so guten Händen ist, da er den Baron von Keyserlingk vorzüglich liebt und zu seinem beständigen Umgang erwählet, dieser aber allerdings ein honnête homme und unserm Hof, so viel seine Pflicht gegen seinen Herrn nur immer zuläßt, von Grund seiner Seelen zugetan ist.

Friedrich begründet seinen Einmarsch in Schlesien

Eigenhändig hat Friedrich zur Instruktion der preußischen Vertreter an anderen Höfen folgende «Darlegung der Gründe, aus denen der König in Schlesien eingerückt ist» entworfen. Sie wurde später auch veröffentlicht und diente der Rechtfertigung. Diese fällt dürftig aus. Man spürt in jeder Zeile, dass die Gelegenheit nach dem Tod des Kaisers günstig war, der Bruch der Reichsgesetze in Kauf genommen wurde und schließlich Waffen, nicht Argumente, entscheiden sollten. Zwar hatte Friedrich einen Gesandten mit Anerbietungen nach Wien geschickt, jedoch gilt es, seine so sarkastische wie zutreffende Bemerkung über den Vorgang im Gedächtnis zu behalten: «Die Armee war flinker als der Gesandte.»

Manifest gegen Österreich

Die Ansprüche des Königs auf die meisten Herzog- und Fürstentümer Schlesiens sind unbestreitbar. Die Besitzer dieser Provinz haben dies selbst so weit zugegeben, daß sie einen Vertrag mit Kurfürst Friedrich Wilhelm abschlossen, kraft dessen der Kurfürst für den Kreis Schwiebus seinen Rechten auf die anderen schlesischen Herzog- und Fürstentümer entsagt hat. Dieser Verzicht wäre gültig, hätte Kaiser Leopold I. den Kreis Schwiebus nicht mit schwärzester Treulosigkeit dem Könige Friedrich I. entrissen. [Die Angabe trügt: Der spätere Kurfürst Friedrich III., ab 1701 Friedrich I., König in Preußen, hatte sich, damit einer Defensivallianz zwischen Berlin und Wien nichts mehr im Wege stünde, noch als Kurprinz zur Rückgabe des Kreises Schwiebus verpflichtet; 1694 wurde sie vollzogen.] Da somit das Äquivalent für den Verzicht zurückgegeben ist, tritt Preußen wieder in den Vollbesitz seiner Rechte, und das ganze Abkommen mit Kurfürst Friedrich Wilhelm wird null und nichtig.

Auf Grund dieser Rechte und eines Anspruches auf mehrere Millionen Taler [Es handelt sich um Gelder, die Österreich und Holland aus den Erträgen der Maaszölle an Preußen zu entrichten hatten. Die vertraglich zugesicherte Jahresrente in Höhe von 100 000 Gulden war zehn Jahre nicht gezahlt worden] ist der König in Schlesien eingerückt, um seinen Besitz und seine Rechte aufrechtzuerhalten. Zu Lebzeiten des Kaisers wäre ein solcher Schritt unangebracht gewesen; denn der Kaiser ist das Reichsoberhaupt, und der Angriff eines Reichsstandes gegen ihn hätte gegen die Reichsgesetze verstoßen.

Außerdem läuft dieser Schritt der Pragmatischen Sanktion [Karl VI., der ohne männliche Nachkommen starb, hatte mit diesem Hausgesetz die Erbschaft für seine Tochter Maria Theresia sichern wollen; die Pragmatische Sanktion war unter anderem von Frankreich, Holland, England, Sardinien, Sachsen und dem Deutschen Reich garantiert worden] nicht zuwider; denn der König will kein Erbe antreten, sondern nur seine besonderen Rechte wahren. Da der Kaiser selbst keinerlei Anrecht auf die ihm strittig gemachten schlesischen Herzogtümer besitzt, mit welchem Recht kann seine Tochter sie dann beanspruchen? Man kann doch nichts erben, was den Eltern nicht gehört hat!

Nehmen wir aber den schlimmsten Fall an, daß man das Vorgehen des Königs als Verstoß gegen die Pragmatische Sanktion betrachtet, so ist hervorzuheben, daß der König von Preußen dem Kaiser die Pragmatische Sanktion durch den Vertrag von 1732 [hier irrt der König, es war 1728] nur unter der Bedingung der Garantie für das Herzogtum Berg gewährleistet hat. Diesen Vertrag hat das Haus Österreich aber gebrochen, indem es im Jahre 1738 oder 1739 den vorläufigen Besitz der Herzogtümer Jülich und Berg dem Hause Sulzbach garantierte. Der König tritt also wieder in den Vollbesitz seiner Rechte, zumal man ihm als Äquivalent eigene Besitzungen des Kaisers versprochen hatte.

Alle diese Gründe miteinander haben den König zu seinem Vorgehen bestimmt. Er wünscht nichts sehnlicher, als sich mit dem Hause Österreich zu vergleichen, vorausgesetzt, daß man einige Rücksicht auf seine gerechten Ansprüche nimmt.

N. B. Ich vergaß hinzuzufügen, daß Schlesien stets ein Mannslehen gewesen und nur durch die Pragmatische Sanktion zum Weiberlehen geworden ist. Da aber meine Garantie null und nichtig geworden ist, trete ich jetzt wieder in den Vollbesitz meiner Rechte; denn das Kaiserhaus hat keine männlichen Nachkommen mehr. Das kann zu den anderen oben erwähnten Gründen hinzugefügt werden.

Marschall Belle-Isle besucht das preußische Feldlager
Der Marschall von Frankreich, Graf Belle-Isle (1684–1761), reiste 1741 zum Kriegsschauplatz in Schlesien, um ein Bündnis zwischen Preußen und Frankreich zustande zu bringen. Es wurde am 5. Juni 1741 in Breslau geschlossen. Nach den Beobachtungen, die er als Unterhändler anstellte, schrieb Belle-Isle folgende Berichte an den Staatssekretär des Auswärtigen Jean Jacques Amelot de Chaillou. Sie

belegen die Tüchtigkeit des Königs im Felde. Vor allem aber dokumen-
tieren diese Berichte die gute Ausbildung der preußischen Soldaten.

Lager bei Mollwitz, 27. April 1741
Der König hat mich um 1 Uhr mittags verlassen, um die Parole
auszugeben; denn er kommandiert sein Heer nicht nur in allen
wichtigen Dingen, wie ein einfacher General, sondern er versteht auch noch alle anderen Hauptgeschäfte. Er lagert nicht
nur im Zelt in der Mitte seines Lagers, sondern er gibt auch alle
Befehle und befaßt sich mit allen Einzelheiten, die bei uns der
Quartiermeister der Kavallerie und der Generalmajor besorgen.
Er kümmert sich auch um die Verpflegung, die Artillerie und
die Pioniere; er hat den Plan des Angriffs auf Brieg entworfen.
Um 4 Uhr früh steht er auf, steigt zu Pferde und besichtigt vom
rechten bis zum linken Flügel alle Posten und die Umgebung
seines Lagers. Er gibt selbst die Befehle und Instruktionen für
alle Generale oder Offiziere, die er detachiert; ihm erstatten alle
Bericht, die von einem Unternehmen zurückkommen. Man führt
ihm gleichfalls alle Deserteure und Spione vor, und er fragt sie
aus, ebenso die Gefangenen. Gestern abend und heute früh war
ich Zeuge davon. Vom Aufstehen, bis er zur Ruhe geht, bleibt er
gestiefelt und gespornt und in blauer Uniform, die sich lediglich
durch seinen Ordensstern und durch ein etwas reicheres Achsel-
stück als das seiner Adjutanten auszeichnet.

Sein Bruder, Prinz August Wilhelm, und alle anderen Generale
tragen nur ihre Uniformen, die von ausdrucksvoller Schlichtheit
sind. Die Waffenröcke sind so kurz, daß sie mehr wie Jacken aussehen. Mannszucht, Subordination und Pünktlichkeit sind so weit
getrieben, daß ich mir, obwohl mir davon erzählt war, nur einen un-
vollkommenen Begriff davon gemacht hatte. Wie der Herzog von
Holstein, der erste Generalleutnant seines Heeres, mir sagte, hält
er sich acht Monate im Jahre bei seinem Regiment auf und hat es

Tag für Tag wie ein einfacher Oberst von seiner Garnison Königsberg bis nach Schlesien geführt. Eben sah ich einen anderen Generalleutnant von der Kavallerie, der ebenso mit seinem Regiment marschiert ist und es ins Lager geführt hat. Man kann sich einen Begriff von der Pünktlichkeit der Subalternoffiziere machen, wenn man sich die der Generale und Prinzen sowie des eigenen Bruders des Königs vor Augen hält, der wie der letzte Offizier des Heeres Dienst tut. Die Truppen selbst sind von einer schier unglaublichen Schönheit der Ausbildung. Ich behalte mir vor, Einzelheiten über den Dienst, die Mannszucht und die übrigen Dienstzweige dieses Heeres zu geben, sobald ich mich vertrauter damit gemacht habe. Manches Nützliche läßt sich daraus lernen, und ich glaube, es wird unserem König lieb sein, es zu erfahren.

Nach der Befehlsausgabe ist der König von Preußen in sein kleines Schlafzimmer zurückgekehrt, wo er – des schlechten Wetters wegen – eine Tafel mit zwölf Gedecken hat aufstellen lassen, denn gewöhnlich speist er in einem großen Zelte, wo eine Tafel mit 40 Gedecken aufgeschlagen ist, zu der im Feldlager alle Offiziere ohne Ausnahme Zutritt haben. Bei der herrschenden Subordination sind die ersten Plätze selbstredend stets für die Würdenträger und die höheren Chargen bestimmt. Drei andere, ebenso große Tafeln stehen in den benachbarten Zelten ... Bei Tisch gibt es nur Schlachtfleisch, das aber sehr gut zubereitet ist, in zwei Gängen. Zwischengerichte und Nachtisch jeder Art fehlen. Nach der Mahlzeit, die anderthalb Stunden dauert, unterhielt sich der König stehend, während Kaffee gereicht wurde. Da es fast fünf Uhr war und der König die Schanzarbeiter abrücken sehen wollte, hat er mich verabschiedet ...

Lager bei Mollwitz, 1. Mai 1741
Heute morgen schickte der König von Preußen einen seiner Generaladjutanten zu mir und ließ mir sagen, er hätte das schöne

Wetter abwarten wollen, um mir seine Armee zu zeigen; da ich aber vor meiner Abreise stände, wolle er mir wenigstens ein Bataillon seines Regiments Garde vorexerzieren und erwarte mich persönlich vor seinem ersten Treffen. Ich begab mich sofort hin und fand den König zu Fuße mit mehreren Prinzen und Generalen seines Heeres. Er befahl dem Major persönlich die Exerzierübungen, die er vor mir machen lassen wollte. Das Wetter war schauderhaft und der Schnee fiel in dichten Flocken; trotzdem exerzierte das Bataillon wie bei schönstem Wetter. Ganz abgesehen von der Schönheit dieses Regiments, das aus ungewöhnlich großen Leuten besteht, marschiert es und macht seine Bewegungen mit unglaublicher Genauigkeit. Am verblüffendsten aber ist die Schnelligkeit, mit der es feuert. Der König ließ es in Pelotons und in allen möglichen Abteilungen feuern; es geschah stets mit der gleichen Genauigkeit trotz des Schnees. Der einzelne Mann feuert bis zwölfmal in der Minute, und in Pelotons oder Abteilungen mindestens sechsmal, was unglaublich erscheint, wenn man es nicht gesehen hat. Allerdings werden diese Truppen so dauernd exerziert und verschießen alljährlich eine solche Menge Pulver, daß es dem Soldaten zur Gewohnheit geworden ist. Den Nutzen davon hat der König in seiner letzten Schlacht [das war Mollwitz] gemerkt. Nach einstündigem Exerzieren begab sich der König nach seinem Zelte, wohin ich ihm folgte, um mit ihm wie an den vorhergehenden Tagen zu speisen.

August Wilhelm Schwicheldt charakterisiert den König
August Wilhelm Schwicheldt, ein hannöverscher Geheimer Kriegsrat, war 1741 vom englischen König Georg II. nach Berlin geschickt worden, um über Gebietsgewinne zu verhandeln, falls Hannover den Eroberungen Friedrichs in Schlesien keinen Stein in den Weg legen oder ihnen gar freundlich gesinnt sein würde. Die Verhandlungen

führten zu keinem Ergebnis, Schwicheldt, der Friedrich ins Feldlager nachgereist war, wurde im Sommer zurückberufen. Statt fruchtlos zu verhandeln, musste er nun eine Denkschrift verfassen, was er im Februar und März 1742 tat. Er nannte sie «Einige Anmerkungen über den Charakter und die Gemütsbeschaffenheit verschiedener an dem preußischen Hofe sich enthaltenden Personen, aus eigener Erfahrung entworfen» – so schlecht hat er nicht getroffen.

Hannover, 9. März 1742

Friedrich II., jetzt regierender König von Preußen und Kurfürst von Brandenburg, ist am 24. Januar 1712 geboren, mithin dermalen im 31. Jahr seines Alters.

Äußeres: Von seiner Person überhaupt muß jedermann gestehen, daß sie viel Annehmlichkeiten zeige. Seine ganze Gesichtsbildung ist gefällig. Das schwarzbraune Haar, welches er gemeiniglich in einen Zopf zu binden, alle Zeit aber mit vieler Sorgfalt, nach französischer Manier gekräuselt und mehrenteils stark gepudert zu tragen pfleget, stehet ihm über die Maßen wohl. Wenn er lachet, so nimmt sein Mund eine Freundlichkeit an, die auch dem schüchternsten Menschen ein Herz machet, sich freimütig mit ihm zu unterreden.

Seine Augen sind mehr schwarz als braun [ein Irrtum, dem mehrere Zeitgenossen erlagen, Friedrichs Augen waren blau]. Aus ihrer durchdringenden Lebhaftigkeit urteilet man sofort, daß kein anderer als ein erhabener und munterer Geist diesen Leib beseelen müsse. Doch kann man eben nicht sagen, daß ihre Blicke viel Leutseligkeit und Güte andeuten; vielmehr ist es mir vorgekommen, daß der König ihnen Zwang antun müssen, wenn er zuweilen diese Eigenschaften damit zu erkennen geben wollen, und daß sie in solchen Fällen bald selbst verraten, daß sie nicht der Natur, sondern einem fremden Triebe gehorsamen. Gemeiniglich nimmt man daran ein unstetes, unruhiges Wesen wahr, und es leuchtet wie ein trübes Feuer heraus, wodurch bei denen, die mit dem Könige umgehen, das Zutrauen merklich gemindert wird, welches er sonst mit seinen schmeichelhaften Unterredungen zu erwecken weiß.

Dadurch, daß sich der König im härtesten Winter, wie in heißesten Sommertagen allem Ungemache der Luft und Witterung bloßstellet, ist im Gesichte die Farbe ganz braun und verbrannt und die Haut verhärtet worden. Nur seine Hände sind noch sehr zart und weiß, und es scheinet, als ob der König sich selber damit gefalle und um ihre Erhaltung mehr bekümmert seie, als sonst einem kriegerischen Herrn anständig gehalten werden mögte. Er trägt beständig Handschuhe und an den Fingern kostbare Ringe. Im Sprechen pfleget er viel Bewegungen damit zu machen.

Die Leibesgestalt des Königs ist mittelmäßig, doch ehender klein als groß zu nennen. Sie würde, wie sie ist, nämlich noch schlanker und magerer aussehen, wenn nicht der König aus Empfindlichkeit gegen die Kälte gewohnt wäre, sowohl zu Wintersals zu Sommerszeiten verschiedene Kamisole, eines über das andere, unter der Leibweste, die man zu sehen bekommt, anzuziehen. Sonst ist er wohl gewachsen, und seine ganze Stellung und Haltung gibt zu erkennen, daß er in den Leibesübungen als Tanzen, Reiten pp. sich viel Geschicklichkeit erworben habe. Die Art seines Ganges, welche sehr flüchtig und mit einer nachlässigen Weise, den Kopf zu tragen, verbunden ist, würde den König entdecken, wenn er auch noch so fremd verkleidet wäre.

Als der König noch Kronprinz gewesen, soll er ungemein prächtig in Kleidung einher gegangen sein. Ich habe ihm aber keine andere angesehen, als die Uniforme seines Leibregiments und dabei einen Hut mit einer güldenen Borte und weißen Straußfeder, dergleichen er auch allen Generalspersonen zu tragen befohlen. Nur die Beinkleider trug er nicht gleichförmig mit den anderen, sondern alle Zeit von schwarzem Sammt. Diesen sonst an sich geringen Umstand merke ich um deswillen an, weil solcher von den österreichischen Husaren in Obacht genommen worden und diese darin das Abzeichen gesetzet, woran sie des Königs Person von anderen, in allen Stücken gleich gekleideten Officiers unterscheiden könnten, welches ihn auch auf davon erhaltene Nachricht und Warnung zu deren Ablegung bewogen hat.

Die des Königs Tafel gekannt haben, welche er als Kronprinz unterhalten hat, versichern, daß solche so kostbar und delicat gewesen seie, als sie es jetzund wenig ist. Ich tue ihr kein Unrecht, wenn ich sage, daß es zuweilen auf selbiger an dem notdürftigsten gebrochen habe. Der König selbst nährt sich mit überaus wenigem, da es mehr scheinet, daß er bei einem Gerichte koste als davon esse. Anstatt, daß er ehedem nichts als fremde, niedliche und künstliche Zurichtungen geliebet, so wählet er jetzt nur grobe und auf die einfältigste Weise zugerichtete Speisen. Doch man hat mir sagen wollen, daß er zuweilen mit seinen Vertrauten zur Nacht esse und alsdann bloß auf französisch kochen lasse, auch stärkere Mahlzeiten tue. Wiewohl der König in Vergleichung des Essens weit mehr Getränke zu sich nimmt, so kann man doch nicht sagen, daß er sich damit überlade. Gemeiniglich trinkt er jeden Mittag eine bouteille Champagne-Wein aus, welche ihm vorgesetzet und von ihm auch eigenhändig ausgeschenkt wird. Dieses ist sein gewöhnliches Getränke und zwar die Gattung, so man oeil de predrix nennet und, um ihm wohl zu schmecken, süßer sein muß, als sonst die mehrsten Kenner desselben vertragen können. Zuweilen, jedoch selten, kommen noch einige Gläser Bourgogne oder Tokaier hinzu, von welchem letzteren aber niemand etwas erhält, als dem der König höchsteigenhändig davon mitzuteilen die Gnade erzeiget. Die Ärzte befahren, daß der beständige Gebrauch so hitziger Weine, zumal bei dem ohnehin feurigen Geiste des Königes und seinen ohnablässigen Beschäftigungen, ihm das Geblüte zu sehr in Wallung setzen und mithin seiner Gesundheit

Abbruch tun werde; wie mir denn auch versichert ist, daß er schon seit geraumer Zeit über Schlaflosigkeit geklaget habe und sodann oft ganze Nächte zubringe, in welchen er ohne Aufhören lesen und schreiben, ja zuweilen gar, ohne jemanden mit sich genommen zu haben, im Lager die ganze Armee durchwandert sein und in eigener Person von allem den Augenschein und Erkundigung eingenommen haben soll.

Um die äußerliche Abbildung des Königs abzurunden, füge ich nichts mehr hinzu, als (daß) er so viel Anständigkeit in allen seinen Sitten und Gebärden blicken lassen, wie an einem Menschen, der in der belebten Welt für den artigsten und geschliffensten geschätzet wird, immer anzutreffen sein mag. Man nimmt aber bald wahr, daß er hauptsächlich die französischen Manieren sich zum Muster vorgestellet habe, und er ist auch wirklich in deren Nachahmung so glücklich gewesen, daß jedermann, der, ohne ihn zu kennen, ihn sehen würde, ihn weit ehender für einen geborenen Franzosen als für einen Deutschen halten dürfte.

Geist, Charakter und Neigungen: Ist es leicht gewesen, das Äußerliche des Königs, so einem jeden in die Augen fällt, abzuschildern, so wird es desto schwerer fallen, sein Inwendiges recht zu beschreiben. Niemand kann daran zweifeln, der die Herzen der Menschen überhaupt kennet und weiß, wie viel geheime Winkel darin verborgen sind, welche allesamt – daß ich so reden darf – zuvor durchleuchtet werden müssen, ehe man mit Recht sich eines gewissen Urteils darüber anmaßen darf. Hat überdem sich jemand die Geschicklichkeit erworben, sich mit fremdem Schmucke als wie mit seinem eigenen zu zieren, so ist die genaue innere Erkenntnis einer solchen Person und mithin deren Beschreibung desto mehreren Schwierigkeiten unterworfen. Nun ist aber die ganze Welt aus der Erfahrung bereits belehret: daß Seine jetzt regierende Königl. Preußische Majestät die Kunst der Verstellung zum Haupt-Vorwurfe der Bemühungen und in ihrer Ausübung das vornehmste Teil der Ehre setzen.

Beschreibet man den König als einen Herrn, der an Einsicht und Verstand viele übertrifft und gar wenige seinesgleichen hat, den ein ungemeiner Trieb zum Ruhm und Ehre beständig anfeuret, und der ein Feind der Verschwendung ist, so spricht man nichts als Wahrheit und entwirft eitel solche Züge, deren Ähnlichkeit ein jedweder an dem Könige in dem ersten Augenblicke entdecken kann und wird. (…)

Prüfet man nach sothanen, in der wahren Lehre der Erkenntnisse des Menschen gegründeten Sätzen das bisherige Bezeigen des Königs von Preußen, so veroffenbaret sich bald, daß ein großer und zu wichtigen Dingen überaus geschickter Verstand in ihm sei. Wäre von ihm nichts weiter bekannt als seine Unternehmung auf Schlesien, so würde solche allein Beweistums genug für dasjenige, so ich eben bekräftiget habe, abgeben. Jedermann weiß, daß der Plan davon die Frucht der eigenen Erfindung des Königs sei, und ganz Europa ist Zeuge, wie nützlich er sich aller und jeder Umstände und Vorkommenheiten zu seinem Vorhaben zu bedienen gewußt habe. Wer auch die Gnade hat, den König sprechen zu hören, wird die Munterkeit seiner eigenen Einfälle, das Salz seiner Antworten und den Reichtum der Wissenschaften, welchen er darinnen entdecket, nicht ohne Verwunderung wahrnehmen können.

Nichtsdestoweniger gibt es Kenner, welche behaupten, daß dieser Verstand, dieser Witz des Königs, welchen ich gleich jetzt so sehr gerühmet habe, von der Gattung sei, wovon oben erinnert worden, daß sie nur auf das Gegenwärtige und nicht zugleich auf die künftigen möglichen Folgen schauen und sich erstrecken. Dergleichen Richter sprechen dem Könige das Lob eines wahrhaftig weisen und klugen Regenten platterdings ab. Sie wissen sehr wahrscheinliche Ursachen vorzubringen, warum seine Unternehmungen, ohnerachtet deren Anfang so glücklich als immer möglich gewesen ist, dennoch am Ende nicht anders als übel und widrig verlaufen können. Sie ziehen nicht in Abrede, daß diejenigen Mittel, so der König bisher angewendet hat, um seinen dermaligen Endzweck zu erreichen, dazu bequem gewesen sind, aber sie sehen solche an, wie etwa ein vorsichtiger Arzt das Eis ansehen würde, welches einer, der im hitzigen Fieber liegt, sich auf den Magen bindet und damit zwar die gewünschte Kühlung auf einen Augenblick erhält, zuletzt aber doch dadurch sich selbst den Tod befördert. Auf diesem Schlag wird z. Ex. öffentlich in der Armee von des Königs entbranntem Eifer wider das Haus Österreich, von seiner genauen Verbindung mit Frankreich, von seiner die Kräfte seiner Lande angeblich übersteigenden Volksmacht, von der Sorglosigkeit, womit er alle seine übrige Provinzen, zumalen die Clev- und Bergischen von Truppen entblößet und außer Verteidigung gesetzet, und von hundert anderen Veranstaltungen mehr das Urteil gefället. Gleichergestalt sehen manche den beständigen Spott, welchen der König über die Religion zu treiben sich befleißet, seinen Kitzel, jederman etwas unangenehmes und anzügliches unter die Augen zu sagen, und endlich die häufigen Ursachen des Mißvergnügens, so er der Armee und allen seinen Bedienten überhaupt giebet, als so viel Kennzeichen des Mangels der Überlegung, mithin auch der Klugheit an.

Ich lasse diese Reden an ihren Ort gestellet sein, doch gebe ich nur eine Anmerkung zu überlegen, welche desto wichtiger ist, je mehr sie den Haupt-Charakter des Königs angehet. Es ist oben erwähnet, daß der König aus der Verstellung seine besondere Étude mache. Ich meine hier nicht die Kunst, seine inneren Absichten vor seinen Feinden oder widrig gesinneten geheim zu halten, als welche in gewisser Maße den Tugenden der Wahrheit und Aufrichtigkeit nicht wiederstrebet, sondern ich verstehe hier die Bemühung, einem jeden, er sei Freund oder Feind, äußerlich anders zu begegnen, als man es im Herzen mit ihm meint; die Wissenschaft, seinen Worten nach Veränderung der Umstände auch eine veränderte Auslegung zu geben und die feindseligsten Gesinnungen in die heiligsten Freundschafts-Beteuerungen einzukleiden; endlich die Fertigkeit, allerhand Larven anzunehmen, um damit diejenigen zu hintergehen und in Schaden zu stürzen, welche ein Recht haben, Wohlwollen und Beistand von uns zu begehren. (...)

Unter den Hauptneigungen, so man an dem Könige wahrnimmt, stehet billig die Ruhmbegierde obenan. Sein vornehmster Wunsch scheint darin zu bestehen, daß sein Name groß und bei der Nachwelt unsterblich und verewiget werde. Die hohe Einbildung, welche er von seinem eigenen Werte heget, blicket aus allem seinem Tun hervor und ist, wie sie gemeiniglich pfleget, mit ganz unbilliger Geringschätzung des übrigen Teils der Menschheit verknüpfet. Man hört mit Mühe die Lobsprüche an, welche er sich selber beizulegen gewohnt ist, und die verkleinernde Vergleichungen, welche er zwischen sich selbst und anderen großen Herren anzustellen pfleget. Ich würde jedoch der Wahrheit zu nahe treten, wenn ich hierbei anzumerken verabsäumte, daß der König, so oft die Rede von Sr. Majestät von Großbritannien vorgefallen, niemalen anders als in den Schranken aller geziemenden Achtung gegen allerhöchst Dieselbigen sich herausgelassen, dahingegen die dänische, sächsische, holländische, auch sogar der französische Minister auf ihrer Herren Sujet manchen unangenehmen Scherz über öffentlicher Tafel annehmen müssen.

Aus der übermäßigen Ruhmbegierde entspringet des Königs Liebe zum Kriege und Soldatenwesen. Der bei ihm eingewurzelte Wahn, daß die höchste Ehre eines Regenten in Erweiterung der Grenzen seiner Botmäßigkeit bestehe, beweget ihn, wo nicht alles, doch wenigstens sein vornehmstes Dichten und Trachten nur hierauf zu richten. Dieses machet ihn auch unermüdet in den strengsten Beschwerlichkeiten und härtet seinen sonst von Natur weichlichen Leib zu dem verdrießlichsten Ungemach aus, also daß er im Felde weder der heftigsten Hitze noch der empfindlichsten Kälte, die ihm sonst nur im wenigsten Grade unleidlich ist, achtet und alle Gemächlichkeit des Lebens verschmähet. (...)

Die andere Hauptneigung des Königs ist die allzu starke Liebe zum Gelde. Es ist bekannt, daß es zweierlei Gattungen des Geizes gebe; die eine, da man begierig ist, immer mehr einzunehmen und vor sich zu bringen, als wozu man nach seinen Umständen billig sich Hoffnung machen kann; die andere, da man Mühe hat, seine Schätze zu gebrauchen, und mithin weniger ausgibt, als es die Notwendigkeit und der Wohlstand erheischen. Ich glaube, daß in dem Könige von Preußen beide Arten zusammentreffen. Daher entspringen die harten Bedrück- und Erpressungen, worüber seine Untertanen, sowohl die alten ihm angebornen als die neueroberten, klagen. Daher kommt's, daß, sobald jemand etwas zu suchen hat, wobei des Königs Interesse einigermaßen eingeflochten scheint – zum Exempel, wenn einer über die unbilligen Eingriffe eines eigennützigen herrschaftlichen Pächters sich beschweren würde, – daß, sage ich, ein solcher niemals Gehör, geschweige Hülfe erlangen kann. Ich kenne einen wackeren Officier, dem der gottselige König von Preußen um seines, dem jetzigen Könige als damaligen Kronprinzen, in gewissen Angelegenheiten bezeugeten Attachements alle seine Güter eingezogen hat, welcher bis auf diese Stunde nicht allein nicht die geringste Ersetzung seines erlittenen Verlustes erhalten, sondern auch nicht die mindeste Hoffnung hat, sein väterliches Erbteil jemalen wiederzubekommen.

Jederman weiß, daß die seit langen Jahren gesammelten Königlichen Schätze und Reichtümer noch lange nicht erschöpft sind. Nichtsdestoweniger sollte man aus dem Aufwande urteilen, daß niemand dürftiger sei als die eben jetzt regierende Preußische Majestät. Von der, woferne es erlaubet ist, sich dieses Ausdrucks zu bedienen, allerdings ohnanständigen Sparsamkeit der Königlichen Tafel ist schon oben etwas erwähnet. So sind auch die Besoldungen überhaupt dermaßen knapp zugeschnitten, daß ehrliche Leute ohnmöglich davon ihr notdurftiges Auskommen, geschweige so viel finden, als erforderlich sein möchte, um sich und ihres Herren Dienst bei anderen nicht verächtlich zu machen. In abgewichenem Sommer haben die Officiers in der ganzen Armee vom Hauptmann an bis zum Feldmarschall vier bis fünf Monate lang nach ihrer Gage warten müssen. Und unter allen denen, welche mit Capitulation Dienste genommen haben, ist kein einziger, der sich nicht beklaget, daß die ihm getane Zusagen unerfüllt geblieben sind. Was daraus für ein allgemeines Mißvergnügen entstanden, solches lässet sich kaum beschreiben.

Die Neigungen, wovon im vorstehenden die Rede ist, sind in des Königs Person dergestalt miteinander verknüpfet, daß man zuweilen Mühe haben würde, zu bekräftigen, welche die andere überwiege. Man entdecket aber in ihrer Mischung den Grund von macherlei Folgen und besonderen Handlungen des Königs, welche sonst im ersten Anblick einander zu widersprechen scheinen. Man siehet darob, wie es möglich ist, daß es dem Könige auf einmal in den Sinn kommet, Pracht und königliche Herrlichkeit von sich blicken zu lassen, und daß er zu gleicher Zeit alles versaget, was dazu erfordert wird. Man begreift, wie es angehe, daß der König von seinen Bedienten begehre, mit prächtiger Kleidung, kostbarer Tafel, stattlichem Gefolge seinem Hofe ein größeres Ansehen als bisher zu machen, und daß er dennoch ferne von sich sein lässet, ihren Gehalt demgemäß einzurichten oder zu erhöhen, sondern vielmehr solchen von einer Zeit zur andern zu beknappen und zu beschneiden suchet. Man siehet, warum eben der Herr, welcher alle Menschen neben und unter sich verachtet und überhaupt mehr durch Furcht und Zwang als durch Liebe regieren zu wollen scheint, dennoch in gewissen Umständen zu den schmeichelhaftesten Begegnungen sich herunterlassen und sich die Mühe geben kann, die Gemüter derer, deren Dienstleistung er bedarf, mit liebkosenden Worten, wo nicht ganz einzunehmen, doch wenigstens einzuschläfern. Man hat angemerkt, daß, sobald jemand ein besonderes Verdienst um den König sich erworben, dieser von dem Augenblicke an die Gnade, so er ihm etwa hiebevor zugewendet, in Kaltsinnigkeit verwandelt habe, mithin eben dasjenige, wodurch sonst die großen Herren oder andere Menschen angetrieben werden, einem ihre Zuneigung und Freundschaft zu schenken, bei dem Könige von Preußen ganz widrige Wirkung tue. Der Graf Schwerin, dem die Ehre des Gewinnes des Treffens bei Mollwitz allein gebühret, und der Baron Keyserlingk, welcher sich um den König als Kronprinz besonders verdient gemacht, haben nebst mehreren andern dieses an sich selbst erfahren. Der Grund eines solchen Betragens kann wiederum kein anderer als eben die Mischung der oberwähnten zwei Neigungen sein, da nach der ersteren ein Mensch neidisch und scheelsüchtig auf diejenigen wird, welche ihn des Ruhmes beraubet, den er allein zu behaupten gewünschet, und nach der anderen ihm die Vergeltungen und Belohnungen sauer ankommen.

Vielleicht lässt sich aus eben dieser die ganz außerordentliche Abneigung des Königs von dem schönen Geschlechte herleiten, welche, wo sie in einem so starken Grade angetroffen wird, auch gemeiniglich ein sicheres Kennzeichen eines harten, unfreundlichen und mehr zur Unbarmherzigkeit als zum Wohltun geneigten Herzens abzugeben pfleget. Doch sind auch einige, welche solche lediglich einer natürlichen Schwachheit und Entkräftung des Leibes beimessen.

Ein Zeitungsartikel über die Vollendung des Opernhauses
Am 27. November 1742 vermeldeten die «Berlinischen Nachrichten»
die Fertigstellung des Opernhauses in Berlin, das seitdem immer
ein Mittelpunkt des Musiklebens gewesen ist. Der Architekt Georg
Wenzeslaus von Knobelsdorff (1699–1753) hatte einen Ort für
öffentliche Festlichkeiten entworfen, wie es ihn zuvor in Preußen
nicht gegeben hatte.

Das hiesige Opern-Haus ist numehro, unter der Direction des
Freyherrn von Knobelsdorf, in so weit fertig geworden, dass den
1sten December die erste Opera kann vorgestellet werden. Die
Vollendung der äusseren Decorationen aber soll künftiges Jahr
geschehen. Wir hoffen, unsern Lesern, und besonders den Fremden, eine Gefälligkeit zu erzeigen, wenn wir ihnen von diesem
schönen Gebäude eine zuverlässige Beschreibung mittheilen.
Selbiges beträgt in der Länge 300 und in der Breite 106 Rheinl.
Fuss. Es gleicht einem prächtigen Pallaste, stehet von allen Seiten frey, und hat von aussen so viel Platz um sich herum, dass
1000 Kutschen gemächlich alda halten können. Das Hängewerk
ist sehr flach, und von unten nicht zu sehen, auch ganz mit Kupfer
bedeckt. Durch eine jede von den 7 Pforten können 5 Personen
en front hineingehen, und inwendig findet man alle Bequemlichkeiten. Dieser jetzt erwehnten grossen Öffnungen ohngeachtet,
ist doch solche Disposition gemacht, dass kein Zug weder das
Parterre, noch das Orchester incommodiren kann. Ein gewölbter
Canal, von 9 Fuß hoch, gehet quer durch das ganze Gebäude.
Aus selbigem wird, vermittelst 2 Wasser-Maschinen, das Wasser
bis unter das Dach in grosse Behältnisse gebracht, auch durch
Röhren dergestalt wieder auf das Theater geleitet, dass nicht allein natürliche Cascaden und Wasser-Strahle, können vorgestellet
werden, sondern, dass man auch bey auskommendem Feuer fast
das ganze Theater unter Wasser setzen kan. Dieses Theater ist

eins von den längsten und breitesten in der Welt. Die Logen sind so räumlich und bequem, dass sie rechten Zimmern gleichen, und doch allenthalben eine ungehinderte Aussicht auf das Theater haben. Die Treppen hat man so groß und so gemächlich verfertiget, dass man sich bis in den vierdten Rang der Logen mit Porteurs kann tragen lassen. Hinter den Logen befinden sich solche geraume Gänge, dass 7 bis 8 Personen Platz genug haben, neben einander zu gehen. Bey allen jetzt gedachten Vorzügen ist zwar der Zweifel erregt worden, ob sie auch zur Avantage der Music seyn möchten; aber man bemerckt mit nicht geringer Bewunderung, dass die Music darinnen einen vortrefflichen Effect thut. Wenn nemlich der Sänger ganz hinten im Fond vom Theater stehet; so höret man ihn nicht nur in den äussersten Logen, und im Parterre, gar deutlich die allersachtesten Töne singen, sondern der Sänger höret sich auch immer selbst wieder, welches in wenigen Theatern zu finden, und doch dem Singenden zu einer grossen Erleichterung dienet. Nach beschlossener Opera kan in diesem Hause Redoute gehalten werden. Am Ende der Logen siehet man einen weitläuftigen Saal, wo die Herrschaften speisen können. Während der Zeit wird der Boden des Parterre dem Theatro gleich erhoben; das Theater selbst aber in einen Corinthischen Saal verwandelt. Die Scenen gehen hinter den Colonaden weg, und in den Nichen sind natürliche Cascaden angebracht, welche einige Najaden von weissem Marmor aus ihren Krügen formiren. Das Haus ist in 3 Säle eingetheilet: 1) der Corinthische; 2) der vom Parterre, wo an den Logen und am Portal, die verguldeten Decorationes, so aus einem gebrochenen weisslichen Grunde, und von einem besondern Gout sind, einen sehr schönen Effect thun, und 3) der Appollonische Saal, in welchen rings herum vor die Zuschauer ein Entablement von lauter Satyren getragen wird.

Johann Friedrich Borchmann besucht eine Opernaufführung

Johann Friedrich Borchmann erlebte 1744 im Opernhaus eine Aufführung von Carl Heinrich Grauns (1704–1759) Dramma per musica «Alessandro e Poro». Friedrich hatte Graun 1740 nach Italien geschickt, um Sänger und Sängerinnen für die Oper zu engagieren. Mitte 1741 kehrte der Komponist und Kapellmeister zurück und komponierte in den folgenden fünfzehn Jahren bis zum Ausbruch des Siebenjährigen Krieges fünfundzwanzig dreiaktige, eine fünfaktige und eine einaktige Oper. Grauns Werke prägten den Berliner Spielplan.

Ein lebhaftes Geräusch erhob sich unter den Zuschauern. Die auf dem Parterre stehenden Garde du Corps rückten ihr Gewehr. Der König kam. Mit entblößetem Haupte trat der huldreiche Monarch einher, und gieng durch die über Seine Ankunft frohe Menge, wie eine Sonne, über deren Aufgang sich die Erde freuet. Er stellete sich, auf dem Parterre, gerade vor die beyden Grauns; und sahe durch ein Fernglas um sich. Unterdessen wurde die ankommende Mutter des Königs, durch zwey abwechselnde Chöre von Pauken und Trompeten, empfangen. Kaum schwieg der letzte Ton derselben, als das Graunsche Chor – alle mit einem Streich zugleich – anfieng; und schon nach wenigen Takten war B... nicht mehr in seiner Welt. Er sahe nicht mehr: – er hörte nur; denn die Fertigkeit, die ganze Uebereinstimmung, mit welcher der ganze Chor arbeitete, war unbeschreiblich prächtig, – für ihn eine Zauberey (...). Der Vorhang wurde aufgezogen; und was B... hier empfand, als er die Figuren auf dem Theater erblickete, das läßt sich eben so wenig in Worte einkleiden, als die Empfindung einer Verlobten, bey dem ersten Kusse ihres Auserwählten.

Friedrich sorgt sich um die Heiratsangelegenheiten seiner Offiziere

Mit einem Eifer, der von der Sache her nicht erforderlich gewesen wäre, sorgte sich Friedrich um die Heiratsangelegenheiten seiner Offiziere, die ohne königliche Erlaubnis die Ehe nicht schließen durften. Aus militärischen Gründen waren unverheiratete Offiziere erwünschter. Der König achtete auf standesgemäße Verbindungen, um die Exklusivität und die besondere Loyalität des Offizierskorps nicht zu gefährden. Der Historiker Johann David Erdmann Preuß teilte 1832 im Urkundenbuch zu seiner «Lebensgeschichte Friedrichs des Großen», der ersten ganz aus den Quellen erarbeiteten Biographie, die folgenden Entscheidungen des Königs mit:

Potsdam, den 12. Oct. 1746

Mein lieber Obrist v. Natzmer. Ich gebe euch auf euer Vorschreiben wegen des Rittmeisters von Dingelstädt intendirten Mariage in Antwort, wie Ich nicht gern sehe, wenn die Husaren-Officiers sich so viel verheirathen, welches nicht taugt, dann wann sie alsdenn marchiren sollen, so ist ein Haufen Lermen der Weiber halber.

Potsdam, den 20. Oct. 1746

Mein lieber Gen. Major von Bronikowski. Ich gebe euch auf eure Vorstellung vom 12. dieses, wegen Versorgung eurer Schwester durch eine Heirath mit dem Cornett von Zmiewsky die Antwort, daß die Husaren nicht durch die Scheide, sondern durch den Säbel ihr Glück machen müssen.

Potsdam, den 24. Okt. 1746

Mein lieber Rittm. v. Dingelstädt. Nachdem Ich aus eurem Schreiben vom 16. dieses Monats ersehen, wie daß ihr durch eure vorhabende Heirath mit der v. Koschenbahr eure Umbstände verbessern könnet; so accordire Ich euch hierdurch Meine permission.

Potsdam, den 31. Oktober 1746

Mein lieber Generalleutnant von Leps. Ich gebe euch auf euer Schreiben vom 26. dieses Monats, wegen des Lieutenants von Schwensitzky vorhabenden Heirath mit einer Doctors Witwe hierdurch in Antwort, daß es mir sehr unangenehm ist, wenn Subaltern-Officiers heirathen und zumal sich mesalliiren wollen. Ihr habet also die Eurigen vielmehr auf alle Weise davon abzuhalten, als euch für sie wegen solcher mariagen zu interessiren, denn ihr sonst bald lauter Bürger zu Officiers kriegen werdet.

Potsdam, den 17. November 1746

Major von Ingersleben Wutgenauischen Bataillons. Mein lieber etc. Ich habe euer Schreiben vom 2. dieses wegen des Lieutenant von Buttberg von der Kröcherschen Grenadier-Compagnie vorhabenden niederträchtigen Heirath mit des Heydereiter Thielen Tochter erhalten, werde aber nimmermehr Meinen Consens dazu ertheilen, und sollet ihr denselben davon abhalten, oder, wenn er sich daran nicht kehret, in arrest setzen.

Potsdam, den 22. November 1746

An den Oberforstmeister von Linsing. Bester Lieber Getreuer. Ich habe euer Schreiben vom 19. dieses wegen eurer vorhabenden Mariage mit des Gen. Lieut. v. La Motte Tochter erhalten, und soll euch solches Meinetwegen unverwehret seyn; aber ihr werdet bey der Partie nur schlecht fahren, weil sie nicht das Geringste im Vermögen hat.

Berlin, den 19. Dez. 1746

An den dimittirten Capitain v. Grandis.
Bester, lieber Getreuer. Ich gebe euch auf euer Schreiben vom 15. dieses Monats mittelst dessen ihr um Meinen Consens zu des Fähndrichs Stahl von Holstein Heirath mit eurer Tochter bitten

wollen, hierdurch in Antwort, daß die Fähnrichs keine Permission zu heirathen bekommen können.

Potsdam, den 6. Juni 1747
Mein lieber G. M. v. Zieten. Ich accordire auf Euer Vorschreiben v. 4. d., dem Lieut. Steinicke die Erlaubniss, sich mit der v. Schack aus dem Mecklenburgischen zu verheirathen. Er muss aber seiner Frauen Vermögen hier im Lande anlegen.

Joachim Christian Nettelbeck über die Kartoffeln in Kolberg

Joachim Christian Nettelbeck (1738–1824) ist durch seine Tapferkeit und Umsicht bekannt geworden. Gemeinsam mit dem preußischen Offizier Neidhardt von Gneisenau organisierte er als Repräsentant der Bürger 1807 die Verteidigung Kolbergs gegen die napoleonischen Truppen – eines der wenigen Beispiele für Patriotismus und Standhaftigkeit nach der Niederlage bei Jena und Auerstedt im Herbst 1806. In seinen Lebenserinnerungen berichtet der vielgereiste, tapfere Bürger auch eine Kartoffel-Episode aus seiner Jugendzeit (Mitte der 1740er Jahre).

Im nächstfolgenden Jahre erhielt Kolberg aus des großen Friedrichs vorsorgender Güte ein Geschenk, das damals hierzulande noch völlig unbekannt war. Ein großer Frachtwagen nämlich voll Kartoffeln langte auf dem Markte an, und durch Trommelschlag in der Stadt und in den Vorstädten erging die Bekanntmachung, daß jeder Gartenbesitzer sich zu einer bestimmten Stunde vor dem Rathause einzufinden habe, indem des Königs Majestät ihnen eine besondere Wohltat zugedacht habe. Man ermißt leicht, wie alles und jedes in eine stürmische Bewegung geriet, und das nur um so mehr, je weniger man wußte, was es mit diesem Geschenke zu bedeuten habe.

Die Herren vom Rate zeigten nunmehr der versammelten Menge die neue Frucht vor, die hier noch nie ein menschliches Auge erblickt hatte. Daneben ward eine umständliche Anweisung verlesen, wie diese Kartoffeln gepflanzt und bewirtschaftet, desgleichen wie sie gekocht und zubereitet werden sollten. Besser freilich wäre es gewesen, wenn man eine solche geschriebene oder gedruckte Instruktion gleich mit verteilt hätte; denn nun achteten in dem Getümmel die wenigsten auf jene Vorlesung. Dagegen nahmen die guten Leute die hochgepriesenen Knollen verwundert in die Hände, rochen, schmeckten und leckten daran; kopfschüttelnd bot sie ein Nachbar dem andern; man brach sie voneinander und warf sie den gegenwärtigen Hunden vor, die daran herum schnupperten und sie gleichmäßig verschmähten. Nun war ihnen das Urteil gesprochen! «Die Dinger», hieß es, «riechen nicht und schmecken nicht, und nicht einmal die Hunde mögen sie fressen. Was wäre uns damit geholfen?» Am allgemeinsten war dabei der Glaube, daß sie zu Bäumen heranwüchsen, von welchen man zu seiner Zeit ähnliche Früchte herabschüttle. Alles dies ward auf dem Markte dicht vor meiner Eltern Tür verhandelt, gab auch mir genug zu denken und zu verwundern und hat sich darum auch bis aufs Jota in meinem Gedächtnis erhalten.

Inzwischen ward des Königs Wille vollzogen und seine Segensgabe unter die anwesenden Garteneigentümer ausgeteilt nach Verhältnis ihrer Besitzungen, jedoch so, daß auch die Geringern nicht unter einigen Metzen ausgingen. Kaum irgendjemand hatte die erteilte Anweisung zu ihrem Anbau recht begriffen. Wer sie also nicht geradezu in seiner getäuschten Erwartung auf den Kehrichthaufen warf, ging doch bei der Auspflanzung so verkehrt als möglich zu Werke. Einige steckten sie hie und da einzeln in die Erde, ohne sich weiter um sie zu kümmern; andere (und darunter war auch meine liebe Großmutter mit ihrem ihr zugefallenen Viert) glaubten das Ding noch klüger anzugreifen, wenn sie diese

Kartoffeln beisammen auf einen Haufen schütteten und mit etwas Erde bedeckten. Da wuchsen sie nun zu einem dichten Filz ineinander, und ich sehe noch oft in meinem Garten nachdenklich den Fleck drauf an, wo solchergestalt die gute Frau hierin ihr erstes Lehrgeld gab.

Nun mochten aber wohl die Herrn vom Rat gar bald in Erfahrung gebracht haben, daß es unter den Empfängern viele lose Verächter gegeben, die ihren Schatz gar nicht einmal der Erde anvertraut hätten. Darum ward in den Sommermonaten durch den Ratsdiener und Feldwächter eine allgemeine und strenge Kartoffelschau veranstaltet und den widerspenstig Befundenen eine kleine Geldbuße aufgelegt. Das gab wiederum ein großes Geschrei und diente auch eben nicht dazu, der neuen Frucht an den Bestraften bessere Könner und Freunde zu erwecken. Das Jahr nachher erneuerte der König seine wohltätige Spende durch eine ähnliche Ladung. Allein diesmal verfuhr man dabei höheren Orts auch zweckmäßiger, indem zugleich ein Landreiter mitgeschickt wurde, der, als ein geborner Schwabe (sein Name war Eilert, und seine Nachkommen dauern noch in Treptow fort), des Kartoffelbaues kundig und den Leuten bei der Auspflanzung behilflich war und ihre weitere Pflege besorgte. So kam also diese neue Frucht zuerst ins Land und hat seitdem durch immer vermehrten Anbau kräftig gewehrt, daß nie wieder eine Hungersnot so allgemein und drückend bei uns hat um sich greifen können. Dennoch erinnere ich mich gar wohl, daß ich erst volle vierzig Jahre später (1785) bei Stargard zu meiner angenehmen Verwunderung die ersten Kartoffeln im freien Felde ausgesetzt gefunden habe.

Voltaire schreibt aus Potsdam

Voltaire (1694–1778) kam auf Einladung des Königs im Sommer 1750 nach Potsdam, wo er drei Jahre blieb. Die Beziehung zum

Monarchen litt unter der Selbständigkeit des Philosophen, der sich weder Geschäfte noch Spottlust von seinem neuen Herrn verbieten ließ. In Briefen nach Frankreich zeichnete Voltaire zunächst ein glänzendes Bild seiner vortrefflichen Stellung. Man spürt in diesen Zeilen neben aller Stilisierung, wie gewinnend Friedrich sein konnte, wenn es seinen Absichten entsprach.

Voltaire an den Herzog von Richelieu

Berlin, 31. August 1751

Nun will ich Ihnen auf Ihre Frage antworten, warum ich in Preußen bin. Ich werde ebenso wahrheitsgetreu antworten, wie ich Geschichte schreibe, sollten auch alle Postämter der Welt meine Briefe öffnen.

Ich war abgereist, um dem König von Preußen meine Aufwartung zu machen. Dann wollte ich Italien besuchen und hierauf heimkehren, nachdem ich mein «Zeitalter Ludwigs XIV.» in Holland zum Druck gebracht hatte. Ich komme nach Potsdam. Des Königs große blaue Augen, sein sanftes Lächeln und seine Sirenenstimme, seine fünf Schlachten, seine ausgesprochene Vorliebe für zurückgezogenes Leben und Arbeit, für Vers und Prosa, kurz, seine Güte, die einen umnebeln konnte, köstliche Unterhaltung, Freiheit, Vergessen der Königswürde im Verkehr, tausend Aufmerksamkeiten, die schon bei einem Privatmann bestechend wären – das alles verdreht mir den Kopf. Ich gebe mich ihm hin, leidenschaftlich, blindlings, ohne Überlegung. Ich bilde mir ein, in einer französischen Provinz zu sein. Er erbittet mich von seinem Bruder, dem König [von Frankreich], und ich glaube, sein Bruder, der König, wird das sehr gut finden. Ich schwöre Ihnen, als wäre es auf dem Totenbette, es ist mir nicht in den Sinn gekommen, der König oder Frau von Pompadour könnten mich überhaupt beachten und im mindesten verletzt sein. Ich sagte mir: Was liegt dem König von Frankreich an einem Atom meiner Art mehr oder weniger? In Frankreich wurde ich seit dreißig Jahren von Literaten und Frömmlern geplackt, als Spielball behandelt, verfolgt. Hier lebe ich ruhig, führe ein Dasein, das meiner schlechten Gesundheit völlig ansteht, habe meine ganze Zeit für mich, keine Pflicht zu erfüllen; der König läßt mich stets in meinem Zimmer zu Mittag speisen, oft auch zu Abend. So lebe ich seit Jahresfrist. Ich gestehe Ihnen, ohne den lebhaftesten Wunsch, Ihnen meine Aufwartung zu machen, der mich immerfort quält, und ohne eine herzlich geliebte Nichte wäre ich überglücklich.

Voltaire erschrickt
Im folgenden Brief an seine Nichte berichtet Voltaire über seinen Schrecken, nachdem ihm Julien Offray de La Mettrie (1709–1751) eine abfällige Äußerung des Königs hinterbracht hatte. La Mettrie war durch Vermittlung des Akademiepräsidenten Maupertuis nach Preußen gekommen, als sein Buch «L'homme machine» (1747) ihn in ganz Europa verdächtig machte. Er wurde Vorleser und Arzt des Königs, umging geschickt jede Zensur, spielte den Narren, ohne seinen materialistischen Überzeugungen untreu zu werden, bis er im November 1751 verstarb. An einer verdorbenen Pastete, heißt es, was zu gut erfunden scheint und deshalb immer wieder zu Spekulationen führte.

Voltaire an Madame Denis

Berlin, 2. September 1751
La Mettrie ist ein unbedeutender Mensch, der mit dem König nach der Vorlesung zwanglos plaudert. Mit mir spricht er vertraulich. Er hat mir geschworen, als er neulich mit dem König über meine angebliche Gunst und den Neid, den sie erweckte, sprach, habe der König ihm geantwortet: «Ich werde ihn höchstens noch

ein Jahr brauchen. Man preßt die Zitrone aus und wirft die Schale fort.» Ich habe mir diese lieben Worte wiederholen lassen. Ich habe ihn mit Fragen bestürmt, er hat es beschworen. Glaubst Du es? Soll ich es glauben? Ist es möglich? Wie, nach sechzehn Jahren voller Güte, nach all den Anerbietungen und Versprechungen, nach dem Briefe, den Du als unverbrüchliches Unterpfand seines Wortes aufbewahren solltest! Und das jetzt, wo ich ihm alles opfere, um ihm zu dienen, wo ich nicht nur seine Werke verbessere, sondern ihm auch in meinen Randglossen eine Rhetorik, eine folgerechte Poetik schaffe, aus lauter Betrachtungen, die ich an der Hand der mir etwa aufgestoßenen kleinen Fehler über die Eigenschaften unserer Sprache anstelle, wo ich nur danach trachte, seinen Genius zu unterstützen, ihn aufzuklären und ihn in den Stand zu setzen, tatsächlich meiner Hilfe zu entraten!

Ich habe mir wahrlich ein Vergnügen und eine Ehre daraus gemacht, seinen Geist zu pflegen; alles trug zu meiner Illusion bei: ein König, der Schlachten und Provinzen gewonnen hat, ein nordischer König, der französisch dichtet, ein König schließlich, den ich nicht gesucht hatte und der mir sagte, er liebe mich – warum sollte er mir sonst auch so entgegengekommen sein? Es ist mir unfaßlich! Ich begreife nichts mehr!

Ich tat mein möglichstes, um La Mettrie nicht zu glauben. Trotzdem bin ich ungewiß. Beim Durchlesen seiner Verse fand ich eine Epistel an den Maler Pesne, der in seinen Diensten steht. Sie fängt mit diesen Versen an:

«Welch Wunder trifft mein Auge! Pesne, dich hebt
Zum Rang der Götter deines Pinsels Stärke.»

Diesen Pesne sieht er nicht an. Dennoch ist er der «Gott». Vielleicht bin ich ihm ebenso viel, d.h. wenig. Vielleicht läßt er sich bei allem, was er schreibt, nur von seinem Verstande leiten, und sein Herz bleibt kühl. Vielleicht haben alle seine Briefe mit ihrer überschwenglichen Güte nichts zu bedeuten. Nun gebe ich

Dir furchtbare Waffen gegen mich selbst in die Hand. Man wird mich schwer verurteilen, daß ich so vielen Schmeicheleien erlegen bin. Du wirst mich für einen zweiten Jourdain [aus Molières Lustspiel «Le bourgeois gentilhomme»] halten, der da sagt: «Kann ich einem Herrn vom Hofe, der mich teurer Freund nennt, etwas abschlagen?» Aber ich antworte: es handelt sich um einen liebenswürdigen König.

Du kannst Dir meine Betrachtungen, Gewissensbisse und Verwirrung vorstellen – mit einem Wort, Du kannst Dir denken, welche Pein La Mettries Geständnis mir verursacht hat. Du wirst mir raten: «Reise ab!» Aber das geht nicht. Wenn man etwas angefangen hat, muß man es auch durchführen ... Was tun? Ignorieren, was La Mettrie mir gesagt hat, mich nur Dir anvertrauen, alles vergessen und abwarten.

Der Kammerherr von Lehndorff schildert das Hofleben und das Heraufziehen des Krieges

Ernst Ahasverus Heinrich von Lehndorff (1727–1811) war Kammerherr der Königin Elisabeth Christine. 1775 zog er sich nach Steinort in Ostpreußen zurück. Seine Tagebücher geben ein anschauliches Bild vom Hofleben der Zeit, von den Hoffnungen und Frustrationen eines gebildeten Aristokraten. Sie wurden zuerst 1907 veröffentlicht.

24. Januar 1753. Geburtstag unseres Königs. Alles erscheint in Gala, aber man sieht den König nicht, weil S. M. sich zur Ader gelassen hat. – Ich behaupte, daß die Liebe eines Individuums zu seinem Herrn ihm angeboren ist; was mich wenigstens anbetrifft, so spüre ich immer einen ganz besonderen Drang, dem meinigen alles erdenkliche Glück zu wünschen. Es ist keine Selbstsucht dabei, es ist einzig und allein das Herz, das für ihn spricht. Denn wenn ich meinen ersten Eindrücken folgen würde, so hätte ich

den Grund mit ihm unzufrieden zu sein. Er hat mir eine feste Versorgung versagt, er hat mir Dinge versprochen, deren Erfüllung ich niemals erwarte; aber trotz alledem liebe ich ihn. Man muß vernünftig sein und nicht zu viel von einem König verlangen. Wie soll er alles, was sich in seinem Reich zuträgt, wissen? Es ist demnach immer der Fehler derer, die ihm berichten, wenn seine Entscheidungen nicht der vollkommensten Billigkeit entsprechen.

Im allgemeinen müssen die Tugenden eines Königs denen eines Privatmannes entgegengesetzt sein. Ich fasse mich dahin: ein König muß sehr großmütig, ein Privatmann muß ökonomisch sein. Es ist für einen Privatmann ein schlimmer Fehler, indiskret zu sein; ich würde bis zu einem gewissen Grade dies eher bei einem König sehen wollen. Das würde viele schlechte Geister abhalten, ihrem Herrn falsche Berichte abzustatten, aus Furcht, daß er sie anderen mitteilt.

28. Januar 1753. Ich höre, daß Voltaire den König nach Potsdam begleiten wird und daß alles geschlichtet ist. Das ist menschliche Beständigkeit! Man hatte geschworen, daß der Beleidiger und der Beleidigte sich niemals aussöhnen würden, und nun haben sie sich wieder vertragen!

29. Januar 1753. Geburtstag der Prinzessin von Preußen. Der König gibt aus dieser Veranlassung ein großes Mittagessen, bei dem alles großartig und höchst langweilig ist. Es ist einzig die Wirkung, die die Anwesenheit des Königs verursacht. Die vierzig Personen, die im Vorzimmer bei schönster Laune waren, waren, sobald der König eintrat, nur noch vierzig Bildsäulen. Warum flößt die Macht mehr Furcht als Liebe ein? Kommt es daher, weil die Großen sich ihrer mehr bedienen, um sich Achtung als um sich Liebe zu verschaffen?

11. Juli 1753. Ich beschäftige mich bis 5 Uhr mit Lektüre; dann führe ich die Königin ins Theater. Man gibt «Amelie» von Voltaire. Es ist eigentümlich, daß wir, während dieser Dichter in Frankfurt a. M. verhaftet ist, und zwar von seiten des Königs, hier seine Stücke spielen sehen. Eine neue Tänzerin, die zum Erschrecken häßlich ist, tanzt in dem Lustspiel. Sie findet nicht den Beifall des Königs. Dieser ist aus Spandau gekommen, wo er sich den Platz für das nächste Lager angesehen hat. Der König nimmt das Souper in Monbijou ein, wo der Prinz von Preußen uns erzählt, daß Se. Majestät drei Dinge verboten habe, die im Lager nicht geduldet werden würden, nämlich die Hunde, die Weiber und die auswärtigen Gesandten.

11. Januar 1756. Vormittags am Hof beim König in einer schrecklichen Menschenmenge. Diese ist mir aber nicht zuwider, weil man so viele verschiedene Personen zusammensieht und von diesem und jenem Neuigkeiten hört, so daß man die Zeit als durchaus nicht verloren ansehen kann. Der König neckt den Grafen Puebla [den spanischen Gesandten] weidlich damit, daß die Kaiserin wegen des Erdbebens zu Lissabon die Karnevalsbelustigungen verboten hat. Er meint, es sei besser im Domino als unter dem Kruzifix zu sterben.

29. Januar 1756. Geburtstag der Prinzessin von Preußen. Der König gibt ein großes Diner, das ein schreckliches Ende nimmt. Fräulein v. Brand, die sich an die erste Tafel setzt, erregt den Zorn des Königs dermaßen, daß er sie beinahe fortgewiesen hätte. Nun fährt er überhaupt in ganz unglaublicher Weise über die armen Hofdamen her, indem er sagt, daß die Scheusale am Hofe blieben, während die hübschen sich nach der Reihe verheirateten, und daß man jene garstigen Weiber schon auf zehn Meilen in der Runde röche. Alles atmet erleichtert auf, als das Mahl beendet ist, und

will sich schleunigst aus dem Staube machen, wobei man ganz die Rangverhältnisse vergißt. Es ist, als hätte die Erde gebebt und jeder wäre nur auf seine eigene Rettung bedacht.

6. Juni 1756. Ich habe aufgehört, von der Zukunft noch Großes zu erwarten, und ich hoffe nichts mehr und will mich fortan bescheiden; das ist für die, welche in unserem Lande leben, der einzig richtige Standpunkt, wenn sie sich nicht zu Tode grämen wollen. Sowie man sich ein hohes Ziel steckt oder dem Vaterlande wirklich nützlich sein will, hat man nur unnötigen Ärger zu gewärtigen. Hier hängt alles vom Glück ab. Der König geruht nicht von den jungen Leuten seines Landes Notiz zu nehmen, noch ihre Talente zu prüfen; er bildet sich ein Urteil über uns nach dem Bericht von drei oder vier Menschen, zu deren Charaktereigenschaften nicht Anstand und Ehrgeiz gehören. So bleiben wir vergessen. Die Kenntnisse, die wir uns erwerben, tragen nur dazu bei, uns unsere Lage noch härter erscheinen zu lassen; das Ende ist völlige Entmutigung. Ich kann mich als Beispiel anführen. Wenn je ein Mensch dem König ergeben gewesen ist, so war ich es; ich habe ihn geliebt wie meinen Vater und würde ihm alles, was ich Teueres besitze, geopfert haben. Aber da man mich stets schroff abgewiesen und gekränkt hat, bleibt mir nur der Respekt vor ihm, während ich ihn von ganzem Herzen lieben möchte.

12. Juni 1756. Die Leute beschäftigen sich sehr viel mit Krieg.

14. Juni 1756. Wir leben in einer gefahrvollen Zeit; ganz Europa ist in Aufruhr, und man weiß noch nicht, welches unsere Freunde und welches unsere Feinde sein werden.

23. Juni 1756. Ich diniere bei Mitchell [dem englischen Gesandten], wo nur von Krieg gesprochen wird. Unsere Regimenter

marschieren nach Pommern, augenscheinlich weil wir die Russen fürchten, die sich, wie es heißt, wider des Königs Erwarten mit den Franzosen verbünden wollen. Ich zittere für mein armes Vaterland Preußen. Man behauptet, daß Frankreich in einem geheimen Artikel Österreich die Wiedererwerbung Schlesiens zusichert.

30. Juni 1756. Der Kriegslärm legt sich etwas; ich glaube eher, daß man es satt hat, davon zu reden, als daß man den Krieg wirklich nicht mehr befürchten sollte. Die Offiziere fahren fort, ihre Kriegsausrüstung zu besorgen und die Regimenter ihrer Garnisonen in Pommern zu wechseln. Kurzum, das Ganze ist ein Rätsel, das sich bald lösen muß. Viele alte Generale nehmen ihren Abschied, weshalb es in der Armee ein bedeutendes Avancement gibt.

9. Juli 1756. Die Zeitläufte sind recht sonderbar; wir rüsten uns immer auf den Krieg, ohne in Wahrheit unsere Feinde zu kennen. Nach der öffentlichen Meinung haben wir mit Ausnahme von England so ziemlich ganz Europa zum Feinde. Ich glaube aber doch, daß wir das Reich auf unserer Seite haben werden, da der Wiener Hof durch sein Bündnis mit Frankreich den Leuten doch zu sehr vor den Kopf gestoßen hat.

13. Juli 1756. Die Kriegsaussichten verursachen den Offizieren schreckliche Ausgaben, während sie nicht einen Heller besitzen. Es ist trostlos zu sehen, welche Mühe sie sich geben, jemand zu finden, der ihnen Geld vorschießt.

18. Juli 1756. Man sagt, daß die Kriegsvorbereitungen den König allein schon auf eine Million Taler zu stehen kommen, abgesehen davon, was es den einzelnen kostet. Ach, was sind meine Mitmenschen für Narren!

25. August 1756. Ich begrüße den Prinzen von Preußen, der vollständig bereit ist, mit seinem Regiment Berlin zu verlassen. Er ist aber in nichts eingeweiht, indem der König alles ganz allein erledigt, ohne jemand zu Rate zu ziehen. Selbst die Minister wissen von nichts; alles wird zwischen dem englischen Gesandten und dem König abgemacht.

26. August 1756. Der britische Kurier ist da; seine Antwort ist nicht befriedigend, und nun ist der Krieg entschieden.

27. August 1756. Wir leben wie in einer belagerten Stadt; alle Tore sind geschlossen, und niemand erhält die Erlaubnis hinauszugehen. Das geht so weit, daß man auch den Küchenwagen der Königin nicht hinauslassen will, so daß diese in Gefahr steht, hungern zu müssen. Endlich nach vielen Vorstellungen bei dem neuen Kommandanten, einem Herrn v. Rochow, daß alle Befehle der Welt gewisse Ausnahmen zulassen müßten, willigt er ein, daß Ihre Majestät zu essen erhält.

28. August 1756. Alle Regimenter rücken aus Berlin aus, und um 7 Uhr früh gibt es in der ganzen Stadt keinen Soldaten mehr. Es ist natürlich, daß der Weggang so vieler Personen, die uns lieb sind, auf die Zurückgebliebenen sehr traurig wirken muß, und ich muß gestehen, ich würde verzweifelt sein, zu den letzteren gehören zu müssen, wenn mich ein ganzer und ein halber Fuß nicht immer daran erinnern würden, daß ich zum Kriege nichts tauge.

29. August 1756. Wir warten immer auf große Ereignisse und müssen uns vorläufig mit falschen Nachrichten ohne Zahl begnügen. In einem Manifest lese ich die Gründe, die unsern König zwingen, sich Sachsens zu bemächtigen; sie stützen sich auf die Allianz, welche diese Herren im Jahre 1744 gegen uns schlossen.

Der Vater, Friedrich Wilhelm I.: Soldatenkönig und Verwaltungsgenie, gottesfürchtig, despotisch, jähzornig; porträtiert im Jahr 1729 von Hofmaler Antoine Pesne.

Die zeitlebens verehrte Mutter, Sophie Dorothea von Preußen, eine ehrgeizige Prinzessin aus dem Hause Hannover, Tochter König Georgs I. von England.

Der Kronprinz Friedrich 1714 mit seiner Lieblingsschwester Wilhelmine, der späteren Markgräfin von Bayreuth.

Am 6. November 1730 wird in Küstrin vor den Augen des Kronprinzen Hans Hermann von Katte hingerichtet; der Freund wusste um Friedrichs Fluchtpläne und wurde des Hochverrats bezichtigt (Kupferstich von 1790).

Die vom Vater gewünschte Vermählung Friedrichs mit Elisabeth
Christine von Braunschweig-Bevern am 12. Juni 1733 in Salzdahlum
(Holzstich nach Adolph Menzel).

Blick ins preußische Arkadien: Georg Wenzeslaus von Knobelsdorffs
«Ansicht von Rheinsberg» (um 1735).

Der Kronprinz
in vollem Ornat:
Gemälde von
Antoine Pesne
(1736).

Am 3. August 1740 huldigen die Berliner dem neuen König
vor dem Schloss (Holzstich nach Adolph Menzel).

Die Goldene Galerie im Neuen Flügel des Charlottenburger Schlosses,
erbaut von Georg Wenzeslaus von Knobelsdorff, verziert von den Stuckateuren
Nahl und Hoppenhaupt (Foto um 1910).

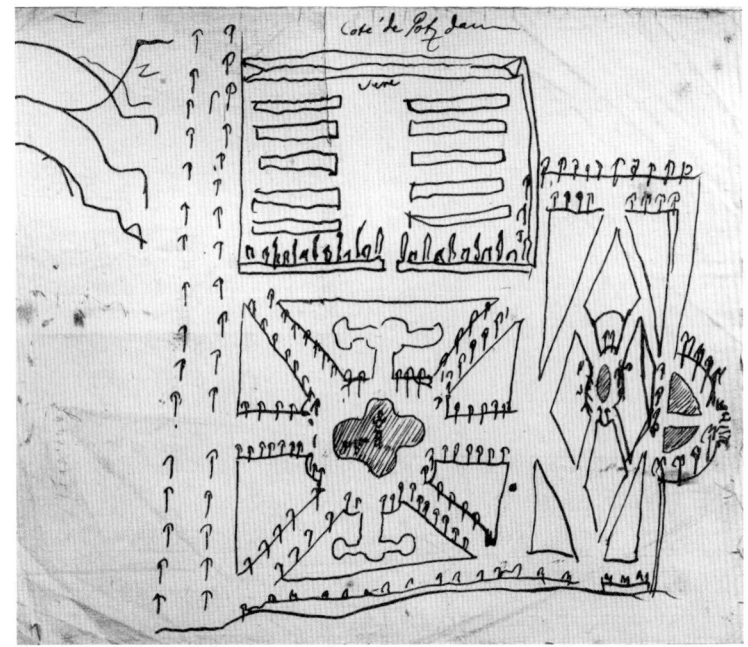

Ein eigenhändiger Entwurf des Königs für den östlichen Teil
des Parks von Sanssouci (1745).

Der Mittelteil des Schlosses Sanssouci, erbaut von Georg
Wenzeslaus von Knobelsdorff. Unter der Kuppel liegt der Marmorsaal, der
repräsentativste Raum des Weinberg-Schlosses (Foto 1992).

Er war ein Virtuose im Adagio: Adolph Menzels Gemälde «Flötenkonzert Friedrichs des Großen in Sanssouci» aus dem Jahr 1850.

Der Kopf der Aufklärung und ein schwieriger Freund des schwierigen Königs: Voltaire 1778.

Die Wider-
sacherin in
Wien, Geg-
nerin in drei
Kriegen: Maria
Theresia,
römisch-deut-
sche Kaiserin,
Königin von
Ungarn und
Böhmen.

Der General Friedrich Wilhelm von Seydlitz in der Schlacht bei Roßbach, in der die Preußen am 5. November 1757 die Franzosen und die Reichsarmee besiegten.

Ansprache Friedrichs des Großen an seine Generäle vor der Schlacht von Leuthen am 2. Dezember 1757.

Die Kosaken verfolgen den König; im August 1759 läuft Friedrich Gefahr, bei Kunersdorf gefangen genommen zu werden (Kupferstich nach Bernhard Rode, 1793).

Der Dichter Ewald von Kleist liegt am Boden: Wenig später stirbt er an den Verwundungen, die er in der Schlacht von Kunersdorf erhalten hat.

Die kalte Pracht der späten Jahre: das Neue Palais
in Potsdam, 1763 bis 1769 erbaut.

Am 25. August 1769 treffen sich Friedrich II.
und Joseph II., der Sohn Maria Theresias, in Neiße, Oberschlesien.

Wachtparade in Potsdam: Hinter dem König ist sein Neffe und Nachfolger Friedrich Wilhelm II. zu sehen.

Unter Räubern: Katharina II. von Russland, Stanislaus II. August Poniatowski von Polen, Joseph II. und Friedrich II. beugen sich über die Landkarte Polens, das 1772 zum ersten Mal geteilt wurde.

Das Gesicht der Macht: Anton Graffs Gemälde aus dem Jahr 1781 ist das beste Porträt, das zu Friedrichs Lebzeiten entstand.

Bereits in den 1740er Jahren ließ Friedrich seine Gruft auf der Terrasse von Sanssouci ausheben: Er besichtigt die Bauarbeiten gemeinsam mit dem Marquis d'Argens (Gemälde von Johann Christoph Frisch aus dem Jahr 1802).

Allegorie auf den Frieden von Teschen, der den Bayerischen Erbfolgekrieg beendigte (Radierung von 1779).

Der alte General Hans Joachim von Zieten darf vor seinem König sitzen (Radierung von Daniel Chodowiecki, 1786).

Die Totenmaske des Königs, abgenommen 1786 von Johann Eckstein.

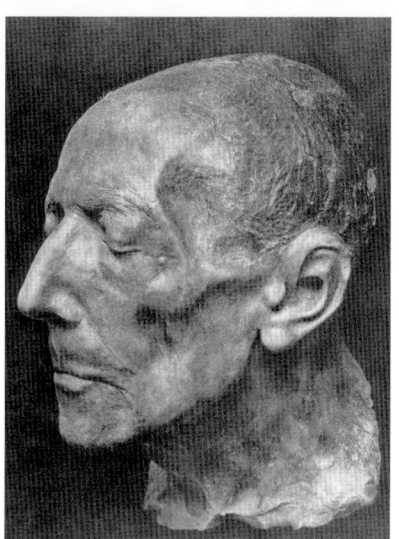

«Würde er noch leben, wären wir nicht hier» – am 25. Oktober 1806 besuchte der siegreiche Napoleon die Krypta in der Potsdamer Garnisonkirche, wo die Särge von Friedrich Wilhelm I. und Friedrich II. standen.

Heimkehr: Am 17. August 1991 wurden die Särge Friedrichs des Großen und seines Vaters in Potsdam beigesetzt. Die Bundeswehr hält Ehrenwache an Friedrichs Sarg.

Immer am Platz: Das Reiterdenkmal von Christian Daniel Rauch, Unter den Linden in Berlin.

KRIEG

1756 Im Januar wird zwischen Preußen und England die West-minster-Konvention geschlossen: Beide Staaten ver-pflichten sich, den Frieden in Deutschland zu sichern und keine fremden Truppen im Kurfürstentum Hannover zu dulden.

Am 28. August marschiert Friedrich in Sachsen ein, der Siebenjährige Krieg beginnt.

Am 1. Oktober siegen die Preußen in der Schlacht bei Lo-bositz, wenig später kapitulieren die sächsischen Truppen.

1757 Im Januar tritt Russland der Koalition zwischen Frankreich und Österreich bei; der Reichstag beschließt in Regensburg den Reichskrieg gegen Preußen.

Am 6. Mai fechten die Preußen bei Prag erfolgreich gegen die Österreicher.

Am 18. Juni unterliegen die Preußen unter hohen Verlusten bei Kolin den Österreichern.

Nach der Schlacht bei Groß Jägerndorf (30. August) in Ostpreußen ziehen sich die Russen zurück.

Am 5. November siegt Friedrich bei Roßbach über franzö-sische und Reichstruppen.

Am 5. Dezember schlägt Friedrich bei Leuthen Österrei-cher, Sachsen und Württemberger.

1758 Die Preußen besiegen die Russen bei Zorndorf (25. Au-gust).

Am 14. Oktober erleidet Preußen bei Hochkirch eine

schwere Niederlage; die österreichischen Truppen unter den Feldmarschällen Daun und Laudon triumphieren.

1759 Am 12. August besiegen Russen und Österreicher die Preußen unter Friedrich bei Kunersdorf. Dennoch: «Mirakel des Hauses Brandenburg» – die Gegner nutzen ihren Sieg nicht aus.

1760 Die preußische Armee besiegt die Österreicher im August bei Liegnitz und am 3. November bei Torgau.

1762 Am 5. Januar stirbt die Zarin Elisabeth, ihr folgt Peter III., ein Verehrer Friedrichs.

1763 Der Frieden von Hubertusburg, geschlossen am 15. Februar zwischen Preußen, Österreich und Sachsen, beendet den Siebenjährigen Krieg: Maria Theresia verzichtet auf Schlesien; die Preußen verpflichten sich zum Abzug aus Sachsen, der Vorkriegszustand wird wiederhergestellt. Friedrich kehrt aus Sachsen nach Berlin zurück.

Der Aachner Friede hatte nach einem langen Kriege allen Völkern Europens Ruhe verschafft; die Künste des Friedens blüheten wieder, und man hielt die Erneurung kriegerischer Scenen auf Jahre entfernt. Indessen waren doch die größten Beherrscher dieses Welttheils zu eben der Zeit nichts weniger als friedlich gesinnt. Nie wurde in den Cabinetten mit größerm Eifer gearbeitet, dem Dämon des Krieges neue Opfer zu bringen. Es gelang auch. Bündnisse wurden nicht sowohl auf die Grundsäulen einer weisen Staatskunst, als auf Privat-Leidenschaften errichtet. Der Wunsch, Eroberungen zu machen, war ganz der Begierde untergeordnet, Haß und Rache zu befriedigen. Zwey Fürstinnen, die damals als Selbstherrscher zahlreiche Völker regierten, glaubten von einem Monarchen beleidigt zu seyn, auf den die Augen aller Nationen gerichtet waren, der mit Lorbeeren gekrönt bereits zwey Kriege geendigt hatte, dessen hohe Geistesfähigkeiten allgemeine Bewunderung erregten, und der in seinen Regenten-Tugenden als das Muster der Könige gepriesen wurde. Ihn zu demüthigen, oder vielmehr seine politische Existenz zu vernichten, wurden daher die zweckmäßigsten Entwürfe gemacht. So entstand ein Krieg, der in Ansehung der großen Menge bewaffneter Heerschaaren von so verschiedenen Völkern und Zungen, der erstaunlichen Ungleichheit der streitenden Mächte, der Feldherren und ihrer Thaten, der angewandten verfeinerten Kriegskunst, der blutigen Schlachten und Belagerungen zu Lande und zu Wasser, nebst deren Folgen, der sonderbaren Begebenheiten so mannigfaltiger Art, und der Ausdehnung in allen Welttheilen und Meeren, zu den außerordentlichsten gehört, die je die Erde verwüstet haben.»[73]

So beginnt der vormalige preußische Hauptmann Johann Wilhelm von Archenholz seine Geschichte des Siebenjährigen Krieges, die 1793 in Berlin erschien. Er fasst die verwickelte, ränkereiche Vorgeschichte geschickt und ein wenig parteiisch zusammen. Der welthistorisch bedeutsame Gegensatz tritt aus dieser fritzischen Perspektive in den Hintergrund, der Konflikt zwischen den Kolonialmächten England und Frankreich, die um die Grenzen in Kanada, die Herrschaft zur See und ihre überseeischen Besitzungen stritten. Dass Maria Theresia, von ihrem Staatskanzler, dem politischen Fuchs Kaunitz, darin bestärkt, eine günstige Gelegenheit erhoffte, um Schlesien zurückzugewinnen, steht außer Frage. Auch die antipreußische Haltung der Zarin Elisabeth und ihres Großkanzlers Bestuschew ist gut belegt. Seine besondere Explosivität gewann das Treiben der Kabinette mit all den Gesandtschaftsberichten, Gerüchten und kleinen Verrätereien gekaufter Sekretäre, als Friedrich sich auf die Seite Englands schlug. Seit dem ersten Schlesischen Krieg band ihn ein Vertrag an Frankreich, der auf fünfzehn Jahre terminiert war, also 1756 hätte verlängert werden sollen oder doch können. Frankreich hoffte auf die Hilfe Preußens gegen England, bot die Besetzung Hannovers an, des englischen Pfahles im norddeutschen Fleisch. Noch Napoleon würde die Preußen mit Hannover locken und irreführen. Friedrich lehnte ab, dergleichen schlage man höchstens einem Straßenräuber vor.

Um Hannover zu schützen, hatte England im September 1755 einen Subsidienvertrag mit Russland abgeschlossen. Die seit Jahren wachsende Nervosität des Königs stieg damit aufs höchste, er brachte sich in London ins Gespräch. Am 16. Januar 1756 wurde zwischen Preußen und England die Konvention von Westminster geschlossen, ein Defensivbündnis zur Wahrung des Friedens im Reich und, gegebenenfalls, zur Abwehr feindlicher Truppen. England musste hoffen, dass der preußische Beistand kostengünstiger zu haben war als der russische. So blieben Gelder für die Kriegführung in Übersee, wo man im Juli 1755 einem Angriff der Franzosen erlegen war. In der «Rechtfertigung meines politischen Verhaltens» aus dem Juli 1757 schreibt Friedrich dazu: «Jedermann weiß, daß die Wirren, die Europa aufwühlen, ihren Anfang in Amerika genommen haben, daß der zwischen Engländern und Franzosen ausgebrochene Streit um den Stockfischfang und um einige unbebaute Gebiete in Kanada den Anstoß zu dem blutigen Kriege gegeben hat, der unseren Erdtheil in Trauer versetzt. Jener Krieg war von den Besitzungen der deutschen Fürsten so weit entfernt, daß sich schwer einsehen läßt, wie der Brand von einem Welttheile zu einem anderen übergreifen konnte, der scheinbar gar keine Verbindungen mit ihm hat. Dank der Staatskunst unseres Jahrhunderts gibt es aber gegenwärtig keinen Streit in der Welt, so klein er auch sei, der nicht in kurzer Frist die gesamte Christenheit zu ergreifen und zu entzweien vermöchte.»[74]

Mit der Konvention von Westminster kam die Stunde des Staatskanzlers Wenzel Anton Graf Kaunitz, der seit seiner Berufung in dieses Amt 1753 auf die Wiedergewinnung Schlesiens hingearbeitet hatte. Was die Lage hatte entschärfen sollen, sorgte für eine Dynamik zuungunsten Preußens. Nun fanden die Angebote Wiens am Versailler Hof Gehör. Die alte Feindschaft zwischen den Habsburgern und den Bourbonen wurde beendet. Am 1. Mai 1756 verband man sich im Vertrag von Versailles. Russland wiederum fand jetzt in seiner Absicht, gegen Preußen mehr Einfluss im Westen zu gewinnen, leichter die Unterstützung Österreichs und Frankreichs. Friedrich hatte also nach diesem Umsturz der Allianzen die Nachbarn gegen und nur das ferne England für sich.

Im Mai 1756 eroberte Frankreich die Insel Menorca, die Briten richteten ihren verantwortlichen General hin und erklärten Frankreich den Krieg. Es schien nur eine Frage der Zeit, wann der Krieg in Deutschland ausbrechen würde. Friedrich agierte in dieser verfahrenen Situation so hektisch wie kühn und berechnend. Nach den diplomatischen Fehlschlägen versuchte er, die Initiative militärisch wiederzugewinnen. Dank seiner gutgerüsteten Armee blieb ihm der Vorteil der Überraschung. Er war gewillt, ihn zu nutzen.

Nachdem drei Anfragen in Wien, wie die österreichischen Truppenbewegungen zu verstehen seien, von Maria Theresia kurz und nicht mit der Versicherung friedlicher Absichten beantwortet worden waren, marschierte der preußische König in Sachsen ein – das zweite seiner drei politischen Verbrechen. Das erste, der Überfall auf Schlesien, hatte noch den politischen Gepflogenheiten entsprochen; andere taten es ebenso oder doch Vergleichbares. Der Angriff auf den offiziell neutralen Nachbarn aber war ohne Beispiel. War er auch ein Fehler?

Der König von Polen habe, so Friedrich, eifrigst «an der Verschwörung der Kaiserin-Königin gegen Preußen» teilgenommen.[75] Ein Aufschub hätte den Sachsen nur Zeit für Rüstungen und Kriegsvorbereitungen gelassen. Der Angriff auf das Kurfürstentum brachte Preußen die Reichsacht ein, sie wurde am 29. Januar 1757 vom Regensburger Reichstag verhängt. Den moralischen Schaden, den Ansehensverlust des Rechtsbrechers, nahm der König in Kauf. Als alles überstanden war, schrieb er, der «Name eines Angreifers» sei ein «leeres Schreckbild» für ängstliche Gemüter: «Wäre es in einer so ernsten, so kritischen Lage nicht ein unverzeihlicher politischer Fehler gewesen, sich bei leeren Förmlichkeiten aufzuhalten?»[76]

Die Preußen rückten rasch vor, und Friedrichs Ziel, den Krieg nicht im eigenen Land zu führen, schien zunächst erreicht. Dresden wurde am 9. September genommen, die sächsischen Truppen zogen sich ins Lager nach Pirna zurück und warteten auf Entsatz. Gegen eine österreichische Armee fochten die Preußen am 1. Oktober bei Lobositz, beide Seiten behaupteten, die Schlacht gewonnen zu haben. Den Sachsen in Pirna war nicht mehr zu helfen. Achtzehntausend Mann kapitulierten, siebzehntausend zwang der Preußenkönig unter seine Fahnen. Er scherte sich dabei so wenig um «leere Förmlichkeiten» wie bei der Durchsuchung des sächsischen Kanzleiarchivs nach belastenden Dokumenten, die geeignet schienen, den Überfall im Nachhinein zu rechtfertigen.

Da Friedrich in seinem «Politischen Testament» von 1752 festgehalten hatte, wie nützlich der Erwerb Sachsens wäre, sind ihm später Annexionsabsichten unterstellt worden. Man kann sicher sein, dass er es genommen hätte, wenn es gegangen wäre. Ob dies im August 1756 sein erstes Ziel war, kann dahingestellt bleiben. Jedenfalls behandelte er Sachsen fortan wie ein okkupiertes Territorium. Er ließ nicht nur die sächsischen Soldaten für Preußen kämpfen, sondern begann die systematische Ausplünderung des hochentwickelten, kultivierten Landes. Es musste fortan für seinen Krieg wirtschaften. Mehr als achtunddreißig Prozent der Kosten des Siebenjährigen Krieges würde Friedrich auf diese Weise bestreiten. Er hätte ihn also ohne die Auspressung Sachsens vermutlich kaum überstanden. Insofern war der Angriff ein Verbrechen, aber politisch, kriegsökonomisch doch kein Fehler.

Es kann und soll hier nicht jeder der folgenden Feldzüge detailliert geschildert werden. Zunächst erfüllten sich die Albträume des preußischen Königs. Russland trat dem Vertrag von Versailles bei, der am 1. Mai 1757 überdies zu einem Offensivbündnis führte. Frankreich verpflichtete sich, Subsidien an Österreich zu zahlen und eine eigene, mehr als einhunderttausend Mann starke Armee zu mobilisieren. Das Reich stellte Truppen auf, und auch

Schweden zog als Garant des Westfälischen Friedens gegen den Reichsfeind. Im Felde sah es vorerst günstiger für den preußischen Monarchen aus. Anfang Mai siegte er, unter enormen Verlusten auf beiden Seiten, vor den Mauern der eingeschlossenen Stadt Prag über die Österreicher. Aber Prag hielt stand, ergab sich selbst nach tagelangem Bombardement nicht. Südöstlich, bei Kolin, unterlagen die Preußen Mitte Juni einer überlegenen österreichischen Armee unter dem Generalfeldmarschall von Daun.

Von allen Seiten rückten gegnerische Kräfte an: Franzosen von Westen, Russen im Osten. Am 5. November aber gelang Friedrich einer seiner glänzendsten Siege: Bei Roßbach schlug er eine beinahe doppelt so starke Streitmacht der Franzosen und des Reiches. Die geschlagenen Soldaten flohen so panisch, dass die Reichsarmee fortan «Reißausarmee» hieß. Der Triumph steigerte die Popularität des Königs nicht allein im Reich, wo noch schlimme Erinnerungen an französische Truppen lebendig waren. Selbst in Paris, sagte man, hätte die Hälfte der Damen ein Bild Friedrichs neben ihrem Bett stehen. Tabakdosen mit dem Bild des Königs wurden ein beliebtes Geschenk. Einen Monat später, als der Jahreszeit wegen niemand mehr recht mit einer Schlacht rechnen wollte, erlitten die Österreicher eine Niederlage bei Leuthen, die militärisch nicht entscheidend war, es Friedrich aber erlaubte, in Breslau Winterquartier zu nehmen.

Im Feldzug des Jahres 1758 musste Friedrich bereits alle Kräfte mobilisieren, das Land bis an die Grenzen seiner Leistungsfähigkeit beanspruchen, um noch offensiv handeln zu können. Im Mai war sein Kriegsschatz, der über dreizehn Millionen Taler betragen hatte, erschöpft. Zu seinem Glück verpflichteten sich die Engländer, jährlich sechshundertsiebzigtausend Pfund Subsidien zu zahlen, hinzu kamen die sächsischen Kontributionen.

Die Truppen waren dezimiert, Fahnenflucht die Regel. Etwa achtzigtausend Soldaten desertierten im Verlauf des Siebenjährigen Krieges aus der preußischen Armee. Selbst wenn man die gepressten Sachsen berücksichtigt, reicht die Zahl für eine europäische Spitzenposition. Es scheint, als hätten Friedrichs Soldaten unter größerem Druck gestanden, wären stärkeren Strapazen ausgesetzt gewesen als andere.

Bei Zorndorf, nicht weit von Küstrin, in bedrohlicher Nähe zur Hauptstadt, kämpften die Preußen im August 1758 gegen tapfere, entschlossene russische Soldaten. Zwei Tage dauerte das Ringen, ohne dass eine klare Entscheidung herbeigeführt werden konnte. Aber wieder zwangen Nachschubprobleme die russische Armee zum vorläufigen Rückzug. Die Organisation der Versorgung und die Sicherung der Transportwege für den Nachschub waren oft wichtiger als verlustreiche Schlachten. Friedrich, der wusste, dass Preußen nur zu kurzen und raschen Feldzügen in der Lage war, hatte anfangs Entscheidungsschlachten gesucht, so bei Prag, bei Kolin und bei Leuthen, hatte gegen die Militärdoktrin des Jahrhunderts, die auf die Ermattung des Gegners durch langwieriges Manövrieren setzte, ein hohes Risiko auf sich genommen, vorsichtige Ratgeber nicht beachtet. Sein Gegenspieler, der Feldmarschall Daun, der in Österreich sehr populär war, wich ihm lange aus, bis er bei Hochkirch, am 14. Oktober 1758, überraschend das preußische Lager angriff. Der König verlor etwa zehntausend Mann, aber dem bedächtigen Daun fehlte wie meist die nötige Entschlossenheit, dem besiegten Gegner energisch nachzusetzen. Die Preußen zogen sich in die Winterquartiere zurück, und niemand vermochte ein Ende abzusehen. Den Reiterregimentern fehlten Soldaten und Pferde, Friedrich konnte nur noch einhundertzehntausend Mann aufbieten, wenigstens zweiundzwanzigtausend hätte er zusätzlich gebraucht.[77]

So wurde 1759 ein Unglücksjahr, gipfelnd in der Niederlage bei Kunersdorf. Der König hatte mehrfach mit dem Gedanken gespielt, sein Leben lieber zu beenden als einen unehrenhaften

Frieden, Gefangenschaft oder Schlimmeres zu erdulden. Nun schien der Augenblick gekommen. Wie hätten Zeitgenossen, wie hätte die Nachwelt über Friedrich den Großen geurteilt, wenn der König am 12. August 1759 in der Schlacht gefallen wäre? Er soll, sagt man, den Tod gesucht haben, als er sah, dass die eigenen Truppen heillos die Flucht ergriffen, den andrängenden Männern der österreichisch-russischen Koalitionsarmee nichts mehr entgegenzusetzen hatten. Friedrich blieb weitgehend unversehrt, als man ihm das erste Pferd unter dem Leib wegschoss. Als sein zweites Pferd in die Brust getroffen wurde und zu stürzen drohte, half ihm ein Flügeladjutant vom stürzenden Ross und gab ihm seines. Eine Flintenkugel, die ihm gefährlich nahe kam, wurde von einem goldenen Etui aufgefangen. Und gegen feindliche Reiter war Rittmeister von Prittwitz nebst einigen Husaren noch gerade rechtzeitig zur Stelle. Sie rissen den König aus dem Schlachtgetümmel und brachten ihn in Sicherheit.

Aber was änderte das glückliche Davongekommensein an der verheerenden Gesamtbilanz? Nach der Schlacht, die eine der blutigsten des dritten um Schlesien geführten Krieges war, schrieb der König so gefasst wie verzweifelt an den Etatminister Finck von Finckenstein: «Von einem Heer von 48 000 Mann habe ich nicht mehr als 3000. In dem Augenblick, da ich dies schreibe, flieht alles, und ich bin nicht mehr Herr meiner Leute. Man wird in Berlin wohl daran tun, an seine Sicherheit zu denken. Es ist ein grausamer Schlag, ich werde ihn nicht überleben, die Folgen der Affaire werden schlimmer sein, als die Affäre selbst. Ich habe keine Hilfsmittel mehr, und, um nicht zu lügen, ich glaube alles verloren. Ich werde den Untergang meines Vaterlandes nicht überleben. Adieu für immer!»[78] Völlig erschöpft übertrug Friedrich den Oberbefehl an General Finck und ernannte seinen Bruder Heinrich zum Generalissimus. Das Heer sollte dem jungen Friedrich Wilhelm, dem Thronfolger, schwören.

Friedrichs Tod hätte Österreicher und Russen, die gesamte gegen ihn Krieg führende Koalition gewiss angespornt, die Kräfte zu verdoppeln und den entscheidenden Schlag zu wagen, auf Berlin und Potsdam zu marschieren, das Kur-Brandenburgische Haus ein für alle Mal in die Schranken zu weisen. Heinrich war ein äußerst fähiger Feldherr, einer der besten seiner Zeit. Ihm wären Fehler der Übereilung, wie sie Friedrich bei Kunersdorf begangen hatte, wohl nicht unterlaufen. Er verstand sich auf die Kunst der Diplomatie. Aber wäre er imstande gewesen, die Truppen noch einmal zu begeistern, ihr Ehrgefühl und ihren Patriotismus in der Weise zu mobilisieren, in der es seinem Bruder bei Leuthen gelungen war? Waren Ruf und Ruhm Friedrichs nicht längst eine unersetzliche Waffe geworden? Wie hätten Staat und Heer, die seit drei Jahren, seit dem rechtswidrigen Einfall in Sachsen, im Krieg gegen eine übermächtige Koalition kämpften, sich ohne Friedrich behauptet?

Vielleicht besser, als man zunächst annehmen möchte, vielleicht schlechter. Aber da alles auf Messers Schneide stand, wäre der Tod des Königs sicher stark ins Gewicht gefallen. Unwahrscheinlich, dass Preußen im Besitz Schlesiens geblieben wäre. Über Friedrich hätte man dann geurteilt wie über einen jener Glücksritter, von denen es im 18. Jahrhundert so viele gab. Als Inbegriff eines «Abenteurerkönigs» galt den Zeitgenossen Karl XII. von Schweden, der zunächst gegen Feinde auf allen Seiten geschickt agierte, dann aber, maßlos geworden, immer neue Kriege planend, alles verloren hatte. Friedrich war früh schon fasziniert von Karl XII., kannte selbstverständlich Voltaires Biographie des Schwedenkönigs und dachte auch 1759 an das Irrlicht aus dem Norden.

Nach wenigen Tagen hatte Friedrich seine Niedergeschlagenheit überwunden, sich wieder gefasst. Kein Gedanke mehr an Gift. Er versicherte Heinrich, dass er, solange er lebe, für den Staat einstehen werde, «wie es meine Pflicht ist»[79]. Die Russen taten nicht das Erwartete, rückten nicht weiter ins Brandenburgische vor – und schon am 1. September konnte Friedrich seinem Bruder «das Mirakel des Hauses Brandenburg»[80] verkünden. Er traf die nötigen Maßregeln und gewann, von dem Zaudern und der Uneinigkeit seiner Gegner begünstigt, eine Verschnaufpause. In dieser verfasste er ab Oktober 1759 «Betrachtungen über die militärischen Talente und den Charakter Karls XII.» – eine Schrift der Selbstverständigung, aber mehr noch die Mitteilung, dass er diesem nicht nachfolgen wolle, dass er, Friedrich II. von Preußen, von anderer Art sei und gewillt, mit Bedacht zu handeln: «Fasst man die verschiedenen Charakterzüge dieses eigenartigen Königs zusammen, so findet man, daß er mehr tapfer als geschickt, mehr tätig als klug, mehr seinen Leidenschaften unterworfen als seinem wahren Vorteil zugetan war. (…) Welchen Glanz auch die Taten unseres berühmten Helden verbreiten, man darf ihn doch nur mit Vorsicht nachahmen. Je mehr er blendet, desto geeigneter ist er, die leichtfertige, brausende Jugend irrezuführen. Ihr kann man nicht genug einschärfen, daß Tapferkeit ohne Klugheit nichts ist und daß ein berechnender Kopf auf die Dauer über tollkühne Verwegenheit siegt. (…) Aber, wird man sagen, mit welchem Rechte wirfst du dich zum Richter der berühmtesten Krieger auf? Hast du, großer Kritiker, denn selbst die Lehren befolgt, die du so freigebig erteilst? Ach nein! Ich kann hierauf nur das eine antworten: Fremde Fehler fallen uns in die Augen, aber die eigenen übersehen wir.»[81]

Die dramatischen Szenen während und nach der Schlacht von Kunersdorf sind oft erzählt worden. Sie verraten viel über die Eigenarten Friedrichs II., seine Unerschrockenheit und seine Ausdauer, seinen Mut und sein Pflichtgefühl, seine Neigung zu übereilten Entschlüssen und seine verhängnisvolle Bereitschaft, alles auf eine Karte zu setzen. Die treffende Prägung vom «Mirakel des Hauses Brandenburg» spricht leichthin aus, wie viel der unerwarteten Gunst der Stunde, dem Zufall, zu verdanken war. Als der Siebenjährige Krieg zu Ende ging und Preußen sich gegen Österreicher, Sachsen, Russen, Schweden, Franzosen und damit gegen alle Wahrscheinlichkeit behauptet hatte, schien das Wunder um vieles größer. Friedrich glaubte, es sei vor allem die Eselei seiner Feinde gewesen.

Historiker haben das «Mirakel» (und die Eseleien) en détail untersucht, Gründe für den nicht nur 1759 unwahrscheinlich erscheinenden Erfolg Friedrichs benannt. Die Besonderheiten der preußischen Heeresorganisation, geographische Vorteile, unberechenbare Glücksumstände und Schwächen der Gegner, die einander argwöhnisch beäugten und schlecht kooperierten, gehören dazu. Unbedingt aber wird man zu den für Preußen günstigen Faktoren die Person des Königs selber zählen müssen. Dabei steht seine bewundernswerte Zähigkeit an erster Stelle, verbunden mit Starrsinn. Er war auch im Felde Alleinherrscher, der auf den Rat anderer wenig hörte und Fehler selten vergab. Sein Bruder August Wilhelm, immerhin Thronfolger, Prinz von Preußen, bekam den Zorn zu spüren, nachdem er falsche Entscheidungen getroffen und unglücklich manövriert hatte. Die straffe Führung durch den einen, der sich vor niemandem rechtfertigen, auf keinen Rücksicht nehmen musste, war ein Vorteil gegenüber den Gegnern, deren Befehlshaber nie unumschränkt schalten und walten konnten, immer Rücksichten nehmen mussten. Hinzu kam, dass Friedrich, obwohl er die Schrecken der Schlachtfelder genau sah und Verluste betrauerte, eine bemerkenswerte Unempfindlichkeit an den Tag legen konnte. Sein Bruder Heinrich führte umsichtiger, war auf Schonung der Soldaten bedacht.

1760 bombardierten die Preußen Dresden, Friedrich schlug sich tapfer bei Torgau, aber er hatte die strategische Initiative längst verloren, musste sich auf die Verteidigung und das Durchhalten beschränken: Abwehrkampf auf der inneren Linie. Er war außerstande, den Konflikt militärisch zu entscheiden. Seine Lage wurde beinahe aussichtslos, als 1761 die englischen Subsidien ausblieben. Das Parlament bewilligte sie nicht länger. Die Kontributionen der besetzten Länder sowie Münzverschlechterungen ermöglichten es Friedrich, einen weiteren Feldzug zu finanzieren, aber es schien nur eine Frage der Zeit, wann Preußen im Krieg an mehreren Fronten, längst selber Schauplatz der Kampfhandlungen und ökonomisch ausgebrannt, zusammenbrechen würde.

Eine Nachricht aus Moskau versprach Erleichterung wenigstens im Osten: Zarin Elisabeth starb am 5. Januar 1762, und ein Bewunderer Friedrichs, Peter III., folgte ihr auf den Thron. Im Mai schlossen Preußen und Russland einen Separatfrieden, der Bestand hatte, als Peter III. einer Hofintrige zum Opfer fiel und ermordet wurde. Die neue, in Stettin geborene Zarin Katharina änderte den preußenfreundlichen Kurs ihres Landes nicht. Der Krieg schleppte sich weiter, Friedrich setzte alles daran, Schlesien und Sachsen zu halten, aber nun war ein Ende in Sicht. 1763 verständigten sich Preußen, Sachsen und Österreich, der Frieden von Hubertusburg garantierte Friedrich den Status quo ante. Das war glanzlos, aber doch mehr, als noch zwei Jahre zuvor für möglich gehalten worden war. Einen triumphalen Einzug in Berlin wollte der Heimkehrer Friedrich nicht, er besuchte auf dem Rückweg aus Sachsen das Schlachtfeld bei Kunersdorf und entzog sich den Huldigungen der Hauptstädter. Dabei war sein Preußen noch gut aus dem großen Krieg herausgekommen.

Österreich musste dem bösen Geist von Berlin zum dritten Mal den Besitz Schlesiens zugestehen. Frankreich hatte mit England einen eigenen Frieden geschlossen und verlor fast das gesamte Kolonialreich, das Ludwig XIV. und Colbert zusammengerafft hatten. Seine Finanzen kamen nicht wieder in Ordnung.

Ludwig XVI., der als Kronprinz eine österreichische Prinzessin geheiratet hatte, um die ungewohnte neue Verbindung mit Wien zu bekräftigen, würde als letzten Ausweg 1789 die Generalstände einberufen müssen und ebenso wie Marie Antoinette unter der Guillotine enden. England besteuerte, auch um die Kosten der jahrelangen Kämpfe zu decken, seine Kolonien stärker und provozierte damit die amerikanische Revolution von 1776. Sachsen konnte fortan keine eigenständige Politik mehr betreiben, blieb auf die Gunst Stärkerer und Bündnisse angewiesen. Noch als Heinrich von Kleist 1807 nach Dresden kam, sah er Zerstörungen aus der Zeit des Siebenjährigen Krieges. Russland, auch das ein Ergebnis, spielte von nun an eine starke, nur um den Preis der Selbstaufgabe zu vernachlässigende Rolle in der europäischen Politik. Gemeinsam mit Preußen nahm es Polen in die Zange, das die wirtschaftliche Schwäche infolge des Krieges nicht mehr überwand.

Jeder Krieg birgt die Gefahr der Entgrenzung, des Umsturzes anscheinend unveränderlicher Verhältnisse. Der Siebenjährige Krieg hat nicht nur in Amerika und Frankreich Revolutionen den Weg bereitet, sondern auch die Ordnung in Friedrichs Preußen erschüttert. Verglichen mit den zahlreichen Erbfolgekriegen des späten 17. und frühen 18. Jahrhunderts wies er eine Reihe von Besonderheiten auf, die es nur leicht überzogen erscheinen lassen, ihn ein «Labor der Moderne»[82] zu nennen. Das globale Ausmaß der Kämpfe war im preußischen Alltag gewiss wenig zu spüren. Immerhin hat der König es registriert, und einige seiner Offiziere würden später im Amerikanischen Unabhängigkeitskrieg die neuen Kampfformen beobachten, die nötig waren, Revolutionsheere zu schlagen.

Ungewöhnlich war bereits das österreichische Kriegsziel gewesen. Friedrich übertrieb nicht, wenn er einen Kampf um Sein oder Nichtsein zu führen glaubte. Maria Theresia und Kaunitz wünschten, den Reichsfeind im Norden durch Eroberungen und demütigende Niederlagen so weit zu schwächen, dass kein Monarch in Berlin oder Potsdam künftig in der Lage wäre, die alten Mächte des Kontinents herauszufordern. Es galt, dem Parvenü die Flügel zu stutzen, Preußen in die zweite Reihe der europäischen Staaten zurückzudrängen, damit es weder dem Erzhaus noch seinen Nachbarn ein weiteres Mal gefährlich werden könne.

Friedrich begegnete dem außerordentlichen Ingrimm nicht allein durch den «Präventivschlag» gegen Sachsen, er begann auch publizistische Kampagnen, die dem preußischen Kampf den Anschein verleihen sollten, ein Kampf für die Freiheit des protestantischen Glaubens zu sein. Ihm persönlich war der Unterschied der Konfessionen ein Gegenstand des Spottes – Reformierte äßen Brot ohne Gott, Lutheraner beides vermischt, Katholiken Gott ohne Brot –, aber er erkannte die propagandistischen Möglichkeiten und nutzte sie weidlich aus. Er agierte als Journalist auf dem Thron, fingierte etwa ein Breve des Papstes an den Feldmarschall Daun. Klemens XIII. habe dem Kämpfer «wider die Ketzer» einen geweihten Hut und Degen verliehen: «Möge nach dem Vorbild des heiligen Karl des Großen Norddeutschland mit Schwert, Feuer und Blut bekehrt werden!»[83] Der König ging voran, seine Widersacher schwiegen nicht, andere ergriffen das Wort, und so erlebte die politische Publizistik während des Krieges eine Blütezeit.

Neu und folgenreich war auch die Welle der patriotischen Begeisterung. Preußische Dichter wie Karl Wilhelm Ramler, Ewald Christian von Kleist, Anna Louisa Karsch und Johann Wilhelm Ludwig Gleim priesen Friedrich, den Feldherrn und seine Siege. Der Patriotismus schien also zunächst kaum mehr als der Stolz auf die preußische Stärke, den tapferen König und die erfolgreichen Schlachten, aber im Laufe des Krieges zog er immer wieder auch Kraft aus der Ablehnung und Herabsetzung der Gegner. Solche Ausfälle bewogen Lessing, Gleim am 14. Februar 1759 nach Halberstadt den berühmten Satz zu schreiben: «Ich habe überhaupt von der Liebe des Vaterlandes (es tut mir leid, daß ich Ihnen vielleicht meine Schande gestehen muß) keinen Begriff, und sie scheinet mir aufs höchste eine heroische Schwachheit, die ich recht gern entbehre.»[84]

Aber in aller «heroischen Schwachheit» wurde mit der Vaterlandsliebe tastend eine Vorstellung von bürgerlicher Tugend und Stärke formuliert. Moses Mendelssohn erkannte neben den Übeln des Krieges den Vorteil, dass die Entfernung der Stände voneinander vermindert werde und «die Bürger einer republicanischen Gleichheit näher gebracht werden»[85]. Der Schweizer Schriftsteller, Arzt und Volksaufklärer Johann Georg Zimmermann schilderte die republikanischen Tugenden am Beispiel seines Vaterlands, bevor 1760 eine überarbeitete Ausgabe seiner Schrift «Von dem Nationalstolze» erschien, in der auch dem Untertan einer Monarchie Patriotismus zugestanden wurde. Ein Monarch vom Schlage Friedrichs sei allemal eine große, hehre Quelle des Nationalstolzes. 1761 veröffentlichte Thomas Abbt sein schwärmerisches Plädoyer «Vom Tode fürs Vaterland». Jede Seele, die nicht ganz verdorben und gemein, sei der patriotischen Erhebung fähig, könne sich – wie es die Besten der Griechen und Römer vorgemacht – fürs Vaterland aufopfern und damit ein Vorbild späterer Generationen werden. Hier wird ein Anspruch auf das Staatsbürgersein formuliert, ein Anspruch auf Überschreitung der ständischen und lokalen Grenzen: Der Untertan lässt seine Borniertheit hinter sich, ist nicht mehr nur Privatmann, sondern wird im Krieg gleichberechtigter Teil des Gesamten, einer tugendhaften Gemeinschaft.

Die Abwertung anderer Völker, deren aggressive und floskelhafte Verdammung, blieben eine Ausnahme. Entscheidende Folgen hatte die hier entworfene und beschworene Verbindung von Freiheit und Subordination, von Bürgersein und Tod. Das blieb die Angelegenheit einer kleinen Schicht, die dafür umso nachdrücklicher vom patriotischen Fieber erfasst wurde. Seine volle Wirksamkeit entfaltete es erst nach der Französischen Revolution, als der Patriotismus sich mit einer anderen Art der Kriegsführung verband, die nicht mehr mit Untertanen rechnete, die nur die Furcht vor den Offizieren im Felde hielt, sondern mit eigenständig handelnden Bürgern in Uniform. Diese neuen Soldaten würden aus Vaterlandsliebe und im Namen des Nationalstolzes ihr Leben wagen, gleichsam einer inneren Kontrollinstanz unterworfen, sodass man die Bande des Gehorsams lockern konnte und Eigeninitiative möglich wurde. Irregulär kämpfende Truppen, kleine, rasch operierende Einheiten, hatten bereits im Siebenjährigen Krieg auf beiden Seiten Schrecken verbreitet. Solange aber ein Großteil der Soldaten zum Dienst nur gepresst war und auf die Gelegenheit zur Desertion wartete, ließ sich diese neue Taktik kaum ausweiten. Außerhalb des Feldlagers und der regulären Angriffsaufstellung war Fahnenflucht kaum zu verhindern. Beide Momente, die Taktik der rasch geführten Schläge und der Nationalstolz, entwickelten sich im Schoß des Siebenjährigen Krieges. Ihre große Zeit brach nach dem Tod Friedrichs an.

Dauer und Last des Krieges schienen den Untergang der gewohnten Ordnung heraufzubeschwören. Der feinsinnige Kammerherr der Königin, Ernst A. Heinrich von Lehndorff, notierte die Sorgen in seinem Tagebuch: «Dieser Krieg», heißt es am 5. Mai 1761, «wirft eben alle bisherigen Verhältnisse über den Haufen. Handwerker und Kaufleute werden reich, während der Adel zugrunde geht. Bei den Kaufleuten herrscht jetzt ein außerordentlicher Reichtum und Luxus. Sie fahren sechsspännig, halten eine große Dienerschaft und sind aufs prächtigste eingerichtet, während wir uns immer mehr einschränken müssen. Alle schönen Häuser des Adels werden an Kaufleute verkauft. Behrens, Splittgerbers Schwiegersohn, hat eben für 35 000 Taler das Haus des Freiherrn v. Grappendorf erworben. Die Juden haben sich mit Hilfe der Münze der Reichtümer des Landes bemächtigt und haben eben auch noch die Erlaubnis erhalten, Rittergüter zu kaufen. Kurz, es droht eine allgemeine Umwälzung alles bisher Bestehenden.»[86]

Am 16. Februar 1763 resümiert Lehndorff, verwundert, kopfschüttelnd, schlimmer Ahnungen voll, die Ergebnisse des Krieges: «Somit hat alle unsere Not ein Ende. Wenn man nun aber bedenkt, welche unzähligen Opfer dieser Krieg gefordert, wieviel Provinzen verwüstet, wieviel Familien ruiniert worden sind, und das alles, um die Herrscher in dem status quo ante zu sehen, so möchte man über den Wahnwitz der Menschheit laut aufschreien. Nun ist noch die Münzfrage zu erledigen. Wenn der König nicht schleunigst Hilfe schafft, sind wir alle ruiniert. Die Preise aller Waren haben eine Höhe erreicht, daß uns ein permanenter Notstand droht. Aber man verspricht uns ja Wunder vom Erscheinen des Königs und einem Umschwung aller Verhältnisse.»[87] Die Gesellschaft war ins Rutschen geraten. Was der König aufgeboten hatte, die Ausbeutung Sachsens, die Gaunereien der Münzverschlechterung, die Anspannung aller Kräfte, stellte eine gewaltige Hypothek für die Nachkriegszeit dar.

Auch die Welt des Königs war eine andere geworden: die Mutter, der Bruder August Wilhelm und die Schwester Wilhelmine von Bayreuth, der Hofmaler Antoine Pesne waren gestorben, ebenso Jugendfreunde und vertraute Offiziere. Von den französischen Tischgenossen blieb ihm lediglich der Marquis d'Argens. Friedrich hatte sieben Jahre überstanden. Als er die Königin nach langer Abwesenheit zum ersten Mal wiedersah, bemerkte er ungalant: «Madame sind korpulenter geworden.» Mit seiner eigenen Physis war es nicht zum Besten bestellt. Die

Strapazen hatten Spuren hinterlassen, die Gicht plagte ihn, Zähne fielen aus. Er war alt geworden. Nüchtern und mit wohl zu niedrig angesetzten Zahlen berechnete er in seiner «Geschichte des Siebenjährigen Krieges» den Preis für das Durchhalten: sechzehn Feldschlachten, einhundertachtzigtausend Tote, zwanzigtausend waren in Preußen «durch die Greueltaten und Verheerungen der Russen umgekommen, in Pommern 6000, in der Neumark 4000, in der Kurmark 3000»[88]. Er setzte in charakteristischer Wendung auf die Zeit, die alle Übel heile. Sie werde «gewiß auch bald den preußischen Provinzen ihren Wohlstand, ihr Gedeihen und ihren ersten Glanz wiedergeben. Auch die andern Mächte werden sich wieder erholen. Dann werden andere Ehrgeizige neue Kriege heraufbeschwören und neues Unheil verbreiten. Denn es ist eine Eigenschaft des menschlichen Geistes, daß Beispiele keinen bessern. Die Torheiten der Väter sind für ihre Kinder verloren; jede Generation muß ihre eigenen machen.»[89]

Die resignativen Worte des aufgeklärten Monarchen zeigen, wie skeptisch er gegenüber der Aufklärung im Sinne von Vervollkommnung und Beförderung der allgemeinen Glückseligkeit geworden war. Man kann gut wirtschaften, als Diplomat geschickt, als Feldherr tapfer und umsichtig sein – der Lauf der Geschichte insgesamt entzieht sich der Plan- und Gestaltbarkeit. Über ihn entscheiden Zufall, Leidenschaften und Torheiten – ein realistisches Urteil, aber auch ein philosophisch dürftiges. Möglich ist also, folgt man Friedrich, die rationale Organisation der Schwäche. Er wird diese bis zu seinem Tode perfektionieren, ein Versuch, sich gegen den Zufall zu wappnen, der doch letztlich alles entscheidet. Der Schwung der Jugendjahre und Friedrichs überschießender Idealismus waren aufgebraucht. Es folgten dreiundzwanzig steinerne Jahre.

Graf Podewils fürchtet die Entschlossenheit des Königs

Am 21. Juli 1756 hatte der König eine Unterredung mit seinem Kabinettsminister Graf Podewils, dem er seine Absicht darlegte, allen Kriegsplänen der feindlichen Koalition durch eigene, entschlossene Schritte zuvorzukommen. Zwar klangen die Nachrichten für den Augenblick beruhigend – ein Angriff Frankreichs im Westen war vorerst nicht zu fürchten –, aber die Konstellation insgesamt blieb bedrohlich, da Österreich und Russland ein Bündnis gegen Preußen schlossen. Friedrich hatte Grund zur Sorge und entschied, den Vorteil der Überraschung für sich zu nutzen, anzugreifen, bevor die Gegner ihre Rüstungsvorbereitungen beendet hatten. Podewils unterrichtete den einflussreichen Kabinettssekretär Eichel in einem Schreiben vom 22. Juli 1756 über das Gespräch. Man vernimmt hier den Ton des Beamten, der sich von dem des Monarchen deutlich unterscheidet. Friedrich aber wollte nicht mehr warten, der Rat seines Ministers schien ihm zu ängstlich. Podewils' Vorhersagen fanden im Laufe des Krieges schreckliche Bestätigung.

Juli 1756

Es ließen Se. Königl. Majestät mich kurz nach der gestrigen Mittagstafel, nachdem Sie den englischen Gesandten gesprochen, herein in Dero retraite berufen und geruheten mir zu sagen, wie zwar Dero aus denen gedruckten Zeitungen geschöpfte appréhensions von einer französischen Armee, so in Teutschland an der Maas oder dem Rhein durch den Prinz von Conty commandiret werden sollen, durch die Depeschen des Herrn von Knyphausen [des preußischen Gesandten in Paris] nicht confirmiret würden und Sie dahero davon noch zur Zeit nichts glauben könnten, so hätten Höchstdieselbe dennoch solche authentique Nachrichten erhalten, welche Sie vollenkommen au fait von dem gegen Dieselbe geschmiedeten Concert setzten und mehr als jemalen in der Idee, das Praevenire zu spielen, bestärketen.

Nämlich, daß der wienersche Hof mit dem russischen eine Offensiv-Allianz gegen Dieselbe geschlossen und Höchstdieselbe NB künftiges Frühjahr unitis viribus attaquiren würden; ehe aber könnte weder der wienersche Hof mit seinen Praeparatorien fertig sein, noch der russische die ihm nötigen Rekruten zu Completierung der Regimenter anschaffen; der französische hätte sich durch einen sekreten Articul bei dem Defensiv-Allianztraktat vom 1. Mai anni currentis engagiret, daß derselbe, wenn Schlesien attaquiret würde, davon sich nicht meliren und Sr. Königl. Majestät keine Assistenz leisten, sich auch in einen Krieg, so Oesterreich oder Rußland mit der Pforte haben könnte, gar nicht mischen wollte; und daß endlich in Petersburg vor Engelland alles auf einmal aus und solches von dem Bestushew [der antipreußisch eingestellte Reichskanzler unter Zarin Elisabeth] rondement an Williams [den englischen Gesandten in Petersburg] declariret worden wäre.

Ich habe darauf nichts anderes zu antworten gewußt, als daß ich billig supponiren müßte, daß diese Nachrichten authentique wären und nicht in fliegenden Zeitungen, bloßen Soupçons und combinirten Conjuncturen bei der itzigen Krise bestünden.

Worauf Se. Königl. Majestät einigermaßen Feuer zu fassen schienen, als wenn ich zu incrédule wäre und nicht, was Höchstdieselbe mir mit gutem Fundament avancirten, Glauben beimessen wollte.

Ich nahm mir die Freiheit, nochmalen mit einer respectueusen franchise Sr. Königl. Majestät alle die Inconvenienzen und terriblen Suiten zu detailliren, welche daraus erwachsen könnten, wenn man diesseits im Aggressorium agiren und Frankreich und Rußland gleichsam au pied du mur poussiren wollte, ihre Garantie und Defensiv-Engagements, wenn beide auch sonst dieses Jahr es zu tun nicht Lust hätten, zu erfüllen, und in was vor einen terriblen embarras Se. Königl. Majestät zu gleicher Zeit ohne anitzo noch dringende Not gesetzet werden dürften, dreien so mächtigen Puissancen zugleich zu resistiren, anstatt das beneficium temporis, so von nun an bis künftige Operationssaison beinahe 10 Monate wäre, Ihro [Majestät] mehr Gelegenheit fourniren dürfte, inzwischen Ihre Partei inner- und außerhalb des Reichs zu verstärken; [daß] das beneficium temporis zu erwarten und vielleicht einige ouvertures zu Friedensnegociationen zwischen Frankreich und Engelland von neuem zu tentiren, auch inzwischen verschiedene Reichsstände in das hiesige und englische Interesse zu Fournirung von Truppen gegen Subsidien zu ziehen und unsere Partei unter denen Evangelischen in- und außerhalb des Reiches zu vergrößern, auch von allerhand Incidentpunkten und évènements zur Verbesserung unser itzigen mißlichen Situation zu profitiren sei, übrigens aber inzwischen in Preußen, Schlesien und sonsten ein formidables Corps Truppen parat gehalten würde, umb unseren Feinden zu zeigen, daß man bereit wäre, sie wohl zu empfangen und ihnen selbst zu begegnen.

Allein alles dieses wurde gänzlich verworfen, vor einen Effect von gar zu großer timidité gehalten und zuletzt ziemlich sèchement mit denen Worten congediiret: «Adieu, Monsieur de la timide politique!»

Ich habe inzwischen die consolation, daß ich zu zweien wiederholten Malen alles gesaget, was ein treuer und redlicher Diener zu thun schuldig, und zuletzt noch zuzufügen mir die Freiheit genommen:

Die ersten Fortschritte und Erfolge würden ohne Zweifel brillant sein, aber bei der großen Macht der Feinde und zu einer Zeit, da der König isoliret und aller fremden Hilfe beraubt sei, welches ihm noch nie passiret wäre, zum mindesten insofern nicht, als in den beiden vorhergehenden Kriegen wenigstens diversions zu seinen Gunsten gemacht worden seien, würde vielleicht ein Tag kommen, wo er dessen gedenken werde, was ich ihm mit respektueuser Freiheit zum letzten Male vorstellte.

Ulrich Bräker zieht in den Krieg und desertiert

Mit in den Krieg zog damals der gegen seinen Willen rekrutierte Schweizer Ulrich Bräker (1735–1798). Er hat darüber in seinem berühmten Buch «Lebensgeschichte und Natürliche Ebentheuer des Armen Mannes im Tockenburg» berichtet. Er war Soldat, bis ihm in den Wirren der Schlacht von Lobositz die Flucht gelang. Seine Schilderungen geben einen Einblick in den Soldatenalltag. Es gibt einige Berichte über fritzisch gesinnte Schweizer. Bräker gehörte nicht zu ihnen.

So bin ich denn wirklich Soldat?

Des Nachmittags brachte mir der Feldweibel mein Commisbrodt, nebst Unter- und Uebergewehr, u. s. f. und fragte: Ob ich mich nun eines Bessern bedacht? «Warum nicht»? antwortete Zittemann für mich: «Er ist der beßte Bursch' von der Welt». Itzt führte man mich in die Montirungskammer, und paßte mir Hosen, Schuh' und Stiefeletten an; gab mir einen Hut, Halsbinde, Strümpfe u. s. f. Dann mußt' ich mit noch etwa zwanzig andern Recrutten zum Herrn Oberst Latorf. Man führte uns in ein Gemach, so groß wie eine Kirche, brachte etliche zerlöcherte Fahnen herbey, und befahl jedem einen Zipfel anzufassen. Ein Adjutant, oder wer er war, las' und einen ganzen Sack voll Kriegsartikel her, und sprach uns einige Worte vor, welche die mehrern nachmurmelten; Ich regte mein Maul nicht – dachte dafür was ich gern wollte – ich glaube an Aennchen; schwung dann die Fahne über unsre Köpfe, und entließ uns. Hierauf gieng ich in eine Garküche, und ließ mir ein Mittagessen, nebst einem Krug Bier, geben. Dafür mußt' ich 2. Groschen zahlen. Nun blieben mir von jenen sechsen noch viere übrig; mit diesen sollt' ich auf vier Tage wirthschaften – und sie reichten doch blos für zweene hin. Bey dieser Ueberrechnung fieng ich gegen meine Kameraden schrecklich zu lamentiren an. Allein Cran, einer derselben, sagte mir mit Lachen: «Es wird dich schon lehren. Itzt thut es nichts; hast ja noch allerley zu verkaufen! Per Exempel deine ganze Dienermontur. Dann bist du gar itzt doppelt armirt; das läßt sich alles versilbern. Dann kriegen solch junge Bursche oft noch eine Tracktaments-Zulage, und kannst dich deswegen nur beym Obrist melden». «Oh oh! Da geh' ich mein Tage nicht mehr hin», sagt' ich. «Potz Velten»! antwortete Cran: «Du mußt 'mal des Donnerns gewohnt werden, sey's itzt ein wenig früher oder späther. Und dann des Menage wegen, nur fein aufmerksam zugesehn, wie's die andern machen. Da heben's drey, vier bis fünf mit einander an; kaufen Dinkel, Erbsen, Erdbirrn u. d. gl. und kochen selbst. Des Morgens um e'n Dreyer Fusel und e'n Stück Commisbrodt: Mittags hohlen sie in der Garküche um e'n andern Dreyer Suppe, und nehmen wieder e'n Stück Commis: Des Abends um zwey Pfenning Kovent oder Dünnbier, und abermals Commis.» «Aber, das ist beym Strehl ein verdammtes Leben», versetzt ich; und Er: Ja! So kommt man aus, und anderst nicht. Ein Soldat muß das lernen; denn es braucht noch viel andre Waar: Kreide, Puder, Schuhwar, Oehl, Schmiergel, Seife, und was der hundert Siebensachen mehr sind. – Ich. Und das muß einer alles aus den 6. Groschen bezahlen? Er. Ja! und noch viel mehr; wie z. B. den Lohn für die Wasche, für das Gewehrputzen u. s. f. wenn er solche Dinge nicht selber kann. – Damit giengen wir in unser Quartier; und ich machte alles zurecht, so gut ich konnte und mochte.

Die erste Woche indessen hatt' ich noch Vacanz; gieng in der Stadt herum auf alle Exercierplätze; sah, wie die Offiziere ihre Soldaten musterten und prügelten, daß mir schon zum voraus der Angstschweiß von der Stirne troff. Ich bat daher Zittemann, mir bey Haus die Handgriffe zu zeigen. «Die wirst du wohl lernen»! sagte er: «Aber auf die Geschwindigkeit kömmt's an.» «Da geht's dir wie e'n Blitz»! Indessen war er so gut, mir wirklich alles zu weisen; wie ich das Gewehr rein halten, die Montur anpressen, mich auf Soldatenmanier frisieren sollte, u.s.f. Nach Crans Rath verkaufte ich meine Stiefel und kaufte dafür ein hölzernes Kästgen für meine Wäsche. Im Quartier übte ich mich stets im Exercieren, las' im Hallischen Gesangbuch, oder betete. Dann spatziert' ich etwa an die Spree, und sah' da hundert Soldatenhände sich mit Aus- und Einladen der Kaufmannswaaren beschäftigen: Oder auf die Zimmerplätze; da steckte wieder alles voll arbeitender Kriegs- männer. Ein andermal in die Casernen u.s.f. Da fand' ich überall auch dergleichen, die hunderterley Handthierungen trieben – von Kunstwerken an bis zum Spinnrocken. Kam ich auf die Haupt- wache, so gab's da deren die spielten, soffen und haselierten; andre welche ruhig ihr Pfeigen schmauchten und discurirten; etwa auch einer der in einem erbaulichen Buch las', und's den andern er- klärte. In den Garküchen und Bierbrauereyen gieng's eben so her. Kurz in Berlin hat's unter dem Militair – wie, denk' ich freylich, in grossen Staaten überall – Leuthe aus allen vier Welttheilen, von allen Nationen und Religionen, von allen Characktern, und von jedem Berufe, womit einer noch nebenzu sein Stücklein Brodt gewinnen kann. Das dachte auch ich zu verdienen – wenn ich nur erst recht exerciren könnte – Etwa an der Spree? – Doch nein! da lermt's gar zu stark – Aber z.E. auf einem Zimmerplatz, da ich mich so ziemlich auf die Art verstuhnd. So war ich wieder fix und fertig, neue Plane zu machen, ungeachtet ich mit meinem erstern so schändlich gescheitert hatte. Giebt's doch hier (damit schläferte ich mich immer ein) selbst unter den gemeinen Soldaten ganze Leuthe, die ihre hübschen Kapitalien haben, Wirthschaft, Kaufmannschaft treiben, u.s.f. Aber dann erwog ich nicht, daß man vor Zeiten ganz andere Handgelder gekriegt als heut zu Tag; daß dergleichen Bursche bisweilen ein Namhaftes mochten erheurathet haben, u.d.gl. Besonders aber, daß sie ganz gewiß mit dem Schilling gut hausgehalten, und nur darum den Gulden gewinnen konnten – Ich hingegen weder mit dem Schilling noch mit dem Gulden umzugehen wisse. – Und endlich, wenn alles fehlen sollte, fand' ich auch da noch einen elenden Trost in dem Gedanken: Geht's einmal zu Felde, so schont das Bley jenen Glückskindern so wenig, als dir armen Hudler! – Also – bist du so gut wie sie.

Nun geht der Tanz an.
Die zweyte Woche mußt' ich mich schon alle Tage auf dem Paradeplatz stellen, wo ich unvermuthet drey meiner Landleuthe, Schärer, Bachmann und Gästli fand, die sich zumal alle mit mir unter gleichem Regimente (Itzenblitz) die beyden erstern vollends unter der nämlichen Compagnie (Lüderitz) befanden. Da sollt' ich vor allen Dingen, unter einem mürrischen Korporal mit einer schiefen Nase (Mengke mit Namen) marschieren lernen. Den Kerl nun mocht' ich vor den Tod nicht vertragen; wenn er mich gar auf die Füsse klopfte, schoß mir das Blut in den Gipfel. Unter seinen Händen hätt' ich mein Tage nichts begreifen können. Dieß bemerkte einst Hevel, der mit seinen Leuthen auf dem gleichen Platze manövrirte, tauschte mich gegen einen andern aus, und nahm mich unter sein Plouton. Das war mir eine Herzensfreude. Itz capiert' ich in einer Stund' mehr als sonst in zehn Tagen. (…)

Nebst anderm meine Beschreibung von Berlin
Berlin ist der größte Ort in der Welt, den ich gesehen; und doch bin ich bey weitem nie ganz darinn herumgekommen. Wir drey

Schweitzer machten zwar oft den Anschlag zu einer solchen Reise; aber bald gebrach's uns an Zeit, bald an Geld, oder wir waren von Strapazzen so marode, das wir uns lieber der Länge nach hinlegten.

Die Stadt Berlin – doch viele sagen, sie bestehe aus sieben Städten – Aber unser einem hat man nur drey genennt: Berlin, Neustadt und Friedrichsstadt. Alle drey sind in der Bauart verschieden. In Berlin – oder Cöl, sagt man auch – sind die Häuser hoch, wie in den Reichsstädten, aber die Gassen nicht so breit, wie in Neu- und Friedrichsstadt, wo hingegen die Häuser niedriger aber egaler gebauen sind; denn da sehen auch die kleinsten derselben, oft von sehr armen Leuthen bewohnt, doch wenigstens sauber und nett aus. An vielen Orten giebt es ungeheuer grosse läre Plätze, die theils zum Exerciren und zur Parade, theils zu gar nichts gebraucht werden; ferners Aecker, Gärten, Alleen, alles in die Stadt eingeschlossen. – Vorzüglich oft giengen wir auf die lange Brücke, auf deren Mitte ein alter Markgraf von Brandenburg, zu Pferd in Lebensgrösse, von Erzt gegossen steht, und etliche Enackssöhne mit krausen Haaren zu seinen Füssen gefesselt sitzen – dann der Spree nach, aufs Weidendamm, wo's gar lustig ist – dann ins Lazareth, zu G *. und B *. – um dort das traurigste Specktakel unter der Sonne zu sehn, wo einem, der nicht gar ein Unsinniger ist, die Lust zu Ausschweifungen bald vergehen muß: In diesen Gemächern, so geräumig wie Kirchen, wo Beth an Beht gereihet steht, in deren jedem ein elender Menschensohn auf seine eigene Art den Tod, und nur wenige ihre Genesung erwarten: Hier ein Dutzend, die unter den Händen der Feldscheerer ein erbärmliches Zettergeschrey erheben; dort andre, die sich unter ihren Decken krümmen, wie ein halb zertretener Wurm; viele mit an- und weggefaulten Gliedern, u. s. f. Meist mochten wir's da nur wenige Minuten aushalten, und giengen dann wieder an Gottes Luft, setzten uns auf einen Rasenplatz; und da führte unsre Ein-

bildungskraft uns fast immer, unwillkührlich, in unser Schweit-
zerland zurück, und erzählten wir einander unsre Lebensart bey
Hause; wie wohl's uns war, wie frey wir gewesen, was es hingegen
hier vor ein verwünschtes Leben sey, u. d. gl. Dann machten wir
Plane zu unsrer Entledigung. Bald hatten wir Hofnung, daß uns
heut oder morgens einer derselben gelingen möchte; bald hingegen sahen wir vor jedem einen unübersteiglichen Berg; und
noch am meisten schreckte uns die Vorstellung der Folgen eines
allenfalls fehlschlagenden Versuches. Bald alle Wochen hörten wir
nämlich neue ängstigende Geschichten von eingebrachten Deserteurs, die, wenn sie noch so viele List gebraucht, sich in Schiffer
und andre Handwerksleuthe, oder gar in Weibsbilder verkleidt, in
Tonen und Fässer versteckt, u. d. gl. dennoch ertappt wurden. Da
mußten wir zusehen, wie man sie durch 200. Mann, achtmal die
lange Gasse auf und ab Spißruthen laufen ließ, bis sie athemlos
hinsanken – und des folgenden Tags aufs neue dran mußten; die
Kleider ihnen vom zerhackten Rücken heruntergerissen, und wieder frisch drauf losgehauen wurde, bis Fetzen geronnenen Bluts
ihnen über die Hosen hinabhingen. Dann sahen Schärer und ich
einander zitternd und todtblaß an, und flüsterten einander in
die Ohren: «Die verdammten Barbaren»! Was hiernächst auch
auf dem Exerzierplatz vorgieng, gab uns zu ähnlichen Betrachtungen Anlaß. Auch da war des Fluchens und Karbatschens von
prügelsüchtigen Jünkerlins, und hinwieder des Lamentierens der
Geprügelten kein Ende. Wir selber zwar waren immer von den
ersten auf der Stelle, und tummelten uns wacker. Aber es that uns
nicht minder in der Seele weh, andre um jeder Kleinigkeit willen
so unbarmherzig behandelt, und uns selber so, Jahr ein Jahr aus,
coujoniert zu sehn; oft ganzer fünf Stunden lang in unsrer Montur eingeschnürt wie geschraubt stehn, in die Kreutz und Querre
pfahlgerad marschieren, und ununterbrochen blitzschnelle Handgriffe machen zu müssen; und das alles auf Geheiß eines Offiziers,

der mit einem furiosen Gesicht und aufgehobnem Stock vor uns stuhnd, und alle Augenblick wie unter Kabisköpfe drein zu hauen drohete. Bey einem solchen Traktament mußte auch der starknervigste Kerl halb lahm, und der geduldigste rasend werden. Und kamen wir dann todmüde ins Quartier, so giengs schon wieder über Hals und Kopf, unsre Wäsche zurecht zu machen, und jedes Fleckgen auszumustern; denn bis auf den blauen Rock war unsre ganze Uniform weiß. Gewehr, Patrontasche, Kuppel, jeder Knopf an der Montur, alles mußte spiegelblank geputzt seyn. Zeigte sich an einem dieser Stücke die geringste Unthat, oder stand ein Haar in der Frisur nicht recht, so war, wenn er auf den Platz kam, die erste Begrüßung eine derbe Tracht Prügel. (…)

Nun geht's bald weiters.
Indessen murmelte es immer stärker vom Kriege. In Berlin kamen von Zeit zu Zeit neue Regimenter an; wir Rekrutten wurden auch unter eins gesteckt. Da gieng's nun alle Tag vor die Thore zum Manövriren; links und rechts avanziren, attaquiren, retriren, ploutons und divisionsweise schargiren, und was der Gott Mars sonst alles lehrte. Endlich gedieh es zur Generalrevüe; und da gieng's zu und her, daß dieß ganze Büchelgen nicht klecken würde, das Ding zu beschreiben; und wenn ich's wollte, so könnt ich's nicht. Erstlich wegen der schweren Menge aller Arten Kriegsgrümpel, die ich hier grossentheils zum erstenmal sah. Zweytens hatt' ich immer Kopf und Ohren so voll von dem entsetzlichen Lerm der knallenden Büchsen, der Trommeln und Feldmusick, des Rufens der Commandeurs u.s.f. daß ich oft hätte bersten mögen. Drittens war mir das Exercitz seit einiger Zeit so widerlich geworden, daß ich nur nicht mehr bemerken mochte, was all die Corps zu Fuß und zu Pferde für Millionszeug machten. Freylich kam mich hernach manchmal grosser Reuen an, daß ich diese Dinge nicht besser in Obacht genommen: Denn allen meinen

Freunden, und allen Leuthen hier zu Lande wünscht' ich, daß sie solches nur einen Tag sehen möchten; es würde ihnen zu hundert und aber hundert vernünftigen Betrachtungen Anlaß geben. Also nur dieß Wenige. Da waren unübersehbare Felder mit Kriegsleuthen bedeckt; viele tausend Zuschauer an allen Ecken und Enden. Hier stehen zwey grosse Armeen in künstlicher Schlachtordnung; schon brüllt von den Flanken das grobe Geschütz auf einander los. Sie avanziren, kommen zum Feuer, und machen ein so entsetzliches Donnern, daß man seinen nächsten Nachbar nicht hören und vor Rauch nicht mehr sehen kann: Dort versuchen etliche Bataillons ein Heckenfeuer; hier fallen's einander in die Flanke, da blokiren sie Batterien, dort formiren sie ein doppeltes Kreutz. Hier marschieren sie über eine Schiffbrücke, dort hauen Kürassiers und Dragoner ein, und sprengten etliche Schwadrons Husaren von allen Farben auf einander los, daß Staubwolken über Roß und Mann emporwallen. Hier überrumpeln's ein Lager; die Avantgarde, unter deren ich zu manövriren die Ehre hatte, bricht Zelten ab, und flieht. – Doch noch einmal: Ich müßte ein Narr seyn, wenn ich glaubte, hier eine Preußische Generalrevüe beschrieben zu haben. Ich hoffe also, man nimmt mit diesem Wenigen vorlieb – oder, vielmehr, verzeiht's mir, um der Freude willen, mein Gewäsch nicht länger anzuhören. (...)

Das Lager zu Pirna.
Eine umständliche Beschreibung unsers Lagers zwischen Königstein und Pirna sowohl als des gerade vor uns überliegenden Sächsischen bey Lilienstein wird man von mir nicht erwarten. Die kann man in der Helden-Staats- und Lebensgeschichte des Grossen Friedrichs suchen. Ich schreibe nur, was ich gesehen, was allernächst um mich her vor- und besonders was mich selbst angieng. Von den wichtigsten Dingen wußten wir gemeine Hungerschlucker am allerwenigsten, und kümmerten uns auch nicht viel

darum. Mein und so vieler andrer ganzer Sinn war vollends allein auf: Fort, fort! Heim, ins Vaterland! gerichtet.

Von 11–22. Sept. sassen wir in unserm Lager ganz stille; und wer gern Soldat war, dem mußt' es damals recht wohl seyn. Denn da gieng's vollkommen wie in einer Stadt zu. Da gab's Marquetenter und Feldschlächter zu Haufen. Den ganzen Tag, ganze lange Gassen durch, nichts als Sieden und Braten. Da konnte jeder haben was er wollte, oder vielmehr was er zu bezahlen vermochte: Fleisch, Butter, Käs, Brodt, aller Gattung Baum- und Erdfrüchte, u. s. f. Die Wachten ausgenommen, mochte jeder machen was ihm beliebte: Kegeln, Spielen, in und ausser dem Lager spatzieren gehn, u. s. f. Nur wenige hockten müssig in ihren Zelten: Der eine beschäftigte sich mit Gewehrputzen, der andre mit Waschen; der dritte kochte, der vierte flickte Hosen, der fünfte Schuhe, der sechste schnifelte was von Holz und verkauft' es den Bauern. Jedes Zelt hatte seine 6. Mann und einen Uebercompleten. Unter diesen sieben war immer einer gefreyt; dieser mußte gute Mannszucht halten. Von den sechs übrigen gieng einer auf die Wache, einer mußte kochen, einer Proviant herbeyholen, einer gieng nach Holz, einer nach Stroh, und einer machte den Seckelmeister, alle zusammen aber Eine Haushaltung, Ein Tisch und Ein Beth aus. Auf den Märschen stopfte jeder in seinen Habersack, was er – versteht sich in Feindes Land – erhaschen konnte: Mähl, Rüben, Erdbirrn, Hühner, Enten, u. d. gl. und wer nichts aufzutreiben vermochte, ward von den übrigen ausgeschimpft, wie denn mir das zum öftern begegnete. Was das vor ein Mordiogeschrey gab, wenn's durch ein Dorf gieng, von Weibern, Kindern, Gänsen, Spanferkeln u. s. f. Da mußte alles mit was sich tragen ließ. Husch! den Hals umgedreht und eingepackt. Da brach man in alle Ställ' und Gärten ein, prügelte auf alle Bäume los, und riß die Aeste mit den Früchten ab. Der Hände sind viel, hieß es da; was einer nicht kann, mag der ander. Da durfte keine Seel' Mux machen, wenn's nur der Offizier erlaubte, oder auch bloß halb erlaubte. Da that jeder sein Devoir zum Ueberfluß. Wir drey Schweitzer, Schärer, Bachmann und ich (es gab unsrer Landsleuthe beym Regiment noch mehr, wir kannten sie aber nicht) kamen zwar keiner zum andern ins Zelt, auch nie zusammen auf die Wache. Hingegen spazierten wir oft miteinander ausser das Lager bis auf die Vorposten, besonders auf einen gewissen Bühel, wo wir eine weite zierliche Aussicht über das Sächsische und unser ganzes Lager, und durchs Thal hinab bis auf Dresden hatten. Da hielten wir unsern Kriegsrath: Was wir machen, wo hinaus, welchen Weg wir nehmen, wo wir uns wieder treffen sollten? Aber zur Hauptsache, zum hinaus fanden wir alle Löcher verstopft. Zudem wären Schärer und ich lieber einmal an einer schönen Nacht allein, ohne Bachmann davon geschlichen; denn wir trauten ihm nie ganz, und sahen dabey alle Tag' die Husaren Deserteurs einbringen, hörten Spißruthenmarsch schlagen, und was es solcher Aufmunterungen mehr gab. Und doch sahen wir alle Stunden einem Treffen entgegen.

Einnahme des Sächsischen Lagers u.s.f.
Endlich den 22. Sept. ward Allarm geschlagen, und erhielten wir Ordre aufzubrechen. Augenblicklich war alles in Bewegung; in etlichen Minuten ein stundenweites Lager – wie die allergrößte Stadt – zerstört, aufgepackt, und Allons, Marsch! Itzt zogen wir ins Thal hinab, schlugen bey Pirna eine Schiffbrücke, und formierten oberhalb dem Städchen, dem Sächsischen Lager en Front, eine Gasse, wie zum Spißruthenlaufen, deren eines End bis zum Pirnaer-Thor gieng, und durch welche nun die ganze Sächsische Armee zu vieren hoch spatzieren, vorher aber das Gewehr ablegen, und – man kann sich's einbilden – die ganze lange Strasse durch Schimpf- und Stichelreden genug anhören mußten. Einiche giengen traurig, mit gesenktem Gesicht daher, andre trotzig und wild, und noch andre mit einem Lächeln, das den Preußi-

schen Spottvögeln gern' nichts schuldig bleiben wollte. Weiter wußten ich, und so viele Tausend andre, nichts von den Umständen der eigentlichen Uebergabe dieses grossen Heers. – An dem nämlichen Tage marschierten wir noch ein Stück Wegs fort, und schlugen jetzt unser Lager bey Liljenstein auf. – Den 23. mußte unser Regiment die Proviantwagen decken. – Den 24. machten wir einen Contremarsch, und kamen bey Nacht und Nebel an Ort und Stelle hin, daß der Henker nicht wußte wo wir waren. – Den 25. früh gieng's schon wieder fort, 4. Meilen bis Außig. Hier schlugen wir ein Lager, blieben da bis auf den 29. und mußten alle Tag auf Fourage aus. Bey diesen Anlässen wurden wir oft von den Kaiserlichen Panduren attaquirt, oder es kam sonst aus einem Gebüsch ein Karabinerhagel auf uns los, so daß mancher todt auf der Stelle blieb, und noch mehrere blessiert wurden. Wenn dann aber unsre Artilleristen nur etliche Kanonen gegen das Gebüsch richteten, so flog der Feind über Kopf und Hals davon. Dieser Plunder hat mich nie erschreckt; ich wäre sein bald gewohnt worden, und dacht' ich oft: Poh! Wenn's nur denweg hergeht, ist's so übel nicht. – Den 30. marschierten wir wieder den ganzen Tag, und kamen erst des Nachts auf einem Berg an, den ich und meinesgleichen abermals so wenig kannten, als ein Blinder. Inzwischen bekamen wir Ordre, hier kein Gezelt aufzuschlagen, auch kein Gewehr niederzulegen, sondern immer mit scharfer Ladung parat zu stehn, weil der Feind in der Nähe sey. Endlich sahen und hörten wir mit anbrechendem Tag unten im Thal gewaltig blitzen und feuern. – In dieser bangen Nacht desertirten viele; neben andern auch Bruder Bachmann. Für mich wollt' es sich noch nicht schicken, so wohl's mir sonst behagt hätte.

Die Schlacht bei Lowositz (1. Oktobr. 1756.)
Früh Morgens mußten wir uns rangiren, und durch ein enges Thälchen gegen dem grossen Thal hinuntermarschieren. Vor dem

dicken Nebel konnten wir nicht weit sehen. Als wir aber vollends in die Plaine hinunterkamen, und zur grossen Armee stiessen, rückten wir in drey Treffen weiter vor, und erblickten von Ferne durch den Nebel, wie durch einen Flor, feindliche Truppen auf einer Ebene, oberhalb dem Böhmischen Städtchen Lowositz. Es war Kaiserliche Kavallerie; denn die Infanterie bekamen wir nie zu Gesicht, da sich dieselbe bey gedachtem Städchen verschanzt hatte. Um 6. Uhr gieng schon das Donnern der Artillerie sowohl aus unserm Vordertreffen als aus den Kaiserlichen Batterien so gewaltig an, daß die Kanonenkugeln bis zu unserm Regiment (das im mittlern Treffen stuhnd) durchschnurrten. Bisher hatt' ich immer noch Hofnung, vor einer Bataille zu entwischen; jetzt sah' ich keine Ausflucht mehr weder vor noch hinter mir, weder zur Rechten noch zur Linken. Wir rückten inzwischen immer vorwärts. Da fiel mir vollends aller Muth in die Hosen; in den Bauch der Erde hätt' ich mich verkriechen mögen, und eine ähnliche Angst, ja Todesblässe, las' man bald auf allen Gesichtern, selbst deren, die sonst noch so viel' Herzhaftigkeit gleichsneten. Die gelärten Branzfläschgen (wie jeder Soldat eines hat) flogen untern den Kugeln durch die Lüfte; die meisten soffen ihren kleinen Vorrath bis auf den Grund aus, denn da hieß es: Heute braucht es Courage, und Morgens vielleicht keinen Fusel mehr! Itzt avanzierten wir bis unter die Kanonen, wo wir mit dem ersten Treffen abwechseln mußten. Potz Himmel! wie sausten da die Eisenbrocken ob unsern Köpfen weg – fuhren bald vor bald hinter uns in die Erde, daß Stein und Rasen hoch in die Luft sprang – bald mitten ein, und spickten uns die Leuthe aus den Gliedern weg, als wenn's Strohhälme wären. Dicht vor uns sahen wir nichts als feindliche Cavallerie, die allerhand Bewegungen machte; sich bald in die Länge ausdehnte, bald in einem halben Mond, dann in ein Drey- und Viereck sich wieder zusammenzog. Nun rückte auch unsre Kavallerie an; wir machten Lücke, und liessen sie vor, auf die feindliche losgalloppieren. Das war ein Gehagel, das knarrte und blinkerte, als sie nun einhieben! Allein kaum währte es eine Viertelstunde, so kam unsere Reuterey, von der Oestereichischen geschlagen, und bis nahe unter unsre Kanonen verfolgt zurücke. Da hätte man das Specktackel sehen sollen: Pferde die ihren Mann im Stegreif hängend, andre die ihr Gedärm der Erde nachschleppten. Inzwischen stuhnden wir noch immer im feindlichen Kanonenfeuer bis gegen 11. Uhr, ohne daß unser linke Flügel mit dem kleinen Gewehr zusammentraf, obschon es bereits auf dem rechten sehr hitzig zugieng. Viele meinten, wir müßten noch auf die Kaiserlichen Schanzen sturmlaufen. Mir war's schon nicht mehr so bange, wie anfangs, obgleich die Feldschlangen Mannschaft zu beyden Seiten neben mir wegraffeten, und der Wallplatz bereits mit Todten und Verwundeten übersäet war – als mit Eins ungefehr um 12. Uhr die Ordre kam, unser Regiment, nebst zwey andern (ich glaube Bevern und Kalkstein,) müßten zurückmarschieren. Nun dachten wir, es gehe dem Lager zu, und alle Gefahr sey vorbey. Wir eilten darum mit muntern Schritten die gähen Weinberge hinauf, brachen unsre Hüte voll schöne rothe Trauben, assen vor uns her nach Herzenslust; und mir, und denen welche neben mir stuhnden, kam nichts arges in Sinn, obgleich wir von der Höhe herunter unsre Brüder noch in Feuer und Rauch stehen sahen, ein fürchterlich donnerndes Gelerm hörten, und nicht entscheiden konnten auf welcher Seite der Sieg war. Mittlerweile trieben unsre Anführer uns immer höher den Berg hinan, auf dessen Gipfel ein enger Paß zwischen Felsen durchgieng, der auf der andern Seite wieder hinunterführte. Sobald nun unsre Avantgarde den erwähnten Gipfel erreicht hatte, gieng ein entsetzlicher Musketenhagel an; und nun merkten wir erst wo der Haas im Stroh lag. Etliche Tausend Kaiserliche Panduren waren nämlich auf der andern Seite den Berg hinauf beordert, um unsrer Armee in den Rücken zu fallen; dieß muß unsern Anführern verrathen worden seyn, und wir mußten ihnen darum zuvorkommen: Nur etliche Minuten späther, so hätten sie uns die Höhe abgewonnen, und wir wahrscheinlich den Kürzern gezogen. Nun setzte es ein unbeschreibliches Blutbad ab, ehe man die Panduren aus jenem Gehölz vertreiben konnte. Unsre Vordertruppen litten stark, allein die hintern drangen ebenfalls über Kopf und Hals nach, bis zuletzt alle die Höhe gewonnen hatten. Da mußten wir über Hügel von Todten und Verwundeten hinstolpern. Alsdann gieng's Hudri, Hudri, mit den Panduren die Weinberge hinunter, sprungweise über eine Mauer nach der andern herab, in die Ebene. Unsre geborne Preussen und Brandenburger packten die Panduren wie Furien. Ich selber war in Jast und Hitze wie vertaumelt, und, mir weder Furcht noch Schrecken bewußt, schoß ich Eines Schiessens fast alle meine 60. Patronen los, bis meine Flinte halb glühend war, und ich sie am Riemen nachschleppen mußte; indessen glaub' ich nicht, daß ich eine lebendige Seele traf, sondern alles gieng in die freye Luft. Auf der Ebene am Wasser vor dem Städtchen Lowositz postirten sich die Panduren wieder, und pülferten tapfer in die Weinberge hinauf, daß noch mancher vor und neben mir ins Gras biß. Preussen und Panduren lagen überall durcheinander; und wo sich einer von diesen letztern noch regte, wurde er mit der Kolbe vor den Kopf geschlagen, oder ihm ein Bajonett durch den Leib gestossen. Und nun gieng in der Ebene das Gefecht von neuem an. Aber wer wird das beschreiben wollen, wo jetzt Rauch und Dampf von Lowositz ausgieng; wo es krachte und donnerte, als ob Himmel und Erde hätten zergehen wollen; wo das unaufhörliche Rumpeln vieler hundert Trommeln, das herzzerschneidende und herzerhebende Ertönen aller Art Feldmusick, das Rufen so vieler Commandeurs und das Brüllen ihrer Adjutanten, das Zetter- und Mordiogeheul so vieler tausend elenden, zerquetschten, halbtodten Opfer dieses Tages alle Sinnen betäubte! Um diese Zeit – es mochte etwa 3. Uhr seyn – da Lowositz schon im Feuer stand, viele hundert Panduren, auf welche unsre Vordertruppen wieder wie wilde Löwen einbrachen, ins Wasser sprangen, wo es dann auf das Städtgen selber losgieng – um diese Zeit war ich freylich nicht der Vorderste sondern unter dem Nachtrapp noch etwas im Weinberg droben, von denen indessen mancher, wie gesagt, weit behender als ich von einer Mauer über die andere hinuntersprang, um seinen Brüdern zu Hülf' zu eilen. Da ich also noch ein wenig erhöht stand, und auf die Ebene wie in ein finsteres Donner- und Hagelwetter hineinsah – in diesem Augenblick deucht' es mich Zeit, oder vielmehr mahnte mich mein Schutzengel, mich mit der Flucht zu retten. Ich sah mich deswegen nach allen Seiten um. Vor mir war alles Feuer, Rauch und Dampf; hinter mir noch viele nachkommende auf die Feinde loseilende Truppen, zur Rechten zwey Hauptarmeen in voller Schlachtordnung. Zur Linken endlich sah ich Weinberge, Büsche, Wäldchen, nur hie und da einzelne Menschen, Preussen, Panduren, Husaren, und von diesen mehr Todte und Verwundete als Lebende. Da, da, auf diese Seite, dacht' ich; sonst ist's pur lautere Unmöglichkeit!

Der Kammerherr von Lehndorff bleibt in Berlin zurück

Ganz anders erlebte man den Krieg in der Residenzstadt Berlin, die damals noch nicht von feindlichen Truppen bedroht wurde. Der Kammerherr von Lehndorff hielt die einlaufenden Nachrichten in seinem Tagebuch fest. 1757 ist es mit der Sicherheit vorbei.

11. September 1756. Ich gehe viel in Sanssouci spazieren, das alle Jahre schöner wird. Seine Majestät läßt hier eine Bildergalerie erbauen, die sicherlich großartig werden wird, und was das Merkwürdigste ist, sie wird vollendet werden, während er mitten im Kriege ist. Ich besuche den Marquis d'Argens, der im

Schlosse wohnt. Der König hat ihm die Wahl zwischen Sanssouci und Charlottenburg gelassen und ihn ersucht, sich's bequem zu machen, wo und wie es ihm beliebe. Er wohnt nun hier mit seiner Marquise, und ich kann nicht umhin, meiner Verwunderung darüber Ausdruck zu geben, wie verschieden doch das Geschick mit den Menschen verfährt. Dieser hier muß aus der Provence kommen, um sich an den Gärten Friedrichs des Großen zu ergötzen, während wir anderen es nicht wagen, die Nase hineinzustecken.

3. Oktober 1756. Wir werden alle durch die schönste Nachricht von der Welt geweckt. Unser großer König hat soeben mit 26 000 Mann einen vollständigen Sieg über 70 000 Österreicher unter dem Befehl des Generals Browne errungen. Der Ort, wo die Schlacht stattfand, heißt Lobositz. Unsere Gendarmes und das Regiment Itzenplitz haben am meisten gelitten. Der König und der Prinz von Preußen haben in Person der Schlacht beigewohnt; die anderen Brüder des Königs sind in dem Lager, das die Sachsen eingeschlossen hält. Herr v. Oppen bringt uns diese Nachricht, die alle Welt in Jubel versetzt. Abends findet sich eine zahlreiche Gesellschaft in Monbijou ein, welche die Königinnen von ganzem Herzen beglückwünscht. Der französische Gesandte Valory gibt seinem Glückwunsch eine abweichende Form, er wünscht den Königinnen zum Wohlergehen des Königs und des Prinzen von Preußen Glück, sonst sagt er nichts.

15. Oktober 1756. Die Sachsen, ungefähr 18 000 Mann stark, ergeben sich dem König von Preußen. Alle sächsischen Offiziere gehen in die Gefangenschaft, während der König von den Mannschaften Regimenter bildet, die er verschiedenen Generalen seiner Armee gibt, was ein gewaltiges Avancement bewirkt. Junge Leute, die sich glücklich geschätzt hätten, mit 30 Jahren Leutnant

zu werden, werden es jetzt mit 15. Doch ich will mich nicht weiter über diesen Gegenstand verbreiten, der von so vielen geschickten Federn behandelt und sicherlich den fernsten Geschlechtern überliefert werden wird.

28. Januar 1757. Unsere Besorgnis um Preußen wird größer. Wenn ich daran denke, welchen Gang die Dinge nehmen können, zittere ich. Wenn man an die Weisheit, die schöne Armee und das Glück des Königs denkt, darf man wohl auf so viel Ruhm und große Ereignisse hoffen, aber wenn man sich andrerseits vergegenwärtigt, daß Frankreich, Österreich und Rußland samt dem ganzen Reich sich gegen uns vereinigt haben, so sträuben sich einem die Haare.

Der junge Goethe ist «fritzisch» gesinnt

Im zweiten Buch von «Dichtung und Wahrheit», das Johann Wolfgang Goethe (1749–1832) Ende Juli 1811 in Druck gab, vergegenwärtigte er, wie der Ausbruch des Siebenjährigen Krieges in seiner Heimatstadt Frankfurt am Main die Gesellschaft polarisierte. Seine Erinnerungen sind auch ein Kommentar zum Streit nach der Französischen Revolution und dem Parteihader im napoleonisch besetzten Deutschland. Die politischen Leidenschaften entzweien Familien, verführen zu einseitigen Urteilen, trüben den Blick, verderben Geselligkeit. So wird die kindliche Begeisterung für den preußischen König distanziert beschrieben. Goethe hat Friedrich nie persönlich getroffen. Als er 1778 Berlin und Potsdam besuchte, war dieser im Feldlager. Er habe, schrieb Goethe damals, «sein Wesen gesehn, sein Gold, Silber, Marmor, Affen, Papageien und zerrissene Vorhänge» und habe «über den großen Menschen seine eigenen Lumpenhunde räsonnieren hören.»

Alles bisher Vorgetragene deutet auf jenen glücklichen und gemächlichen Zustand, in welchem sich die Länder während eines langen Friedens befinden. Nirgends aber genießt man eine solche schöne Zeit wohl mit größerem Behagen als in Städten, die nach ihren eigenen Gesetzen leben, die groß genug sind, eine ansehnliche Menge Bürger zu fassen, und wohl gelegen, um sie durch Handel und Wandel zu bereichern. Fremde finden ihren Gewinn, da aus- und einzuziehen, und sind genötigt, Vorteil zu bringen, um Vorteil zu erlangen. Beherrschen solche Städte auch kein weites Gebiet, so können sie desto mehr im Innern Wohlhäbigkeit bewirken, weil ihre Verhältnisse nach außen sie nicht zu kostspieligen Unternehmungen oder Teilnahmen verpflichten.

Auf diese Weise verfloß den Frankfurtern während meiner Kindheit eine Reihe glücklicher Jahre. Aber kaum hatte ich am 28. August 1756 mein siebentes Jahr zurückgelegt, als gleich darauf jener weltbekannte Krieg ausbrach, welcher auf die nächsten sieben Jahre meines Lebens auch großen Einfluß haben sollte. Friedrich der zweite, König von Preußen, war mit 60 000 Mann in Sachsen eingefallen, und statt einer vorgängigen Kriegserklärung folgte ein Manifest, wie man sagte, von ihm selbst verfaßt, welches die Ursachen enthielt, die ihn zu einem solchen ungeheuren Schritt bewogen und berechtigt. Die Welt, die sich nicht nur als Zuschauer, sondern auch als Richter aufgefordert fand, spaltete sich sogleich in zwei Parteien, und unsere Familie war ein Bild des großen Ganzen.

Mein Großvater, der als Schöff von Frankfurt über Franz dem ersten den Krönungshimmel getragen, und von der Kaiserin eine gewichtige goldene Kette mit ihrem Bildnis erhalten hatte, war mit einigen Schwiegersöhnen und Töchtern auf östreichischer Seite. Mein Vater, von Carl dem siebenten zum kaiserlichen Rat ernannt, und an dem Schicksale dieses unglücklichen Monarchen gemütlich teilnehmend, neigte sich mit der kleinern Familienhälfte gegen Preußen. Gar bald wurden unsere Zusammenkünfte, die man seit mehrern Jahren Sonntags ununterbrochen fortgesetzt hatte, gestört. Die unter Verschwägerten gewöhnlichen Mißhelligkeiten fanden nun erst eine Form, in der sie sich aussprechen konnten. Man stritt, man überwarf sich, man schwieg, man brach los. Der Großvater, sonst ein heitrer, ruhiger und bequemer Mann, ward ungeduldig. Die Frauen suchten vergebens das Feuer zu tüschen, und nach einigen unangenehmen Szenen blieb mein Vater zuerst aus der Gesellschaft. Nun freuten wir uns ungestört zu Hause der preußischen Siege, welche gewöhnlich durch jene leidenschaftliche Tante mit großem Jubel verkündigt wurden. Alles andere Interesse mußte diesem weichen, und wir brachten den Überrest des Jahres in beständiger Agitation zu. Die Besitznahme von Dresden, die anfängliche Mäßigung des Königs, die zwar langsamen aber sichern Fortschritte, der Sieg bei Lowositz, die Gefangennehmung der Sachsen waren für unsere Partei ebenso viele Triumphe. Alles, was zum Vorteil der Gegner angeführt werden konnte, wurde geleugnet oder verkleinert, und da die entgegengesetzten Familienglieder das gleiche taten; so konnten sie einander nicht auf der Straße begegnen, ohne daß es Händel setzte, wie in Romeo und Julie.

Und so war ich denn auch Preußisch oder, um richtiger zu reden, Fritzisch gesinnt: denn was ging uns Preußen an. Es war die Persönlichkeit des großen Königs, die auf alle Gemüter wirkte. Ich freute mich mit dem Vater unserer Siege, schrieb sehr gern die Siegeslieder ab, und fast noch lieber die Spottlieder auf die Gegenpartei, so platt die Reime auch sein mochten.

Als ältester Enkel und Pate hatte ich seit meiner Kindheit jeden Sonntag bei den Großeltern gespeist: es waren meine vergnügtesten Stunden der ganzen Woche. Aber nun wollte mir kein Bissen mehr schmecken: denn ich mußte meinen Helden aufs greulichste verleumden hören. Hier wehte ein anderer Wind, hier klang ein anderer Ton als zu Hause. Die Neigung, ja die Verehrung für meine Großeltern nahm ab. Bei den Eltern durfte ich nichts davon erwähnen, ich unterließ es aus eigenem Gefühl und auch weil die Mutter mich gewarnt hatte. Dadurch war ich auf mich selbst zurückgewiesen, und wie mir in meinem sechsten Jahre, nach dem Erdbeben von Lissabon, die Güte Gottes einigermaßen verdächtig geworden war, so fing ich nun, wegen Friedrichs des zweiten, die Gerechtigkeit des Publikums zu bezweifeln an. Mein Gemüt war von Natur zur Ehrerbietung geneigt, und es gehörte eine große Erschütterung dazu, um meinen Glauben an irgend ein Ehrwürdiges wanken zu machen. Leider hatte man uns die guten Sitten, ein anständiges Betragen, nicht um ihrer selbst, sondern um der Leute willen anempfohlen; was die Leute sagen würden, hieß es immer, und ich dachte, die Leute müßten auch rechte Leute sein, würden auch alles und jedes zu schätzen wissen. Nun aber erfuhr ich das Gegenteil. Die größten und augenfälligsten Verdienste wurden geschmäht und angefeindet, die höchsten Taten wo nicht geleugnet doch wenigstens entstellt und verkleinert; und ein so schnödes Unrecht geschah dem einzigen, offenbar über alle seine Zeitgenossen erhabenen Manne, der täglich bewies und dartat was er vermöge; und dies nicht etwa vom Pöbel, sondern von vorzüglichen Männern, wofür ich doch meinen Großvater und meine Oheime zu halten hatte. Daß es Parteien geben könne, ja daß er selbst zu einer Partei gehörte, davon hatte der Knabe keinen Begriff. Er glaubte um so viel mehr Recht zu haben und seine Gesinnung für die bessere erklären zu dürfen, da er und die Gleichgesinnten Marien Theresien, ihre Schönheit und übrigen guten Eigenschaften ja gelten ließen, und dem Kaiser Franz seine Juwelen- und Geldliebhaberei weiter auch nicht verargten; daß Graf Daun manchmal eine Schlafmütze geheißen wurde, glaubten sie verantworten zu können.

Bedenke ich es aber jetzt genauer, so finde ich hier den Keim der Nichtachtung, ja der Verachtung des Publikums, die mir eine ganze Zeit meines Lebens anhing und nur spät durch Einsicht und Bildung ins gleiche gebracht werden konnte. Genug, schon damals war das Gewahrwerden parteiischer Ungerechtigkeit dem Knaben sehr unangenehm, ja schädlich, indem es ihn gewöhnte, sich von geliebten und geschätzten Personen zu entfernen. Die immer auf einander folgenden Kriegstaten und Begebenheiten ließen den Parteien weder Ruhe noch Rast. Wir fanden ein verdrießliches Behagen, jene eingebildeten Übel und willkürlichen Händel immer von frischem wieder zu erregen und zu schärfen, und so fuhren wir fort uns unter einander zu quälen, bis einige Jahre darauf die Franzosen Frankfurt besetzten und uns wahre Unbequemlichkeit in die Häuser brachten.

Ob nun gleich die meisten sich dieser wichtigen, in der Ferne vorgehenden Ereignisse nur zu einer leidenschaftlichen Unterhaltung bedienten; so waren doch auch andre, welche den Ernst dieser Zeiten wohl einsahen, und befürchteten, daß bei einer Teilnahme Frankreichs der Kriegs-Schauplatz sich auch in unsern Gegenden auftun könne. Man hielt uns Kinder mehr als bisher zu Hause, und suchte uns auf mancherlei Weise zu beschäftigen und zu unterhalten.

Ewald von Kleist besingt die preußische Armee

Mit einer Ode an die preußische Armee begrüßte der Offizier und Dichter Ewald Christian von Kleist (1715–1759) den Feldzug des Jahres 1757. Er hatte bereits im Zweiten Schlesischen Krieg gekämpft und auch sonst tapfer gedient. Berühmt aber wurde er durch die Hexameter seines Gedichts «Der Frühling» (1749): «Empfang mich, schattiger Hain, voll hoher grüner Gewölbe! / Empfang mich! fülle mit Ruh und holder Wehmut die Seele.» Ewald von Kleist war der fiktive Empfänger der «Briefe, die neueste Litteratur betreffend».

*Der Schriftsteller und Verleger Friedrich Nicolai rief diese Zeitschrift
1758 ins Leben, in Briefen an einen angeblich verwundeten preußischen Offizier sollte sie über die Entwicklung der deutschen Literatur
informieren. Im August 1759 erlag Ewald von Kleist seinen Verlet-
zungen aus der Schlacht von Kunersdorf. Nicolai verfasste daraufhin
ein «Ehrengedächtniß». Lessing hat Kleist mit der Figur des Tellheim
in der «Minna von Barnhelm» eine fiktive Nachkriegsbiographie geschrieben – im Andenken an den Freund, von dem er glaubte, dass
er den Tod gesucht habe, dass er hatte sterben wollen.*

Ode an die preußische Armee (1757)

Im Merz 1757
Unüberwundnes Heer! mit dem Tod und Verderben
In Legionen Feinde dringt,
Um das der frohe Sieg die güldnen Flügel schwingt
O Heer! bereit zum Siegen oder Sterben.

Sieh! Feinde deren Last die Hügel fast versinken
Den Erdkreis beben macht,
Ziehn gegen dich und drohn mit Qual und ewger Nacht;
Das Wasser fehlt wo ihre Roße trinken.

Der dürre schiele Neid treibt niederträchtge Scharen
Aus West und Süd heraus,
Und Nordens Höhlen spein, so wie des Osts, Barbaren
Und Ungeheu'r, dich zu verschlingen, aus.

Verdopple deinen Mut! Der Feinde wilde Fluten
Hemmt *Friedrich* und dein starker Arm;
Und die Gerechtigkeit verjagt den tollen Schwarm;
Sie blitzt durch dich auf ihn, und seine Rücken bluten.

Die Nachwelt wird auf dich, als auf ein Muster sehen;
Die künftgen Helden ehren dich,
Ziehn dich den Römern vor, dem Cäsar *Friederich*,
Und Böhmens Felsen sind dir ewige Trophäen.

Nur schone, wie bisher, im Lauf von großen Taten
Den Landmann, der dein Feind nicht ist!
Hilf seiner Not, wenn du von Not entfernet bist!
Das Rauben überlaß den Feigen und Kroaten!

Ich seh, ich sehe schon – freut euch, o Preußens Freunde! –
Die Tage deines Ruhms sich nahn.
In Ungewittern ziehn die Wilden stolz heran.
Doch *Friedrich* winket dir, wo sind sie nun, die Feinde?

Du eilest ihnen nach, und drückst in schweren Eisen
Den Tod tief ihren Schädeln ein,
Und kehrst voll Ruhm zurück, die Deinen zu erfreun,
Die jauchzend dich empfahn, und ihre Retter preisen.

Auch ich, ich werde noch, – vergönn es mir, o Himmel! –
Einher vor wenig Helden ziehn.
Ich seh dich, stolzer Feind! den kleinen Haufen fliehn,
Und find Ehr oder Tod im rasenden Getümmel.

Johann Wilhelm Ludwig Gleim erfindet einen dichtenden Grenadier

Johann Wilhelm Ludwig Gleim, Domsekretär und Kanonikus, Mitglied des Domkapitels in Halberstadt, hatte den heiteren Lebensgenuss, Liebe und Wein besungen, bevor er sich die Maske eines Grenadiers wählte, um Kampfesmut und heroische Gesinnungen auszudrücken.

Seine «Preußischen Kriegslieder in den Feldzügen 1756 und 1757
von einem Grenadier» fanden als Dichtung einen eifrigen Fürsprecher
in Lessing, der für die Buchausgabe einen «Vorbericht» schrieb: «Der
Verfasser ist ein gemeiner Soldat, dem ebensoviel Heldenmut als
poetisches Genie zu Teil geworden. Mehr aber unter den Waffen, als
in der Schule erzogen, scheinet er sich eher eine eigene Gattung von
Ode gemacht, als in dem Geiste irgend einer schon bekannten gedichtet
zu haben. (...) Alle seine Bilder sind erhaben, und all sein Erhabnes
ist naiv. Von dem poetischen Pompe weiß er nichts; und prahlen und
schimmern scheint er, weder als Dichter noch als Soldat zu wollen.»
Die Unmittelbarkeit der Verse ist fingiert, sie entstanden oft erst lange
nach den besungenen Ereignissen.

Bey Eröffnung des Feldzuges 1756

Krieg ist mein Lied! Weil alle Welt
Krieg will, so sey es Krieg!
Berlin sey Sparta! Preussens Held
Gekrönt mit Ruhm und Sieg!

Gern will ich seine Thaten thun;
Die Leyer in der Hand,
Wenn meine blutgen Waffen ruhn,
Und hangen an der Wand.

Auch stimm ich hohen Schlachtgesang
Mit seinen Helden an,
Bey Paucken und Trompeten Klang,
Im Lärm von Roß und Mann;

Und streit', ein tapfrer Grenadier,
Von *Friedrichs* Muth erfüllt!

Was acht ich es, wenn über mir
Kanonen-Donner brüllt?

Ein Held fall ich; noch sterbend droht
Mein Säbel in der Hand!
Unsterblich macht der Helden Tod,
Der Tod fürs Vaterland!

Auch kommt man aus der Welt davon,
Geschwinder wie der Blitz;
Und wer ihn stirbt, bekommt zum Lohn,
Im Himmel hohen Sitz!

Wenn aber ich, als solch ein Held,
Dir, Mars, nicht sterben soll,
Nicht glänzen soll im Sternenzelt:
So leb' ich dem Apoll!

So werd aus *Friedrichs* Grenadier,
Dem Schutz, der Ruhm des Staats;
So lern er deutscher Sprache Zier,
Und werde sein Horatz.

Dann singe Gott und *Friederich*,
Nichts kleiners, stolzes Lied!
Dem Adler gleich erhebe dich,
Der in die Sonne sieht!

Der Thronfolger August Wilhelm macht einen Fehler und wird gedemütigt

Kein Grenadier hätte dem Thronfolger August Wilhelm helfen können, nachdem er sich den Zorn seines königlichen Bruders zugezogen hatte. Seit dem 1. Juli 1757 hatte der Prinz von Preußen den Oberbefehl über eine Armee, manövrierte aber unglücklich, nachdem die Preußen bei Kolin (18. Juni 1757) den Österreichern unterlegen waren. Er erkannte zu spät die strategische Bedeutung des Städtchens Gabel, das daher von Österreichern eingenommen wurde, die nun den direkten Weg nach Zittau versperrten. Am 29. Juli begegneten sich die Brüder, Friedrich sprach kein Wort zu August Wilhelm und ließ den Generalen, die unter ihm kommandiert hatten, sagen, sie hätten verdient, dass man ihnen die Köpfe vor die Füße werfe. August Wilhelm legte den Oberbefehl nieder. Der Historiker Friedrich bemerkt dazu: «Der Prinz, der krank geworden war, verließ die Armee und siechte seitdem dahin.» 1758 verstarb der Thronfolger. Prinz Heinrich hat dem König den rabiaten Umgang mit August Wilhelm nicht verziehen. Er ließ in Rheinsberg einen Obelisken zum Andenken an den Geschmähten und die Helden des Krieges errichten.

Friedrich an den Thronfolger August Wilhelm

Leitmeritz, 19. Juli 1757

Du weißt nicht, was Du willst, noch was Du tust. In einem Briefe schreibst Du, ich möchte Dir von hier aus Brot senden, und dabei gibst Du feige Gabel preis, das die Verbindung mit Zittau, Deinem Magazin, herstellt! Du wirst immer nur ein jammervoller Heerführer sein. Befehlige doch einen Harem von Hoffräuleins, meinetwegen; solange ich aber am Leben bin, vertraue ich Dir keine zehn Mann mehr an. Wenn ich tot bin, mache so viele Dummheiten, wie Du willst; die gehen dann auf Deine Rechnung. Aber solange ich lebe, sollst Du keine mehr machen, die dem Staat zum Nachteil ausschlagen. Das ist alles, was ich Dir zu sagen habe. Mögen Deine besten Offiziere jetzt die Schweinerei, die Du angerichtet hast, wieder gutmachen; prüfe Deine Kraft, ehe Du um ein Kommando bittest! Was ich Dir sage, ist hart, doch wahr. Du zwingst mich dazu, indem Du es dahin bringst, daß die Armee und ich ihren Ruf einbüßen und der Staat zugrunde geht.

August Wilhelm an die Prinzessin Heinrich

Lager bei Bautzen, 27. Juli 1757
Endlich kann ich Dir mit Sicherheit schreiben. Seit dem ersten des Monats, wo ich den Befehl über diese Armee übernahm, habe ich alles Mißgeschick des Krieges erlitten; nur geschlagen bin ich nicht worden. Ich habe alles, was mir zustieß, vorhergesagt, habe Mittel zur Abhilfe vorgeschlagen; man hat sich darüber lustig gemacht, und jetzt, wo ich in der Patsche sitze, bezichtigt man mich, die Schuld daran zu haben. Man behandelt mich mit unerhörter Härte, und ich glaube, ich kann das Kommando nicht mit Ehren behalten. Um das Unglück vollzumachen, bin ich hundskrank, von Anstrengungen erschöpft und so schwach, daß ich mich kaum auf den Beinen halten kann. Ich bin abgemagert wie eine Schindmähre. Sicher wirst Du viele Kritiken über meine Märsche und Bewegungen hören. Bitte doch die Leute, mit ihrem Urteil zu warten, bis sie mich angehört haben. Der König hat es auf meine Ehre abgesehen; ich habe ihm meine Gesundheit zum Opfer gebracht und hundertmal mein Leben aufs Spiel gesetzt. Es wäre zu hart, ihm auch noch meine Ehre preiszugeben, damit sie seine Fehler deckt.

August Wilhelm an die Prinzessin Heinrich

Dresden, 1. August 1757
Du wirst Dich wundern, liebe Schwägerin, mich hier zu wissen.
Das Spiel war nicht mehr zu halten; man wollte mich um Ehre
und Ruf bringen. Alles, was mir zugestoßen ist, habe ich voraus-
gesagt, habe die Mittel zur Verhütung des Unglücks angegeben:
man hat mich als Phantasten behandelt. Wie die Dinge nun liegen, will man mir die ganze Schuld aufbürden. Man schreibt mir
entehrende Briefe, schmollt mit mir bei der ersten Begegnung
und läßt mir und allen Generalen, die mir unterstanden haben,
das Kompliment machen, wir verdienten von Rechts wegen alle,
den Kopf zu verlieren. Daraufhin habe ich die Armee verlassen,
mich nach Bautzen begeben und geschrieben. Wieder kam ein
abscheulicher Brief. Ich habe gebeten, nach Dresden gehen zu
dürfen. Die Antwort lautete: «Lieber heute als morgen.» Ich bin
mit 300 Wagen unter Bedeckung von zwei schwachen Bataillonen
aufgebrochen, und gestern bin ich glücklich hier angelangt. Meine einzige Genugtuung ist, daß alle Generale mir Gerechtigkeit
widerfahren lassen; sie hatten bei meinem Abgang Tränen in den
Augen und billigen mein Verhalten. Mein Bruder Heinrich hat etwas getan, wofür ich ihm zeitlebens nicht genug danken kann. Er
hat den Befehl über die Armee, die ich verlassen habe, abgelehnt;
denn er wollte seinen Ruhm nicht auf meinen Untergang bauen.
Das werde ich ihm zeitlebens nicht vergessen. Ich bin derart am
Ende meiner Kräfte, daß ich alle Stunden Fleischbrühe nehme.
Ich bin abgemagert. Aber mein Geist ist ruhig; denn ich habe mir
nichts vorzuwerfen. Ich will ein paar Tage warten, um wieder zu
Kräften zu kommen. Dann werde ich an den König schreiben,
ich ginge nach Berlin und von da nach Oranienburg. Dort werde
ich bleiben, bis der Feind ins Land eindringt. Dann gehe ich fort,
denn ich will nicht in Gefangenschaft fallen.

August Wilhelm an die Prinzessin Heinrich

Dresden, 13. August 1757
Wie ich höre, vermutet man von Tag zu Tag die Nachricht von
einer neuen Schlacht; das will mir nicht in den Sinn. Wenn der
König auch noch so große Lust hat, die Trümmer seines Heeres
zur Schlachtbank zu führen, so kann er es doch nicht, außer wenn
der Feind eine Stellung bezieht, in der man ihm auf den Leib rücken kann. Sein bisheriges Lager ist durch Bachläufe und Anhöhen
gedeckt. Verlegt er sein Lager nicht, so möchte ich sehen, wie der
König ihn angreifen will; zudem wird der Feind das nicht tun. Er
wird den Anmarsch der Reichsarmee und der Franzosen abwarten;
dann muß der König seine Stellung wechseln, und dann hat der
Feind ein sicheres und besseres Spiel. Unser großer Mann ist so
eingenommen von sich, fragt niemand um Rat, überstürzt in seiner Unbesonnenheit alles, und bei seiner Launenhaftigkeit glaubt
er den wahrheitsgemäßen Berichten nicht. Schlägt dann das Glück
um, so zieht er die Finger aus dem Spiel und wirft die Schuld auf
die Unschuldigen. So will er, daß von der Öffentlichkeit Moritz für
den Verlust der Schlacht und ich für das Unglück bei Zittau verantwortlich gemacht werden. Wohl dem, der diese Galeere verlassen hat! Die Gefahr, Leben und Gesundheit, Arme und Beine
zu verlieren, ist nichts; die droht allen Soldaten überall. Aber Ehre
und Ruf gefährdet zu sehen, das ist zu viel, und in keinem Heere
der Welt läuft ein Führer diese Gefahr ohne seine Schuld. Der
Schuldige aber wird nach den Kriegsgesetzen bestraft.

Verzeih dieses Gerede, aber wes das Herz voll ist, des geht der
Mund über; das ist wohl ein biblisches Stichwort.

August Wilhelm an die Prinzessin Heinrich

Oranienburg, Mai 1758
Meine Sache ist kein Streit unter Brüdern noch eine Familien-
angelegenheit, sondern meine Ehre ist angegriffen. Ich kann vom
König nichts beanspruchen, aber ich wünsche nichts weiter, als
ihm zeitlebens nicht mehr vor Augen zu kommen und mich zu
verzehren, da ich, so lange er lebt, keine Ehre, Auszeichnung und
keine Gelegenheit habe, meinen Ruf wiederherzustellen.

Der Kammerherr von Lehndorff flieht mit der Königin aus Berlin

*Im Sommer 1757 war die Lage für Friedrich kritisch geworden.
Die Russen, Verbündete der Österreicher, griffen im Osten an; die
Schweden rückten in Pommern ein; die Reichsarmee, von Franzosen
unterstützt, marschierte in Richtung Sachsen, wohin sich auch der
König mit einem Teil seiner Truppen wandte. Ein kleines österrei-
chisches Korps unter Graf Hadik nutzte die Gelegenheit und mar-
schierte zügig nach Berlin. Am 16. Oktober 1757 standen sie vor dem
Schlesischen Tor. Graf Hadik sandte einen Trompeter in die Stadt und
forderte 300 000 Taler Brandsteuer, die zu zahlen seien, wenn Berlin
von Plünderung und Brandschatzung verschont bleiben wolle. Der
Magistrat hatte keine Vollmacht zu verhandeln. Die österreichischen
Husaren griffen an, schlugen die Garnisonstruppen und eroberten im
Handstreich die Hauptstadt. Daraufhin floh die Königin, Berlin zahlte
210 000 Taler Kontribution und 25 000 Taler direkt an die feindlichen
Truppen, um diese vom Plündern abzuhalten. Da Fürst Moritz von
Dessau mit starken preußischen Einheiten rasch auf Berlin vorrückte,
um die Hauptstadt zu entsetzen, zog sich Graf Hadik in der Nacht
des 17. Oktober wieder zurück. Maria Theresia versicherte ihn ihrer
«gnädigsten Zufriedenheit» und verlieh ihm das Groß-Kreuz des*

Maria-Theresien-Ordens. Die Flucht und die Heimkehr nach dem glücklichen Ende des Husarenstreichs schilderte in seinem Tagebuch der Kammerherr von Lehndorff.

16. Oktober 1757. Der bewegteste und traurigste Tag meines Lebens! Kaum bin ich aufgestanden, da heißt es: der Feind ist vor den Toren. Man sieht von allen Seiten halbnackte Menschen herbeiströmen, die sich aus der Umgegend geflüchtet haben. Um 8 Uhr läßt mich die Königin rufen. Ich finde diese würdige Fürstin in Tränen. Sie beauftragt mich, alle Prinzessinnen zu benachrichtigen, daß sie um 11 Uhr abreisen werde; sie möchten sich ihr anschließen. Als alles versammelt ist, sagt die Königin, man müsse dem Befehl des Königs folgen und abreisen. Die Königin fährt ab, begleitet von der Berliner Garnison. Was mich anbelangt, so bleibe ich ruhig im Schloß und sehe, nachdem ein Kanonenschlag den Abzug der Garnison angezeigt hat, wie alle Welt abfährt. Dann gehe ich hinunter und finde meine Diener mit Bett und Koffer und meinen Wagen. Ich steige ruhig ein und folge dem Hofe. Am Oranienburger Tor hole ich die Gepäckwagen ein, auf denen ich meine Sachen unterbringe, und setze mich auf einen anderen Gepäckkarren. Auf halbem Wege kommt uns der Wagen des Marschalls Kalckstein nach und nimmt mich auf. Unterwegs erfüllen mich die traurigsten Gedanken. Im Mai noch die stolzesten Hoffnungen, dann aber der Tag von Kolin, der Tod der Königin-Mutter, das Zerwürfnis des Königs mit dem Prinzen von Preußen, die Grausamkeit der Russen in meiner Heimat [in Ostpreußen], endlich unsere demütigende Flucht aus Berlin. Als wir in Spandau anlangen, heißt es, Berlin sei geplündert und alles massakriert worden. Nun fühlt man sich selbst in der Stadt Spandau nicht mehr sicher, und das ganze königliche Haus muß in der Festung Wohnung nehmen. Das Gebäude, in dem so viele erlauchte Personen Platz finden sollten, hat seit Friedrich I. nur zur Aufnahme

von Gefangenen und von Schießbedarf gedient. Man hat die Ankunft der Königin nicht vermutet, und so ist kein Feuer, kein Licht vorhanden. Vier Verbrecher, Eisen an den Füßen und eine kleine Lampe in der Hand, führen Ihre Majestät und die Prinzessinnen in die Wohnung, die aus fünf Räumen besteht, in denen die Fenster zerbrochen sind, keine Tür schließt, kein Stuhl zu erblicken ist.

21. Oktober 1757. Seine Majestät kommt nicht nach Berlin, sondern hat alle Regimenter, die zu unserer Beruhigung angerückt waren, an sich gezogen, und wir sollen nach Magdeburg gehen.

23. Oktober 1757. Um 8 Uhr früh versammelt sich alles, was abreisen soll, im Schloß. Die Prinzessinnen erscheinen mit ihrem ganzen Gefolge. Der ganze Adel Berlins kommt, um Abschied zu nehmen. Die Szene ist traurig genug, aber doch lange nicht so tragisch, wie die vor acht Tagen, als wir nach Spandau abgingen. Endlich nach vielen Umarmungen setzen wir uns in Bewegung. Die Eskorte erwartete uns im Tiergarten und führt uns in sieben Stunden nach Potsdam. Eine unendliche Menschenmenge wartet hier auf uns. Wir passieren die notdürftig hergestellten Brücken, die man abgebrochen hatte, um die Österreicher am Einrücken in die Stadt zu hindern. Potsdam und Köpenick haben den Ruhm, sich gegen dieses Lumpenpack verteidigt zu haben, während Berlin infolge der Dummheit seines Kommandanten die Schande gehabt hat, durch das Joch kriechen zu müssen. Alle Welt ist aufs höchste erstaunt, daß der König den Kommandanten wieder in sein Amt eingesetzt hat; die ganze Stadt ist darüber in Verzweiflung. Der Hof steigt im Potsdamer Schloß ab.

Die Königin ist niemals hier gewesen, und ich habe mich bei dieser Gelegenheit über die eigentümliche Fügung des Schicksals gewundert, daß die Königin von Ungarn ein Heer nach Berlin schicken muß, damit die Königin von Preußen die Residenz ihres

Gemahls zu sehen bekommt. Sie findet alles prachtvoll und ist um so mehr entzückt, als sie auf den Gesichtern aller Bewohner Potsdams die Freude liest, ihre Königin zu sehen.

Ich mache nun noch einen Besuch bei dem berühmten Fredersdorf, der unter dem Titel eines Kammerdieners des Königs so lange die Rolle eines Premierministers gespielt hat.

Dieser Mann übte nämlich im Grunde alle Hofämter aus. Er führte die Aufsicht über alle Baulichkeiten und über die Kasse des Königs, alle Dienstboten hingen von ihm ab, kurz, nach dem König war er der einzige, der herrschte, und oft recht despotisch. Er ist gegenwärtig sehr kränklich, die Hämorrhoiden haben ihn beinahe aufgezehrt. Es ist doch erstaunlich, daß ein ganz gemeiner Mann vom äußersten Ende Pommerns sich ohne die geringste Erziehung hat solchen Anstand, Geist und Benehmen aneignen können. Ein sehr hübsches Gesicht kam ihm dabei zu Hilfe und machte den Anfang seines Glückes.

Am meisten bewundere ich es, daß er es über sich gebracht hat, sich rechtzeitig zurückzuziehen, eine heikle Sache für Männer in Stellung wie für eine schöne Frau, wenn sie merkt, daß ihre Schönheit schwindet.

Spottverse nach dem Sieg von Roßbach

Im November 1757 besiegte Friedrich bei Roßbach (in der Nähe von Naumburg) mit zweiundzwanzigtausend Soldaten weit überlegene Truppen Frankreichs und der Reichsarmee (zusammen über einundvierzigtausend Soldaten). Der Sieg fand großes Echo nicht nur in Preußen, sondern auch im Reich und in Frankreich. «Sie kamen, sahn, flohn», schrieb etwa der Dichter Friedrich Gottlieb Klopstock. Spottverse auf den Marschall von Frankreich, Charles de Rohan, prince de Soubise, machten die Runde. Roßbach wurde allmählich ein preußischer Erinnerungsort.

Preußische Spottverse

Theresia ist frei,
Behutsam, willig, schlau,
Jedoch bei alledem
Ist sie nur eine Frau.

Elisabeth ist mild,
Anhaltsam und geschwind,
Jedoch wie alte Jungfern sind.
Die Pompadour ist keusch
Und red't nicht selten dumm.
Tres faciunt collegium.

Wenn unser großer Friedrich kömmt
Und klatscht nur auf die Hosen,
So läuft die ganze Reichsarmee
Noch mehr als die Franzosen.

Carl von Clausewitz besucht das Schlachtfeld von Roßbach
*Der spätere General und heute klassische Militärtheoretiker Carl von
Clausewitz (1780–1831) besuchte kurz vor der Niederlage von Jena
und Auerstedt das Schlachtfeld von Roßbach, auf dem der große König
gewonnen hatte.*

Roßbach, 20. September 1806
Sie können denken, mit welchen Empfindungen ich das Schlachtfeld besuchte, wo der unerträgliche Hochmut der Franzosen so
sehr gedemütigt, uns aber ein stolzes Monument errichtet wurde,
was über viele Zeiten und Länder, sogar über jenen Berg von Begebenheiten hinwegragt, den die letzten zehn Jahre vor ihm hin-

gerollt haben, und woran sich unser Mut und unser Vertrauen mit der üppigsten Kraft emporrankt.

Diese Schlacht hat das Eigentümliche, daß sie der ganzen Welt, besonders aber den Franzosen bekannt ist, ungeachtet sie, sowohl in Rücksicht der Kunst als der aufgeopferten Kräfte, sehr leicht erkauft wurde. Nie in der Welt ist eine so unbedeutende Schlacht von so wichtigen Folgen gewesen. Aller dieser Umstände wegen, muß ich gestehen, ist sie nicht sehr imponierend für mich. Doch ist es mir sehr interessant, täglich in ein Zimmer zu gehen, wo Friedrich der Große wohnte, und wo er gerade aß, als man ihm die Nachricht brachte, daß die Franzosen ihn zu umgehen suchten. Seydlitz sprang zuerst auf, um die Kavallerie vorläufig satteln zu lassen; Prinz Heinrich folgte ihm und benachrichtigte die Infanterie. Endlich, gegen 2 Uhr, stieg auch der König auf das oberste Stockwerk des Hauses, um den Feind zu beobachten; er traute kaum seinen Augen, so unbegreiflich war das Unternehmen, nicht an Kühnheit, sondern an Dummheit. Der König befahl sogleich, daß die Armee zu den Waffen greifen und den Umständen gemäß abmarschieren sollte. Alle sprengten nun mit verhängtem Zügel zu dem Schloßhof hinaus durch des Dorfes enge Gassen, der Gefahr entgegen, die auf den Bergen ihrer wartete – welch ein Augenblick! Wenn ich den König in dieser Schlacht selbst nicht in dem Maße bewundere wie der große Haufe des Militärs, so muß ich doch über seine Größe in diesem Zeitpunkt seines Lebens überhaupt erstaunen.

Er war in einer blutigen, fürchterlichen Schlacht in Böhmen geschlagen worden und erhielt sich mit Not und Mühe noch einige Zeit in diesem Lande; er kehrte dann nach Sachsen zurück, wo drei Armeen sich die Hand boten, seine Staaten zu verschlingen. Eine zweite große Schlacht raubte ihm sein Heer in Ostpreußen und dieses ganze Königreich. Eine vierte Armee, der ganzen preußischen Macht allein überlegen, folgte ihm aus Böhmen auf dem Fuße nach. In dieser verzweiflungsvollen Lage dachte der König an keinen Frieden. Aber diese Lage war noch nicht verzweiflungsvoll genug, um die Größe dieses erhabenen Gemütes auszumessen. Eine dritte Schlacht vernichtete bei Breslau den schönsten Teil seines Heeres und brach die einzige Säule zusammen, auf welcher die Grundfesten des Staates ruhten; zwei Dritteile von Schlesien gingen verloren.

So brachte der indes bei Roßbach erfochtene Sieg den König kaum einen Schritt von dem Abgrunde zurück, in welchen sein Staat zu stürzen und ihn unter seinen Trümmern zu begraben drohte. Der König sammelte die Reste seiner Heere und führte sie, 30 000 Mann stark, den 90 000 Österreichern bei Leuthen in Schlesien entgegen. Er war entschlossen, alles zu verlieren oder alles wiederzugewinnen, wie ein verzweifelter Spieler, und – daß unsere Staatsmänner es sich wohl merken möchten! – in diesem leidenschaftlichen Mute, der nichts ist als der Instinkt einer kräftigen Natur, liegt die höchste Weisheit. Die ruhigste Überlegung des glänzendsten Kopfes kann, entfernt von jeder Gefahr und jedem leidenschaftlichen Antriebe, auf kein anderes Resultat kommen. Davon bin ich ganz überzeugt. Hier, bei Leuthen, errang Friedrich in einer Mordschlacht jenen glänzenden Sieg, der den schönsten Stein in die Strahlenkrone seines Ruhmes fügte und den Staat, wie ein Zauberschlag, aus seinen Trümmern neugefügt hervorgehen ließ.

In dieser ganzen Periode sieht man den König mit einer Freiheit des Geistes und Heiterkeit handeln und leben, die mich bis zur leidenschaftlichen Bewunderung hinreißt.

Friedrich Nicolai über Begebenheiten nach der Schlacht von Leuthen

Kolin verloren, Roßbach gewonnen, am 5. Dezember 1757 besiegt der König mit neununddreißigtausend Mann in fünfstündiger Winterschlacht sechsundsechzigtausend Österreicher, Sachsen und Württemberger. Der Berliner Aufklärer Friedrich Nicolai (1733–1811) erzählt, wie es zum berühmten Choral von Leuthen kam. Nicolai gehörte zu den hartnäckigsten Verehrern Friedrichs. Seine «Anekdoten von König Friedrich II. von Preussen, und von einigen Personen, die um Ihn waren. Nebst Berichtigung einiger schon gedrukten Anekdoten» erschienen zwischen 1788 und 1792 in sechs Bänden. Georg Christoph Lichtenberg schrieb am 21. Mai 1789 an seinen Verleger und Freund Johann Christian Dieterich: «Nun, sollte HE. Nicolai noch da seyn, so statte ihm 1000fachen Danck für seine über alles gehenden Anecdoten von Frid. II. ab. Ich hätte nicht leicht ein Buch mit größerer Geisteserschütterung (...) gelesen. Das: Nun dancket alle Gott pp nach der Schlacht bei Lissa, so erzählt, hat mir Thränen abgelockt. Ich zähle diese Lectüre, unter eine der angenehmsten wahrlich in meinem Leben, Mein Gott! was ich diese Blätter gelesen habe.»

Ich kannte einen jungen Edelmann, der im November 1757 in seinem funfzehnten Jahre zur Armee des Königs in Sachsen als Fahnenjunker abging. Er kam kurz nach der Schlacht bey Roßbach an, und mußte sogleich den beschwerlichen Marsch nach Schlesien mitmachen. Es ist leicht zu erachten, daß einem Jünglinge, der von der Schule kam, und noch wenig in der freyen Luft gewesen war, eine solche Expedition mitten im Winter sehr hart vorgekommen seyn müsse. Er gestand einige Jahre nachher, daß ihn damals sein freywillig und aus wahrem patriotischen Muthe gefaßter Entschluß, sich dem Militär zu widmen, zuweilen beinahe gereuet hätte. In der Schlacht bey Leuthen war er unter den 10 Bataillonen der Avantgarde, welche bey Borna vier sächsische und zwey östreichsche Kavallerieregimenter über den Haufen warfen. Er gestand nachher: als es zur Attake aus dem Walde heraus gegangen, habe er beynahe alle Besinnung dermaßen verloren, daß er am ganzen Leibe gezittert, und mit aller Anstrengung kaum Kraft genug gehabt habe, die Fahne zu halten. Als aber das erste Treffen den feindlichen linken Flügel jenseits Lobetinz angreifen sollte, kam der König gerade zu dem Bataillon geritten, bey dem er stand, hielt neben den Fahnen still, und rief: «Nun Kinder! frisch heran, in Gottes Namen!» Dies wirkte auf den Jüngling wie ein elektrischer Funken. Alle Furcht war bey ihm weg, und alle Bewegungen und Gefahren des ganzen Tages ging er nun mit freudigem Muthe durch, blieb auch bey allen Attacken unversehrt.

Als die Schlacht vorbey war und die Armee auf dem Schlachtfelde sich im Dunkeln in Ordnung stellte, schien die Natur dem funfzehnjährigen Jünglinge einigen Tribut abfordern zu wollen. Er spürte jetzt erst, wie sehr ermüdet er war. Er legte sich mit seiner Fahne auf das kalte Erdreich. Ihn fror bitterlich. Er hatte seit frühem Morgen nicht gegessen, und ob er gleich etwas Kommißbrod hervorholte, so war doch nichts zu trinken da; und der arme Jüngling verging beynahe vor Durst und Frost. Nachdem er so eine Viertelstunde gelegen hatte, und mißmuthig war, fing aus dem Fahnenzuge ein Soldat an laut und langsam anzustimmen: Nun danket alle Gott! Die Feldmusik stimmte gleich ein, und in einer Minute sang die ganze Armee dieses Lied. Der Jüngling richtete sich von der Erde auf, sang aus Herzensgrunde mit, und ward, wie er versicherte, dadurch so gestärkt, daß wenn er nun nochmals in die Schlacht hätte gehen sollen, er neuen Muth und neue Kräfte genung dazu gehabt haben würde.

Es läßt sich kaum etwas feyerlicheres und rührenderes denken, als dieser Gesang. Man denke an die Worte dieses Liedes, Man stelle sich dieses Danklied vor, langsam und im Dunkeln gesungen von mehr als zwanzigtausend männlichen Stimmen, von mehr als zwanzigtausend Männern, welche diesen ganzen Tag den Tod in so mancherley Gestalten gesehen hatten und noch lebten. Man stelle sich Männer vor, die gestern noch über äußerst unglückliche Vorfälle, wodurch beynahe alle Hofnung abgeschnitten wurde, niedergeschlagen waren; jetzt aber eben einen so großen Sieg erfochten hatten, der die äußerste Erwartung jedes preußischen Patrioten übertraf. Mit welcher Herzenserhebung mußten diese Männer folgende Worte singen:

Nun danket alle Gott!
Mit Herzen, Mund und Händen!
Der große Dinge thut,
An uns und allen Enden!

Ein solcher treuherziger Gesang des Dankes an die Gottheit ist erhabener als alle Schlachtgesänge des Alterthums, die zum Blutvergießen aufmunterten. Tyrtäus hat keinen Dankgesang nach der Schlacht. Man stelle sich lebhaft vor, mit welchen Empfindungen Männer, welche die Mühseligkeiten des Krieges in so überschwenglichem Maaße gefühlt hatten, in dieser feyerlichen Stunde folgende Worte singen mußten:

Der ewig gute Gott
Woll uns, so lang wir leben,
Ein immer frölich Herz
Und edlen Frieden geben!

Gotthold Ephraim Lessing tadelt den hitzigen Patriotismus
Bei Zorndorf hatte Friedrich am 25. August 1758 die Russen geschlagen, die sich daraufhin nach Pommern zurückzogen. Der patriotisch entflammte Dichter Johann Wilhelm Ludwig Gleim ließ den von ihm

erfundenen Grenadier auch diesen Sieg besingen und erregte dabei den Unwillen Lessings. Gleim änderte nach Lessings Kritik die anstößigen antirussischen und antisächsischen Stellen.

Gotthold Ephraim Lessing an Johann Wilhelm Ludwig Gleim

Berlin, 16. Dezember 1758

Liebster Freund,
Ich bleibe Ihnen die Antwort auf ihre letzten sehr angenehmen Briefe lange schuldig. Sie werden die Ursache gleich hören. Vor allen Dingen muß ich Ihnen sagen, daß ich das Gedicht unsers Grenadiers, als ein Gedicht, mit dem größten Vergnügen gelesen habe. Er ist hier weit ernster, feierlicher, erhabner, als in seinen Liedern, ohne deswegen aus seinem Charakter zu gehen. Allein soll ich es für nichts, als für eine Wirkung seiner frappanten Art zu malen halten, wenn mir bei verschiedenen Stellen, vor Entsetzen die Haare zu Berge gestanden haben? Sehen Sie, liebster Freund, ich bin aufrichtig, und ich kann es gegen Sie ohne Gefahr sein. Ich wollte diese Stellen nicht zum zweiten male lesen, und wenn ich noch so vieles damit gewinnen könnte. Ja gesetzt, es wird über kurz oder lang Friede; gesetzt, die itzt so feindselig gegen einander gesinnten Mächte, söhnen sich aus – (ein Fall, der ganz gewiß erfolgen muß) – was meinen Sie, daß alsdenn die kältern Leser, und vielleicht der Grenadier selbst, zu so mancher Übertreibung sagen werden, die sie itzt in der Hitze des Affects für ungezweifelte Wahrheiten halten? Der *Patriot* überschreiet den Dichter zu sehr, und noch dazu so ein soldatischer Patriot, der sich auf Beschuldigungen stützet, die nichts weniger als erwiesen sind! Vielleicht zwar ist auch der Patriot bei mir nicht ganz erstickt, obgleich das Lob eines eifrigen Patrioten, nach meiner Denkungsart, das allerletzte ist, wonach ich geizen würde; des Patrioten nemlich, der mich vergessen lehrt, daß ich ein Weltbürger

sein sollte. In diesem Falle also, wenn es nemlich eine bloße Collision des Patriotismus ist, die mich diesesmal mit unserm Grenadier weniger zufrieden macht, als ich sonst zu sein so viel Ursachen habe – «veniam petimus, dabimusque vicissim» [erbitten wir Nachsicht und gewähren sie einander, Horaz]. Ich war auch in Betrachtung dessen, gar nicht Willens das Gedicht unsers Grenadiers zu unterdrücken, oder wenigstens vom Drucke abzuhalten. Allein da itzt, bei großer Strafe, nicht eine Zeile ohne Censur und Erlaubnis hier in Berlin gedruckt werden darf, so mußte es notwendig vorher censiert werden, und *erst heute* erfahre ich, daß es die Censur nicht passieren kann. Ohne Zweifel ist die anstößige Erwähnung des von Katt die vornehmste Ursache. Der König hat sich in dieser Sache selbst zu öffentlich Unrecht gegeben, als daß es ihm angenehm sein könnte, sich auf eine solche Weise daran erinnert zu sehen.

Ein Zeitgenosse schildert den Schrecken von Kunersdorf

Keine andere Niederlage hat den König so schockiert und persönlich getroffen wie die bei Kunersdorf im August 1759, als er in blutiger Schlacht Russen und Österreichern unterlag und danach alles verloren glaubte. Eine auffallend lebendige, verschiedene Zeugnisse und Erinnerungen abwägende Darstellung der Ereignisse erschien anonym 1802 im zweiten Teil der «Charakteristik der wichtigsten Ereignisse des siebenjährigen Krieges, in Rücksicht auf Ursachen und Wirkungen. Von einem Zeitgenossen».

In der bedenklichen Lage, in welcher der König seine Erbländer gegen die Ueberschwemmung eines ansehnlichen Heeres mit Macht zu decken nicht füglich vermochte, war keine Zeit zu verlieren, um sie gegen eine gänzliche Verwüstung zu sichern. Dies konnte nur dadurch bewirkt werden, daß man versuchte, die beabsichtigte Vereinigung [russischer und österreichischer Truppen] zu hintertreiben, und dem ganzen Handel durch einen entscheidenden Streich ein Ende zu machen. Da sich Friedrich II. erinnerte, daß seit dem Anfange des Krieges, besonders in kritischen Situationen, seine persönliche Gegenwart seinen Armeen fast immer das Uebergewicht verschafft hatte; so beschloß er, selbst an der Spitze von 18 000 Mann nach der Oder zu marschiren, und die ihm so gefährlichen Russen zu vertilgen, ehe sie die Unterstützung ihrer Bundesgenossen erhalten konnten. In dieser Rücksicht mußte Prinz Heinrich, der durch die nicht mehr verkennbaren Anschläge der Generale Laudon und Haddik veranlaßt, mit seiner Armee bis Camentz und Königswartha vorgerückt war, den General Fink mit 9000 Mann zurücklassen, um Dresden zu decken, mit dem Ueberrest aber eiligst den Marsch nach Sagan antreten. Der Herzog von Würtemberg, der mit einem Beobachtungskorps bei Burau stand, mußte daselbst zu ihm stoßen, und nun berief der König den Prinzen, seinen Bruder, zu sich, um ihm den Oberbefehl über die bei Schmokseifen gelagerte schlesische Armee zu übertragen.

Friedrich II. war fest entschlossen, den seinen Waffen bei Palzig angethanen Schimpf durch die völlige Niederlage seiner Feinde zu rächen; da ihm indeß die an Wahnsinn gränzende Standhaftigkeit der Russen, am Tage der Schlacht bei Zorndorf, bekannt geworden war, so bereitete er sich zu den blutigsten Auftritten vor. Vielleicht ahnete ihm, er könnte selbst ein Opfer werden; denn vor seiner Abreise machte er sein Testament, und beschwor den Prinzen Heinrich, den er zum Vormund seines noch minderjährigen Neffen, des Prinzen von Preußen, bestellte, nie in einen dem Hause Brandenburg schimpflichen Frieden zu willigen, wenn er das Unglück haben sollte zu bleiben oder gefangen zu werden. Denen, die damals um diesen Umstand wußten, war es höchst feierlich, ihren Monarchen mit der ausgezeichnetsten Resignation dem Tode entgegengehen zu sehen, um die Rettung seiner schon verlohren scheinenden Staaten, mit Gefahr des Lebens zu versuchen; jeder wünschte ihm Glück zu seinem Vorhaben, bewunderte aber zugleich die philosophische Standhaftigkeit des großen Königs. (...)

In dieser Stellung traf der König die feindliche Armee, als er von den Anhöhen bei Trettin ihre Position recognoscirte. Bloß ihre linke Flanke schien ihm indeß angreifbar. Sie hatte zu wenig Ausdehnung, und gelang es, sie aus ihrer Verschanzung zu werfen, so schien es leicht, einen vollkommenen Sieg davon zu tragen. Da nun seine gegenwärtige Lage ihn zwang, die Fehde mit den Russen, es koste, was es wolle, zur Entscheidung zu bringen: so beschloß er den Angriff auf den folgenden Tag, den 12. August.

Seinen großen Talenten gemäß, waren seine Dispositionen zur Schlacht, im allgemeinen genommen, besonders zweckmäßig eingerichtet, und es bleibt noch immer wahrscheinlich, daß, wenn das Glück seine Anlagen begünstigt hätte, die russische Armee würde haben aufgerieben werden können. Man hat bemerkt, daß der König, während des Siebenjährigen Krieges, sich nie begnügte, nur zur Hälfte zu siegen; im gegenwärtigen Fall aber waren theils das Andenken an die Niederlage, die seine Armee bei Palzig erlitt, theils der Wunsch, sich eines ihn so hart drückenden Feindes auf einmal zu entledigen, die Triebfedern, die in ihm dem Gedanken erzeugten, einen Versuch zu machen, das Heer dieser Barbaren von der Erde zu vertilgen, und was das Schwert nicht wegraffen könnte, in der Oder zu ersäufen. Aus diesem fürchterlichen Gesichtspunkte betrachtet, ordnete er daher nicht allein seine Angriffe auf die Flanke und den Rücken des Feindes, sondern der an der Oder zurückgelassene General Wunsch erhielt auch den Befehl, sich während der Schlacht Meister von Frankfurt zu machen, und den Russen bei ihrer Flucht den Uebergang über die bei der Gubenschen Vorstadt geschlagenen Brücken zu versperren.

So kolossal aber auch dieser Entwurf war, so zweckmäßig auch der König dahin zu wirken sich bemühte; so blieben bei der Zergliederung des ganzen Projekts, doch Schwierigkeiten ungeprüft, die leicht eintreten, und das künstlich mächtige Vorhaben zum Theil, wo nicht ganz vereiteln konnten. Diese Schwierigkeiten waren mancherlei, und wir haben Ursache zu glauben, daß Friedrich II. dergleichen wohl ahnete, jedoch dem Glücke auch seinem Antheil am Siege überlassen wollte, oder vielmehr überlassen mußte. Hierher können wir unter andern rechnen: daß es dem König an hinlänglicher Kenntniß des Terrains, worauf er fechten wollte, fehlte, die er auch, trotz aller angewandten Mühe zu erlangen nicht vermochte. (…)

So wenig auf die Schwierigkeiten vorbereitet, die das Terrain um und bei Cunersdorf wirklich darbot, marschirte der König in drei Kolonnen links ab, und formirte die Armee in der Cunersdorfer Haide, mit dem rechten Flügel an das Hühnerfließ gelehnt. Dieser Flügel war bestimmt, den ersten Stoß zu geben, die Verschanzungen auf den Mühlbergen zu stürmen, und solchergestalt die linke Flanke des Feindes zu brechen. Sechzig Kanonen wurden auf einem, am Ausgange des Waldes belegenen Berge aufgefahren, um durch ihre Wirkung die bekannte Entschlossenheit der Russen wanken zu machen. Acht Bataillone Grenadire, unter Anführung der Generale Schenkendorf und Linstadt, in zwei Treffen gestellt, sollten den Angriff thun, und die Infanterie des rechten Flügels, gleichfalls in zwei Treffen, denselben unterstützen. Während der Zeit mußte sich das Finkische Corps auf den Anhöhen vor Trettin zeigen und allerlei Bewegungen machen, um die Aufmerksamkeit des Feindes auf sich, und nicht auf den eigentlichen Angriffspunkt zu ziehen. Dies glückte auch in so weit, daß die Russen, in der Voraussetzung, man wolle ihnen in den Rücken fallen, die auf ihre Flanke gestellte preußische Armee nicht eher gewahr wurden, als bis sie an dem Saume des Waldes erschien.

Gegen Mittag nahm das Kanonenfeuer von der großen Batterie des rechten Flügels seinen Anfang. Dies wurde durch eine zweite, die General Fink auf der Höhe hinter der großen Mühle hatte auffahren lassen, so wie durch eine dritte, vor dem linken Flügel auf dem sogenannten Seidlitzer Berge errichtete, unterstützt. Die gemeinschaftliche Wirkung dieser drei Batterien, deren kreuzendes Feuer sich auf der schmalen Anhöhe, worauf die feindliche Flanke stand, conzentrirte, erschütterte den Muth der in die Verschanzungen gestellten Russen; und da nach Verlauf von einer halben Stunde das Grenadier-Corps zum Angriff anrückte, auch, eines schrecklichen Kartätschenhagels aus 100 Kanonen ungeachtet, die Verschanzung erstieg, so schlug es den Feind heraus, und erbeutete 70 Kanonen. Der russische linke Flügel ergriff die Flucht, alles was davon zwischen den Mühlbergen und Cunersdorf stand, gerieth in die größte Unordnung, und in diesem Augenblick fehlte es dem Könige nur an hinlänglicher Cavallerie und an grobem Geschütz, um sich mit Vortheil den Weg zum völligen Siege zu bahnen. (...) Selbst das Grenadier-Corps war durch den mit größtem Ungestüm und der anhaltendsten Anstrengung unternommenen Angriff etwas in Verwirrung gerathen, und mußte wieder in Ordnung gebracht werden, ehe es weiter vorrücken konnte. Diese Verzögerung nutzten die feindlichen Feldherren, ihre geschlagenen Regimenter durch frische zu ersetzen, eine Linie disseits Cunersdorf zu formiren, und die rückwärts längs der Niederung belegenen Anhöhen mit Infanterie zu besetzen.

Die von den Russen genommene neue Position erforderte einen anderweitigen Angriff; und da der König den rechten Flügel seiner Armee auf die Mühlberge hinauf gezogen hatte, so führte er solchen gegen den Feind. Hier entstand eins der mörderischsten Gefechte. Beide Theile waren nicht weit voneinander entfernt: sie verschossen alle ihre Patronen, ohne daß einer oder der andere hätte weichen wollen, und nur die Besorgniß, durch das immer näher rückende Corps des Generals Fink in dem Rücken genommen zu werden, vermochte die Russen, sich über den Kuhgrund gegen die Judenberge zurückzuziehn.

Jetzt schien bei diesen die Zerstreuung so allgemein zu werden, daß der König, der des Sieges schon gewiß zu seyn glaubte, einen Kourier nach Berlin abfertigte, um diese frohe Nachricht vorläufig anzukündigen. Allein wie schwanken ist das Glück des Menschen, wie wenig zuverlässig das ihm bestimmte Loos! Oft glaubt er sich schon am Ziele, empfindet das Vorgefühl der angenehmsten Zukunft, und – wird bald darauf durch eine fremde Einwirkung weit davon zurückgeschleudert. Dies erfuhr auch Friedrich II. hier. Während er, mit der angestrengtesten Arbeit seiner unerschrockenen Krieger zufrieden, sich zu einem der glorreichsten Tage seines Lebens Glück wünschte, trafen ihn Verhängnisse des Schicksals, die den Gedanken an Sieg, an gänzliche Vertilgung des russischen Heeres verwischten, und ihn und seine Armee in eine weit traurigere Lage versetzten, als die war, in der er sich nach dem Verluste der Schlacht bei Kollin befand.

Alle preußischen Generale, bis auf einen, der den Schmeichler machte, obgleich er in seinem Herzen gewiß anders denken mochte, waren der Meinung: der König könne mit den erlangten Vortheilen zufrieden seyn, da die Ermattung seiner Truppen, nach einem so blutigen Gefechte an einem der heißesten Sommertage, nicht viel mehr von ihrer sonst bekannten Tapferkeit erwarten ließe. Sie behaupteten: es sey wahrscheinlich, daß der Feind, dessen Verlust außerordentlich seyn müsse, die einbrechende Nacht erwarten werde, um sich zurückzuziehen, und daß daher die Ehre, das Schlachtfeld behauptet zu haben, ohne weiteres Blutvergießen erlangt werden könne. (...) Allein der König wollte sich nicht begnügen, nur die Hälfte der sich vorgenommenen Arbeit gethan zu haben. (...)

Da sich der König einmal vorgenommen hatte, den Angriff

fortzusetzen, so befahl er seinem linken Flügel sich rechts zu schwenken, und den Spitzberg nebst der darauf errichteten großen Batterie zu erobern; dem General Fink trug er auf, die Anhöhen an der Niederung zu stürmen, er selbst aber nahm sich vor, mit seinem rechten Flügel den Feind vom Rande des Kuhgrundes zu vertreiben; dieß waren indeß Klippen, an denen selbst die Herzhaftigkeit der Preußen scheitern mußte. (...)

Jezt ergriff die ganze preußische Armee die Flucht. Der König, welcher keine Gefahr scheuete, und sein Leben gleich einem gemeinen Soldaten preis gab, that alles mögliche um einige Batillone zum stehn zu bringen; allein durch die heftigste Blutarbeit erschöpft und von einem panischen Schrecken ergriffen, war alles gegen seine Befehle taub, und jeder suchte, so gut er konnte, seine Rettung bei den Schiffbrücken an der Oder. Friedrich II. von seiner ihm sonst so ergebenen Armee verlassen, hielt noch, nur von wenigen Adjutanten begleitet, auf dem Schlachtfelde, gerade an einem Orte, wo das feindliche Feuer am stärksten wüthete. Man bat ihn, seine Person in Sicherheit zu bringen, allein vergebens. Es schien als wenn er selbst gewünscht hätte, das sich selbst zugezogene Unglück – nicht zu überleben; denn in der größten Verzweiflung, über den erlittenen großen Verlust, hörte man ihn ausrufen: N'y a-t'il donc pas un b... de boulet quis puis m'atteindre? («Kann mich denn keine verwünschte Kanonenkugel erreichen?» Eben so handelte Cäsar auf der Ebene von Munda, als seine Veteranen zu weichen schienen.) Hier hielt er unerschrocken unter Erschlagenen und Verwundeten in Menge, und theilte noch Befehle aus. Von denen die um ihn waren, wurden verschiedene an seiner Seite theils getödtet, theils verwundet. Ein Pferd war ihm schon unter dem Leibe erschossen worden, ein zweites bekam einen Schuß in die Brust, und war im Begriff zu stürzen, als der damalige Flügeladjutant von Götz nebst einem Unterofficier ihm noch vom Pferde halfen, ehe es fiel. Götz gab ihm das seinige.

Kaum hatte der König es bestiegen, als ihn eine Flintenkugel traf, zwischen seinem Kleide und der Hüfte in die Tasche fuhr, und nur durch ein goldenes Etui, welches er bei sich führte, in ihrer Wirkung aufgehalten wurde. Fast in eben dem Augenblicke zeigte sich feindliche Cavallerie, und der König lief Gefahr getödtet oder gefangen zu werden, wäre nicht der Rittmeister von Prittwitz mit einem Trupp Husaren herbeigesprengt, um den Feind aufzuhalten und den Monarchen zu decken. Diesen Zeitpunkt nutzten seine Adjutanten; sie fielen seinem Pferde in den Zügel, und rissen ihn so wider seinen Willen aus dem Schlachtgetümmel.

Der Rückzug der preußischen Armee bis an die Oder geschah in einer schrecklichen Unordnung. Sie war bei Kollin, Hochkirch und Palzig geschlagen worden, allein dort wich sie nur der Uebermacht ihrer Feinde, um sich gleich wieder zu neuen Gefechten anzuschicken; hier aber kann man sagen, es war eine allgemeine Flucht. (…)

Traurig war der Anblick der preußischen Armee am Morgen nach der Schlacht! 20000 Mann waren theils getödtet, theils verwundet, theils gefangen; ein großer Theil hatte sich zerstreut, und nicht viel über 5000 Mann befanden sich um den König, als er bei der Oder angelangt war.

Der Kammerherr von Lehndorff wartet unruhig auf Nachrichten vom Schlachtfeld

Ernst Ahasverus Heinrich von Lehndorff, der Kammerherr der Königin, vertraute auch vor und während der Schlacht von Kunersdorf seine Ängste und Hoffnungen dem Tagebuch an.

1. August 1759. Man hat noch immer ein wenig Hoffnung, daß der Name des Großen Friedrich uns retten wird. Es heißt, daß er in Frankfurt eingetroffen sei und nun die Russen in Schach hal-

ten werde, so daß sie ihre Pläne auf Berlin aufgeben müssen. Sie fürchten sich vor ihm noch immer mehr als vor 60 000 Mann. Ich bringe den ganzen Tag damit zu, mein Hausgerät zu den fremden Gesandten und zu Freunden in der Stadt hinzubringen. Es ist ein Jammer, daß man, um ein paar hundert Dukaten zu sparen, nicht genug Leute ausschickt, um zuverlässige Nachrichten über den Feind einzuziehen.

12. August 1759. Unsere Unruhe steigert sich. Der König hat die Oder passiert und soll heute die Russen angreifen. Wir verbringen einen der aufregendsten Tage. Die Reichsarmee hat Torgau, Leipzig und Wittenberg genommen. Äußerst besorgt sind wir um den Prinzen Heinrich, von dem wir seit drei Wochen nicht die geringste Nachricht haben; er beobachtet die Daunsche Armee.

13. August 1759. Man weckt mich um 5 Uhr mit der Nachricht, daß die Schlacht gewonnen sei. Ich springe mit einer Freude ohnegleichen aus dem Bett, lasse anspannen, fahre zu meiner Mutter und überallhin, zuletzt zur Königin. Endlich beginne ich nach den näheren Umständen zu forschen. Da sagt man mir, daß der Postmeister eine Stafette erhalten habe, mit dem Auftrage, Postillione bereitzuhalten; als diese Stafette vom Schlachtfelde abgegangen sei, habe der König schon zwei Batterien mit 40 Kanonen genommen und viele Gefangene gemacht. Die Fenster sind dicht besetzt und die Straßen so gefüllt, daß man nicht durchkommen kann. Alles schreit: «Vivat!» Unterdessen füllen sich die Vorzimmer der Königin mit dem ganzen Adel, Damen und Herren, die der Königin gratulieren wollen. Der Baron v. Müller, der immer die Gelegenheit zum Spiel wahrnimmt, legt eine Bank auf, kurz, man äußert seine Freude auf jede mögliche Art.

Doch dann, als wir mitten im Diner stehen, wird Hertzberg

gemeldet, und die Königin erhebt sich, um ihn zu sprechen. Einen Augenblick darauf tritt Fräulein v. Tettau herein, mehr tot als lebendig, und sagt: «Der König befindet sich wohl, die Schlacht ist verloren, der Hof soll augenblicklich abreisen.» Gott, welch Augenblick! Alles steht im Nu auf. Die Prinzessinnen haben weder Wagen noch Bediente hier.

Der König hat an den Grafen Finck geschrieben: «Meine Infanterie ist niedergehauen, die Kavallerie in völliger Auflösung, ich habe nicht mehr als 3000 Mann. Rettet das königliche Haus!» In kaum einer Stunde sind meine beiden Wagen beladen und ich mit meiner Frau zur Abreise fertig, aber in welcher Verfassung!

Mehr als hundert Kutschen und Gepäckwagen stehen um das Schloß herum, die Königin und die Prinzessinnen essen noch etwas kaltes Fleisch, und gegen 9 Uhr fahren wir alle ab. Das Volk ist empört und ruft uns Schimpfworte nach, aber unsere Bestürzung und besonders die Angst um den König machen uns gegen dergleichen unempfindlich. Um 11 Uhr sind wir in Spandau.

Thomas Abbt preist den Tod fürs Vaterland
Neben Ewald von Kleist waren gut sechzehntausend Preußen bei Kunersdorf gefallen, also erschossen, zerhackt, niedergetrampelt worden. Thomas Abbt (1738–1766) hatte in Halle Philosophie und Mathematik studiert und übernahm 1760 eine Professur in Frankfurt an der Oder. Bald fand er Kontakt zu den Berliner Aufklärern. 1761 erschien seine Schrift «Vom Tode fürs Vaterland». Vaterlandsliebe und Opferbereitschaft auch und gerade in Monarchien wollte er propagieren. Die Vorbilder entstammten der Antike, der Heros der Gegenwart hieß Friedrich – und mit ihm erhoben sich die Untertanen über ihre gedrückte, beschränkte Stellung. So dachte es sich zumindest Abbt.

Erste Folge der Liebe für das Vaterland. Sie ertheilt den Unterthanen des Staats eine grosse und neue Denkungsart.

Wenn ein Vater am Tage der Schlacht sein Leben rühmlich geendigt, und dem Staat sein Beispiel und seine Kinder hinterlassen hat: werden nicht die Kinder dieses Bild immer vor Augen sehen, und dadurch angefeuert werden, die Lorbern an eben dem Orte zu pflücken, wo der würdige Vater sie gebrochen hat, und mit dem damit umwundenen Scheitel in das Grab gesunken ist? Man darf nicht fürchten, daß sie dadurch werden abgeschreckt werden. Der jüngste unter den Deciern ward wenigstens durch die Beispiele seines Vaters und Großvaters nicht abgeschreckt, sich gleich ihnen für das Vaterland aufzuopfern. Sobald die Einbildungskraft dieser Kinder mit dem Bilde eines heldenmüthigen Vaters angefüllt ist: sobald sie durch den erhabenen Vorgänger aufgemuntert, ähnliche Gelegenheiten sich gewünscht haben: so werden sie ganz gewiß bey ihren Nachkommen eben die Stelle zu vertreten suchen, die ihr Vater für sie so prächtig angefüllt hatte. Wie wird also ihr Betragen seyn? – tapfer unstreitig! Dadurch werden gleichsam die Farben an diesem Familienstück beständig frisch erhalten, und die Zeit selbst bemühet sich vergebens sie zu schwächen. Laßt nur einige Familien dergleichen Gemälde vor sich haben: die ganze Nation muß bald in eine Nacheiferung gerathen, durch welche nothwendig ihre Denkungsart neu und erhaben wird. Sie kann überwunden werden, diese Nation, aber sie bleibt unsterblich. Theben ist zerstöhrt, aber durch die Schlacht bey Leuctra lebt es noch in unserm Andenken. Auch Numantia tritt bey dem Namen eines Scipio stolz einher, und zieht, gleich dem Gemälde des Cato bey Cäsars Triumph, unsre Blicke auf sich. Porus und seine Unterthanen theilen mit Alexander und seiner Armee die Lorbern, mit welcher sich die letztere umkränzt haben. Denn nach einem tapfern Widerstand überwunden werden, heißt nicht seine Grösse verlieren, so wenig ein Riese in seiner Statur kleiner wird, wann er zu Boden fällt.

Man muß sich nicht einbilden, daß eine solche Denkungsart nur für wenige Seelen unter einer ganzen Nation sich schicke. Es ist nicht eine so reine Luft, die nur wenige auf der Höhe athmen können. Wer sich nur einigermaßen aus dem Schlamm empor hebt, wird sie ebenfalls einziehen. Und auch der Pöbel hat die Kräfte, wenigstens einige Schritte den Berg hinanzugehen, der zum Tempel der Unsterblichkeit führet. Von den dreyhunderten, die bey Thermopylä als Schlachtopfer für das Vaterland fielen, giengen alle, durch dessen Liebe gedrungen, dahin. Zwar der Name Leonidas allein ist den Nachkommen bekannt geworden, aber seine Mitsoldaten dachten doch alle gleich groß. Die Römer, welche sich nach der Schlacht bey Cannä wieder versammelten, waren nicht alle Patrizier, aber sie brannten alle für ihr Vaterland. Es giebt, wenn ich so sagen dürfte, gewisse Stämpel, die jeder Seele können aufgedrückt werden, wenn sie nur nicht ganz von Koth ist. Sie braucht eben nicht die Polirung zu haben, dadurch der Abdruck glänzend wird. Und wenn es einmal 12 000 giebt, die dieses Zeichen an sich tragen: wer wird sich wol so sehr beschimpfen, daß er nicht gleiches Verlangen darnach zeigte? Ja, ich darf vielleicht noch weiter gehen. Diese Denkungsart, wenn sie nur einmal unter den Eingebornen des Staats herrscht: wird sich bald auch den Ausländern mittheilen, die dem Staate mit ihrem Blut und Leben dienen sollen. Sie werden eben so eifrig in der Vertheidigung einer Regierung seyn, die ihnen den Unterhalt giebt, als derjenigen, unter welcher sie das Leben empfangen haben. Dann werden Jünglinge und Greise den Tod fürs Vaterland mit dem gleichgültigen Auge betrachten lernen, das sonst der Philosoph sich alleine und oft zu pralerisch zugeschrieben hat. Niemand wird sich scheuen, eben die Grabschrift auf seinem Denkmale zu sehen, die er auf den Denkmälern der Väter mit

Ehrfurcht gelesen hat: Er starb fürs Vaterland. Jeder wird ohne Entsetzen an den Posten gehen, der seinen würdigen Voreltern der Posten der Ehre und des Todes geworden ist.

Wenn aber schon die Schatten der Erschlagenen uns auf das Schlachtfeld hinwinken können: was muß nicht der Anblick des Monarchen wirken, der auf demselben fast mit grösserm Glanz als auf seinem Throne stralt?

Ein Volk betrachtet seinen Monarchen, schon von seiner ersten Kindheit an, als den Prinzen, der es beschützen wird; aber auch als ein theures Pfand, welches von der Nation beschützt werden soll. Der Prinz ist eine Quelle von Wohlthaten für die Unterthanen; aber eine Quelle, um die sie Wache halten. Sie wissen, daß er alles für sie, aber ohne sie nichts gegen andre thun kann. Er ist geehrt durch ihren Gehorsam in seinen Provinzen, aber durch ihren Eifer in seinem Dienst wird er verehrt bey den Ausländern. Aller Ruhm, der ihm zufließt, aller Glanz, der ihn umströmt, macht gleichsam eine lichte Himmelsluft um die ganze Nation aus. (...) Welcher patriotische Busen muß nicht klopfen, wenn wir den Mann, nach dem sich unser Jahrhundert nennen, durch welchen es bey der Nachwelt prangen wird, sich täglich dem Vaterland, das er in seiner ganzen ernsten Majestät vorstellt, als ein Opfer darbieten sehen! Fühlen wir denn weniger, als die Macedonier für ihren Alexander gefühlet haben? Diese alte Soldaten, die unter den Waffen fast unempfindlich geworden sind, weinen bey der Krankheit ihres Königs. Ein Schauer durch die ganze Armee; nicht nur ein Schauer, ein Wehklagen; nicht bloß Wehklagen, ein lautes Aechzen! Es ist wahr, Republikaner sind bey dem grösten Bedrängniß ihres Vaterlandes stumm geblieben: denn nicht alle waren so geschwätzig wie Cicero: aber Macedonier weinen, wenn ihr König in Gefahr ist, und weinen Thränen, die der Menschheit, ihnen selbst, und der Monarchie Ehre machen. Sclaven weinen nicht, wenn sie einen Tyrannen verlieren, und sicher sind, unter einen andern zu fallen. Ich erinnere mich noch mit dem melancholischen Vergnügen, das unsre Seele bey der Vorstellung einer tragischen Begebenheit überströmt, eine ganze Stadt über die falsche Nachricht von dem Unglück ihres Friederichs in Bestürzung, Greise in Thränen, Männer in Angst und Jünglinge in Wuth gesehen zu haben. Römer würden ins Kapitol geeilet seyn, um sich daselbst unter die Legionen einschreiben zu lassen; hier baten Söhne ihre Väter, sich zur Armee losreissen zu dürfen. O! darf ich wohl hier von meinem Freunde schweigen, der, mit jedem schönen Talent zum Nutzen des Staats in andern Ständen ausgerüstet, eben damals sich der Vertheidigung des Vaterlandes zu weyhen den Entschluß gefaßt, und ihn auch ins Werk gerichtet hat! Deine Freunde sehen dir nach, theurer ***, wünschen dich um sich, und wagen es doch nicht, diesen Wunsch zu vollenden, weil sie eine Römische Tugend verehren.

Maria Theresia will Preußen niederzwingen

Die Sicht Österreichs lernt man am besten in einer Denkschrift der umsichtigen Maria Theresia von 1759 und in «Staatsbetrachtungen» aus dem Jahr 1761 kennen – beides Meisterstücke der politischen Analyse. Mit dem «gefährlichen Nachbarn» Preußen wollte die Kaiserin, die Friedrich maliziös «Königin von Ungarn» nannte, keinen Frieden schließen, er musste niedergeworfen, klein gehalten werden.

DENKSCHRIFT DER KAISERIN MARIA THERESIA AN
FELDMARSCHALL DAUN, 24. JULI 1759

Bekanntermaßen ist das ChurHauß Brandenburg durch die Begünstigung Meines Ertzhauses in die Höhe gekommen; der Großvater des jetzigen Königs hatte kaum 50 000 Mann auf den Beinen, der Vatter vermehrte seine Macht bis auf 80 000 Mann, welche nunmehro verdoppelet worden. Der Verlust von Schlesien hat Meinen so gefährlichen Nachbarn mehr als um 40000 Mann verstärcket und Mich um so Vieles geschwächet. Diese unglückliche Begebenheit wurde durch zwey wiedrige Staatsumstände vergrösseret. Seiter 200 und mehr Jahren stunde Mein Ertzhauß mit dem Bourbonischen in beständigem Krieg und Eifersucht, und Frankreich ware in dieser Staats Maxime so vertieft und verblendet, daß es hierüber seinen natürlichen Feind, die Crone Engeland, fast ausser Augen verlohren und alle seine wiedrigen Absichten, ohne die anwachsende Preussische Macht zu erkennen, hauptsächlich gegen Mein Ertzhauß gerichtet. Der vorige Krieg dienet desfalls zur überzeugenden Probe, und das Französische Ministerium glaubte, ein grosses damit gewonnen zu haben, daß durch den Frieden Meine Macht geschwächet und die Brandenburgische so sehr verstärcket worden. Nach dieser verkehrten Staats Politique waren die Französische Entschliessungen eingerichtet, und wie Mir zuverlässig wissend ist, so hatte das dortige Militare kurz vor dem Ausbruch des gegenwärtigen Kriegs allschon den OperationsPlan entworfen, wie sich den Niederlanden zu bemächtigen und Meinem Ertzhauß recht wehe zu thun. (…)

Am meisten aber lieget Mir die Beysorge auf dem Herzen, daß über Vermögen gewaffnet bleiben und Meine getreun Unterthanen statt der ihnen zu gönnenden Erleichterung noch mehrers mit Auflagen belegen, mithin eine Militärische Regierungsform auf den Fuß der Preussischen eingeführet werden müsse; Welcher Vorgang auch andere Mächte zur Nachfolge nöthigen, und endlichen ganz Europa zur unerträglichen Last fallen würde.

Diesen und allen anderen üblen Folgen wäre durch die alleinige Schwächung des Königs in Preussen abgeholffen, und es besteht dahero der wahre Gegenstand des gegenwärtigen Kriegs nicht blosserdings in der Wiedereroberung Schlesiens und Glatz, sondern in der Glückseligkeit des Menschlichen Geschlechts und in der Aufrechterhaltung Unserer heiligen Religion, von welcher ich in Teutschland fast die alleinige Stütze abgebe.

STAATS-BETRACHTUNGEN ÜBER GEGENWÄRTIGEN PREUSSI-
SCHEN KRIEG IN TEUTSCHLAND, IN WIE FERN SOLCHER DAS
ALLGEMEINE EUROPÄISCHE, VORNEHMLICH ABER DAS
BESONDERE TEUTSCHE INTERESSE BETRIFT MIT UNTER-
MISCHTEN VÖLKERRECHTLICHEN BEMERCKUNGEN
WIEN 1761

Gegenwärtiger Krieg fasste wegen der von Preussen angenommenen Art Krieg zu führen, die über alle Regeln des allgemeinen Völker-Rechts hinaus gehet, so ausserordentliche Vorfallenheiten in sich, dergleichen man keine ähnliche in vorigen Kriegs-Geschichten finden wird. Um destomehr verdienet es Betrachtungen darüber anzustellen, je stärker der schädliche Einfluß davon in den Teutschen Staats-Cörper, der durch die Preußische Uebermacht und die angenommene Staats- und Kriegs-Maximen zu Grunde gehen muß; angesehen der Krieg mit solcher Heftigkeit Preußischer Seits angefangen, und bisher in einer solchen Gestalt fortgeführet worden, daß der König nicht bloß eigenes Volk, Geld und Kriegs-Nothwendigkeiten zu dessen Führung gebrauchet, sondern auch von unschuldigen und in Krieg nicht befangenen Nachbaren, ohne Unterschiede der Religion, alle Volk und Geld, auch allen Vorrath an Lebens-Mitteln und andern Bedürfnissen, was man nur davon mit Gewalt einzutreiben vermag, unter dem Vorgeben eines zuständigen *Convenienz*-Rechts und Kriegs-*Raison* anwendet. Das Preußische *Convenienz*-Recht, und die Kriegs-*Raison*, wird aber auf eine nach den Völker-Rechten unerlaubte Art so weit ausgedehnet, da alles fremde Gut, was zur Unterstützung der Preußischen Macht dienlich, zu Dienst und Gebot stehen soll, daß kein benachbarter Staat mehr Herr von dem Seinigen verbleibet, noch des Seinigen fürs Künftige gesichert seyn kann.

Durch ein so gestaltetes Betragen, wird ein allgemeines Elend zugerichtet, alle Verfassung umgestürzet, kurz, alles bey allen, die nicht mit Preussen halten, oder ihre Kräfte nicht gutwillig zu den Preußischen Vergrößerungs-Absichten aufopfern wollen, von Grund aus verderbet. Nicht nur in feindlichen, sondern auch in nicht feindlichen Landen, wovon Preussen den Namen eines Beschützers führen will, erblickt man anstatt ordentlicher Belagerungen, welche den Endzweck der Eroberung durch Beschiessung der Vestungs-Werker haben sollen, nichts anders, als blos Verbrennungen von Kirchen und Häusern und Verheerungen, die zur Eroberung nichts helfen, wie davon die Stadt Dreßden ein trauriges Beyspiel giebet, deren Verbrennung zur Eroberung nichts gedienet. (...)

Da nun aber Preußen ein so geartetes Betragen im Kriege führet, und aus dem Grunde der Nothwendigkeit, als zu Recht erlaubt, zu vertheidigen gedenket, ob es gleich Urheber der Nothwendigkeit, wegen des ohne Noth, und ohne gerechte Kriegs-Ursache angefangenen Krieges, daß es ohne Volk und Geld, auch sonstige Kriegs-Bedürfnisse allenthalben, auch in nicht feindlichen Landen mit Gewalt erpresset, wo es solche antrift, da es nicht einmal bey gerechten Kriegen auf diese Art, der sich Preußen bedienet, nach dem Völker-Recht zuläßig, so gehen die Preußische Kriegs-*Principia* noch über das *Hobbesianische* hinaus, und geben zu erkennen, daß das allgemeine Völkerrecht, nach dem besondern Preußischen Völker-Rechte, nichts gilt, sondern alles Recht in die Waffen gesetzt wird, was nur damit ausgeführet werden kann, es sey ein rechtmäßiger Titul vorhanden, oder nicht. (...)

Bey so beschaffenen Preußischen Grund-Regeln, wo kein Recht und Verbindlichkeit mehr gilt, dem andern das Seinige zu lassen, kann dem teutschen Elend nicht anders abgeholfen werden, als durch Dämpfung der Preußischen übermäßigen Macht, dadurch die Kräfte benommen werden, weiter schaden zu können; sonst ist alle Endigung des Krieges kein wahres Mittel der Ruhe, und aller anderer Friedens-Entwurf bewürket keinen dauerhaften und Ruhe bringenden Frieden.

Nun scheinet zwar die noch vorhanden seyende Preußische Macht so fürchterlich, daß viele glauben, als wäre sie nicht zu überwältigen, und daß man trachten sollte, dem angebottenen Frieden die Hände zu biethen, und das allgemeine Unglück nicht weiter zu verlängern.

Allein, wann der politische Satz wahr, daß ein armer Staat nicht fürchterlich seyn könne, woferne nur gegen denselben der Krieg lange dauret: so kan man auch von dem Preußischen an innerlichen Landes-Reichtümern Mangel leidenden Staat urtheilen, daß, so stark dessen Macht durch eine lange Sparsamkeit, und gänzliche Verwendung des Geldes auf das Soldaten-Wesen, seit Anfang voriger Königlicher Regierung angewachsen, und durch den Anwachs von Schlesien um ein so grosses vermehret worden, daß eine von den drey grossen Mächten von Europa alleine, ihr nicht mehr genug gewachsen zu seyn scheinet, dennoch die drey verbundenen Mächte zusammen die Preußische Macht nicht zu fürchten haben, vielmehr im Stande sind, sie endlich zu überwältigen, woferne nur die mit Oesterreich verbundene grosse Mächte, und das Reich mit vereinigten Kräften standhaft den Krieg länger fortführen, und nicht eher die Waffen niederlegen, bis der Haupt-Endzweck der Vereinigung, welchen sie bey Anfang des Krieges geführet, erhalten.

Christian Fürchtegott Gellert wird vom König empfangen
Der Krieg nahm kein Ende. Am 11. Dezember 1760 rief Friedrich in Leipzig, im preußisch besetzten Sachsen, den Professor der Bered-

samkeit Christian Fürchtegott Gellert (1715–1769) zu sich. Gellert war, vor allem dank seiner «Fabeln und Erzählungen», einer der populärsten Autoren der Zeit. Über die Audienz berichtete er, nicht ohne Eitelkeit, seiner vertrauten Freundin Erdmuth von Schönfeld.

Leipzig, 12. Dezember 1760

Gnädiges Fräulein,
Gestern Nachmittag halb drey Uhr sitze ich mit verschloßner Thüre (aus Furcht vor den Jüden) und lese zu meiner Erbauung in den Psalmen. Kaum habe ich zu lesen angefangen, so pocht jemand sehr ungestüm an meine Thüre. In der Angst rufe ich *herein!* Und öffne die Thüre und sehe zu meinem Schrecken einen Officier vor mir stehen. – Ich bin der Major *Quintus.* Der König läßt bitten, daß Sie ihn um drey Uhr besuchen möchten. – Herr Major, ich muß mich niedersetzen, ich bin erschrocken, daß ich zittre. Sie sehen, daß ich krank bin (ich war in vier Tagen nicht balbirt, hatte eine Nachtmütze auf und mochte blaß, wie der Tod, aussehen) und ich schicke mich nicht für den König. – Herr Professor, ich sehe, daß Sie krank sind und Sie sind nicht gezwungen, heute zum Könige zu gehen. Fürchten Sie nichts, ich bin Ihr Freund und ein großer Verehrer Ihrer Schriften, traun Sie mir, Sie haben nichts bey dem Könige zu fürchten; Sie gewinnen aber auch nichts, wenn Sie heute zu Hause bleiben; denn ich komme Morgen und Uebermorgen wieder und immer so fort. Itzt will ich Ihnen drey Viertelstunden Zeit geben, wenn Sie sich anziehen wollen und um halb vier Uhr wieder bey Ihnen seyn. Lebe Sie wohl; der König will Sie ohne Ausnahme sehn. – Nun war er fort; Goedicke war nicht da, ich hatte keinen Balbier, keine Perrücke, nichts, keinen Menschen um mich; aber kurz zu reden, ich ward um halb vier Uhr mit meinem Anzuge fertig und der Major kam mit Reichen, und um vier Uhr waren wir schon bey dem Könige.

NB. Ehe ich gieng, betete ich, daß ich nichts wider mein Gewissen reden möchte.

Der König: Ist er Professor Gellert? Ich habe ihn gern sprechen wollen. Der Englische Gesandte hat mir seine Schriften noch heute sehr gelobt. Sind sie denn wirklich schön? Gelehrt mögen die Deutschen wohl schreiben; aber sie schreiben nicht mit Geschmack.

Ich: Ob meine Schriften schön sind: das kann ich selbst nicht sagen, Sire; aber ganz Deutschland sagt es, und ist mit mir zufrieden; ich selbst bin es nicht.

Der König: Er ist sehr bescheiden.

Ich: Diese Tugend, Ihre Majestät, ist mir natürlich, und ein guter Autor kann niemals glauben, daß er schön genug geschrieben habe.

Der König: Aber warum nöthigen uns die deutschen Scribenten nicht, daß wir ihre Schriften lesen müssen, so wie es die Franzosen mit ihren Werken thun?

Ich: Das kann ich nicht beantworten, Sire; da die Griechen schön schrieben, führten die Römer noch Krieg; da die Römer gut schrieben, hatten die Griechen aufgehört zu schreiben.

Der König: Er hat Recht. Er mag wohl ein guter Mann seyn. Aber weis er, was ihm fehlet? Er sollte reisen und die große Welt kennen lernen; dieses hilft schreiben.

Ich: Ich glaube es sehr wohl, Ihre Majestät. Aber ich bin zu alt und zu krank zum Reisen, und auch nicht reich genug dazu.

Der König: Ja, die deutschen Dichter mögen wohl selten unterstützt werden. Es ist nicht gut.

Ich: Vielleicht fehlen uns noch Auguste und Ludwigs quatorze.

Der König: Aber Lafontaine [der französische Fabeldichter Jean de La Fontaine, 1621–1695] hatte keine Pension von Ludwig XIV.; war auch nicht in der Academie.

Ich: Vergeben Sie mir, Sire; gegen das Ende seines Lebens war er in der Academie; und wenn ihm der König keine Pension gab, so hat ihm doch die La Sablière [die Bankierswitwe unterhielt einen Salon in Paris] sechzehn Jahre Pension genug in ihrem Hause gegeben.

Der König: Er hat Recht. Aber Sachsen hat ja schon zween Auguste gehabt.

Ich: Und wir haben auch in Sachsen schon einen sehr guten Anfang in den schönen Wissenschaften gemacht. Ich rede nicht von Sachsen allein; ich rede von ganz Deutschland.

Der König: Will er denn, daß Ein August ganz Deutschland haben soll?

Ich: Das will ich eben nicht. Aber ich wünsche nur, daß die großen Könige in Deutschland die Künste aufmuntern sollen, und uns beßre Zeiten geben.

Der König: Sind itzt böse Zeiten?

Ich: Das werden Ew. Majestät besser bestimmen können, als ich. Ich wünsche ruhige Zeiten. Geben Sie uns nur Frieden, Sire.

Der König: Kann ich denn, wenn Dreye gegen Einen sind?

Ich: Das weis ich nicht zu beantworten. Wenn ich König wäre, so hätten die Deutschen bald Frieden.

Der König: Hat er den Lafontaine nachgeahmet?

Ich: Nein, Sire, ich bin ein Original; das kann ich ohne Eitelkeit sagen; aber darum sage ich noch nicht, daß ich ein gutes Original bin.

Der Major: Ja, Ihre Majestät. Man hat in Paris die Gellertschen Fabeln übersetzet und ihn für den deutschen Lafontaine erklärt.

Der König: Das ist viel. Aber warum ist er krank? Er scheint mir die Hypochondrie zu haben.

Ich: Leider, seit zwanzig Jahren.

Der König: Ich habe sie auch gehabt und ich will ihn curiren.

Ich: So werde ich in mein Journal setzen können, daß mich der König von Preußen curirt hat. Dieß wird mir viel Ehre bey der Nachwelt machen.

Der König: Erstlich muß er alle Tage eine Stunde reiten und zwar traben.

Ich: Wenn das Pferd gesund ist, so kann ich nicht fort; und wenn es so krank ist, wie ich, so kommen wir alle beide nicht fort. (Nunmehr schlug er mir noch eine Menge Boerhavischer Mittel vor.)

Der König: Will er das thun?

Ich: Ihre Regeln, Sire, wie man gut schreiben soll, die werde ich in Acht nehmen und habe sie auch schon in Acht genommen; aber Ihren medicinischen Vorschriften werde ich nicht gehorchen, sie scheinen mir eine zweyte Krankheit zu seyn. Ich lebe schon sehr diät und ich bin zufrieden, wenn ich ruhig sterbe, gesetzt, daß ich auch nicht gesund werde.

Der König: Wie alt ist er?

Ich: Fünf und Vierzig Jahre.

Der König: Das ist kein Alter. Er muß noch schreiben, für die Welt leben.

Ich: Ich habe es gethan, und ich habe schon zu viel geschrieben. Es ist eine große Geschicklichkeit zu rechter Zeit aufzuhören; und endlich liegt mir an der Unsterblichkeit wenig, wenn ich nur genützet habe.

Der König: Weis er keine von seinen Fabeln auswendig?

Ich: Nein.

Der König: Besinne er sich. Ich will etliche mal im Zimmer auf und abgehen.

Ich: Nunmehr kann ich Ihrer Majestät eine sagen. Ich sagte ihm die Fabel vom Maler in Athen. Als ich bis auf die Moral war, sagte er: Nun die Moral? Ich sagte die Moral.

Der König: Das ist gut; das ist sehr gut! Ich muß ihn loben. Das habe ich nicht gedacht; nein, das ist sehr schön, natürlich, gut und kurz. Wo hat er so schreiben lernen? Es klingt fein; sonst hasse ich die deutsche Sprache.

Ich: Das ist ein Unglück für uns, wenn Sie die Deutschen Schriften hassen.

Der König: Nein, ihn lobe ich.

Ich: Das Lob eines Kenners und Königs ist eine große Belohnung.

Der König: Der König wird wohl nicht viel dazu beytragen.

Ich: Ja, wenn der König ein Kenner ist: so wird das Lob vollwichtig.

Der König: Wenn ich hier bleibe, so besuche er mich wieder und stecke er seine Fabeln zu sich und lese er mir welche vor.

Dieses, Gnädiges Fräulein, ist der kurze Auszug eines Gesprächs, das bey nahe zwo Stunden gedauert hat. So lange ich auf meiner Stube war, zitterte ich. So bald ich auf die Gasse kam, fassete ich mich und ward beherzt. Und eben weil ich unbesorgt war, Beyfall zu erlangen, habe ich ihn erhalten. Gott sey Dank, daß ichs überstanden habe!

Friedrich Nicolai erzählt von der Heimkehr des Königs nach Berlin
Der Krieg war überstanden, Preußen hatte sich behauptet, heißt es, hatte keine Gebietsverluste hinnehmen müssen. Eine Siegesfeier der üblichen Art aber gönnte Friedrich seiner Hauptstadt nicht. Der 30. März 1763 war ein kalter und unfreundlicher Tag. Die Berliner warteten vergeblich auf den König, wie Friedrich Nicolai berichtet.

Als der siebenjährige Krieg geendigt war, und der König nun siegreich zurückerwartet wurde, machten die Einwohner von

Berlin zur Einholung desselben Anstalten, die dem Enthusiasmus angemessen waren, den dieser schwere Krieg, und die Geistesgröße des Siegers schon längst erregt hatten. Alle Stände waren in allgemeinem Taumel, um den triumphierenden Einzug des Königs zu vergrößern. Von verschiedenen Personen wurden Kompanien errichtet, zu Fuß und zu Pferde, mit neuen Uniformen. Eine der ansehnlichsten war eine Kompanie zu Pferde, die der bekannte Kaufmann Gottskowski errichtete. Zu dieser gesellete sich auch der Markis d'Argens [der französische Schriftsteller Marquis d'Argens, 1703–1771, war Kammerherr des Königs und verbrachte 27 Jahre an dessen Hof]. Ob er sich sonst gleich sehr selten, außer wenn er zum Könige ging, ankleidete, und damals gewiß in sechs Monaten nicht in die freye Luft gekommen war, ob er gleich seit mehr als zwanzig Jahren nicht geritten hatte, ob ihn gleich jedermann, der ihn kannte, abrieth, diesem Einzuge beizuwohnen; so ließ er sich doch durch nichts abhalten. Er ließ sich die zur Kompanie gehörige reiche Uniform sticken. Es ward ein sanftmüthiges Pferd ausgesucht, auf demselben übte er sich viele Tage lang auf dem Hofe seiner Wohnung im Reiten, und am Tage des Einzugs ritt er wirklich hinaus. Er hatte dem Könige die Anstalten der Einwohner von Berlin gemeldet; auch, daß er Ihm an der Spitze der Kompanie des Gottskowski, entgegen kommen, und ihn bewillkommnen würde. Der König that alles mögliche, um den Markis von dieser Expedition abzubringen; aber er ward nur immer eifriger darauf. Endlich schrieb ihm der König einige Zeit vor Seiner Ankunft ausdrücklich, er möchte sich keine Mühe machen und sollte auch den Einwohnern Berlins bekannt machen: Sie möchten sich nicht bemühen, denn Er würde Abends ganz spät kommen, eben um solchem Gepränge auszuweichen, wovon er kein Freund war. Der Markis bemühte sich in seiner Antwort an den König, noch kurz vor dessen Ankunft, Ihn durch viele Gründe zu bewegen, den Einzug anzunehmen, und den Einwohnern

Berlins nicht ihre Freude zu verderben. Mit fester Ueberzeugung, daß der König seinen Gründen folgen würde, ritt er getrost heraus. Der Tag der Ankunft des Königs, der 30ste März 1763, war sehr kalt und unfreundlich. Das Getümmel vor dem Frankfurter Thore war unermeßlich. Man hatte den König schon gegen zwey Uhr vermuthet; und da er nicht kam, wurde die Erwartung immer mehr gespannt. Gegen 5 Uhr war hin und wieder Mißvergnügen unter den Einholenden deutlich zu merken. Hier und da sammelten sich Leute in kleine Haufen und murmelten allerley. Unter diesem Getümmel stieß ich ohngefähr auf den Markis. Ich würde ihn nicht gekannt haben; denn ich hatte ihn noch niemals anders als unter zwey Schlafröcken und zwey Nachtmützen gesehen, wenn er mich nicht selbst zu sich gerufen hätte. Er machte eine sonderbare Figur in seiner gestickten Uniform und runden Perücke mit einem Zipfelchen. Die Heftigkeit, mit der er deklamirte, war unbeschreiblich. Das kalte Wetter und das Ausbleiben des Königs hatten ihn in die verdrießlichste Laune gesetzt; und dann pflegte er nichts zu schonen. Er schalt auf den König, daß er seinen so wichtigen Gründen nicht habe folgen wollen. Er rief aus, in seiner treuherzigen Lebhaftigkeit: «Ich habs Ihm ja geschrieben, daß Er es Seinem Volke schuldig ist, dessen Liebe anzunehmen! Es ist unverzeihlich, daß Er nicht kommt! Wenn ich Ihn nur erst sehe, so will ich Ihm recht die Wahrheit sagen!» Alles was man that, ihn zu besänftigen, war umsonst. Endlich, nach einer Stunde, da es für ihn wirklich allzukalt ward, bewegten wir ihn, nach der Stadt zu reiten; und noch unterwegs schalt er beständig fort bis aufs Schloß, wo er mit den andern Hofleuten den König erwarten wollte. Der König kam bekanntlich erst nach 8 Uhr, als es schon dunkel war, an. Er hatte denselben Nachmittag das Schlachtfeld bey Kunersdorf besehen, wodurch wohl eben nicht heitere Ideen in Ihm mochten seyn erweckt worden. Er hatte geglaubt, der Markis würde Seinen Willen bekannt gemacht haben, daß er nicht eingeholt seyn wollte; und allenfalls glaubte Er, würden die Einholenden sich zerstreuet, und nicht so spät gewartet haben. Aber Er sah sich von einigen tausend Menschen umringt, so daß sich Sein Wagen kaum bewegen konnte. Die Fackeln, das Geschrey, die Menge kostbar gebundener schlechter Gedichte, die man Ihm überreichen wollte, die Besorgniß, daß Leute im Getümmel zu Schaden kommen möchten: alles setzte Ihn in üble Laune. Er wich in der Stadt aus so bald er konnte, und fuhr durch einen Umweg aufs Schloß.

Nach einigen Tagen sah ich den Markis. Er erzählte ausführlich, wie alles zwischen dem Könige und ihm ergangen wäre, als er Ihn unter vier Augen gesprochen habe; und setzte sehr naiv hinzu: «Ich habe Ihm nichts geschenkt, und habe Ihm deutlich genug gesagt, daß Er mir hätte folgen sollen. Er wollte Scherz daraus machen; aber da habe ich Ihn tüchtig ausgescholten, daß Er seinem Volke die Freude verderbt hat. Nun wurde Er aber ernsthaft. Es ist ein sonderbarer Mann! Wenn Er anfängt Gründe vorzubringen, so muß man Ihm recht geben, man mag wollen oder nicht.»

Goethe würdigt die Kriegsliteratur
Im berühmten siebenten Buch seiner Autobiographie blickte Goethe aus der Distanz des Jahres 1812 auch auf die preußische Kriegsliteratur zurück. Höchstes Lob erhält dabei Lessings «Minna von Barnhelm», ein friedrichkritisches Drama. An der Größe des Königs, unter dessen Übermacht auch das Herzogtum Sachsen-Weimar zu leiden hatte, bestand für Goethe kein Zweifel, aber er wahrte auffallend Distanz, entzog sich der Gesinnungszumutung.

Indem ich nun, als ein Schäfer an der Pleiße, mich in solche zarte Gegenstände kindlich genug vertiefte, und immer nur solche wählte, die ich geschwind in meinen Busen zurückführen konnte, so war für deutsche Dichter von einer größeren und wichtigeren Seite her längst gesorgt gewesen.

Der erste wahre und höhere eigentliche Lebensgehalt kam durch Friedrich den Großen und die Taten des siebenjährigen Kriegs in die deutsche Poesie. Jede Nationaldichtung muß schal sein oder schal werden, die nicht auf dem Menschlichersten ruht, auf den Ereignissen der Völker und ihrer Hirten, wenn beide für Einen Mann stehn. Könige sind darzustellen in Krieg und Gefahr, wo sie eben dadurch als die Ersten erscheinen, weil sie das Schicksal des Allerletzten bestimmen und teilen, und dadurch viel interessanter werden als die Götter selbst, die, wenn sie Schicksale bestimmt haben, sich der Teilnahme derselben entziehen. In diesem Sinne muß jede Nation, wenn sie für irgend etwas gelten will, eine Epopee besitzen, wozu nicht gerade die Form des epischen Gedichts nötig ist.

Die *Kriegslieder*, von Gleim angestimmt, behaupten deswegen einen so hohen Rang unter den deutschen Gedichten, weil sie mit und in der Tat entsprungen sind, und noch überdies, weil an ihnen die glückliche Form, als hätte sie ein Mitstreitender in den höchsten Augenblicken hervorgebracht, uns die vollkommenste Wirksamkeit empfinden läßt.

Rammler singt auf eine andere, höchst würdige Weise die Taten seines Königs. Alle seine Gedichte sind gehaltvoll, beschäftigen uns mit großen, herzerhebenden Gegenständen und behaupten schon dadurch einen unzerstörlichen Wert.

Denn der innere Gehalt des bearbeiteten Gegenstandes ist der Anfang und das Ende der Kunst. Man wird zwar nicht leugnen, daß das Genie, das ausgebildete Kunsttalent, durch Behandlung aus allem alles machen und den widerspenstigsten Stoff bezwingen könnte. Genau besehen, entsteht aber alsdann immer mehr ein Kunststück als ein Kunstwerk, welches auf einem würdigen

Gegenstande ruhen soll, damit uns zuletzt die Behandlung, durch Geschick, Mühe und Fleiß, die Würde des Stoffes nur desto glücklicher und herrlicher entgegenbringe.

Die Preußen und mit ihnen das protestantische Deutschland gewannen also für ihre Literatur einen Schatz, welcher der Gegenpartei fehlte und dessen Mangel sie durch keine nachherige Bemühung hat ersetzen können. An dem großen Begriff, den die preußischen Schriftsteller von ihrem König hegen durften, bauten sie sich erst heran, und um desto eifriger, als derjenige, in dessen Namen sie alles taten, ein für allemal nichts von ihnen wissen wollte. Schon früher war durch die französische Kolonie, nachher durch die Vorliebe des Königs für die Bildung dieser Nation und für ihre Finanzanstalten, eine Masse französischer Kultur nach Preußen gekommen, welche den Deutschen höchst förderlich ward, indem sie dadurch zu Widerspruch und Widerstreben aufgefordert wurden; ebenso war die Abneigung Friedrichs gegen das Deutsche für die Bildung des Literarwesens ein Glück. Man tat alles, um sich von dem König bemerken zu machen, nicht etwa, um von ihm geachtet, sondern nur beachtet zu werden; aber man tats auf deutsche Weise, nach innerer Überzeugung, man tat was man für recht erkannte, und wünschte und wollte, daß der König dieses deutsche Rechte anerkennen und schätzen sollte. Dies geschah nicht und konnte nicht geschehen: denn wie kann man von einem König, der geistig leben und genießen will, verlangen, daß er seine Jahre verliere, um das, was er für barbarisch hält, nur allzu spät entwickelt und genießbar zu sehen? In Handwerks- und Fabriksachen mochte er wohl sich, besonders aber seinem Volke, statt fremder vortrefflicher Waren, sehr mäßige Surrogate aufnötigen; aber hier geht alles geschwinder zur Vollkommenheit, und es braucht kein Menschenleben, um solche Dinge zur Reife zu bringen.

Eines Werks aber, der wahrsten Ausgeburt des siebenjährigen Krieges, von vollkommenem norddeutschem Nationalgehalt muß ich hier vor allen ehrenvoll erwähnen; es ist die erste aus dem bedeutenden Leben gegriffene Theaterproduktion, von spezifisch temporärem Gehalt, die deswegen auch eine nie zu berechnende Wirkung tat, *Minna von Barnhelm*. Lessing, der, im Gegensatze von Klopstock und Gleim, die persönliche Würde gern wegwarf, weil er sich zutraute, sie jeden Augenblick wieder ergreifen und aufnehmen zu können, gefiel sich in einem zerstreuten Wirtshaus- und Weltleben, da er gegen sein mächtig arbeitendes Innere stets ein gewaltiges Gegengewicht brauchte, und so hatte er sich auch in das Gefolge des Generals Tauentzien begeben. Man erkennt leicht, wie genanntes Stück zwischen Krieg und Frieden, Haß und Neigung erzeugt ist. Diese Produktion war es, die den Blick in eine so höhere, bedeutendere Welt aus der literarischen und bürgerlichen, in welcher sich die Dichtkunst bisher bewegt hatte, glücklich eröffnete.

Die gehässige Spannung, in welcher Preußen und Sachsen sich während dieses Kriegs gegen einander befanden, konnte durch die Beendigung desselben nicht aufgehoben werden. Der Sachse fühlte nun erst recht schmerzlich die Wunden, die ihm der überstolz gewordene Preuße geschlagen hatte. Durch den politischen Frieden konnte der Friede zwischen den Gemütern nicht sogleich hergestellt werden. Dieses aber sollte gedachtes Schauspiel im Bilde bewirken. Die Anmut und Liebenswürdigkeit der Sächsinnen überwindet den Wert, die Würde, den Starrsinn der Preußen, und sowohl an den Hauptpersonen als den Subalternen wird eine glückliche Vereinigung bizarrer und widerstrebender Elemente kunstgemäß dargestellt.

ALTER

1763 Im November trifft der türkische Gesandte Ahmed Resi Effendi mit zahlreichem Gefolge in Berlin ein.

1764 Der König lässt Statistiken über die Kriegsverluste erstellen.

1765 Die Einfuhr sächsischen Porzellans wird verboten.

1766 Nach französischem Vorbild wird die «Regie» in Preußen eingeführt; die Steuerlast steigt; der Steuerpächter Marc Antoine de la Haye de Launay erhält ein Jahresgehalt von fünfzehntausend Talern.

1767 Der Unternehmer und Geschäftspartner Friedrichs, Johann Ernst Gotzkowsky, wird wegen Insolvenz verhaftet.
Gotthold Ephraim Lessing vollendet «Minna von Barnhelm».

1768 Im Generaldirektorium wird ein VII. Departement für das Bergwerks- und Hüttenwesen eingerichtet.
Friedrich verfasst ein zweites «Politisches Testament».

1769 Friedrich trifft in Neiße mit Kaiser Joseph II. zusammen.
Das Neue Palais wird fertiggestellt.

1772 Erste Teilung Polens, Friedrich erhält Westpreußen ohne Danzig und Thorn, das Ermland und den Netzedistrikt.

1773 Die Hedwigskirche in Berlin wird vollendet.

1774 Die Bauarbeiten an der Königlichen Bibliothek, der «Kommode», beginnen.

1776 Mit viel preußischem Pomp wird der Sohn der Zarin empfangen.

1778 Preußen schützt Bayern im Erbfolgekrieg gegen Österreich; es gibt nur vereinzelte Gefechte in Schlesien und Böhmen («Kartoffelkrieg»).
Vom 15. bis 23. Mai besucht Johann Wolfgang Goethe mit seinem Herzog Karl August von Sachsen-Weimar-Eisenach Berlin und Potsdam.

1779 Der Frieden von Teschen, geschlossen am 13. Mai, beendet den Bayerischen Erbfolgekrieg. Österreich erhält Gebiete östlich des Inn; die preußischen Ansprüche auf Ansbach und Bayreuth werden anerkannt.

1781 Die neue Zivilprozessordnung, das «Corpus juris Fridericianum», erarbeitet von Carl Gottlieb Svarez und dem Großkanzler Graf von Carmer, wird verkündet.

1783 Die «Berlinische Monatsschrift» beginnt zu erscheinen.

1785 Unter preußischer Führung wird der Deutsche Fürstenbund geschlossen.

1786 Am 17. August stirbt Friedrich der Große in Sanssouci.

Die Nachkriegszeit war Tellheim-Zeit. «Verfertiget im Jahre 1763» ließ Gotthold Ephraim Lessing auf das Titelblatt der Erstausgabe seines Lustspiels «Minna von Barnhelm» setzen, obwohl es erst später niedergeschrieben wurde. Es behandelte Zeitgeschichte auf eine neue Art. Nachdem die Hamburger ihre Angst überwunden hatten, die preußischen Geschäftspartner durch eine Aufführung zu verstimmen, ging es am 30. September 1767 dort zum ersten Mal über die Bühne, Aufführungen in Berlin folgten, nachdem auch hier Bedenken zerstreut worden waren. Das Drama, das von der Liebe zwischen zwei gleich anständigen und gleich eigensinnigen Charakteren handelt, enthielt kritische Sprengsätze genug. Das Berliner Wirtshaus, in dem der verabschiedete Major von Tellheim und die ihm nachgereiste Minna von Barnhelm aus Sachsen einander wiedertreffen, ist kein ungestörter Ort. Der Wirt versieht Polizeiaufgaben, den Figuren fehlt mal Geld, mal Vertrauen, mal beides. Sie scheinen vom Krieg aus der Bahn geworfen und versuchen nun, jeder auf seine Weise, wieder Boden unter die Füße zu bekommen.

Die ehrenvolle Schonung der Sachsen, als es galt, Kriegskontributionen einzutreiben, wird Tellheim nach dem Friedensschluss zum Verhängnis. Er habe, so die Unterstellung, Bestechungsgelder angenommen. Deshalb zahlt man ihm den Wechsel und seine Vorschüsse nicht aus. Seine Ehre und seine Existenz stehen auf dem Spiel, er wartet, von der ungeklärten Situation zermürbt, auf das Ergebnis der offiziellen Untersuchung. Erst im neunten Auftritt des fünften Aufzugs hält er den Brief des Königs in der Hand, der alles aufklärt und löst. Minna von Barnhelm sagt dazu «nichts». – «Nichts?» – «Doch ja: daß Ihr König, der ein großer Mann ist, wohl auch ein guter Mann sein mag. – Aber was geht mich das an? Er ist nicht mein König.» Tellheim, den Gerechtigkeit und Gnade aufs lebhafteste rühren, verabschiedet sich vom Ideal des Dienstes: «Die Dienste der Großen sind gefährlich, und lohnen der Mühe, des Zwanges, der Erniedrigung nicht, die sie kosten. (…) Ich ward Soldat, aus Parteilichkeit, ich weiß selbst nicht für welche politischen Grundsätze, und aus der Grille, daß es für jeden ehrlichen Mann gut sei, sich in diesem Stande eine Zeitlang zu versuchen, um sich mit allem, was Gefahr heißt, vertraulich zu machen, und Kälte und Entschlossenheit zu lernen.»[90]

Er entscheidet sich gegen das «Soldatenglück», für das bürgerliche Glück der Liebe, gegen die große, für die private Welt. Als einer, von dem man sich abkehrt, obwohl und weil man von ihm abhängt, findet König Friedrich Eingang in die deutsche Nationalliteratur. Der Dienst unter ihm, möge die Gnade danach noch so groß ausfallen, bedeutet Mühe, Zwang, Erniedrigung. Friedrich hatte, bevor er Sachsen räumte, seine Soldaten zur Eheschließung mit sächsischen Frauen ermuntert, um die Bevölkerungsverluste auszugleichen.[91] Tellheim heiratet und entzieht sich zugleich den Ansprüchen des Monarchen auf sein Leben.

Die Grenadierslieder Gleims wie auch Ramlers und Ewald von Kleists Lobgesänge sind seit langem nur noch ein Fall für die Literaturgeschichte. «Minna von Barnhelm» aber wird seit ihrem großen Anfangserfolg immer wieder aufgeführt und gelesen. Der König gehört in diesem Lustspiel zum Reich der launischen, unzuverlässigen Fortuna, der Dauer und Innigkeit bürgerlicher Liebe als wahrhaftes Glück entgegengesetzt wird. Nur Paul Werner, «gewesener Wachtmeister des Majors», will den Soldatenstand nicht verlassen, er hofft auf Karriere – und sei es in Persien. Dem Manne von einfacher Herkunft eignet ein Ehrgeiz, der unter Friedrich nie Erfüllung gefunden hätte. Seiner Franziska verspricht er: «Über zehn Jahre ist Sie Frau Generalin, oder Witwe!» In Preußen wäre das schwer möglich gewesen.

Ein zweites Kunstwerk charakterisiert die Atmosphäre der Nachkriegsjahre ebenso eindrucksvoll wie Lessings Lustspiel: das Neue Palais in Potsdam. Entwürfe für den Bau hatte es bereits vor Kriegsausbruch gegeben. Nun aber forcierte Friedrich die Errichtung des kostspieligen Schlosses mit Wohnungen für die königliche Familie und Gäste, mit Festsälen und einer überlangen Fassade. Der Monarch wollte jeden Verdacht der Schwäche von sich weisen, wollte zeigen, dass er auch jetzt noch die Mittel für ein solches Großprojekt besaß. Und so sieht das Neue Palais auch aus. Eine «Fanfaronnade»[92] hat er es selbst genannt. Stilistische Anregungen stammen aus dem Hochbarock, aus dem Palladianismus und dem Rokoko, aber es fehlt eine architektonische Idee jenseits des bloßen Behauptens, des Auftrumpfens und der Addition. Ein Vorteil war es, dass hier viele Handwerker Arbeit fanden, dass einheimische Künstler Aufträge erhielten. Aber anders als im Falle von Schloss Sanssouci blieb es diesmal bei kalter Pracht. Außen wie innen wurde alles mit höchstem Anspruch verziert, jedoch ohne belebenden Hauch, ein Zeugnis der verleugneten Erschöpfung. Pracht aus Pflichterfüllung, um im Wettstreit der Dynastien sich nichts zu vergeben. Die Mittel wären anderswo besser eingesetzt gewesen. An den Enzyklopädisten Jean de Rond d'Alembert, den der König vergeblich für das Präsidentenamt seiner Akademie zu gewinnen versuchte, schrieb er, «er lebe mit der Welt in Ehescheidung»[93]. Das glaubt man bis heute in den großen, leeren Räumen des Neuen Palais zu spüren.

Preußen erlebte in den sechziger Jahren des 18. Jahrhunderts eine veritable Wirtschaftskrise. Die Kriegsfolgenkrise wurde durch Finanzmarktturbulenzen verstärkt, die in Amsterdam begannen und bald auch in Preußen zu Bankrotten führten. Den patriotischen Unternehmer Johann Ernst Gotzkowsky ereilte 1766 dieses Schicksal. Der König betrieb nun eine Politik der Konsolidierung, half unmittelbar notleidenden Regionen, setzte – wie zuvor – auf Meliorationsprojekte, Kolonisierung, Peuplierung und die Förderung des heimischen Gewerbes. Der Adel, der sich aus eigener Kraft nicht mehr zu helfen wusste, wurde mit Schuldenmoratorien unterstützt, die unbeabsichtigt den Kredit fast völlig zum Erliegen brachten. Erst die Einrichtung landschaftlicher Kreditverbände führte zur Besserung.

Um die Staatseinnahmen zu erhöhen, suchte der König auswärtigen Sachverstand. Die unpopulärste Maßnahme seiner gesamten Regierungszeit wurde die Gründung einer neuen Steuerbehörde, der «Administration générale des accises et de péages» im Jahr 1766. Es ging um die Neuordnung der indirekten Steuern. Ursprünglich wollte er, wie in Frankreich, eine Generalpacht für Zölle und Akzisen einführen. Der Staat sollte die Steuern also nicht unmittelbar einziehen, sondern diese Aufgabe einem Privatmann gegen Vorkasse übertragen. Da keiner die erforderliche Summe zahlen mochte, schloss Friedrich schließlich mit dem französischen Finanzmann La Haye de Launay einen zunächst auf sechs Jahre befristeten Vertrag. La Haye de Launay und seine Gehilfen, die «Generalregisseure», erhoben die jährliche Steuer. Sie erhielten dafür Gehalt und fünf Prozent vom Ertragsüberschuss der Jahre 1765 und 1766. Somit waren auch sie an Mehreinnahmen interessiert. Neue Tarife für indirekte Steuern wurden festgesetzt.

Zwar hatte ein Minister die Aufsicht über die Regie, aber er leitete nicht. So entstand eine neue Fachbehörde, die die indirekten Steuern einheitlich verwaltete. Das bedeutete Fortschritt und Rückschritt zugleich. Dem Generaldirektorium, der obersten

Behörde Preußens, war dieser Verwaltungszweig entzogen. Ein Pauschquantum der Einnahmen, die ein Drittel aller Staatseinkünfte ausmachten, ging an die Kriegskasse. Der sonstige Mehrertrag wurde «dem Königlichen Dispositionsfonds überwiesen, und zwar so, daß das Generaldirektorium nicht einmal die Höhe der Summe erfuhr»[94].

Auch die Verantwortung für das «Retablissement» in den einzelnen Landesteilen übertrug der König Vertrauenspersonen; weitere Fachbehörden, etwa für Bergwerke und Hüttenwesen, wurden gegründet. Die Verwaltung, die sein Vater mit eisernem Griff zentralisiert hatte, gewann dadurch an Schlagkraft, aber sie zerfaserte. Seine Nachfolger würden lange mit dem Wirrwarr ringen, den Friedrich durch seine Allgegenwart zu beherrschen versucht hatte. Immerhin gelang es seinen Beamten, am Ende seiner Tage etwa fünfhundert Männer, allmählich die Wirtschaft in den preußischen Ländern zu beleben. Die Fähigsten unter ihnen entwickelten dabei eine Eigenständigkeit, die der König, wenn sie vorlaut wurde, nicht gern sah, aber mehr und mehr hinnehmen musste. Die preußische Verwaltung entfaltete ein Eigenleben, war nicht länger nur Werkzeug des monarchischen Willens.

Der König, der eine europäische Sehenswürdigkeit geworden war, hielt zäh an den Überzeugungen und Vorlieben seiner Jugend fest. Neues galt ihm rasch als Verderbnis. Tages- und Jahresablauf variierten kaum. Umso erstaunlicher war seine Lernfähigkeit und Biegsamkeit in der Außenpolitik. Zwar änderte er seine antihabsburgische Haltung nicht, aber er ging neue Wege, Preußen zu vergrößern und seine Position zu festigen. Bereits 1764 schloss er ein Bündnis mit Katharina II. Man sicherte einander Beistand zu und begann, die Polenpolitik zu koordinieren. Die Adelsrepublik mit ihrem Wahlkönigtum war seit langem ein Spielball auswärtiger Mächte, die jede entschlossene Reform hintertrieben. Friedrich unterstützte den Favoriten der Zarin, Poniatowski, dessen Wahl Gegenkräfte in Polen auf den Plan rief, und sondierte bald darauf in Gesprächen mit Joseph II. die Absichten Österreichs im russisch-türkischen Krieg. Bruder Heinrich, dessen gewinnende Art ihn zum Diplomaten prädestinierte, legte bei seinem Besuch in Petersburg zum wiederholten Mal Pläne für die Teilung Polens vor. Am 17. Februar 1772 einigten sich Russland und Preußen und luden Österreich ein, am Raubzug teilzunehmen. Wien zögerte, schloss sich aber am 5. August an. «Sie weint, aber sie nimmt», meinte Friedrich über Maria Theresia, die den Rechtsbruch als solchen erkannte und doch nicht abseitsstehen wollte. Ein Drittel Polens wurde aufgeteilt. Es war das dritte politische Verbrechen Friedrichs. Diesmal hatte er die Vergrößerung Preußens auf diplomatischem Wege erreicht. Er hieß nun nicht länger «König in», sondern «König von Preußen». Die Teilung Polens verband bereits die drei Kronen, die nach dem Sieg über Napoleon das Schicksal des Kontinents bestimmen würden.

Friedrich dachte, wie die meisten seiner Zeit, gering von Polen und der polnischen Wirtschaft. Der Katholizismus behindere Fortschritte der Aufklärung (wie sonst nur noch in Bayern), die Bauern würden wie Vieh behandelt, der Adel sei überwiegend faul und verkommen, arm und voller Standesvorurteile. Insgesamt herrsche Anarchie. Das entsprach in vielem der traurigen Realität. Seine Verachtung für die «ganze imbecille Gesellschaft mit den Namen auf ki»[95] erleichterte es gewiss, kräftig zuzugreifen, etwa durch Einziehung sämtlicher Güter der Starosten, ehemals königlich-polnischer Beamter, und durch die Beschlagnahme von Kirchengut. Immerhin besserte sich die Lage der Bauern.

Friedrichs zweites außenpolitisches Meisterstück bestand darin, einen seiner gelehrigen Schüler in die Schranken zu weisen. Als der Kurfürst von Bayern am letzten Tag des Jahres 1777 starb, sah Joseph II., der aufgeklärte, vernunftgläubige, ehrgeizige

Sohn Maria Theresias, seine Stunde gekommen. Er marschierte in Bayern ein. Das missfiel Friedrich, der das Gleichgewicht gewahrt sehen wollte. Er mobilisierte seine Truppen, um – man höre und staune – die Rechte der Reichsfürsten gegen die angemaßte Despotie des Kaisers zu verteidigen. Sachsen kämpfte diesmal an der Seite Preußens. Zu ihrem Glück wurden die Truppen in diesem «Kartoffelkrieg» nicht richtig gefordert. Die Gesandten waren eifriger. Am 13. Mai 1779 einigte man sich im Frieden von Teschen. Österreich erhielt das Inn-Viertel, Karl Theodor von der Pfalz wurde Kurfürst von Bayern. Preußen gewann kein Territorium, aber eine neue Rolle. «Der Wilddieb war zum Jagdaufseher geworden», resümiert der britische Historiker George P. Gooch.[96]

Diese Rolle festigte Friedrich kurz vor seinem Tod durch den Fürstenbund, geschlossen zwischen Sachsen, Hannover und Preußen am 23. Juli 1785 in Berlin. Allen Reichsständen sollte ihr Besitz gewahrt bleiben. Den drei Kurfürsten schloss sich der Erzbischof von Mainz an, womit sie die Mehrheit im Kreis der Kurfürsten besaßen. Auch Weimar, Gotha, Anhalt-Dessau, Hessen-Kassel, Zweibrücken und einige mehr traten bei. Damit war unter preußischer Führung ein norddeutscher Bund zustande gekommen, der sich der Erhaltung des Status quo, der Konservierung des Alten verschrieb. Der Gegensatz zwischen Habsburgern und Hohenzollern, der «deutsche Dualismus», hatte eine Form bekommen und Friedrich sein Lebenswerk abgerundet. Wie hatte er 1731 in Küstrin an den Kammerjunker von Natzmer geschrieben? Der preußische König müsse sich größte Mühe geben, «mit allen Nachbarn in gutem Einvernehmen zu leben», müsse mit allen Königen, dem Kaiser und den vornehmsten Kurfürsten auf gutem Fuß stehen. Zugleich müsse er sich die «fortschreitende Vergrößerung des Staates» auf die Fahnen schreiben. Beides hat Friedrich getan. Dies ist seine politische Leistung, seine Größe, so bedenklich und amoralisch einzelne seiner Schritte gewesen sind. Er hat in diesem Sinne erreicht, was er sich vorgenommen hatte.

Im Inneren blieb der König hinter den Erwartungen zurück, die man 1740 hatte hegen können. Zur deutschen Geisteskultur fand er keinen Zugang. Das muss ein König auch nicht. Weder Lessing noch Wieland, weder Winckelmann noch Herder bestritten die Größe des Königs, aber sie wollten unter seinem Zepter nicht leben. Mit Lessing und Winckelmann, der in Preußen geboren wurde, über Sachsen nach Rom auswanderte und dort eine europäische Berühmtheit wurde, gab es Verhandlungen über eine Ausstellung in Berlin, die auch an der Geringschätzung des Königs scheiterten. Der berüchtigten Schrift «Über die deutsche Literatur, die Mängel, die man ihr vorwerfen kann, welches ihre Ursachen sind und mit welchen Mitteln man sie beheben kann» musste sich Friedrich nicht schämen. Dass ein Schüler Voltaires Goethes Jugendwerken wenig abzugewinnen vermochte, zumal er ohnehin einem älteren Literaturbegriff anhing, nicht zweckfreie Dichtung, gar eines Genies, darunter verstand, wäre zu entschuldigen. Außerdem hatte er, wie er einmal zugab, seit seiner Jugend kein deutsches Buch gelesen und redete wie ein Kutscher.

Zutreffend beschrieb der König 1780 die Hemmnisse, die der Aufklärung und Bildung in Deutschland entgegenstanden hatten. Obendrein wies er einen Weg der Besserung: «Man übersetze also die Werke der alten und neuen Klassiker in unsre Sprache. Soll das Geld bei uns in Umlauf kommen, so bringen wir es unter die Leute, indem wir die einst so seltenen Kenntnisse verallgemeinern!»[97] Dafür aber hat der König Friedrich, der als sein eigener Handelsminister fungierte, sich nahezu jeder Supplik annahm und auch die Heiratswünsche seiner Offiziere en détail zu steuern versuchte, wenig getan. Nur sporadisch hat er sich um Schulen gekümmert, um die Universitäten fast gar nicht. Seine

Beamten dachten da weiter, seine Nachfolger erreichten binnen kurzem mehr auf diesem Gebiet.

Friedrich war auch in diesem Punkt konsequent: Er verstand Aufklärung als Elitenprojekt. In Vorurteilen sah er die «Vernunft des Volkes». So schrieb er am 8. Januar 1770 an d'Alembert: «Die Unvollkommenheit im Moralischen wie im Physischen ist das Hauptmerkmal des Erdballs, den wir bewohnen; es wäre verlorenes Mühen, wollte man die Menschheit aufklären, und oft ist für diejenigen, die sich damit befassen, der Auftrag gefährlich. Man muß sich damit zufrieden geben, für sich weise zu sein, sofern man es sein kann, soll das gemeine Volk im Irrtum belassen und nur versuchen, es von Verbrechen abzuhalten, die die Ordnung der Gesellschaft stören. Fontenelle pflegte mit Recht zu sagen, daß er, wenn er die Hand voller Wahrheiten habe, sie nicht öffnen würde, um sie der Allgemeinheit zugute kommen zu lassen, weil das nicht der Mühe wert sei; ich denke ungefär auch so ...»[98] Der Philosoph auf dem Thron dachte, wenig überraschend, als Philosoph eben auch wie ein König. Ihm war aufgetragen, für das Wohlergehen der Untertanen zu sorgen, was er nach Kräften tat.

So etwa im Fall des Müllers Arnold, der es verstanden hatte, den König glauben zu machen, dass ihm durch Anlegung eines Teichs die Existenzgrundlage entzogen worden sei und er dennoch vor den Gerichten kein Recht gefunden habe. Friedrich schritt ein und bestrafte die Richter, gegen alle wiederholten, unerschrocken vorgetragenen Einwände. Die Entscheidung war falsch, die Begründung richtig: Majestät «wollen eine prompte Justiz administriret und einem jeglichen Dero Unterthanen, ohne Ansehen der Person und des Standes, durchgehends ein unparteiisches Recht wiederfahren soll». Die Gleichheit aller vor dem Gesetz, die der König postulierte, ist im Grunde ein revolutionärer Grundsatz in ständischen Gesellschaften. 1780 verlangte der König eine Kodifikation aller Gesetze für alle Länder und Untertanen, vollständig und in verständlicher Sprache. Die Arbeit daran wurde erst nach seinem Tod vollendet. Aber das war die große Leistung des Königs im Inneren: Er hatte Verfahrenssicherheit vor Gericht, allgemeine Gültigkeit der Gesetze und Gleichheit vor dem Gesetz, wenn auch mit Einschränkungen, als wesentliche Prinzipien moderner Staatlichkeit gefordert und durchgesetzt.

Auch der alte König vermochte noch, seinen Körper zu regieren. Die Augenzeugenberichte über ihn gleichen einander in vielen Punkten. Er war zur Königsmaske erstarrt. Das Gefühl geistiger Überlegenheit, die Lust am Spott, sein «Beifallsbedürfnis» (Bismarck) und seine philosophisch verbrämte Misanthropie schienen sich nun gegen ihn selbst zu wenden. Ihm blieben die Hunde, der Schnupftabak, zwei, drei Gesprächspartner, Essen, Trinken und die freudlose Wiederkehr der immer gleichen Aufgaben. Die bewältigte er wie eh und je, der erste, in erster Linie alte Diener seines Staates. Er glich nun selbst einem Instrument der eigenen Majestät. Sein Misstrauen wuchs und mit diesem die Einsamkeit, die Leere um ihn. Preußen erwartete seinen Tod, nicht in Vorfreude, aber in der Gewissheit, dass die Zeit des Königs, die längst abgelaufen war, bald ein Ende finden, dass die Stagnation aufhören, Neues freie Bahn finden müsse.

Seine Erscheinung flößte noch immer Ehrfurcht ein, schuf Distanz, und doch wurde er volkstümlich, weil er auf so eigene Weise König gewesen war. Man sieht es am besten auf dem heute bekanntesten Porträt des Königs, dem von Anton Graff aus dem Jahr 1781. Hier erblicken wir ein Individuum, ein ausdrucksstarkes Gesicht, in dem die Zeit Spuren hinterlassen hat. Große Augen schauen den Betrachter scharf und eindringlich an. Der Unterschied zu anderen Herrscherbildnissen ist frappant, etwa zu Darstellungen seines Großvaters. Friedrich Wilhelm Weidemann, seit 1702 Hofporträtmaler, hat Friedrich I. mehrfach im vollen Ornat dargestellt, mit Krönungsinsignien, Allongeperücke. Oft dominierte dabei der Mantel mit Kronen und Adlern die Bildfläche – so auf dem um 1710 entstandenen Gemälde, das ursprünglich in der Eichengalerie des Charlottenburger Schlosses über dem Kamin hing. Es ging hier gar nicht darum, das Individuum zur Erscheinung zu bringen, den Charakter des Königs im Bild zu erfassen. Die herrscherliche Würde lässt die Person in den Hintergrund treten, nebensächlich werden. Sie kommt ihm zu, da er König ist wie andere Könige auch. Auf glänzende, aber notwendig erwartbare Weise erfüllt er die Ansprüche, die an einen Monarchen zu Beginn des 18. Jahrhunderts gestellt wurden. Ebendas will und muss das repräsentative Bildnis augenfällig machen.

Das Porträt des Kronprinzen Friedrich, das Antoine Pesne 1736 malte, ist weniger steif gehalten. Es wirkt frisch, verspricht Tatkraft und Aufbruch, aber auch hier sind die Attribute des Königtums das Ausschlaggebende. Der junge Mann, der mit offenem Blick unter der Perücke hervor und in die Zukunft schaut, ist in erster Linie Kronprinz, dem Ruhm und Glanz dank seiner Stellung zuteilwerden. Er ist die «neue Sonne», nicht der besondere, unverwechselbare Friedrich, hinter dem eine ausgesprochen stürmische, bewegte Jugend liegt.

An Hoheit steht Graffs Darstellung den Porträts Friedrichs I. oder Antoine Pesnes Bild des Kronprinzen in nichts nach. Aber diese erscheint nicht in Insignien und Draperie, beruht auch nicht auf dem großen Ordensstern, der die einfache Uniformjacke ziert. Das Majestätische findet seinen Ausdruck im Gesicht, gehört mehr zum Charakter als zur Rolle. Beide sind unauflösbar verschmolzen. Dieser Friedrich ist in erster Linie Mensch, er ragt hervor dank seiner Leistungen, seiner persönlichen Eigenart, seiner Stellung in der Welt. Sein Blick ersetzt den prächtigen Mantel, dank seiner persönlichen Vorzüge und Meriten kann er auf Zepter und Hermelin verzichten, ohne seiner Monarchenrolle Abbruch zu tun.

1806, in dem Jahr, in dem Napoleon I. am Sarg Friedrichs des Großen in Potsdam stand, vollendete Jean-Auguste-Dominique Ingres ein Gemälde, das den Kaiser der Franzosen auf dem Thron zeigt: Hermelin und Mantel werden von Bienen, dem Wappentier des Korsen, geziert. Das Gesicht verrät keine Regung, der Kopf, der einen Lorbeerkranz trägt, ist so klein ausgefallen, dass er – obwohl Mittelpunkt – in der aufwendigen, malerisch vollkommen dargestellten Inszenierung von Majestät zu verschwinden scheint. Hier wird das Selbstverständnis des bonapartistischen Kaisertums gezeigt, und zugleich enthüllt das Bild, wie künstlich, bloß behauptet es ist – unter erlesenen Stoffen verborgene Nichtigkeit.

In Anton Graffs Porträt von 1781 trafen sich Friedrichs Eigenart und der Wunsch des Jahrhunderts nach weniger erhabener, intimerer Größe. Es war freilich nicht so bekannt wie heute. Dafür zeigten ab den 1770er Jahren zahlreiche Druckgraphiken den König als einen Helden, mit dem ein fast vertraulicher Umgang möglich schien.

Da Friedrich sich um seine Erscheinung im Bilde seit der Thronbesteigung nicht gekümmert hatte und sich nur in Ausnahmefällen malen ließ, sind diese Produkte für einen Markt, der gerade erst entstand, umso bezeichnender. Sie verraten, welchen Nerv der König bei seinen Zeitgenossen traf. Verglichen mit Prunk und Pomp des Barock, etwa im benachbarten Dresden, hatte er ästhetisch abgerüstet. Weniger Theaterdonner und mehr reale Macht, weniger unnahbare Majestät und besser geordnete Verhältnisse – das entsprach den Erwartungen jener, die den Reiz des Einfachen entdeckten und die Freuden der Simplizität. Was an äußerem Gepränge fehlte, wurde durch Geschichten ersetzt. Es ist kein Zufall, dass gerade über diesen König so viele Anekdoten berichtet und festgehalten worden sind. Er befriedigte vielleicht die Schaulust und den Festtrieb in geringerem Maße – und wenn, dann auf andere Weise –, aber es war dafür gesorgt, dass Friedrich Herz, Verstand und Einbildungskraft seiner Zeitgenossen beschäftigte.

Der ehrgeizige und standesbewusste Schotte James Boswell versuchte im Sommer 1764 vergeblich, von Friedrich empfangen zu werden. Am Freitag, den 13. Juli sah er ihn wenigstens aus der Ferne, auf dem Paradeplatz: «Es war ein denkwürdiger Anblick. Er trug einen blauen Rock mit einem Ordensstern und einem schlichten Dreispitz mit weisser Feder; in der Hand hielt er einen Stock. Im gleissenden Sonnenschein stand er vor dem Schloss, mit einer ehernen Selbstsicherheit, die keinen Widerstand duldet. Wie ein Magnet, der Nadeln bewegt, wie ein Sturm die hohen Eichen beugt, so sah Friedrich der Grosse die preussischen Offiziere sich unterwürfig beugen, als er hoheitsvoll in ihre Mitte trat. Mir war erhaben zumute, während ich das grossartige Schauspiel in mich aufnahm, das ich nie vergessen werde. Ein Andrang von Empfindungen bestürmte mich. Ich hatte den König vor mir, der ganz Europa mit seinen kriegerischen Taten in Erstaunen gesetzt hatte. Ich hatte (erfreulich zu denken) den grossen Verteidiger der protestantischen Sache vor mir, für den in allen schottischen Kirchen gebetet worden war. Ich hatte den Philosophen von Sanssouci vor mir.»[99]

Boswell beschreibt sein Paradeplatz-Erlebnis, als wolle er neueren ästhetischen Theorien vorgreifen. Friedrichs Erscheinung ist einfach – Dreispitz, Ordensstern und Stock reichen bis heute aus, ihn skizzenhaft zu vergegenwärtigen. Aber in dieser Einfachheit gibt er Anlass zu vielen, vielfältigen Empfindungen und Gedanken. Dieser Mechanismus funktioniert so prächtig, weil er sich immer wieder von selbst erneuert. Es ist der Mechanismus der Legendenbildung, die auch historische Kritik und politische Polemik in ihren Dienst nimmt. Ein Krönungsmantel mag von den

Motten zerfressen werden, ein Gegenstand der Einbildungskraft, von dem immer neu und immer anders erzählt werden kann, versagt erst dann seinen Dienst, wenn er langweilt.

Nach diesem Mechanismus entstand allmählich die Figur des «Alten Fritz», eines Königs mit großer Vergangenheit, der nun als Legende seiner selbst weiterlebte, um zum Wohle seiner Untertanen zu wirken. Allein die Staatsräson, so scheint es mehrfach, hielt diese Figur noch aufrecht.

Friedrich hatte immer Wert auf die Unterscheidung zwischen dem König und dem Menschen gelegt, mehrfach mit dem Gedanken kokettiert, sich ins ungefährdete Glück eines Privatiers zurückzuziehen. Beim «Alten Fritzen» nun fiel beides in eins, Mensch und Monarch, daher taugte die Figur als eine Art Bürgerkönig: sparsam, fleißig, gebildet, zäh, immer besorgt, Einnahmen und Besitz zu mehren. So wurde der alte Mann mit Dreispitz, Krückstock und Ordensstern im 19. Jahrhundert zu einer legendären Gestalt. Die Verbürgerlichung der Friedrich-Figur war ein Gemeinschaftswerk von Anekdotenerzählern und Kupferstechern. Man erzählte und bebilderte Geschichten wie diese: Friedrichs Großneffe, der spätere Friedrich Wilhelm III., schlug einst als Kind seinen Federball auf den Arbeitstisch des königlichen Onkels, der den Ball festhielt. Unverzüglich forderte der kleine Prinz den Ball zurück, worauf Friedrich zufrieden sagte: «Du bist ein braver Junge, du wirst dir Schlesien nicht nehmen lassen.»

Die Legendenproduktion lief bereits, während Friedrich langsam dahinsiechte. Wie später auch andere vereinsamte Despoten traute er seinen Ärzten nicht, konsultierte den Arzt Zimmermann aus Hannover, der auch nicht heilen konnte. Übellaunig und eifersüchtig wachte der König über seine Allmacht. Der Minister Ewald von Hertzberg, der selbstbewusst genug war, sich von der allgemeinen Ängstlichkeit vor dem Monarchen und vor eigenen Entscheidungen nicht anstecken zu lassen, schrieb am 5. August

1786 in Sanssouci an die Prinzessin von Oranien: «Der Zustand des Königs wechselt von Tag zu Tag. Er hat die Wassersucht von den Füßen bis in den Körper. Er kuriert sich selbst und glaubt, noch ein paar Jahre zu leben. Die Ärzte, die er bisweilen konsultiert, geben ihm höchstens ein paar Monate, wenn ihn nicht möglicherweise ein Schlaganfall hinrafft. Er rührt sich nicht aus seinem Stuhl, da er nicht im Bette liegen kann. Alle Geschäfte erledigt er mit gewohnter Tatkraft und einer jeden anderen ausschließenden Eifersucht, wodurch die guten Absichten anderer Patrioten gehemmt werden.»[100] So stellt man sich eine Königsmaschine vor. Am 17. August 1786 morgens stand sie still. Sein Neffe ließ sich als Friedrich Wilhelm II. huldigen.

Mirabeau berichtete aus Berlin: «Alles ist düster, niemand traurig, alles ist geschäftig, niemand betrübt. Kein Gesicht, das nicht Aufatmen und Hoffnung verrät; kein Bedauern, kein Seufzer, kein Wort des Lobes.»[101] Das war gewiss übertrieben. Vielleicht hielten Berliner und Potsdamer nur inne, wie man es tut, wenn etwas lang Erwartetes, Unabänderliches eintritt, wenn eine Epoche endet und das Kommende kaum kenntlich ist. Die Zeit jedenfalls, die nun begann, erzählte und stritt über den verstorbenen König, als hinge es vom Bild der Vergangenheit ab, wie die Zukunft werden würde.

Justizrat von Nüßler bittet um königliche Hilfe

In der Lebensbeschreibung des Geheimen Justiz- und Landrates Carl Gottlob von Nüßler (1700–1778), die der Geograph und Schriftsteller Anton Friedrich Büsching verfasste, wird berichtet, wie der König sich um den Wiederaufbau des kriegsverwüsteten Landes kümmerte.

März / April 1763

Als der Monarch 1763 am 29. März nach Berlin zurückkam, empfing ihn von Nüßler als Landrat des Niederbarnimschen Kreises zu Tasdorf, wünschte ihm zu seinen herrlichen Siegen, zu dem glorreichen Frieden und zu der gesunden Zurückkunft Glück und empfahl seiner gnädigen Vorsorge den sehr ruinierten und ungemein verwüsteten Kreis, für den er bisher noch keine erhebliche Hilfe habe erlangen können. Der König fragte: «Was fehlt Ihm für Seinen Kreis?» Er antwortete: «Pferde zur Bestellung der Äcker, Roggen zu Brot und Sommersaat.» Der König erklärte sich, daß er Roggen zu Brot und Sommersaat geben wolle, aber mit Pferden nicht helfen könne. Von Nüßler fuhr fort, er wüßte wohl, daß der König auf Vorstellung des Geheimrats von Brenckenhoff [Franz Balthasar von Brenckenhoff, 1723–1780, war mit dem Wiederaufbau Pommerns und der Neumark beauftragt worden] den Provinzen Neumark und Pommern Proviant- und Artilleriepferde geschenkt habe, aber für den Niederbarnimschen Kreis spreche kein Mensch, daher möchte sich der König desselben unmittelbar annehmen, sonst sei er verloren. Er sprach noch viel in Gegenwart einer großen Anzahl Menschen, die sich um den Wagen des Königs, der frische Vorspannpferde bekam, versammelt hatten, mit so großer Freimütigkeit, daß der König sich darüber verwunderte und ihn fragte, wer er sei. «Ich bin», antwortete er, «der von Nüßler, welcher für Eure Königliche Majestät die große Grenzsache in Schlesien zustande gebracht hat.» [Von Dezember 1741 bis Januar 1743 hatte Nüßler gemeinsam mit dem Generalfeldmarschall von Schwerin die Grenzen der gerade eroberten Provinz reguliert.] «Ja, ja!» sagte der König, «nun kenne ich ihn wieder. Bringe Er alle kurmärkischen Landräte zusammen, ich will sie sprechen.» Von Nüßler: «Sie sind schon bis auf zwei nach Berlin beisammen.» Der König: «Schicke Er an diese sogleich Staffetten ab, daß Sie eilends nach Berlin kommen, und am Donnerstage komme Er mit allen übrigen Landräten zu mir auf das Schloß, da will ich Ihn näher sprechen und sagen, wie ich dem Lande helfen kann und will.»

Am 1. April erschienen die gesamten Landräte auf dem Schloß, und von Nüßler führte das Wort sehr lebhaft. Er sagte unter anderm: «Eure Majestät haben uns den Frieden gegeben, Sie werden uns auch die Wohlfahrt des Landes wiedergeben; wir stellen in Höchstderoselben Gnade, was Sie uns zur Entschädigung für die Plünderung angedeihen lassen wollen.» Der König antwortete: «Sei Er stille und lasse Er mich reden. Hat Er Crayon?» «Ja!» «Nun, so schreibe Er auf, die Herren sollen aufsetzen, wieviel Roggen zu Brot, wieviel Sommersaat, wie viel Pferde, Ochsen, Kühe ihre Kreise höchst nötig gebrauchen. Überlegen Sie das recht und kommen Sie übermorgen wieder zu mir, alsdann will ich mich darauf erklären. Sie müssen aber alles so genau als möglich einrichten, weil ich nicht viel geben kann.» Von Nüßler ersuchte die Landräte, mit ihm nach dem landschaftlichen Hause zu gehen. Hier sagte er alles, was vorgefallen und zu befolgen war, zu Protokoll vor. Am dritten Tage stellten sie sich wieder auf dem Schloß ein und von Nüßler war abermals der Sprecher: «Wir überreichen Eurer Majestät den anbefohlenen Aufsatz; er enthält nur das Allernötigste, dessen die Kreise bedürfen. Er betrifft auch nur die Stände, welche Kontribution geben; der Adel und andere arme Leute, welche rein ausgeplündert worden, sind nicht mit in dem Aufsatz begriffen, es hat aber der Adel durch den Krieg und die Plünderung sehr viel gelitten.» Der König: «Welche Edelleute hat Er in seinem Kreise?» Von Nüßler nannte sie her und setzte hinzu, daß und wie er als Landrat am meisten gelitten habe, weil er die ausgeschriebenen 4000 Scheffel Mehl nicht geliefert habe. Der König: «Ich kann nicht allen geben, hat Er aber arme Edelleute in seinem Kreise, die sich gar nicht helfen können, so will ich diesen etwas geben.» Da nun der Nüßler in seinem Kreise dergleichen ganz Arme von Adel nicht hatte, so nannte er einige von Adel im Lebusischen Kreise, die sehr ruiniert wären, und forderte die Landräte dieses und des Teltowschen Kreises auf, dem König mehrere zu nennen. Nachdem Se. Majestät sich über alles erklärt hatten, begaben sich die Landräte wieder nach dem landschaftlichen Hause, und von Nüßler sagte alles, was vorgefallen war, zu Protokoll.

Am folgenden Tag speiste er, nebst anderen Landräten, bei dem Kammerpräsidenten von der Gröben, zu welchem eben zu dieser Zeit der Geheime Kabinettsrat Eichel schickte und ihn bitten ließ, noch an demselben Tage ihm ein paar Landräte zuzusenden, die ihm von allem, was der König versprochen habe, Nachricht geben könnten, denn er habe nicht alles, was ihm der König gesagt, behalten können, und er müßte es doch um der Ausfertigung willen gewiß wissen. Der Präsident ersuchte also den von Nüßler und den von Wilmersdorf, sich zu Eichel zu begeben und ihm alles genau zu erzählen. Von Nüßler überreichte ihm die Protokolle, welche in der Landschaft abgefaßt waren, und

Eichel war vergnügt darüber, daß er in denselben alles fand, was er zu wissen wünschte.

Staatsminister von Derschau berichtet von einer allerhöchsten Beratung

Einmal im Jahr empfing der König seine Minister, um den Etat mit ihnen durchzugehen. Aus den Aufzeichnungen des Staatsministers von Derschau erfährt man, wie es 1770 dabei zuging. Offenbar herrschte unterwürfiges Einverständnis, man meint, einen Hauch von Polit-büro-Atmosphäre zu spüren.

Potsdam, 1. Juni 1770

Der König ließ sämtliche Minister des General-Directoriums auf den heutigen Tag nach Potsdam berufen, um mit ihnen die jährliche gewöhnliche Untersuchung über den Zustand der Domänen und Finanzen in seinen Staaten mit landesväterlicher Sorgfalt zu übersehen. Als wir zu Potsdam anlangten, erfuhren wir, daß der König sich den folgenden Tag nach dem Neuen Palais begeben würde; dies geschah auch und wir verfügten uns dahin. Seine Majestät empfingen uns mit einer sehr gnädigen Miene und sagten: «Meine Herren, ich habe Sie kommen lassen, um mit Ihnen gemeinschaftlich unsere Haushaltung zu untersuchen.» Nachdem wir ihm versichert hatten, daß wir uns dazu in gehörige Bereitschaft gesetzt, fuhr er fort und erzählte uns, daß er das Oderbruch, welches in diesem Jahre stark durch Überschwemmungen gelitten, selbst gesehen, aber den angeblichen großen Schaden lange nicht wirklich so gefunden habe, als man ihm solchen geschildert. Man müsse sich nicht gleich durch anfänglich fürchterlich scheinende Verwüstungen der Natur schrecken lassen; sie pflege bald darauf, und oft schnell, vieles wieder gut zu machen, was sie verdorben habe.

Bei Freienwalde wären nur ein paar kleine Durchbrüche, 25 Häuser etwas beschädigt und der ganze Verlust der Eigentümer würde wohl nicht mehr als etliche verlorene Fuder Heu betragen und allenfalls die Saat verdorben sein.

Der Monarch sagte sodann: «Daß Sie mir also für Remissionen [Steuernachlass] und Vergütungen so große Summen in Anschlag gebracht haben, finde ich nicht nötig. Inzwischen habe ich sechzigtausend Taler angewiesen. Der Staatsminister vom Hagen kann, wenn sich das Wasser verlaufen hat, selbst hingehen und alles genauer untersuchen. – Ich kann Ihnen aber meine Unzufriedenheit nicht bergen, welche ich empfunden habe, da ich die Kirche im Oderbruche nicht fertig fand. Ich will, daß Sie dem Oberstleutnant Petri wieder eine scharfe Order geben, daß er mache, daß die Kirche fertig wird, oder er mag sich hüten.»

Hierauf nahmen Se. Maj. das Verzeichnis der anzuweisenden Gelder und äußerten, wie Sie 1. die Gelder zur Retablierung des Oderbruches schon angewiesen hätten; 2. wollten Dieselbe auch gerne die 13 000 Taler zu der neuen Plauenschen Schleuse bezahlen; 3. ferner die Kosten für die Kürassierpferdeställe zu Kyritz, die Baugelder für Belgard und für das Hospital und Waisenhaus übernehmen, denn diese Ausgaben wären so nötig als nützlich; 4. die Kosten, welche zum Rügenwalder und Kolbergischen Hafen erforderlich wären, überließen Sie dem General-Directorium.

Als dies geschehen war, sahen Se. M. die Generaletats von der General-Domänen- und Generalkriegeskasse mit scharfem Blick durch und unterzeichneten solche sämtlich. Sodann öffneten Dieselben Dero Mappe, zogen ein Papier heraus und lasen uns die ansehnlichen Summen ab, welche Sie für dies Jahr bestimmt hätten, um Dero Staaten, soviel es möglich gewesen, zu unterstützen. Unter diesen Summen zeichneten sich besonders 300 000 Taler für den Adel der Provinz Pommern, 20000 Taler für die Provinz Hohenstein und 30000 Taler auf Abschlag des gemachten Plans zur Retablierung der Kurmärkischen Städte aus.

Bei dem ersten Posten sagte der König: «Meine Herren, ich empfehle Ihnen besonders die Erhaltung und Unterstützung meines Adels: ich halte viel auf ihn, denn ich brauche ihn für meine Armee und meine Staatsverwaltung. Es ist Ihnen bekannt, wie viele wichtige Männer ich bereits daraus gezogen und was ich durch sie ausgerichtet habe. Ich bemerke mit Unzufriedenheit, daß er hie und da zu sinken anfängt; und das möchte und wollte ich nicht gern, besonders da es mir jetzt viel Freude macht, daß er anfängt, gesitteter, ordentlicher und brauchbarer zu werden.»

Wir äußerten dagegen, daß wir Sr. Maj. landesväterliche Absichten höchst verehrten, davon lebhaft durchdrungen wären und solche, soviel an uns wäre, wirksam machen wollten. Hierauf nahm der König die vorliegenden Papiere zusammen und begab sich in ein anderes Zimmer, befahl uns aber, zu warten. Nach einer kurzen Abwesenheit kam er wieder und führte uns durch die prächtigen Zimmer des Neuen Palais nach dem Tafelzimmer.

Vor der Tafel sprach der König mit uns über verschiedene Materien und sagte unter andern: daß er es gern sehe, wenn seine Untertanen mit nützlichen Absichten Reisen in fremde Staaten unternähmen und anwendbare Kenntnisse in ihr Vaterland zurückbrächten. Während seiner letzten Anwesenheit in Pommern habe er den Oberamtmann Sydow zu Kolbatz gesehen, welcher nebst seinem Sohne in England gewesen wäre und daselbst die englische Wirtschaft erlernt hätte. Sie verständen es, den Bau der Turnipse (einer weißen Zuckerrübe, deren 9 bis 10 Stück oft einen Zentner wiegen) und der Luzerne zu befördern; und es wären davon in Pommern sehr gute Proben gemacht worden. Er wünsche, daß dies auch in der Kur- und Neumark geschehe, und wir sollten uns deshalb mit diesen Leuten ja in Korrespondenz setzen und den nötigen Unterricht in diesem Bau einschicken lassen, auch vernünftige Wirtschaftsschreiber aus kurmärkischen Ämtern nach Kolbatz schicken, die nicht allein den Bau dieser Turnipse und der Luzerne, sondern auch des Hopfenbaues, welchen uns S. M. sehr angelegentlich empfahlen, lernen und ihre gesammelten Begriffe wieder auf hiesige Ämter anwendbar machen könnten. Der Landmann in der Mark habe noch zu vielen Eigensinn und Widerwillen gegen neue Einrichtungen, wenn sie auch noch so nützlich und gut wären. Die Beamten [gemeint sind die Domänenpächter] müssen daher mit brauchbaren Dingen immer erst den Anfang machen; wenn die Untertanen dann sähen, daß es gut ginge, würden sie wohl folgen. «Sie glauben nicht, meine Herren», rief der König mit vieler Lebhaftigkeit aus, «was mir alles daran gelegen ist, die Leute klug und glücklich zu machen; aber Sie werden es ebensogut als Ich erfahren haben, wie vielen Widerspruch man findet, wenn man auch die beste Absicht hat.» Wir versicherten Sr. M., daß wir leider solch Erfahrungen gemacht hätten, ließen uns aber dadurch nicht abschrecken, mit aller Nachsicht und Geduld die Untertanen auf Wege zu ihrem Besten zu leiten und sähen auch bereits hie und da manche gute Früchte. Man muß hoffen, daß die Zeit alles mehr und mehr verbessern werde. «Das wünsche und will ich», sagte darauf der König und fuhr sodann ferner fort: «Ich habe bemerkt, daß noch viele sechsjährige Ländereien mit Korn besät werden, welches aber dem Landmann kaum die Kosten einbringt. Besser wäre es, wenn diese Ländereien mit nützlichen Futterkräutern zu künstlichen Wiesen gemacht würden; dies könnte ein wirkendes Mittel sein, die aller Viehweide so sehr vorzuziehende Stallfütterung einzuführen, wodurch der Acker mehr Dünger bekommt und der Ackerbau weit höher getrieben werden kann. Ich will nicht einmal des Vorteils gedenken, den diese Stallfütterung zum Nutzen des Melkviehs hervorbringt.»

Wir erwiderten hierauf Sr. Maj., daß schon vor einigen Jahren in sämtlichen Ämtern der Kurmark die sechsjährigen Ländereien abgeschafft und den Forsten zugelegt wären. Befänden sich aber dergleichen noch bei den Edelleuten und Bauern, so würden wir nicht unterlassen, sie in die beste Anwendung zu bringen.

«Ich finde auch», sagte der König, «daß in der Kurmark, deren Aufnahme mir sonderlich angelegen ist, noch viele starke Sandfelder und sandige Gegenden vorhanden sind. So habe ich zum Beispiel auf meiner letzten Rückreise über Freienwalde nach Berlin die Gegenden um Löwenberg und Werneuchen so beschaffen gefunden; und ich möchte gern, daß man allen Fleiß verwendete, diese Gegenden auf die eine oder andere Art nutzbar zu machen. Ich weiß, was der Eifer dabei tun kann und was an manchen Orten schon bewirkt worden ist. Auch die Urbarmachung der großen Wische bei Stendal scheint mir eine Hauptverbesserung zu sein, auf die ich vorzüglich mit reflektiere, um davon den wüsten Stellen in Stendal etwas zulegen zu können, daß sich zum Anbau desto eher Leute finden; und überdem kann von dem Übrigen dieser urbar gemachten Wische noch eine Kolonie oder Holländerei von Ausländern angelegt werden. Diese nützliche Verbesserung muß die erste Arbeit der neuen Deputation sein. Die Bienenzucht und den Seidenbau muß man, so viel als immer möglich, in Aufnahme zu bringen suchen. Die Maulbeerbäume sind so vielfältig angewachsen, daß man davon eine Menge Seidenwürmer füttern kann, wenn in den Gegenden, wo sie mit Nutzen betrieben werden kann, die Beamten jährlich eine gewisse Anzahl Kokons gegen bare Bezahlung an das Seidenmagazin abliefern.»

Auch erkundigten sich Se. Maj. nach den Urbarmachungen am Rhyn und bei Siversdorf und nach der Ansetzung der Kolonisten daselbst. Wir antworteten, daß vor kurzem die dazu ernannten Komissarien sich zu Friesack mit den dortigen Interessenten vereinbart hätten; weil aber die dortigen Gegenden überschwemmt wären, so könnte man das Etablissement von wenigstens hundert

Familien vor der Hand nicht ausführen, noch einen deutlichen Plan davon anfertigen und müsse man den Ablauf des Wassers abwarten. Der König war damit zufrieden und sagte bloß: «Das Wasser, das Wasser!» Alsdann eröffneten uns Se. Maj. Dero Willensmeinung wegen der Gärtner, welche hin und wieder angesetzt werden sollen, und wollten, daß solches vorzüglich um und bei Berlin, zum Beispiel hinter dem Garten der Akademie, im Wege nach Tempelhof und Lichtenberg, wo noch viel unbebautes Sandland wäre, geschehen solle. «Diese Leute sollen aber», sagte der König, «nicht kleine Gärten haben, sondern man soll ihnen so viel Land anweisen, daß jeder einen großen Garten besonders zur Pflanzung und Zucht von Obstbäumen bekommt, damit sie Obst zum Trocknen erhalten und Gartenfrüchte ziehen können. Die Bäume sollen ihnen gegeben werden und sie müssen schon tragbar sein. Das Gartenland würden sie wohl mit Straßenkot von Berlin und besonders mit dem Schlamm und der Erde aus dem zu räumenden faulen Graben düngen und brauchbar machen können».

Wir zeigten dem Könige an, daß schon ein Plan angefertigt worden sei, hundert dergleichen Gärtnerfamilien an dem Wege neben dem Invalidenhause, gegen den Wedding, auf dem daselbst befindlichen, teils schon kultivierten, teils noch unangebauten Sandlande anzusetzen. Se. Maj. mißbilligten dies nicht und erwiderten: «Das ist mir einerlei, wenn nur die ledigen und sandigen Plätze um Berlin herum bebaut werden und die Leute Land genug bekommen. Es sind da noch so manche Stellen, die ich unmöglich so lassen kann; sie haben mich oft traurig gemacht, wenn ich sie passieren mußte. Daß man das trockene Obst noch immer aus Sachsen kauft und, wie man mir sagt, zum Bedürfnis kaufen muß, ist mir gar nicht lieb. Man muß, meine Herren, besorgt sein, den Obstbau auf dem Lande und bei den Ämtern allgemeiner zu machen; denn das Geld muß man, so viel als möglich zu behalten suchen.»

Weiter erkundigte sich der König nach dem Etablissement bei Mühlenbeck, den Revuekosten von diesem Jahre, und befahl, Leute auszumitteln, die Mergel aufsuchten, den man, wie sie glaubten, bei Rüdersdorf finden müsse. Schließlich erwähnten Se. Maj. verschiedenes vom schlesischen Bergbau, von der Beförderung des Steinkohlentransports und dem Gebrauche dieser Kohlen bei Bleichereien, Ziegeleien und Kalkbrennereien; auch sollte man die Kobaltbergwerke vorzüglich zu betreiben suchen und im Winter sowohl von dem, was geschehen, als was noch geschehen sollte, Bericht abstatten.

«Sie sehen, meine Herren», sagte der Monarch, «ich habe mich ein wenig vorbereitet, um Ihnen das Nützliche und Nötige für meine Hauptprovinzen anzuzeigen. Ich hoffe von Ihrer Sorgfalt baldige Erfüllung meiner Erwartungen, und daß Sie mir im künftigen Jahre manche angenehme Anzeige machen werden. An meiner Unterstützung soll es nie fehlen. Aber Sie müssen mir auch die Quellen nicht versiegen lassen, woraus es geschehen kann».

Wir versicherten Sr. M., daß alles Mögliche von uns angewandt werden solle, um diese verehrungswürdigen landesväterlichen Absichten in die tätigste Wirksamkeit zu bringen. Hierauf gingen Se. Maj. nebst uns zur Tafel. Während des Speisens waren Dieselben besonders gnädig und munter, scherzten zum öftern und entließen uns darauf entzückt über die gnädige Aufnahme.

Friedrich Nicolai begeistert sich für den wohltätigen König
Im Vorwort zu seiner Anekdotensammlung erklärt Friedrich Nicolai, wie seine Verehrung für den Alten Fritz entstand. Denkfreiheit und landesväterliche Fürsorge gaben den Ausschlag. Nicolai neigte selbst dazu, im Namen der Vernunft andere von oben herab zu beurteilen und nach feststehendem Raster zu werten. Vor allem aber zeigen diese Zeilen, dass die Anhänglichkeit an Friedrich stark mit der nostalgisch

gefärbten Erinnerung an das eigene Werden und Leben verbunden war. Was Nicolai gelang, gelang ihm unter Friedrich, und er verhärtete allmählich – wie sein Monarch. Der Nachfolger erschwerte durch verschärfte Zensur die Arbeit des Verlegers.

In Friedrichs des Großen Regierung fielen die glücklichen Jahre meiner Jugend und die Blüthe meines männlichen Alters. Was ich an Bildung des Geistes und an Weltkenntniß besitzen mag, erhielt ich in dieser Zeit durch den Einfluß der freymüthigen unbefangenen Denkungsart, welche dieser große König begünstigte, und die sich hauptsächlich von Seinen Landen aus, (nachdem diese lange wegen eben dieser wohlthätigen Freymüthigkeit von Kurzsichtigen waren übel beschrieen gewesen,) in das übrige Deutschland ausbreitete, wo ihr seitdem so herrliche Früchte zu danken sind. Den Siebenjährigen Krieg mit allen seinen wunderbaren Wechseln von Glück und Unglück erlebte ich in den Jahren, wo die Einbildungskraft starke und helle Bilder am leichtesten aufnimmt. Ich war Augenzeuge des unbeschreiblichen Enthusiasmus, der sich damals sowohl der Unterthanen als selbst weit entfernter Ausländer bemächtigte; und ich nahm Theil daran. Ich erlebte die traurigen sieben Jahre nach diesem Kriege, wo Friedrichs Lande so sehr von den Folgen desselben gedrückt waren, wo Circulation und Industrie fast gänzlich stockte, und wo selbst einsichtsvolle Patrioten glaubten, die Wunde wäre unheilbar. Friedrich beynahe allein verlor nicht den Muth. Er strebte unermüdet von den ersten Tagen seiner Zurückkunft an, sein Land wiederherzustellen. Ich beobachtete aufmerksam die mannigfaltigen Wirkungen dieses Strebens. Ich sah zuweilen aus unrichtigen Principien gute Folgen entstehen; ich sah oft richtige Principien mißverstanden und sehr widrige Folgen haben: und bewunderte in beiden Fällen den an Hülfsmitteln unerschöpflichen Geist, der auf die Mittelstraße wieder einzulenken wußte, wenn man am gewissesten hätte glauben sollen, die genommenen Maaßregeln müßten auf die tadelnswürdigsten Extreme leiten, und der dennoch seinem Hauptzwecke immer getreu blieb. Wenn ich über viele wichtige Gegenstände irgend etwas weiß: Ueber Glaubensfreyheit, über Aufklärung, über Sittlichkeit, über Thätigkeit, über Industrie, über Handlung, über Circulation, über die Wendung, welche der Charakter von Nationen durch ihren Regenten nimmt, und über das, was einer Nation, wenn einmal ein bestimmter Charakter in ihr liegt, nicht leicht durch die Gewalt eines Regenten, ja selbst nicht durch die Zuneigung gegen Ihn genommen wird; so habe ich es meiner beständigen Beobachtung dieses im Frieden noch mehr wie im Kriege thatenreichen Mannes, und meiner mehr als zwanzigjährigen Aufmerksamkeit auf seine Verfügungen und auf die Folgen derselben, die uns vor Augen lagen, zu danken.

Ich empfand zuweilen, ich will es gern gestehen, auch mein Theil an dem Mißvergnügen, das sich anfänglich von nicht wenigen Seiten spüren ließ; denn gewöhnlich litten wir unter Friedrichs Fehlern unmittelbar, und die Folgen seiner richtig gedachten Anordnungen zeigten sich oft nur nach und nach und ziemlich entfernt. Meine Ueberzeugung von der Weisheit seiner Regierung ward zuerst sehr lebhaft, als nach diesen sieben für Berlin so drückenden Friedensjahren, in den Jahren 1771 und 1772 eine allgemeine Theuerung in Deutschland, und dadurch an vielen Orten Hungersnoth entstand. Damals ward hingegen in unserm Lande, dem man von Natur sehr wenig Hülfsmittel zutraut, und von dem man damals allgemein glaubte, es sey durch Krieg und vermehrte Abgaben ganz ausgesogen, zur allgemeinen nothdürftigen Verpflegung bis in die kleinsten Städte Rath geschaft; so daß das Elend bey uns, obgleich sehr groß, dennoch bey weitem nicht so schrecklich war, als in vielen andern blühender scheinenden Ländern. Ja es nahmen sogar viele Unterthanen aus benachbarten getreidereichen Provinzen zu uns ihre Zuflucht, und fanden Hülfe*: theils aus unserer eigenen Ersparung, theils durch Zufuhr durch unser Land über See**. Dieser große Zug in der Regierungsgeschichte Friedrichs ist, wie so viele andere, so viel ich weiß, bis jetzt öffentlich noch nicht bemerkt; aber mir schwebt noch lebhaft der Eindruck vor, den er damals auf mich machte. Ich fing an, deutlicher zu merken, was ich schon seit einiger Zeit geahndet hatte, daß dieser große Mann nicht, wie er verdiente, von allen Seiten bekannt war. Man hielt ihn fast allgemein für einen bloßen Soldaten, dessen Plane nur auf Krieg gerichtet wären, welcher damals von unserm Publikum täglich erwartet, ja sogar gewünscht ward. Bey näherer Aufmerksamkeit auf des Königs Betragen fand man es aber ganz anders. Man sah, je mehr man ihn beobachtete, so viele Eigenschaften in ihm vereinigt, die sonst sich fast nie zusammen finden: bey so viel Heldenmuthe und bey so viel Talenten zum Kriege, so unermüdetes Bestreben alle Künste des Friedens und alle wohlthätige Folgen desselben

---

* Es wurden 1771 und 1772 allein vom Armendirektorium in Berlin gewiß 3000 wo nicht mehr Fremde aus anderen Ländern verpflegt, welche die große Noth zu uns trieb, und die nach Endigung derselben zum Theil zurückgingen, zum Theil bey uns blieben. Ich weiß rührende und schreckliche Beyspiele davon. Das Armendirektorium, dessen gewöhnliche jährliche Ausgabe für die Berlinschen Armen über 80000 Rthlr. ist, nahm in diesen zwey Jahren des Elends, in edler Zuversicht auf den König, ohne bey ihm anzufragen, über 60000 Rthlr. Kapitalien auf, um kein dringendes Bedürfniß, auch nicht das Bedürfniß ganz fremder Leute, hülflos zu lassen. Friedrich bezahlte diese Schulden in den Jahren 1775 und 1777. Es ist dieß eine in seinem thatenreichen Leben kaum bemerkte That, aber vielleicht eine der edelsten.
** Im Herbste 1771 und im Frühling 1772 gingen, auf besondere Erlaubniß des Königs, durch Magdeburg 60000 Berliner Scheffel Getreide als Fürstengut, ohne allen Zoll, und 20000 Scheffel mit dem gewöhnlichen Zolle (mit Erlassung des damaligen hohen Transito-Zolls) nach Kursachsen. Auch wurde eine beträchtliche Menge Getreide in Stettin für Sachsen gekauft, und es würde mehr von da gekommen seyn, wenn es nicht an Schiffen gefehlt hätte. Dieß erzählte mir Herr Clements, damaliger hiesiger Kursächsischer Legationssekretär, der nachher in Wien als Resident dieses Hofes starb.

in seinen Staaten auszubreiten. Vorurtheile wichen endlich, und aufmerksame Beobachter fingen an einzusehen, welche große Wirkungen, ununterbrochene Thätigkeit die nur auf wenige aber wohlgeordnete Zwecke sich einschränkt, verbunden mit Ordnung und mit unermüdetem Ausdauern, endlich hervorbringen kann.

Seitdem ich um mich sehen konnte, und einige Fähigkeit, Menschen zu beobachten, fühlte, war mir nichts wichtiger, als Beobachtung von Menschen. Einer der außerordentlichsten Menschen so nahe vor mir, noch interessanter für mich, als Regent meines Vaterlandes, als ein Regent, der täglich so viel für dasselbe that, so viel, dem Laufe gewöhnlicher Regierungen nicht gemäß, so viel großes und sichtbarlich wohlthätiges, so manches, das unerklärlich schien, so manches, das gewiß fehlerhaft war, aber alles mit dem unverkennbaren Stempel eines großen weitsehenden Geistes bezeichnet, – zog meine ganze Aufmerksamkeit auf sich. Das Studium seines Charakters ward seit mehrern Jahren mein Lieblingsgeschäft. Ich glaubte, den Menschen studiren zu müssen, um den Regenten besser kennen zu lernen; dem Regenten in allen den mannichfaltigen Theilen seiner Regierung, (durch deren simple Ordnung Er die Uebersicht so leicht machte) so viel ich als bloßer Privatmann konnte, folgen zu müssen, um die Eigenschaften des Menschen richtiger zu erkennen und mir zu erklären. Im Grunde war das Studium der eigentlichen Beschaffenheit meines Vaterlandes damit verbunden.

Johann Friedrich Reichardt über seinen Antrittsbesuch als Hofkapellmeister

Johann Friedrich Reichardt, 1752 in Königsberg geboren, 1814 in Giebichenstein bei Halle gestorben, wurde 1775 von Friedrich zum Königlichen Hofkapellmeister ernannt. Er überzeugte im Gespräch und vermied es geschickt, die überholten Geschmacksvorlieben des

Königs zu offenherzig zu attackieren, aber er vergab sich auch nichts. Reichardt war neben seiner Komponistentätigkeit einer der umtriebigsten Schriftsteller der Zeit um 1800, der seine Sympathien für die Französische Revolution nicht verhehlte. In seinen Erinnerungen erzählt er von seinem Antrittsbesuch beim König, zu dem ihn der Konzertmeister Franz Benda (1709–1786) begleitete.

Als Reichardt den ersten Feyertag in Potsdam ankam, und in der goldenen Krone abtrat, war seine erste Frage: Wie befindet sich der König? Der lange, hagere Gastwirth, mit einer politischen Stutznase, legte seinen rechten Zeigefinger leise über die Lippen, kniff die Augen zu und lispelte endlich seitwärts: «Todt! todt! aber still! es soll noch nicht bekannt werden.» Ein kleiner, zufälliger Umstand hatte in Potsdam wirklich diese Meynung erzeugt und verbreitet. Den König, der gewohnt war im späten Herbst von Sans-Souci, das nahe vor der Stadt liegt, das potsdamer Schloss zu beziehen, hatte die Krankheit dort überfallen und bis tief in den December draussen gehalten. Als er nun aber so weit genesen war, dass er ohne Gefahr nach der Stadt getragen werden konnte, hielt man es für unanständig, die Portechaisenträger ehe ins Zimmer des Königs kommen zu lassen, als bis dieser wohleingepackt in der festverschlossnen Portechaise sass. So wurden sie auch wieder in Potsdam aus dem Schlafzimmer des Königs fortgeschickt, ehe die Portechaise geöffnet wurde. Diese Leute, die, wie alle ihres Gleichen, am liebsten das Schlimmste glaubten und verbreiteten, sagten nun mit bedenklicher Miene: «Hereingetragen haben wir den Alten, ob aber todt oder lebendig, das wissen wir nicht: schwer genug war er für einen Todten.»

In dem Hause des Concertmeisters Benda ward Reichardt bald eines Bessern belehrt. Doch währte es wohl noch acht bis zehn Tage, ehe der König jemanden vor sich liess. Dann ward dem Concertmeister Benda angesagt, er möchte den neuen Kapellmeister zum Könige führen. Reichardt hatte schon erfahren, dass einige Arien aus seiner Oper von Coli, dem Castraten, der für die Kammermusik in Potsdam lebte, im Concerte des Königs zu dessen Zufriedenheit gesungen worden waren. Ohnehin kannte er keine Menschenfurcht; er trat also mit muthigem Vertrauen in das innere Zimmer des Königs. Es war Abend. Der König lag der Thüre gegenüber, in seiner gewohnten, militärischen Uniform, auf einem Sopha, mit einer hellblauen, seidnen Decke bedeckt, den alten, grossen Hut auf dem Kopfe, nur seitwärts von mehreren hohen Wachslichtern beleuchtet. Als die beyden Gerufenen vor dem Schirme, der die innere Thüre des Zimmers umgab, hervortraten, lüftete der König etwas den Hut und hiess sie näher kommen. Aber die kleinen Windspiele, die der König um sich hatte, fuhren mit solchem Gebelle auf sie zu, dass Reichardt gleich den Entschluss fasste, mitten im Zimmer stehen zu bleiben, bis die Hunde zur Ruhe kämen. Der König gab sich alle Mühe, sie durch Zuruf und Karessen zu schwichtigen; es währte aber eine ganze Weile, eh' es ihm damit gelang. Endlich trat Reichardt dicht vor den Sopha hin, der Concertmeister Benda blieb etwas seitwärts zurück. Indem der König jenen mit seinen grossen, herrlichen, blauen Augen stark anblickte, sagte er: Wo seyd ihr her? – Aus Königsberg in Preussen. – Wo habt ihr Musik studirt? – In Berlin und Dresden. – Seyd ihr in Italien gewesen? – Nein, Ew. Majestät; aber – (im Begriff, den König zu bitten, ihn hinzuschicken: dieser fiel ihm aber mit grossem Eifer ins Wort; die hohle, weiche Stimme stark erhebend, und beyde fast zugleich ansehend, rief er:) *Das ist sein Glück! Hüt' er sich für die neuern Italiener: so'n Kerl, schreibt ihm wie'ne Sau.*

Reichardt war wohl schon auf das schlechte Deutsch des Königs vorbereitet, aber da war es denn doch schwer, das Lachen zu verbeissen. Sonderbar kam es ihm auch vor, dass der König ihn in dieser ersten Audienz bald Ihr, bald Er nannte, da man ihn nur auf das letzte, als die damalige Ehrenbenennung, vorbereitet hatte, mit welcher der König, und selbst seine Brüder, Minister und Feldmarschälle anredeten; nur Bediente und gemeine Leute pflegte der König Ihr zu nennen. Es ward ihm nachher, als der König ihn nie wieder Ihr nannte, so erklärt, dass er ihn das erste Mal als seinen Unterthan Ihr genannt, mit dem Er aber erst seinen Kapellmeister beehrt habe.

Der König sprach viel über Musik überhaupt, lies sich in sehr kleine Details, die Composition betreffend, ein, und man erkannte leicht das Bestreben, seine Kenntnisse darin zeigen zu wollen. Mehrmalen kam er darauf zurück, dass bey ihm allein noch die wahre Musik, wie sie zur schönsten Zeit in Italien geblüht habe, ein Asyl fände, die Italiener gänzlich ausgeartet wären, und alle andre nur das modische, italienische Geklingle und Geleyere liebten und trieben. Er liess sich sehr umständlich über die Beschaffenheit der ächten, grossen Oper heraus, und das war denn nichts anders, als eine Zergliederung der alten italienischen, hassischen und graunschen Oper: wie jede Hauptperson einige bedeutende Arien von verschiedenem Charakter haben müsse – ein Adagio, das recht cantabile wäre, wobey der Sänger seine Stimme geltend machen und seinen Vortrag zeigen, auch wohl beym Da Capo seine Kunst in verschönernden Variationen bequem anbringen könne; eine Allegro-Arie mit brillanten Passagen, eine parlante Actions-Arie, und ein Duett für den ersten Sänger und die erste Sängerin, worin sie über Eine Melodie im Vortrage wetteifern könnten. In allen diesen Stücken müssten die grossen Taktarten gewählt werden; die kleinern, 2/4 3/8, blieben für die Nebenpersonen: diese müssten in jeder Oper einige Arien in dem angenehmen Tempo di Minuetto haben. In allen diesen Singstücken müsste mit den Tönen angenehm gewechselt werden, so dass nicht zwey Arien aus einem und demselben Tone aufeinander folgten; die Molltöne wären aber auf dem Theater zu vermeiden, sie wären zu traurig und zu rührend. (In der graunschen Oper *Demofonte* hatte der König die schöne Arie aus G moll: Misero pargoletti, wirklich nicht ausstehen können, weil sie zu rührend war, und Graun musste die angenehmere hassische dafür aufnehmen.) Die Theatermusik müsse immer angenehm bleiben, selbst in tragischen und pathetischen Situationen. In den Recitativen müsse fein fleissig und mannigfaltig modulirt werden, und jede Oper müsse wenigstens ein grosses Recitativ mit voller Instrumentalbegleitung haben. In dieser wäre sonst am meisten auf Klarheit und Einfachheit zu sehen, damit die Singstimmen nie übertäubt würden und freyen Spielraum behielten; in den Ritornells, die gut ausgeführt werden müssten, wären kräftige Unisonisätze, die am besten schlössen, fleissig anzubringen u. s. w.

Als Reichardt vorbrachte, dass dieses die wahre Theorie sey, nach welcher Leonardo Leo und Leonardo Vinci die neue italienische Oper für den italienischen Geschmack erfunden, oder vielmehr festgestellt hätten, dass Hasse und Graun nur die treuen Nachfolger jener beyden Meister gewesen, die unter sich ungefähr dieselbe Verschiedenheit des Charakters hätten, als diese beyden deutschen Meister; so frug der König: ob er Opern von Leo und Vinci hätte, oder anschaffen könnte; man müsse doch einmal eine solche hören. Reichardt bejahte beydes, und nannte unter andern *Artaserse* von Leo und *Semiramis* von Vinci, die er besässe. Als die Rede noch besonders auf Hasse kam, dessen Feuer und edlen Charakter der König mit richtigem Urtheil sehr heraushob, so dass man wohl hörte, wie sehr er ihm den Vorzug vor Graun gab, erwähnte Reichardt auch der letzten hassischen Oper, *Piramo e Thisbe*. Das ist keine ordentliche Oper, sagte der König etwas heftig, das ist man so'ne kleine Operette; es sind ja fast gar keine rechte, ganze Arien mit ausgeführten Ritornells und Da Capo's drinn, alles ist klein zugeschnitten, aber hübsch; er singt auch da immer gut und bequem für den Sänger: das ist freylich immer die Hauptsache. Reichardt sagte, die Hassen sonst ungewöhnliche Form in *Piramo e Thisbe* käme wohl nicht blos daher, dass Hasse die Oper zu einer Privat-Hofaufführung für die Erzherzoginnen selbst geschrieben: es läge wohl auch eine Art von Rivalität mit Gluck dabey zum Grunde, der damals, als Hasse zuletzt in Wien lebte, das declamatorische Operngenre eingeführt, und dafür in Wien eine grosse Partey gefunden. Hassens *Piramo e Thisbe* habe gewissermassen die Mitte zwischen dem alten und neuen Operngenre halten sollen. Der König liess ihn aber nicht ausreden, sondern fiel mit heftigen Ausdrücken und Schimpfworten sehr hart über Gluck her, der gar keinen Gesang habe, und nichts vom grossen Operngenre verstände u. s. w. Er duldete darüber auch wenig Widerspruch, und der gute, ängstliche, alte Benda sagte nachher, er habe gezittert, als Reichardt sich nur einigermassen auf Widerspruch über ein so decidirt ausgesprochenes Urtheil des Königs eingelassen.

Man hatte die Dummheit begangen, dem Könige zu der Zeit, als Gluck mit seinen Opern, *Orfeo* u. *Alceste*, in Wien und Italien die grosse Reform begann, einige Arien aus diesen Opern von italienischen Castraten, die nur schluchzen und gurgeln konnten, im Concerte des Königs hören zu lassen; das hiess denn nicht viel mehr, als ein Stück aus einer herrlichen Theater-Decoration herausschneiden und solches in eine Tabakdose setzen lassen. Auch kennt man ja die sinn- und gefühllosen Urtheile, die damals in der berlinischen allgemeinen Bibliothek von Agricola, und später selbst von Nicolai in dessen Reisen, über Gluck und dessen Opern gefällt wurden, hinlänglich, um daran abnehmen zu können, was man dem Könige über diesen Meister und dessen Werke vorgeschwazt haben mag.

Es wäre wohl unbegreiflich, wie ein Mann von Friedrichs Geist für eine Kunst, die er selbst so sehr liebte und so eifrig trieb, so beschränkt auf das einzige, an sich schon beschränkte Genre bleiben konnte, wenn man nicht auf den eigentlichen, tiefen Grund zurückginge, auf welchem die Beharrlichkeit des Königs mit seinem Geschmack und in seiner ganzen Weise überhaupt beruhte. Sie betraf nicht nur die Musik, sondern alle andere Dinge, deren Ausführung aber nicht hergehört, eben so sehr. Als der König 1740 zur Regierung kam, war er wirklich von dem damaligen Zustande der Künste und Wissenschaften sehr unterrichtet. Er hatte bis dahin den grössten Theil seines Lebens den Wissenschaften und Künsten gewidmet. Dies konnte nun, da er den Thron mit dem Vorsatze bestieg, selbst zu regieren, und sich als Held und Eroberer Ruhm zu erwerben, – wie seine Briefe und Schriften bezeugen – nicht mehr so fortgesetzt werden. Von nun an sollten ihm die Künste und Wissenschaften nur Erholungsgenuss nach Regierungsgeschäften und Heldenarbeiten gewähren. Seine königlichen Grundsätze und Beschäftigungen hinderten ihn also, die Fortschritte und Neuerungen in den Künsten und Wissenschaften eben so ernstlich und aufmerksam, wie bisher, zu verfolgen; sein Königssinn litt aber nicht, dass dieses für Zurückbleiben gälte; und so musste in ihm selbst schon die Maxime entstehn: *so soll es nun damit bleiben*. (…)

Zuletzt kam der König in der Unterredung auf seine grosse Oper in Berlin, und schilderte ziemlich genau die Talente der noch vorhandenen Sänger, wobey, ausser der Mara, nur Porporino und Conciliani einiges Lob erhielten. Von dem letzten sagte der König: Er hat eine schöne Stimme, es ist aber ein fauler Hund; er hat seine Stimme nie recht ausgearbeitet, und schleppt immer hintennach. Das war ein ganz ander Ding mit der Salimbene, (sich zu Benda wendend,) der wusst' einem das Wasser in die Augen zu pumpen! – Ja wohl, ja wohl, Ew. Majestät! antwortete der gute, weiche Alte mit Schluchzen.

Von dem Zustande seines Orchesters gab der König dem neuen Kapellmeister auch eben nicht den besten Begriff, doch war sein Urtheil richtig, und schloss dann damit: Nu geh er nur nach Berlin, hör er noch einige Opern, und exercir' er dann die alten Musikanten nur recht tüchtig. – Das war ein gefährlich Wort, das dem jungen, feurigen Kapellmeister manchen sauern Tag gebracht hat.

Eben im Begriff das gewöhnliche Zeichen zum Abschiede mit Lüftung des Huts zu geben, sagte der König noch: Wie heisst er doch? – Reichardt. – Ja, seh er man, da kann er nun componiren, was und wie er will, von dem deutschen Namen wird's doch keiner glauben, dass da was rechts dran ist; er kann sich ja *Ricciardetto* oder *Ricciardini* nennen, das klingt gleich ganz anders. Reichardt erwiederte aber sogleich: Ew. Majestät, ich bin zu stolz darauf, ein Deutscher und Ihr Unterthan zu seyn, als dass ich meinen Namen gern italienisirte. – «Na, na!» sagte der König, mit verbissenem Lächeln zu Benda gewandt: «das hat auch eben keine Eil!» Und so blieb es denn auch dabey. Der König hatte die Gewohnheit, Namen, die ihm nicht gefielen, zu ändern; er hatte den Sängern Porporino und Paolini beyden diesen Namen gegeben.

Den andern Morgen erhielt Reichardt aus dem Cabinet die Anweisung an die königliche Hofstaats-Kasse in Berlin, zu Auszahlung seines jährlichen Gehalts von 1200 Thalern, die ihm gleich, wie allen königl. Hof- und Staats-Officianten, vierteljährig vorausbezahlt wurden, und den Nachmittag fuhr eine grosse königl. viersitzige Kutsche mit sechs Pferden vor, die ihn nach Berlin brachte, wo er noch den Abend die Vorstellung einer hassischen Oper sah.

Der König füttert seine Hunde

Die Geschichten vom Alten Fritz spielten oft mit dem Gegensatz zwischen dem Soldaten und dem Privatmann, zwischen der ehrfurchtgebietenden Majestät und dem Menschen Friedrich, um am Ende die

Einheit beider hervorzuheben. Auch Friedrich Nicolai teilt dergleichen mit, nach Erzählungen des Marquis d'Argens (1703–1771), der Kammerherr des Königs und Direktor der historisch-philologischen Klasse der Akademie war.

Eines Abends, da er (der Markis) ins Zimmer trat, fand er den König auf dem platten Boden sitzen, vor ihm eine Schüssel mit Fricassé, aus welcher seine Hunde ihr Abendessen hielten. Er hatte ein kleines Stöckchen in der Hand, mit dem er unter denselben Ordnung hielt, und dem Favorithunde die besten Bissen zuschob. Der Markis trat einen Schritt zurück, schlug die Hände voll Verwunderung zusammen, und rief aus: «Wie werden sich doch jetzt die fünf großen Mächte von Europa, die sich wider den Marquis de Brandebourg verschworen haben, den Kopf zerbrechen, was er jetzt thut? Sie werden etwa glauben, er macht einen für sie gefährlichen Plan zum nächsten Feldzuge, er sammlet die Fonds, um dazu Geld genug zu haben, oder besorgt die Magazine für Mann und Pferd, oder er entwirft Negotiationen um seine Feinde zu trennen und sich neue Aliirten zu schaffen. Nichts von alle dem! Er sitzt ruhig in seinem Zimmer und füttert seine Hunde.»

Der König hilft dem Müller Arnold

Der Müller Arnold betrieb eine Mühle und zahlte von den Erträgen Zins an den Grafen Schmettau, bis der Landrat von Gersdorff flußaufwärts einen Karpfenteich anlegte und der Fluss, an dem die Mühle lag, nur noch wenig Wasser führte. Arnold behauptete, er könne nun keinen Erbzins mehr zahlen. Das Patrimonialgericht entschied gegen den Müller, das Gericht in Küstrin bestätigte das Urteil, die Mühle wurde 1778 zwangsversteigert. Nach mehreren Eingaben nahm sich der König mit besonderer Leidenschaft der Sache an, aber das Ge-

richt in Küstrin und das Kammergericht urteilten nochmals gegen den Müller. Der König statuierte ein Exempel und sorgte für einen Justizskandal, der beachtlichen Widerhall fand.

Am 11. Dezember 1779 rief der König in der Sache des Müllers Arnold den Großkanzler von Fürst und die drei Räte, die am Kammergericht das Urteil abgefasst hatten, ins Schloss. Er schien starke Gichtschmerzen zu spüren. Er befragte die Räte scharf, warf ihnen vor, seinen Namen «cruel gemisbraucht» zu haben, und diktierte dann dem Geheimen Kabinettsrat Stelter ein Protokoll.

VON SEINER KÖNIGLICHEN MAJESTÄT HÖCHSTSELBST ABGEHALTENES PROTOCOLL DEN 11. DEZEMBER 1779 ÜBER DIE DREI CAMMERGERICHTS-RÄTHE FRIEDEL, GRAUN UND RANSLEBEN.

Auf die Allerhöchste Frage: Wenn man eine Sentenz gegen einen Bauer sprechen will, dem man seinen Wagen und Pflug und alles genommen hat, wovon er sich nähren und seine Abgaben bezahlen soll: Kann man das thun? Ist von selbigen mit «Nein» geantwortet. Ferner: Kann man einem Müller, der kein Wasser hat, und also nicht mahlen und also auch nichts verdienen kann, die Mühle deshalben nehmen, weil er keine Pacht bezahlet hat: Ist das gerecht? Wurde auch mit «Nein» beantwortet.

Hier ist aber nun ein Edelmann, der will einen Teich machen, und um mehr Wasser in dem Teich zu haben, so läßt er einen Graben machen, um das Wasser aus einem kleinen Fluß, der eine Wassermühle treibt, in seinen Teich zu leiten. Der Müller verliert dadurch das Wasser und kann nicht mahlen. Und wenn was noch möglich wäre, so ist es, daß der im Frühjahre 14 Tage und im späten Herbst noch etwa 14 Tage mahlen kann. Dennoch wird praetendirt, der Müller soll seine Zinsen nach wie vor geben, die er sonst entrichtet hat, da er noch das volle Wasser vor seine

Mühle gehabt. Er kann aber die Zinsen nicht bezahlen, weil er die Einnahme nicht mehr hat. Was thut die Cüstrinsche Justiz? Sie befiehlt, daß die Mühle verkauft werden soll, damit der Edelmann seine Pacht kriegt. Und das hiesige Cammergerichts-Tribunal approbirt solches. Das ist höchst ungerecht, und dieser Ausspruch Sr. Königl. Maj. Landesväterlichen Intention ganz und gar entgegen. Höchstdieselben wollen eine prompte Justiz administriret und einem jeglichen Dero Unterthanen, ohne Ansehen der Person und des Standes, durchgehends ein unpartheisches Recht wiederfahren soll.

Se. K. M. werden dahero in Ansehung der wider den Müller Arnold aus der Pommerziger Krebsmühle in der Neumark abgesprochenen und hier approbirten höchst ungerechten Sentenz ein nachdrückliches Exempel statuiren, damit sämmtliche Justiz-Collegia in allen dero Provinzien sich daran spiegeln, und keine dergleichen grobe Ungerechtigkeiten begehn mögen. Denn sie müssen nur wissen, daß der geringste Bauer, ja was noch mehr ist, der Bettler, eben sowohl ein Mensch ist, wie Seine Majestät sind, und dem alle Justiz muß wiederfahren werden, indem vor der Justiz alle Leute gleich sind, es mag sein ein Prinz, der wider einen Bauer klagt, oder auch umgekehrt, so ist der Prinz vor der Justiz dem Bauer gleich; und bei solchen Gelegenheiten muß pur nach der Gerechtigkeit verfahren werden, ohne Ansehn der Person. Darnach mögen sich die Justiz-Collegia in allen Provinzien nur zu richten haben, und wo sie nicht mit der Justiz ohne alles Ansehen der Person und des Standes gerade durch gehen, sondern die natürliche Billigkeit bei Seite setzen, so sollen sie es mit Sr. K. M. zu thun kriegen. Denn ein Justiz-Collegium, das Ungerechtigkeiten ausübt, ist gefährlicher und schlimmer, wie eine Diebesbande, vor die kann man sich schützen, aber vor Schelme, die den Mantel der Justiz gebrauchen, um ihre üble Passiones auszuführen, vor die kann sich kein Mensch hüten. Die sind ärger, wie die größten Spitzbuben, die in der Welt sind, und meritiren eine doppelte Bestrafung.

Uebrigens wird den Justiz-Collegiis zugleich bekannt gemacht, daß Se. Maj. einen neuen Groß-Canzler ernannt haben; Höchstdieselben werden aber demohnerachtet in allen Provinzen sehr scharf dahinter her sein, und befehlen auch hiemit auf das nachdrücklichste: erstlich daß alle Prozesse schleunig geendigt werden; zweitens, daß der Name der Justiz durch Ungerechtigkeiten nicht profaniret werde; drittens, daß mit einer egalité gegen aller Leute verfahren wird, die vor die Justiz kommen, es sei ein Prinz oder ein Bauer, denn da muß alles gleich sein. Wofern aber Se. K. M. in diesem Stücke einen Fehler finden werden, so können die Justiz-Collegia sich nur im Voraus vorstellen, daß sie nach Rigueur werden gestraft werden, sowohl der Präsident, als die Räthe, die eine solche üble mit der offenbaren Gerechtigkeit streitende Sentenz ausgesprochen haben. Wonach sich also sämmtliche Justiz-Collegia in allen dero Provinzien ganz eigentlich zu richten haben.

Berlin, den 11. Dezember 1779

Friedrich

Nunmehr entließ er den Großkanzler von Fürst mit der Bemerkung, seine Stelle sei schon vergeben, ließ die drei Kammergerichtsräte verhaften, ebenso vier neumärkische Regierungsräte und einen Hoffiskal, die alle mit dem Fall des Müllers befasst gewesen waren. Der Präsident der Neumärkischen Regierung, Graf Finck von Finckenstein, wurde ebenfalls entlassen. Der Kriminalsenat des Kammergerichts untersuchte den Fall und fand die Richter schuldlos. Als der Minister von Zedlitz in diesem Sinne an den König berichtete, erhielt er harte Antwort:

27. Dezember 1779

Mein lieber Etats-Minister von Zedlitz. Es ist mir Euer Bericht vom 26. d. wegen des über die arretirte Räte abzufassenden Urtheils zwar zugekommen, aber meint Ihr denn, daß Ich Eure Advokaten-Streiche nicht kenne? und daß Ich nicht weiß, wie man eine üble Sache verbessern und durch Hyperbolen vergrößern und verkleinern kann, wie man es à propos findet? *Das Federzeug versteht nichts.* Wenn Soldaten was untersuchen und dazu Ordre kriegen, so gehen sie den geraden Weg und auf den Grund der Sache, und da wissen sie denn immer ein Haufen daran auszusetzen. Allein Ihr könnet das nur gewiß sein, daß *Ich einem ehrlichen Officier, der Ehre im Leibe hat, mehr glaube als alle Eure Advocaten und Rechte.* Also wollet Ihr hierin nicht nach Meiner Ordre gehen, so nehme Ich einen Andern in Eure Stelle, denn davon gehe Ich nicht ab. Also dürft Ihr das nur sagen. Ich sehe wohl, daß sie sich fürchten und nicht gerne wollen, daß welche bestrafet werden. Und müsset Ihr nur wissen, daß Euer *miserabler Styl,* so Ihr da anbringet, nicht den mindesten Eindruck auf Mich macht. Hiernach nun könnet Ihr Euch richten, und nur sagen, ob Ihr nach Meiner Ordre gehen wollet, denn davon gehe Ich keinesweges ab. Ich bin sonst Euer wohlaffectionirter König.

[Eigenhändiger Zusatz]

Der Herr wird mir nichts weiß machen. Ich kenne alle Advokaten-Streiche und lasse mich nicht verblenden. Hier ist ein Exempel nötig, weiln die Canaillen enorm von meinem Nahmen Mißbrauch haben, um gewaltige und unerhörte Ungerechtigkeit auszuüben. Ein Justitiarius der chicaniren thut, muß härter als ein Straßen-Räuber bestraft werden. Denn man vertraut sich am erstern, und vor letztern kann man sich hüten.

Der Minister von Zedlitz ließ sich nicht einschüchtern und übergab dem König das Gutachten, über das er zuvor nur berichtet hatte, nebst

Akten. Der König blieb stur, sein Minister ebenso. Am Silvestertage des Jahres 1779 schrieb er dem Monarchen:

Ich habe Ew. K. M. Gnade jederzeit als das größte Glück meines Lebens vor Augen gehabt und mich eifrigst bemühet, solche zu verdienen. Ich würde mich aber derselben für unwürdig erkennen, wenn ich eine Handlung gegen meine Ueberzeugung vornehmen könnte. Aus den von mir und euch vom Kriminalsenat angezeigten Gründen werden Ew. K. M. zu erwägen geruhen, daß ich außer Stande bin, ein condemnatorisches Urtheil gegen die in der Arnold'schen Sache arretirten Justizbedienten abzufaßen.

Am folgenden Tag entschied der König, ungerecht, aber im Namen der Gleichheit vor dem Gesetz.

1. *Januar 1780*

VON GOTTES GNADEN FRIEDRICH, KÖNIG VON PREUSSEN ETC. UNSERN ETC. AN DEN JUSTIZ-MINISTER, FREIHERRN VON ZEDLITZ

Das von Euch, wegen der, in der Müller Arnoldschen Sache, arretirten Justizbedienten abgefaßte und integraliter Uns vorgelegte Gutachten ist von Unserer höchsten Person selbst abgeändert worden, und verordnen Wir höchst Selbst, daß
– der Neumärksche Regierungsrath Scheibler, welcher nach dem Gutachten des Kriminal-Collegii einer entgegengesetzten Meinung gewesen, und dahin votiret hat: daß der Vorliegende dem Unterliegenden das Wasser zu entziehen nicht berechtiget und daher der Punkt wegen des Wasser-Mangels näher und zuverlässiger recherchiret werden müsse, des Arrestes entlassen, und auf seinen Posten nach Cüstrin zurückgehen;

– deßgleichen auch der Kammergerichtsrath Ransleben, welcher nach dem Inhalt des Gutachtens bei der Sache sich alle Mühe gegeben, und alle vorkommenden Bedenklichkeiten, besonders wegen des etwa näher auszumittelnden Wasserverhältnisses und der vorgegebenen Schädlichkeit des Teiches, mit einer ganz sichtbaren Unpartheilichkeit vorgetragen hat, ebenfalls des Arrestes entlassen; dahingegen

– die Neumärkschen Regierungsräthe Busch, Bandel und Neumann, ferner die Kammergerichtsräthe Friedel und Graun, und der Pommerziger Justitiarius Schlecker, sämmtlich cassiret, und jeder von ihnen überdem noch mit Einjährigem Festungs-Arrest belegt werden sollen.

Ueberdem müssen die Regierungs- und Kammergerichtsräthe Busch, Bandel, Neumann, Friedel und Graun, und der Pommerziger Justitiarius Schlecker, den Werth der Arnoldschen Mühle sowohl, als auch ihm selbst allen seinen gehabten Verlust und Schaden, der ihm bei dieser Sache verursachet worden, nach der von der Neumärkschen Kammer davon anzufertigenden Taxe, aus ihren eigenen Mitteln bezahlen, mithin solchergestalt der Müller Arnold völlig in integrum restituiret werden.

Gleichwie Ihr nun hiernach ganz ungesäumt das weiter nöthige zu verfügen habt, so lassen Wir Euch auch zugleich die zu gedachter Justizbedienten Annahme erforderliche Ordre an das Gouvernement zu Spandau hieneben zufertigen. Sind etc.

Berlin, den 1sten Januarii 1780

Friedrich

Noch im Todesjahr Friedrichs erkennt der Nachfolger, Friedrich Wilhelm II., die Unschuld der verurteilten Justizbedienten an:

Wir haben auf das Gesuch des vormaligen Neumärkschen Regierungs-Präsidenten Grafen von Finckenstein für gut befunden, eine nochmalige Revision der im Jahr 1779 wegen der bekannten Müller Arnoldschen Sache gegen die Kammergerichtsräthe Friedel und Graun, ingleichen gegen die Neumärkschen Regierungsräthe Neumann, Busch und Bandel, auch gegen den Hof-Fiscal Schlecker verhandelten Untersuchungsakten zu verfügen, und das darüber von dem Kriminal-Senat des Kammergerichts erstattete Gutachten uns vorlegen zu lassen. Da Wir uns nun daraus überzeuget haben, daß den benannten Justizbedienten nicht der geringste Verdacht einer in der Arnoldschen Sache begangenen Ungerechtigkeit, Partheilichkeit oder irgend eines andern pflichtwidrigen Verhaltens zur Last falle, und also die zur damaligen Zeit gegen sie ergangenen Verfügungen nur als die Folgen eines Irrthums, wozu der ruhmwürdige Justizeifer Unsers in Gott ruhenden Onkels Majestät durch unvollständige, der wahren Lage der Sache nicht angemessene Berichte übel unterrichteter und präoccupirter Personen verleitet worden, anzusehen sind. So bestätigen Wir hierdurch den Inhalt besagten rechtlichen Gutachtens, in dessen Folge vorgenannte Justizbediente für unschuldig zu erklären, auch ihnen wegen Schaden und Kosten ihre Rechte vorzubehalten sind, und autorisiren Euch zugleich, diese Unsere Gesinnung nicht nur mehrbesagten Justiz-Regierungs-Präsidenten Grafen v. Finckenstein zu ihrer Consolation bekannt zu machen, auch denselben in Unserm allerhöchsten Namen anzudeuten, daß darin auf eine convenable Weise bei vorkommender Gelegenheit anderweit zu placiren, Uns geneigt finden lassen werden.

Gegeben Berlin, den 14ten November 1786
Friedrich Wilhelm

Eine Revue vorm Alten Fritz

Karl Friedrich von dem Knesebeck wurde 1768 in Karwe am Ruppiner See geboren. Er brachte es später zum Generalfeldmarschall. Theodor Fontane schildert im ersten Teil der «Wanderungen durch die Mark Brandenburg» nach dessen Memoiren eine Inspektion der Truppen durch den alten König.

Es war im Frühjahr 1783, so erzählt der Feldmarschall von dem Knesebeck in seinen Memoiren, und die Truppen, die zur magdeburgischen Inspektion unter General von Saldern gehörten, hatten unweit der Dörfer Pietzpuhl und Körbelitz, auf der sogenannten Pietzpuhler Heide, anderthalb Meilen von Magdeburg, ein Lager bezogen. Es war gegen Mittag, und der König konnte jeden Augenblick eintreffen, da er sehr früh am Morgen von Sanssouci aufzubrechen pflegte. Bekanntlich fuhr er mit Bauerpferde-Relais. Die Reise ging trotz des greulichen Sandes fortwährend in einer Carrière; was fiel, fiel und wurde nur mäßig vergütigt. Sein Quartier nahm er in einem kleinen Häuschen am Nordwestende des Dorfes Körbelitz.

Sobald er ankam, dies wiederholte sich alljährlich, stieg er zu Pferde und ritt gleich zur Abnahme der Spezialrevue zu den Truppen. Die Regimenter, nach der Anciennetät gelagert, standen dann jedes in folgender Ordnung aufmarschiert. Vor dem ersten Zuge des ersten Bataillons zuerst der Kommandeur des Regiments, zu Fuß mit Esponton (nur die Generale waren zu Pferde), hinter dem Kommandeur die Junker des Regiments, die dem Könige noch nicht vorgestellt waren, hinter den Junkern die Rekruten des Jahres nach der Größe in drei Gliedern aufmarschiert. *So erwarteten wir ihn jetzt.*

Der schönste Frühlingstag glänzte zu unsern Häupten, die weite Heide war mit Zuschauern zu Wagen und zu Pferde überdeckt, und der Kräuterduft des Thymian würzte die Luft. Da sah man eine dicke Staubwolke in der Ferne, die sich uns nahte, und stiller und stiller ward es – je näher sie kam. Es war Friedrichs Wagen; bei Körbelitz angelangt, hielt er. Der König stieg zu Pferde.

Es war ein ungeheuer großer Schimmel, ein Engländer, den er dies Jahr noch ritt. Im nächsten Jahre, oder vielleicht auch erst 1785, kam er auf einem kleinen Litauer-Schimmel, Langschwanz. Sowie er zu Pferde war, setzte er es gleich in Galopp, so daß bei dem weit ausgreifenden großen Tiere das ganze Gefolge hinter ihm Carrière ritt.

So kam der siebzigjährige königliche Greis. Ungefähr dreißig Schritt vor der Linie parierte er zum Schritt, nahm das Augenglas, sah die Linie von weitem hinunter, ob alles gut gerichtet war, und nun hielt er dicht vor uns Junkern, ein kleiner alter Mann mit ungeheuren großen Augen und durchdringendem Blicke.

Er sah uns an, wandte sich zu Saldern, der unweit von ihm zu Pferde war, und sagte: «Saldern, was sollen die vielen Boucles da? *eine* Boucle ist genug!» – (Es waren ihm nämlich unsere vier mit Talg und Puder eingespritzten steifen Haarlocken aufgefallen, die wir an jeder Seite des Vorderkopfes trugen. Eine große Haarlocke zur Seite war damals gerade Mode, und jeder von uns dachte daher still bei sich: Das ist unser Mann! Von diesem Augenblick an verschwanden denn auch diese vier Perücken-Plagelocken, und *eine* trat an deren Stelle.)

Den Krückstock auf den rechten Fuß im Steigbügel gestemmt, fragte er nun die Fahnenjunker, und es kam zu folgendem Gespräch, mit jedem der Reihe nach.

«Wie heißt Er?» – «Hilitan, Ew. Majestät.» – «*Wie* heißt Er?», und ohne die Antwort abzuwarten, mit immer steigendem ungnädigen Ton ihm folgende Namen gebend: «Kilian, Pelikan, Er ist nicht von Adel?», hob er schon den Stock, um ihn auszustoßen, als dieser ihm zurief: «Ew. Majestät haben mich von den Cadets hergeschickt; ich bin ein Westpreuße.» – «So!» – Und sei es nun, daß er sich kein Dementi geben wollte, da er ihm dort gutgetan hatte, genug, der Stock ward wieder auf die Steigbügel gesetzt. Hilitan aber ward von uns jungen Leuten von jetzt an nie mehr anders als Pelikan oder Kilian gerufen und behielt diese Namen, womit ihn Friedrich getauft hatte. – Er nahm übrigens später ein schlechtes Ende und verscholl.

Der zweite hieß Hauteville. Er war aus Sardinien; sein Vater hatte ihn, nachdem er seine Studien vollendet, an Friedrich empfohlen und anvertraut, um in dessen Armee sein Glück zu machen. Als er in Potsdam angekommen war, hatte der König ihn, um Deutsch zu lernen, zu den Cadets geschickt und später zu unserm Regiment. So war er bereits einige zwanzig Jahre alt geworden. Bei uns hieß er «der Papa», und wir fragten ihn wohl zuweilen: wann seine Frau und Kinder nachkommen würden. Er hatte Erlaubnis erhalten, den König zu bitten, ihn bald zu avancieren. Als Friedrich auf die Frage: «Wie heißt Er?» seinen Namen hörte, sprach er zu ihm ein paar Worte italienisch, dann französisch, und als Hauteville mit seiner Bitte herausrückte und immer dringender ward, fragte er ihn etwas unwillig in deutscher Sprache: «ob er denn auch Deutsch könne», und als Hauteville deutsch replizierte: «Kann jetzt alles kommandiere, Ihro Majestät, und bitte untertänigst», so fiel er ihm in die Rede: «Nun, Herr, beruhige Er sich doch, ich werd Ihn ja nicht vergessen», und in sechs Wochen war Hauteville Lieutenant beim Grenadierbataillon Meusel. Später hat er ein Füsilierbataillon in Schlesien gehabt.

Der dritte hieß Brösicke. Als der König seinen Namen hörte, sagte er bloß: «Er ist aus der Mark», und gleich zum Folgenden: «Wie heißt Er?» – «Suhm, Ew. Majestät.» – Der König: «Sein Vater ist der Postmeister?» – «Ja, Ew. Majestät.» Der König: «Wenn Sein Vater nicht 4000 Taler hat, soll er an mich schreiben.» – Der Vater des Suhm war nämlich schwer blessiert (wenn ich nicht irre, hatte er beide Beine verloren) und hatte die Stelle als Versorgung erhalten. Er war ein Bruder des Suhm, mit dem Friedrich in Korrespondenz war, die gedruckt ist.

Nun kam die Reihe an mich. «Wie heißt Er?» – «Knesebeck, Ew. Majestät.» – «Was ist Sein Vater gewesen?» – «Lieutenant bei Ew. Majestät Garde.» – Der König: «Ach, *der* Knesebeck!», und mit ganz veränderter, teilnehmender Stimme gleich zwei Fragen hintereinander an mich richtend, fuhr er fort: «Wie geht es denn Seinem Vater? Schmerzen ihn seine Blessuren noch?» Mein Vater war nämlich bei Kolin schwer blessiert und quer durch den Leib und Arm geschossen. «Grüß Er doch Seinen Vater von mir!» Und als er sich schon wenden wollte, noch einmal sich umsehend und den Zeigefinger der rechten Hand, an welcher der Stock baumelte, emporhebend und mich noch einmal ansehend, sagte er mit gnädiger Stimme: «Vergeß Er es mir auch nicht!»

Ach, seitdem sind fünfundsechzig Jahre verflossen (so schließt Knesebeck), und ich habe diesen Gruß, der gleich bestellt wurde, da ich Urlaub dazu erhielt, und noch weniger den Ton der Stimme vergessen, mit welchem er gesprochen wurde.

Immanuel Kant proklamiert das Jahrhundert Friedrichs

Im Dezemberheft des Jahres 1783 veröffentlichte die «Berlinische Monatsschrift», das Zentralorgan der Aufklärung in Preußen, einen Aufsatz des Pfarrers Johann Friedrich Zöllner, der gegen die Zivilehe argumentierte. In einer Fußnote warf er die Frage auf, was denn eigentlich Aufklärung sei. Ihm antwortete zuerst Moses Mendelssohn, im Dezember 1784 erschien dann in der «Berlinischen Monatsschrift» Immanuel Kants seitdem klassischer Aufsatz: «Beantwortung der Frage: Was ist Aufklärung?» In diesem wird auch der Ruhm des Königs von Preußen festgeschrieben, Freiheit im öffentlichen Gebrauch der Vernunft gewährt zu haben. Gegen das «Räsoniert nicht» wird die friderizianische Praxis in Stellung gebracht. Es ist keine unbedingte

Lobpreisung Friedrichs, sondern eine nach Vernunftgründen. Unter den Beschränkungen des gelehrten Diskurses, die Friedrich Wilhelm II. nach 1786 im Namen der Religion einführte, litt auch Kant.

Daß aber ein Publikum sich selbst aufkläre, ist eher möglich; ja es ist, wenn man ihm nur Freiheit läßt, beinahe unausbleiblich. Denn da werden sich immer einige Selbstdenkende, sogar unter den eingesetzten Vormündern des großen Haufens finden, welche, nachdem sie das Joch der Unmündigkeit selbst abgeworfen haben, den Geist einer vernünftigen Schätzung des eigenen Werts und des Berufs jedes Menschen, selbst zu denken, um sich verbreiten werden. Besonders ist hiebei: daß das Publikum, welches zuvor von ihnen unter dieses Joch gebracht worden, sie hernach selbst zwingt, darunter zu bleiben, wenn es von einigen seiner Vormünder, die selbst aller Aufklärung unfähig sind, dazu aufgewiegelt worden; so schädlich ist es, Vorurteile zu pflanzen, weil sie sich zuletzt an denen selbst rächen, die oder deren Vorgänger ihre Urheber gewesen sind. Daher kann ein Publikum nur langsam zur Aufklärung gelangen. Durch eine Revolution wird vielleicht wohl ein Abfall von persönlichem Despotism und gewinnsüchtiger oder herrschsüchtiger Bedrückung, aber niemals wahre Reform der Denkungsart zustande kommen; sondern neue Vorurteile werden, ebensowohl als die alten, zum Leitbande des gedankenlosen großen Haufens dienen.

Zu dieser Aufklärung aber wird nichts erfordert als Freiheit; und zwar die unschädlichste unter allem, was nur Freiheit heißen mag, nämlich die: von seiner Vernunft in allen Stücken öffentlichen Gebrauch zu machen. Nun höre ich aber von allen Seiten rufen: räsonniert nicht! Der Offizier sagt: räsonniert nicht, sondern exerziert! Der Finanzrat: räsonniert nicht, sondern bezahlt! Der Geistliche: Räsonniert nicht, sondern glaubt! (Nur ein einziger Herr in der Welt sagt: räsonniert, soviel ihr wollt und worüber ihr wollt, aber gehorcht!) Hier ist überall Einschränkung der Freiheit. Welche Einschränkung aber ist der Aufklärung hinderlich, welche nicht, sondern ihr wohl gar beförderlich? – Ich antworte: Der öffentliche Gebrauch seiner Vernunft muß jederzeit frei sein, und der allein kann Aufklärung unter Menschen zustande bringen; der Privatgebrauch derselben aber darf öfters sehr enge eingeschränkt sein, ohne doch darum den Fortschritt der Aufklärung sonderlich zu hindern. Ich verstehe aber unter dem öffentlichen Gebrauche seiner eigenen Vernunft denjenigen, den jemand als Gelehrter von ihr vor dem ganzen Publikum der Leserwelt macht. Den Privatgebrauch nenne ich denjenigen, den er in einem gewissen ihm anvertrauten bürgerlichen Posten oder Amte von seiner Vernunft machen darf. Nun ist zu manchen Geschäften, die in das Interesse des gemeinen Wesens laufen, ein gewisser Mechanism notwendig, vermittelst dessen einige Glieder des gemeinen Wesens sich bloß passiv verhalten müssen, um durch eine künstliche Einhelligkeit von der Regierung zu öffentlichen Zwecken gerichtet oder wenigstens von der Zerstörung dieser Zwecke abgehalten zu werden. Hier ist es nun freilich nicht erlaubt zu räsonieren; sondern man muß gehorchen. Sofern sich aber dieser Teil der Maschine zugleich als Glied eines ganzen gemeinen Wesens, ja sogar der Weltbürgergesellschaft ansieht, mithin in der Qualität eines Gelehrten, der sich an ein Publikum im eigentlichen Verstande durch Schriften wendet, kann er allerdings räsonieren, ohne daß dadurch die Geschäfte leiden, zu denen er zum Teile als passives Glied angesetzt ist. So würde es sehr verderblich sein, wenn ein Offizier, dem von seinen Oberen etwas anbefohlen wird, im Dienste über die Zweckmäßigkeit oder Nützlichkeit dieses Befehls laut vernünfteln wollte; er muß gehorchen. Es kann ihm aber billigermaßen nicht verwehrt werden, als Gelehrter über die Fehler im Kriegesdienste Anmerkungen zu machen und diese seinem Publikum zur Beurteilung vorzulegen. Der Bürger kann sich nicht weigern, die ihm auferlegten Abgaben zu leisten; sogar kann ein vorwitziger Tadel solcher Auflagen, wenn sie von ihm geleistet werden sollen, als ein Skandal, (das allgemeine Widersetzlichkeiten veranlassen könnte), bestraft werden. Ebenderselbe handelt demohngeachtet der Pflicht eines Bürgers nicht entgegen, wenn er als Gelehrter wider die Unschicklichkeit oder auch Ungerechtigkeit solcher Ausschreibungen öffentlich seine Gedanken äußert. Ebenso ist ein Geistlicher verbunden, seinen Katechismusschülern und seiner Gemeine nach dem Symbol der Kirche, der er dient, seinen Vortrag zu tun, denn er ist auf diese Bedingung angenommen worden. Aber als Gelehrter hat er volle Freiheit, ja sogar den Beruf dazu, alle seine sorgfältig geprüften und wohlmeinenden Gedanken über das Fehlerhafte in jenem Symbol und Vorschläge wegen besserer Einrichtung des Religions- und Kirchenwesens dem Publikum mitzuteilen. Es ist hiebei auch nichts, was dem Gewissen zur Last gelegt werden könnte. Denn was er zufolge seines Amts als Geschäftträger der Kirche lehrt, das stellt er als etwas vor, in Ansehung dessen er nicht freie Gewalt hat, nach eigenem Gutdünken zu lehren, sondern das er nach Vorschrift und im Namen eines andern vorzutragen angestellt ist. Er wird sagen: unsere Kirche lehrt dieses oder jenes; das sind die Beweisgründe, deren sie sich bedient. Er zieht alsdann allen praktischen Nutzen für seine Gemeinde aus Satzungen, die er selbst nicht mit voller Überzeugung unterschreiben würde, zu deren Vortrag er sich gleichwohl anheischig machen kann, weil es doch nicht ganz unmöglich ist, daß darin Wahrheit verborgen läge, auf alle Fälle aber wenigstens doch nichts der innern Religion Widersprechendes darin angetroffen wird. Denn glaubte er das letztere darin zu finden, so würde er sein Amt mit Gewissen nicht verwalten können; er müßte es niederlegen. Der Gebrauch also, den ein angestellter Lehrer von seiner Vernunft vor seiner Gemeinde macht, ist bloß ein Privatgebrauch, weil diese immer nur eine häusliche, obzwar noch so große Versammlung ist; und in Ansehung dessen ist er als Priester nicht frei und darf es auch nicht sein, weil er einen fremden Auftrag ausrichtet. Dagegen als Gelehrter, der durch Schriften zum eigentlichen Publikum, nämlich der Welt spricht, mithin der Geistliche im öffentlichen Gebrauche seiner Vernunft, genießt einer uneingeschränkten Freiheit, sich seiner eigenen Vernunft zu bedienen und in seiner eigenen Person zu sprechen. Denn daß die Vormünder des Volks (in geistlichen Dingen) selbst wieder unmündig sein sollen, ist eine Ungereimtheit, die auf Verewigung der Ungereimtheiten hinausläuft.

Aber sollte nicht eine Gesellschaft von Geistlichen, etwa eine Kirchenversammlung oder eine ehrwürdige Klassis (wie sie sich unter den Holländern selbst nennt), berechtigt sein, sich eidlich auf ein gewisses unveränderliches Symbol zu verpflichten, um so eine unaufhörliche Obervormundschaft über jedes ihrer Glieder und vermittelst ihrer über das Volk zu führen und diese so gar zu verewigen? Ich sage: das ist ganz unmöglich. Ein solcher Kontrakt, der auf immer alle weitere Aufklärung vom Menschengeschlechte abzuhalten geschlossen würde, ist schlechterdings null und nichtig; und sollte er auch durch die oberste Gewalt, durch Reichstäge und die feierlichsten Friedensschlüsse bestätigt sein. Ein Zeitalter kann sich nicht verbünden und darauf verschwören, das folgende in einen Zustand zu setzen, darin es ihm unmöglich werden muß, seine (vornehmlich so sehr angelegentliche) Erkenntnisse zu erweitern, von Irrtümern zu reinigen und überhaupt in der Aufklärung weiterzuschreiten. Das wäre ein Verbrechen wider die menschliche Natur, deren ursprüngliche Bestimmung gerade in diesem Fortschreiten besteht; und die Nachkommen sind also vollkommen dazu berechtigt, jene Beschlüsse, als unbefugter und frevelhafter Weise genommen, zu verwerfen. Der Probierstein alles dessen, was über ein Volk als Gesetz beschlossen werden kann, liegt in der Frage: ob ein Volk sich selbst wohl ein solches Gesetz auferlegen könnte? Nun wäre dieses wohl, gleichsam in der Erwartung eines bessern, auf eine bestimmte kurze Zeit möglich, um eine gewisse Ordnung einzuführen: indem man es zugleich jedem der Bürger, vornehmlich dem Geistlichen, frei ließe, in der Qualität eines Gelehrten öffentlich, d. i. durch Schriften, über das Fehlerhafte der dermaligen Einrichtung seine Anmerkungen zu machen, indessen die eingeführte Ordnung noch immer fortdauerte, bis die Einsicht in die Beschaffenheit dieser Sachen öffentlich so weit gekommen und bewähret worden, daß sie durch Vereinigung ihrer Stimmen (wenngleich nicht aller) einen Vorschlag vor den Thron bringen könnte, um diejenigen Gemeinden in Schutz zu nehmen, die sich etwa nach ihren Begriffen der besseren Einsicht zu einer veränderten Religionseinrichtung geeinigt hätten, ohne doch diejenigen zu hindern, die es beim alten wollten bewenden lassen. Aber auf eine beharrliche, von niemanden öffentlich zu bezweifelnde Religionsverfassung auch nur binnen der Lebensdauer eines Menschen sich zu einigen, und dadurch einen Zeitraum in dem Fortgange der Menschheit zur Verbesserung gleichsam zu vernichten und fruchtlos, dadurch aber wohl gar der Nachkommenschaft nachteilig zu machen ist schlechterdings unerlaubt. Ein Mensch kann zwar für seine Person und auch alsdann nur auf einige Zeit in dem, was ihm zu wissen obliegt, die Aufklärung aufschieben; aber auf sie Verzicht zu tun, es sei für seine Person, mehr aber noch für die Nachkommenschaft, heißt die heiligen Rechte der Menschheit verletzen und mit Füßen treten. Was aber nicht einmal ein Volk über sich selbst beschließen darf, das darf noch weniger ein Monarch über das Volk beschließen; denn sein gesetzgebendes Ansehen beruht eben darauf, daß er den gesamten Volkswillen in dem seinigen vereinigt. Wenn er nur darauf sieht, daß alle wahre oder vermeinte Verbesserung mit der bürgerlichen Ordnung zusammenbestehe, so kann er seine Untertanen übrigens nur selbst machen lassen, was sie um ihres Seelenheils willen zu tun nötig finden; das geht ihn nichts an, wohl aber zu verhüten, daß nicht einer den andern gewalttätig hindere, an der Bestimmung und Beförderung desselben nach allem seinen Vermögen zu arbeiten. Es tut selbst seiner Majestät Abbruch, wenn er sich hierin mischt, indem er die Schriften, wodurch seine Untertanen ihre Einsichten ins reine zu bringen suchen, seiner Regierungsaufsicht würdigt, sowohl wenn er dieses aus eigener höchsten Einsicht tut, wo er sich dem Vorwurfe aussetzt: *Caesar non est supra Grammaticos*, als auch und noch weit mehr, wenn er seine oberste Gewalt soweit erniedrigt, den geistlichen Despotism einiger Tyrannen in seinem Staate gegen seine übrigen Untertanen zu unterstützen.

Wenn denn nun gefragt wird: leben wir jetzt in einem aufgeklärten Zeitalter? so ist die Antwort: Nein, aber wohl in einem Zeitalter der Aufklärung. Daß die Menschen, wie die Sachen jetzt stehen, im ganzen genommen, schon imstande wären oder darin auch nur gesetzt werden könnten, in Religionsdingen sich ihres eigenen Verstandes ohne Leitung eines andern sicher und gut zu bedienen, daran fehlt noch sehr viel. Allein, daß jetzt ihnen doch das Feld geöffnet wird, sich dahin frei zu bearbeiten und die Hindernisse der allgemeinen Aufklärung oder des Ausganges aus ihrer selbstverschuldeten Unmündigkeit allmählich weniger werden, davon haben wir doch deutliche Anzeigen. In diesem Betracht ist dieses Zeitalter das Zeitalter der Aufklärung oder das Jahrhundert FRIEDERICHS.

Friedrich August Ludwig von der Marwitz sieht Friedrich auf einem weißen Pferd

In seiner Lebensgeschichte, die er in den dreißiger Jahren des 19. Jahrhunderts für seine Nachkommen schrieb, berichtet der stramm konservative märkische Junker und tapfere Offizier Friedrich August

Ludwig von der Marwitz (1777–1837), dass er den König dreimal gesehen habe. Seine Schilderung der dritten Begegnung hält ein Bild vergangener Größe fest, vor dem die neuere Zeit blass und verkommen erscheint. Es ist ein beeindruckendes Stück monarchischen Kitsches, verfasst in postrevolutionärer Zeit.

Er kam geritten auf einem großen weißen Pferde, – ohne Zweifel der alte Condé, der nachher noch zwanzig Jahre lang das Gnadenbrod auf der école vétérinaire bekam, denn er hat seit dem Bayerkrieg beinahe kein anderes Pferd mehr geritten. Sein Anzug war derselbe wie früher auf der Reise, nur daß der Hut ein wenig besser conditionirt, ordentlich aufgeschlagen, und mit der Spitze (aber nicht die lange Seitenspitze, die man jetzt wohl vorn setzt) nach vorn ächt militärisch aufgesetzt war. – Hinter ihm waren eine Menge Generale, dann die Adjutanten, endlich die Reitknechte. Das ganze Rondeel (jetzt Belle-Alliance-Platz) und die Wilhelmstraße waren gedrückt voll von Menschen, alle Fenster voll, alle Häupter entblößt, überall das tiefste Schweigen, und auf allen Gesichtern ein Ausdruck von Ehrfurcht und Vertrauen, wie zu dem gerechten Lenker aller Schicksale. Der König ritt allein vorn, und grüßte, indem er fortwährend den Hut abnahm. Er beobachtete dabei eine sehr merkwürdige Stufenfolge, je nachdem die aus den Fenstern sich verneigenden Zuschauer es zu verdienen schienen. Bald lüftete er den Hut nur ein wenig, bald nahm er ihn vom Haupte und hielt ihn eine Zeitlang neben demselben, bald senkte er ihn bis zur Höhe des Ellenbogens herab. Aber diese Bewegung dauerte fortwährend, und so wie er sich bedeckt hatte, sah er schon wieder andere Leute und nahm den Hut wieder ab. Er hat ihn vom Hallischen Tor bis zur Kochstraße gewiß 200mal abgenommen.

Durch dieses ehrfurchtsvolle Schweigen tönte nur der Hufschlag der Pferde, und das Geschrei der Berlinischen Gassenjungen, die vor ihm hertanzten, jauchzten, die Hüte in die Luft warfen, oder neben ihm hersprangen und ihm den Staub von den Stiefeln abwischten. Ich und mein Hofmeister hatten so viel Platz gewonnen, daß wir mit den Gassenjungen, den Hut in der Hand, neben ihm herlaufen konnten.

Man sieht den Unterschied zwischen damals und jetzt. Wer schrie damals? Wer blieb anständig? Wer brüllt jetzt? Und welchen Werth kann man auf solches Brüllen legen?

Bei dem Palais der Prinzessin Amalie angekommen (welches, in der Wilhelmstraße gelegen, auf die Kochstraße stößt), war die Menge noch dichter, denn sie erwarteten ihn da; der Vorhof war gedrängt voll, doch in der Mitte, ohne Anwesenheit irgend einer Polizei, geräumiger Platz für ihn und seine Begleiter.

Er lenkte in den Hof hinein, die Flügelthüren gingen auf, und die alte, lahme Prinzessin Amalie, auf zwei Damen gestützt, die Oberhofmeisterin hinter ihr, wankte die flachen Stiegen hinab, ihm entgegen. So wie er sie gewahr wurde, setzte er sich in Galopp, hielt, sprang rasch vom Pferde, zog den Hut (den er nun aber mit herabhängendem Arm ganz unten hielt), umarmte sie, bot ihr den Arm, und führte sie die Treppe wieder hinauf. Die Flügelthüren gingen zu, Alles war verschwunden, und noch stand die Menge, entblößten Hauptes, schweigend, alle Augen auf den Fleck gerichtet, wo er verschwunden war, und es dauerte eine Weile, bis ein Jeder sich sammelte und ruhig seines Weges ging.

Und doch war nichts geschehen! Keine Pracht, kein Feuerwerk, keine Kanonenschüsse, keine Trommeln und Pfeifen, keine Musik, kein vorangegangenes Ereigniß! Nein, nur ein 73jähriger Mann, schlecht gekleidet, staubbedeckt, kehrte von seinem mühsamen Tagewerk zurück. Aber jedermann wußte, daß dieser Alte auch für ihn arbeite, daß er sein ganzes Leben an diese Arbeit gesetzt, und sie seit 45 Jahren noch nicht einen Tag versäumt hatte! – Jedermann sah auch die Früchte seiner Arbeiten, nah und fern, rund um sich her, und wenn man auf ihn blickte, so regte sich Ehrfurcht, Bewunderung, Stolz, Vertrauen, kurz, alle edleren Gefühle des Menschen.

Wie Friedrich der Zweite im Sommer 1786 gestorben war, herrschte eine allgemeine Bestürzung im ganzen Lande. Es war, als ob ein Jeder sich selber fragte: was wird denn nun werden? – Ausgenommen hiervon müssen Diejenigen werden, die sich bewußt waren, daß sie ohne Verdienste und ohne treue Arbeit von Friedrich nichts würden erworben haben, und die nun versuchten, von seinem Nachfolger durch Redensarten, Schmeicheleien und Intriguen, Anstellungen oder Geschenke zu erhalten.

Anton Friedrich Büsching charakterisiert den König und seinen Tagesablauf

Der Theologe Anton Friedrich Büsching (1724–1793) stand seit 1766 dem Berliner Gymnasium zum Grauen Kloster vor. Er gilt als Begründer der politisch-statistischen Methode in der Geographie. Er veröffentlichte Daten, die zuvor entweder nicht erhoben oder als Staatsgeheimnisse behandelt wurden. Mit gleicher Gründlichkeit schilderte der Konsistorialrat nach dem Tod des Monarchen den «Charakter Friedrichs des Zweyten, Königs von Preußen».

Seine körperliche Grösse und Gestalt.
Der König war wohl nicht über 5 Fuß und 5 bis 6 Zoll groß, aber bey dieser mittelmäßigen Grösse wohl gewachsen, und hatte eine erhabene und breite Brust. Sein Kopf hing ein wenig nach der rechten Seite, wozu Er vermutlich durch das Flötenspiel war gewöhnt worden. Sein Gesicht war weder mager noch voll, hatte aber starke und ernsthafte Züge; die Nase war lang, aber gut gebildet; die Augen waren weder zu groß noch zu klein, aber voller Lebhaftigkeit, und in gewissen Fällen voller Feuer; denn

sie kündigten Seine Gemüthsbewegungen und Leidenschaften stark an, und drückten insonderheit den heftigen Zorn auf eine erschreckende Art aus. Man erblickte ordentlicher Weise in Seinem Gesicht nichts Angenehmes, sondern nur Ernst und Strenge, daher gewöhnten sich auch diejenigen, welche viel und täglich um Ihn waren, an ein ernsthaftes Gesicht. Sein Gang war etwas nachläßig, aber schnell und stolz. Zu Pferde saß Er in jüngeren Jahren gut, im Alter gekrümmet und nachläßig, ausgenommen wenn Er galoppirte, welches Er lange aushalten konnte. Seine Gesichtsfarbe war braunroth, und kündigte einen Mann an, der sich nie der heissen und kalten Witterung entzogen hatte, einen Soldaten. Seine Augen sahen in der Nähe gut, in die Ferne aber nicht ohne Unterstützung eines Augenglases. Seine Stimme war einem Befehlshaber gemäß.

Körperliche Stärke.
In Seiner Jugend empfand Er sich nicht stark, und glaubete also nicht alt zu werden. Er hatte wegen Seiner Lebensunordnung Ursache so zu denken. In der folgenden Zeit waren Gicht und Podagra Seine gewöhnlichen Krankheiten, und das letzte bekam Er fast alle Jahre. Er meynete, daß Er es von Seinem Vater geerbet, dieser aber es sich durch den Rheinwein zugezogen habe, den Er also verabscheuete, und jedermann, wegen seiner Säure und zusammenziehenden Kraft, vor demselben warnete. Man hörte Ihn alsdenn oft sagen: si l'on veut avoir un avant-gout de la pendaison, on n'a qu' prendre du vin de Rhin. Um von dem Podagra befreyet zu werden, war Er einige Tage enthaltsam im Essen und Trinken, wartete den Schweiß ab, und gebrauchte gelind auslösende und abführende Mittel und Klistiere. Wenige Menschen dünsten durch den Schweiß so stark aus, als der König, bey dem der mit Wasser häufig genossene Bergerac fast bloß dadurch wieder wegging, so daß für den andern Ausweg der genossenen Getränke sehr wenig

übrig blieb. Wenn man die gichtischen Zufälle, das Podagra und Seine letzte langwierige Krankheit ausnimmt, so hat Er während Seines Lebens eben keine beträchtliche Krankheiten ausgestanden. Bey dem Anfang des ersten schlesischen Krieges bekam Er das viertägige Fieber, welches Ihm zu der damaligen Zeit doppelt unangenehm war. Um bald davon befreyet zu werden, verordnete Er sich selbst Chinapulver, welche zu verschreiben die Aerzte damals noch nicht recht wagten, und wurde gesund. Nun fingen die Aerzte in unsrer Gegend an, Zutrauen zu der China zu bekommen. Wann Er Fieber, die einen Tag währeten, bekam, so rührten sie bloß daher, daß Er nicht gut verdauet hatte, und die hämorrhoidalischen Zufälle, welche Ihm zuweilen zustiessen, hielten nicht lange an. So lange Seine Krankheiten und Schmerzen währeten und zunahmen, war Er geduldig, zufrieden und sanftmütig, und begegnete Seinen Wärtern und Pflegern gelinde und gnädig, wenn Er aber anfing ungeduldig, unzufrieden und hart zu werden, so konnte man auf Seine herannahende Genesung sichere Rechnung machen.

Leibesbewegung.
Seine Leibesbewegung bestand im Reiten und Gehen. Schon im Märzmonat, wenn die Witterung es verstattete, fing Er an täglich von 10 bis 11 Uhr auszureiten, wobey Er viel trottirte und galoppirte. Er ging bey guter Witterung auch im Garten herum, ja selbst beym Flötenspiel, wenn Er es zum angenehmen Zeitvertreib für sich allein anstellete; saß Er nicht, sondern spazierte mit der Flöte aus einem Zimmer in das andere. In der ersten Hälfte Seiner Regierungsjahre ritt Er oft nach Berlin und Charlottenburg, und bediente sich des Wagens nicht, wenn Er ihn gleich mitfahren ließ. In Kriegen und auf Märschen war Er beständig zu Pferde, wenn aber die Kälte zu groß war, stieg Er ab, und ging zu Fuß. Im Frühjahr wohnte Er wöchentlich dreymal den Waffen-

übungen der Potsdamer Besatzung bey, und commandirte selbst, und beydes geschahe auch ordentlicher Weise an den Löhnungstagen mit der grossen Wachtparade. Hernach verschafften Ihm die Musterungen Seines vertheilten Kriegesheers, und die Reisen, welche Er um derselben willen that, starke Leibesbewegung. So wie Er bey den ersten viel jagte, also geschahen die letzten mit ungemein grosser Geschwindigkeit, die Menschen und Pferde stark ermüdete, auch oft in Gefahr brachte, der Er sich selbst dabey nicht wenig aussetzte.

Schlaf.
In der ersten Hälfte Seines Lebens, da Er noch sehr munter und thätig war, schlief Er wenig; denn Er saß oft bis Mitternacht an Tafel, und stand früh wieder auf, um die Tonkunst auszuüben, und den Waffenübungen der Soldaten beyzuwohnen. Er hat in Seinem Alter oft erzählet, daß Er, als Er bey den Truppen Seines Herrn Vaters am Rhein gewesen, mit einigen andern jungen Leuten versuchet habe, gar nicht zu schlafen, sondern immer geschäftig zu seyn, und in so ferne noch einmal so lange zu leben als andere Menschen: Er habe dieses auch durch Hülfe des vielen Caffe, welchen Er getrunken, vier Tage ausgehalten, alsdann es aber unterlassen müssen, weil Er bey Tisch eingeschlafen, und Sein Blut gar zu sehr erhitzet worden sey. In der letzten Hälfte des Lebens sollte der Schlaf, nach Seinem Plan, sieben Stunden währen, er daurete aber wohl acht bis neun Stunden, wenn Er um der Gesundheit willen den für Ihn so wohlthätigen Schweiß abzuwarten, für nöthig und nützlich erachtete. In den Monaten November, December, Januar und Februar ging Er Abends zwischen 9 und 10 Uhr zu Bette, und stand am Morgen des folgenden Tages zwischen 5 und 6 Uhr wieder auf. Von dem Ende des Februars an legte Er sich von Woche zu Woche etwas früher zur Ruhe, und stund früher wieder auf, so daß Er zur Berliner Musterung

wohl schon um halb 3 Uhr ausser dem Bette, und um 4 Uhr schon auf dem Pferde war. Nach den Musterungen der Truppen und Sommerreisen wurde die Ordnung allmählig umgekehret. Genau in der Minute, welche er des Abends bestimmet hatte, ward Er am folgenden Morgen aufgeweckt, und alsdenn stand Er, wenn entweder natürliche Bedürfnisse, oder Geschäfte und Reisen es erforderten, sogleich auf, sonst aber schlummerte Er noch wohl eine viertel, eine halbe, ja wohl eine ganze Stunde. Zu seinem Anzug des Morgens ward in Seinem Schlafzimmer eine Viertelstunde vor dem Aufstehen täglich ein Caminfeuer gemacht, an welches Er trat, damit die gewöhnliche Ausdünstung Seines Körpers unterhalten werden konnte. Wenn Er zu Bette gehen wollte, zog Er sich vor dem Camin die Kleidung selbst aus, und das Nachtcamisol an, legte auch selbst die Haartour ab, band sich um den Kopf ein Tuch, und über dasselbige ein Küssen, welches die Stelle der Nachtmütze vertrat, und ein Tuch um den Hals; trat ans Bette, ließ die Beinkleider hinab auf die Knie fallen, und setzte sich alsdenn auf das Bette. Nun zog Ihm der gegenwärtige Kammerbediente erst die Stiefeln und hernach die Beinkleider ab, und Er legte sich denn ordentlich nieder. Sein Favorithund schlief bey Ihm im Bette, aber es war weder ein Mensch noch ein Nachtlicht in seinem Schlafzimmer, doch wachten alle Nacht zwey gemeine Bediente in dem Vorzimmer, die, wenn er die Klingel bey seinem Bette zog, hineingingen, und seine Befehle vernahmen. Wenn Er sich in Sanssouci aufhielt, kamen alle Abend um 6 Uhr 6 Mann Grenadiers und 1 Unterofficier aus der Stadt zur Nachtwache dahin, und gingen am Morgen des folgenden Tages zwischen 4 und 5 Uhr wieder ab.

Speise und Trank.
Aus dem guten Essen und Trinken machte der König weit mehr als sein Herr Vater, der nur drey oder vier Schüsseln auf seine Tafel

bringen ließ, und mit gemeinen bürgerlichen Speisen zufrieden war. Er aß und trank viel, doch war die Menge der Speisen, welche Er genoß, ordentlicher Weise nicht unmäßig, aber er liebte solche Arten derselben, welche Er beym zunehmenden Alter nicht gut verdauen konnte, und durch dieselben zog Er sich oftmals Unpäßlichkeiten zu. Im Essen war Er gar nicht Herr und Meister über sich selbst, sondern folgte Seinem Appetit, der oft so heftig war, daß wenn der Küchenzettel, welcher Ihm des Abends für den Mittag des folgenden Tages gebracht wurde, Speisen enthielt, die Er vorzüglich gerne aß, Er ihn nicht nur am folgenden Morgen und Vormittag mehrmals und mit Vergnügen ansahe, sondern auch die Mittagsstunde kaum erwarten konnte. Sie mußten nach französischer und italienischer Art stark gewürzet seyn. Käse- und Mehlspeisen, Schinken, Saurer- und grüner Kohl, Pasteten, Poulenta, Kuchen, waren Ihm besonders angenehm. Ordentlicher Weise kamen des Mittags acht Schüsseln auf seine Tafel, und der Küchenzettel gab bey jeder den Namen des Kochs an, der sie zubereiten würde. (…)

Der Nachtisch bestand bloß in Obst, welches die Jahrszeit mit sich brachte. Der gewöhnliche Wein, den Er trank, war Bergerac, den Er mit Wasser vermischte; zuweilen auch wohl Champagner – und ungarscher Wein; aber den Rheinwein hasste Er, aus den oben angeführten Ursachen.

Seine Mittagstafel war mehrentheils mit 7 bis 10 Personen besetzt, die Er selbst täglich ernannte, und die nach ihrem Belieben essen oder nicht essen, auch so viel rothen Wein (sogenannten Pontac) und Moselerwein trinken konnten, als sie wollten, Champagner- und ungarschen Wein aber nur alsdenn bekamen, wenn der König ausdrücklich befahl, dergleichen zu geben. Empfing der König Besuch von Seiner Familie, oder gab Er ausserordentliche und feyerliche Gastmale, so wurden wohl 12, 20 ja 30 Schüsseln aufgetragen, und dieses geschahe auch bey den Kriegsübungen und Musterungen, und bey den Redouten. Die Mittagstafel ging genau um 12 Uhr, und wenn der König grosses Verlangen nach den bestellten Speisen hatte, wohl noch eine Viertelstunde früher, an. Vertiefte Er sich ins Reden und Erzählen, so währete sie bis 4 oder 5 Uhr, ja auch wohl länger. Er trank während dieser Stunden beständig und fleißig, und also viel, welches aber fast bloß durch die Ausdünstung wieder fortging. Die Abendmahlzeiten währeten nur bis zum Siebenjährigen Kriege, denn da gab Er sie auf, weil Er richtig dafür hielt, daß ein comandirender General früh aufstehen müsse, und wohl beobachtete, daß er bey kurzem Schlaf nicht hinlänglich verdaue. In den Wintermonaten gab Er zwar zuweilen 3, 4 oder 5 Personen ein Abendessen, Er selbst aber genoß nichts davon, wenn Er sich gleich in gewisser Entfernung beym Tisch niedersetzte.

Für Seine Küche waren jährlich nur 12 000 Thaler ausgesetzt, wofür der Küchenschreiber täglich für des Königs Tafel die oben erwehnten 8 Schüsseln, eben so viel für die Adjutanten, und Mittags und Abends 3 Schüsseln für 11 oder 12 Domestiken, liefern mußte. Brodt und Getränke waren nicht darunter begriffen, denn die gehörten zum Kelleretat. Weil aber die Lebensmittel nach der Zeit, da dieser Küchenetat gemacht war, theurer wurden, so reichte er niemals zu. Wenn man dem König dieses vorstellte, so ward Er sehr unwillig, dankte einen Küchenschreiber nach dem anderen ab, schickte endlich auch einen nach Spandau, und zuletzt bezahlte Er doch die Küchenschulden. Gab Er grosse Gastmale, so bezahlte Er die ausserordentlichen Kosten besonders. Es wurde beständig von schönem Porcellain gespeiset.

Aus gutem und feinem Obst machte Er sehr viel, und konnte es in beträchtlicher Menge geniessen; Er wendete auch jährlich viel Geld an, um es durch die Treibhäuser früh und zur ungewöhnlichen Zeit zu bekommen. Seine Gärtner mußten es in seine Kammer setzen lassen, und Er suchte selbst dasjenige aus, welches

Er geniessen wollte. Er bestimmte auch, was auf die Tafel gesetzt, und Seinen Verwandten und Freunden geschicket werden sollte.

Ausser dem Obst aß Er in den letzten Jahren Seines Lebens bey Tag oft kleine Täfelchen trockene Chocolate. Früh Morgens trank Er erst einige Gläser Wasser, in welches in den letzten Lebensjahren ein wenig destillirtes Fenchelwasser gegossen wurde, und nachher 2 oder 3 kleine Tassen Caffe, bald mit, bald ohne Milch. Zu einem Bewahrungsmittel wieder den Schlag ließ Er einen Theelöffel voll weissen Senff in Seinen Caffe thun.

In den Feldzügen lebte Er schlecht und recht, und zeigte, daß Er ein Soldat war, der sich mit dem mäsigen begnügen lies.

Entweder zu Seiner Lebensnothdurft, oder zum Wohlleben, gehörte auch spanischer Schnupftaback, von welchem Er immer ein Paar tausend Pfund vorräthig hatte. Er trug beständig zwey angefüllete kostbare Tabacksdosen in den Taschen, fünf oder sechs andere stunden auf dem Tisch umher, und viel über hundert wurden zur Abwechslung in Kasten aufbewahret.

Kleidung.
Wenn man etwa den König Karl den zwölften von Schweden ausnimmt, so mag niemals ein König so schlecht mit Kleidern versehen gewesen seyn, als Friedrich der zweyte von Preussen. Er behielt zwar den von dem König Friedrich dem ersten 1706 eingeführten Grand-Maitre de Garderobe bey, dem dieses Amt die Excellenz verschaffet, aber an einem diesem Amt, und wie der grosse Haufe dafür hält, der königlichen Würde gemässen Vorrath an Kleidern, gedachte Er nicht. Er kleidete sich in die einfache Uniform seines Garderegiments zu Fuß, welche nur mit einem Achselband und einem Stern gezieret war, und bloß an grossen Gallatagen und bey grossen Feyerlichkeiten zog er die reiche Uniform dieses Regiments an. Er hat, so wie in andern Stücken, also auch hierinn, unter den Königen und Fürsten Nachahmer

gehabt; und allerdings muß ein Volk sich glücklich schätzen, wenn der König und Fürst seine Schweißtropfen und Thränen nicht in Brillianten verwandelt, um mit denselben zu prangen. Es ist aber keinem regierenden Herrn eine so weit getriebene Sparsamkeit in Kleidungstücken anzurathen, als König Friedrich der zweyte ausübte, denn theils gehöret sie zu Desselben verjährten Eigenheiten, die Er sich als General erlaubte, theils müßte der Nachahmer gerade durch so viele glänzende Eigenschaften und grosse Thaten sich Ehrfurcht verschaffet haben als unser Monarch, der aber in seiner Art der einzige war. Er wollte schlechterdings nicht in der Kleidung groß seyn, Er wurde auch gefürchtet und verehret, wenn Er gleich in einem alten, abgetragenen und geflickten Kleide ging, wenn gleich ein scharf beobachtendes Auge in Seinen Beinkleidern ein Loch entdeckte, wenn gleich Sein Hemd und Schnupftuch zerrissen, und Sein Huth ganz kahl war. Er hatte keine Nachtmütze, keinen Schlafrock, keine Pantoffeln. Die Stelle der Nachtmütze vertrat das oben erwehnte Küssen, von welchem ein Zipfel die Stirn bedeckte, und zwey Zipfel unter dem Kinn zusammengebunden waren; die Stiefeln ließ Er sich erst ausziehen, wenn Er schon auf dem Bette saß, um sich in demselben niederzulegen, und unmittelbar aus dem Bette trat Er wieder in die Stiefeln; anstatt des Schlafrockes trug Er ein Casaquin, und bey Krankheiten den Ihm von der rußischen Kaiserin Elisabeth geschenkten Zobelpelz. (...)

Verhalten in Ansehung der Reinigkeit.
So wenig Er als Soldat aus Putz und Schmuck machte, eben so wenig hielt er von der Reinigkeit; diese Gleichgültigkeit gegen dieselbige nahm mit den Jahren zu, und stieg zuletzt aufs höchste. Als er aufhörte die Flöte zu blasen, schnitte er sich zum Zeitvertreib mit den Scheren, die er beständig in der Tasche trug, täglich sehr oft nicht nur die Nägel, sondern auch den Bart ab, und

ließ sich nur selten barbieren. Er wischte sich zwar alle Morgen mit einer nassen Serviette das Gesicht und die Hände ab, allein dieses wenige Wasser nahm die Unreinigkeiten, welche der viele Schweiß und Schnupftaback ansetzten, nicht hinlänglich weg. Bey der Tafel bediente Er sich anstatt der Gabel oft der Finger, und Suppen und Brühen flossen oft auf seine Kleidung, die also sehr fleckicht wurde. Das Fleisch für seinen Favorithund legte Er mit den Fingern vom Teller auf das Tischtuch, damit es kalt würde. Dadurch wurden Tischtuch und Serviette sehr beflecket, und weil auch Wein und Wasser zuweilen überflossen, und Er den Schnupftaback stark verschüttete, so war nach aufgehobener Tafel die Stelle, wo Er an derselben gesessen hatte, sehr kenntlich. Die weisse Feder auf Seinem Huth war selten ohne Schmutz, und die Stiefeln waren nie schwarz, weil er nicht befahl, sie zu schwärzen, und noch weniger waren sie glatt angezogen, und fest gebunden. In seinen jüngeren und mittleren Jahren trug Er wohl bey feyerlichen Gelegenheiten Schuhe, im hohen Alter aber nicht mehr. Als Ihn der Großfürst von Rußland besuchte, ließ Er sich Camaschen von schwarzem Sammet machen, und zog sie über die runzelichten Stiefeln an, damit es aussehen sollte, als ob Er Schuhe trüge, man kann aber leicht denken, wie dicke seine Füsse in dieser Bekleidung ausgesehen haben. Von seinem heftigen nächtlichen Schweiß zeugte das Hemd, welches Er alle Morgen veränderte, und das Bettuch, auf welchem Er gelegen hatte, welches, nebst den Küssen, Matratzen und Bettdecken, am Feuer alle Morgen getrocknet werden mußte.

Verhalten in Ansehung der Bequemlichkeit.
In den Feldzügen machte der König nichts aus der Bequemlichkeit. Die schlechteste Bauerhütte war Ihm lieber als ein bequemes Haus, wenn es nur nahe bey einem Flügel Seines Kriegesheers war. Er stand früh auf, war auf Märschen beständig bey dem Vor-

trab, wohnete allen Fouragirungen bey, ließ sich von den patroullirenden Officieren alles unmittelbar berichten, um die Gegend, den Boden, die Stellung, die Stärke und Absicht des Feindes zu erforschen. Auf Reisen suchte Er auch keine Bequemlichkeit; kehrte in Prediger- Bürger- und Bauerhäuser ein, und bezahlte das Nachtquartier mit 100, Mittagsquartier aber mit 50 Thalern, und behalf sich des Nachts mit seinem mittelmäßigen Feldbette. In Friedenszeiten aber war es anders, denn seine schönen Schlösser und Häuser waren mit allen Bequemlichkeiten reichlich versehen.

Vergnügungen.
Die sanguinisch-cholerische Natur des Königs machte Ihn in Seiner Jugend sehr geneigt zu sinnlichen, auch wohl ausschweifenden Vergnügungen verschiedener Art, in seinem mittlern Alter zu feurigen Unternehmungen, und in seinen ältern Jahren zu strengen und heftigen Handlungen, doch so, daß die beyden ersten Arten ihrer Aeusserungen nie ganz aufhörten. Es leben noch Leute, welche seine jugendlichen Belustigungen nach eigener Erfahrung erzählen, und noch mehrere Personen sind vorhanden, welche wissen, daß Er selbst bey Tafel Lustiges erzählet hat, welches in Seiner Jugend von Ihm, und auf Seinen Befehl von andern, ausgeübet worden. Nur etwas zur Probe. Als Er das Infanterieregiment zu Neuruppin bekommen hatte, stellte sich der Feldprediger desselben einigemal um die Zeit der Tafel bey Ihm ein, weil er bey dem vorhergehenden Obristen des Mittags gespeiset hatte. Der Kronprinz ließ ihn aber immer abweisen, und sprach in Gegenwart der Officiere geringschätzig von ihm. Der Feldprediger war so unbedachtsam, und stichelte in seinen Predigten auf den Kronprinzen. Einstmals sagte er, Herodes (der Kronprinz) lasse die Herodias (das Corps der Officiere) vor sich tanzen, und ihr Johannes (des Feldpredigers) Kopf geben. Um

ihn dafür zu strafen, begab sich der Kronprinz mit den jungen Officieren des Regiments in einer Nacht nach des Feldpredigers Wohnung; erst wurden ihm die Fenster in der Schlafkammer eingeschmissen, hernach Schwärmer in die Kammer geworfen, und der Feldprediger mit seiner schwangern Frau durch die letzten erst aus dem Bette, und in den Hof, und zuletzt in die Mistpfütze gejaget. Wenn der König im Alter über Tisch diese That im lustigen Ton erzählte, welches oft geschahe, so sahe Er gern, daß die Gäste, und selbst die zur Aufwartung umherstehende Pagen und Bediente, laut darüber lachten. Auf eine ähnliche Weise hat Er zu Nauen, durch den damaligen Premierlieutenant von der Gröben, den Diaconus und seine Frau in der Nacht aus dem Bette jagen, und in Todesfurcht und Angst setzen lassen. Dem dasigen Kircheninspector Salpius warf Er seinen Stock mit dem goldenen Knopf ins Fenster, und der Wurf war so glücklich, daß er nur eine runde Oeffnung in eine Scheibe machte, durch welche der Stock fuhr, den Er am folgenden Morgen wieder holen ließ. Markgraf Heinrich von Schwedt war ein fleißiger Gehülfe bey den lustigen Handlungen. Kaiserling, und andere Adjutanten, welche die meisten mit ausgeübet hatten, wurden nachher erhoben; Buddenbrock blieb unterschiedene Jahre lang wie vergessen sitzen, als ihn aber nachher der König wieder in seine Dienste nahm, stieg er, und im hohen Alter des Monarchen mußte er die Wahrheit dieser Lustigkeiten bezeugen.

Die Tonkunst überhaupt, und das Flötenspiel insonderheit, gehörte in seinen jüngern, besten und lebhaftesten Jahren zu seinen angenehmsten Belustigungen. Er spielte zwar auch etwas auf dem Clavier, aber Sein vornehmstes musikalisches Werkzeug war die Flöte, auf welcher Er viel, vorzüglich im adagio, leistete. Er hatte einige Kenntnisse von dem Generalbaß und dem musikalischen Satz, Er setzte auch selbst Arien, einige Concerte, und über hundert Solos.

Am aufgeräumtesten und vergnügtesten zeigte Er sich über Tafel; denn zu dieser brachte Er alle seine Lebhaftigkeit, Scherzhaftigkeit und Lustigkeit mit. Er sprach meistens allein, und erzählte Histörchen und Anecdoten von Kaisern, Königen, Fürsten und Privatpersonen, welche so oft wiederholet wurden, als entweder ein neuer Gast, oder sonst etwas Gelegenheit dazu gab, oder als der König sich ihrer wieder erinnerte. Er sprach von allerley Materien, als von politischen, historischen, kriegerischen und theologischen, (um über dieselben zu lachen und zu spotten;) auch von medicinischen Sachen, und unerheblichen Kleinigkeiten. Je länger er an Tafel saß, und trank, je weniger zurückhaltend war Er, und zuletzt ward alles ganz natürlich ausgedrücket, aber in französischer Sprache, denn in dieser redete Er beständig, und wer von den Gästen in derselben keine Fertigkeit hatte, höret nur zu. Er begegnete Seinen Gästen sehr gut, gab aber einer Gelegenheit sich lustig über ihn zu machen, so wurde sie bestens genutzt, weil der König zu Spaß und Spott von Natur sehr aufgelegt, immer munteren Gemüths war. Auf eine ähnliche Weise ging es in seinen kleinen Abendgesellschaften zu, wenn keine Tafel war; von diesen wird aber hernach etwas genaueres und umständlicheres vorkommen.

Bey dem Vergnügen, welches der König an theatralischen Vorstellungen gefunden hat, halte ich mich am wenigsten auf, weil ich es weder kenne, noch verstehe.

In seiner ersten Jugend soll er nicht so gleichgültig gegen das andere Geschlecht gewesen seyn, als in der nachmaligen und größten Zeit seines Lebens. Er hat aber, ich weiß nicht gewiß, um welcher Ursachen willen, früh angefangen, einen Widerwillen wider das Frauenzimmer zu fassen, und den Umgang mit demselben zu fliehen. Erforderten es Zeit und Umstände, so wußte Er es mündlich und schriftlich auf eine artige und angenehme Weise zu unterhalten; es mußte aber nicht lange währen, weil Seine Höflichkeit gegen dasselbige erzwungen war, und Er im Reden sich nicht lange so einschränken konnte, als die Wohlanständigkeit in Gegenwart des Frauenzimmers es erforderte. Auf solche Weise verlor Er viel sinnliches Vergnügen, Er verschaffte sichs aber durch den Umgang mit Mannspersonen wieder, und hatte aus der Geschichte der Philosophie wohl behalten, daß man dem Sokrates nachgesagt, er habe den Umgang mit dem Alcibiades geliebet.

Aus Hunden machte Er unsäglich viel, und hatte beständig drey oder vier Stück um sich, von welchen einer sein Favorit, und die andern desselben Gesellschafter waren. Jener lag bey Tage allezeit da, wo der König saß, an der Seite desselben, auf einem besondern Stuhl, den zwey Küssen bedeckten, und schlief des Nachts bey ihm im Bette. Die andern wurden des Abends weg, und am folgenden Morgen, wenn man Ihn weckte, wieder gebracht, da denn die kleine Gesellschaft durch ihre grosse Munterkeit und Zärtlichkeit dem Könige Vergnügen machte. Sie sassen neben ihm auf den Canapés, die dadurch beschmutzet und zerrissen wurden, und der König erlaubte ihnen alles. Er sorgte aufs zärtlichste für ihre Erhaltung, Gesundheit und Verpflegung; der Favorit empfing auch bey der Tafel etwas aus der Hand des Königs; überhaupt aber wurden die Hunde von einem Bedienten besorget, der sie auch nach ihrer Mahlzeit bey guter Witterung spatzieren führete, damit sie der frischen Luft geniessen konnten. Ein Bedienter, der aus Unvorsichtigkeit einem Hund auf den Fuß trat, konnte dem Zorn des Königs nicht wohl entgehen. Bey dem Wohnhause Sanssouci ist ein Platz, woselbst die liebsten Hunde in Särgen unter Leichensteinen, mit ihren Namen, begraben liegen. Seine Zärtlichkeit für seinen Favorithund übertraf alle Vorstellung.

Zu den vorzüglichen Lieblingshunden des Königs gehörte die Biche, welche dadurch berühmt geworden, daß sie 1745 in der Schlacht bey Soor eine Beute der Oestreicher, aber von dem General Nadasdy zurückgegeben worden. Doch nichts gleicht der

Liebe, die der König für die Hündin Alcmene hatte. Als Ihm nach Schlesien berichtet wurde, daß sie gestorben sey, befahl Er, daß man ihren todten Körper in dem Sarge, in welchen sie war gelegt worden, zu Sanssouci in Sein Bibliothekzimmer setzen sollte. Bald nach seiner Zurückkunft begab Er sich dahin, und ließ Seiner wehmüthigen Traurigkeit freyen Lauf. Er mußte sich zwar von dem verwesenden Körper losreissen, ließ ihn aber auf dem Platz des Hauses Sanssouci in diejenige ausgemauerte Gruft setzen, welche Er aufs künftige für Seinen eigenen Leichnam hatte ausmauern lassen, der aber dahin nicht gekommen ist.

Ausser den Hunden, die um den König waren, hatte Er auf dem Schloß zu Potsdam und auf dem Jägerhof noch eine Pflanzschule von vierzig, funfzig, ja wohl von achzig Windspielen, die von zwey Jägern verpfleget wurden, deren einer zugleich ihren Arzt abgeben sollte.

Wenn man alle diese sinnlichen Vergnügungen zusammennimmt, so muß man gestehen, daß sie für einen reichen König nur sehr mäßig sind, und man muß es hoch preisen, daß weder Chartenspiel noch Frauenzimmerjagd sich darunter befindet. Die Maitressenregierung füllet so, wie die vergeschwisterte Favoritenregierung, die schwarze Chronik der Staaten mit scheußlichen Historien an; und ein Landesherr, der sich und seine Unterthanen denselben unterwirft, hat seine Geschichtschreiber zu fürchten. Aber die Gesellschaft der Windspiele! Ey nun! ist denn wohl ein Mensch der nicht seine Puppe hat? Warum sollte nicht ein grosser Mann an wohlgebaueten und schmeichelhaften Hunden ein vernünftiges Vergnügen zu seiner Erholung suchen und finden können?

Tägliche Lebensordnung.
Der König hatte eine Ordnung Seiner täglich auf einander folgenden grossen und kleinen Geschäfte, Seiner Arbeiten und Vergnü-

gungen, festgesetzt, welche Er beybehielt, und nur in Noth- und ausserordentlichen Fällen veränderte. Wenn Er Strümpfe, Beinkleider und Stiefeln in und auf dem Bette angezogen hatte, trat Er vor den Camin, zog ein anderes Hemd und Sein Casaquin an, und legte das Küssen und Tuch (ehedessen die Nachtmütze) von dem Kopfe, welche so wie die von dem starken Schweiß ganz nassen Bettstücke vor dem Camin aufgehangen wurden. Nun setzte Er sich an den Tisch, auf welchen das in der Nacht angekommene Packet Briefe gelegt war, ließ sich den Haarzopf zurecht machen, und eröfnete unterdessen das Briefpacket. Die, welche von bekannter Hand waren, und welche den meisten Reitz für Ihn hatten, behielt und las Er, die übrigen schickte Er an den geheimen Cabinetsrath, damit ein Auszug aus denselben gemacht wurde. Wenn Er die übrigen durchgelesen, und neben sich auf einen kleinen Tisch geleget hatte, stand Er auf, wusch sich Gesicht und Hände mit einer nassen Serviette, setzte sich Seine Haartour auf, und frisirte sich Sein Haar stehend selbst, welches sehr geschwind von statten ging, und wobey Ihm ein Spiegel vorgehalten wurde. Nun setzte Er den Huth auf, (den Er beständig auf dem Kopf hatte, ausser bey Tisch, und wenn Er mit vornehm Personen sprach,) und ging in das Vorzimmer, um dem daselbst befindlichen Adjutanten des ersten Bataillons Garde den Rapport abzunehmen, auch wohl um ihm Befehle, welche das Kriegswesen anbetrafen, zu geben. Gleich darauf trank Er erst kaltes Wasser, und hernach Caffe. Nun ergriff Er die vorher schon aufgeschrobene Flöte, die Sein meistes und edelstes Vergnügen ausmachte, so lange Er sie blasen konnte, und spatzierte von einem Zimmer in das andere, und blies wohl zwey Stunden lang auswendig gelernte Stücke und Stellen. Ungefähr um 10 Uhr gab Er die Flöte weg, und ließ sich den von dem Cabinetsrath eingeschickten Auszug, aus den an Ihn eingelaufenen Briefen und Bittschriften reichen. Wenn Er diesen durchgelesen, auch dem Commendanten die Parole gegeben hatte, ließ Er diejenigen Seiner geheimen Cabinetsräthe, die den mündlichen Vortrag bey Ihm hatten, einen nach dem anderen zu Sich in das Cabinet kommen, und sagte ihnen, was auf jeden Brief geantwortet werden solle. Wenn dieses geschehen war, besorgte Er Seine Toilette, das heißt, Er zog Sein Casaquin aus, bestrich Seine Haare mit ein wenig Pomade, ließ Puder auf dieselben schütten, wusch das Gesicht wieder mit einer Serviette ab, und zog die Uniform an. Hatte Er Briefe und Antworten an Seine Familie zu schreiben, so setzte Er sich nun an Seinen Schreibtisch, und verfertigte sie eigenhändig; sonst, oder wenn die Briefe geschrieben waren, nahm Er ein Buch, und las mit lauter Stimme in demselben, spielete auch wohl, wenn Zeit dazu verhanden war, einige Concertstimmen auf der Flöte. Mit dem Uhrschlag der zwölften Stunde ging Er zur Tafel, welche bald kurz, bald länger währete. Gleich nach derselben blies Er wieder eine halbe Stunde, und noch wohl länger die Flöte, unterschrieb alsdenn die im Cabinet abgefasseten Briefe, und trank Caffe. Ordentlicher Weise war alles dieses um 4 Uhr geschehen, und alsdenn las Er wieder bis 5 Uhr; um diese Stunde aber kam Sein sogenannter Vorleser (einen wirklichen hat Er erst zwey Jahre vor Seinem Tode angenommen) zu Ihm, mit dem Er sich eine Zeitlang unterhielt, oder auch wohl in den Zimmern und auf dem Saal herum spatzierte. Gemeiniglich ging um 6 Uhr das Concert an, vor demselben aber eine Viertelstunde das Vorspiel her. Nun spielte Er drey Concerte, hörete auch wohl zuweilen entweder eines von Quanz, oder ein Solo von Duport an, und alsdenn hatte die Musik gemeiniglich an dem Tage ihr Ende. Nach dem Concert kam einer von den Gelehrten zu Ihm, die Er zum Umgang bey Sich hatte, diesen las Er erst selbst etwas vor, und hernach unterredete Er Sich und disputirte mit ihm darüber. Das dauerte fort, bis die Stunde kam, da Er gewöhnlichermassen zu Bette ging. Gab Er aber einigen wenigen Personen ein Abendessen, so fiel die gelehrte Unterhaltung weg. In dieser Ordnung folgte täglich eines auf das andere während der Wintermonate; wenn nicht die in denselben gewöhnliche Lustbarkeiten, um welcher willen Er sich zu Berlin aufhielt, des Abends etwas veränderten. Im Frühjahr, Sommer und Herbst, verursachten bald die Uebung der Soldaten in den Waffen, bald ein Ausritt und Spatziergang, bald das Reisen, eine Veränderung in den Geschäften und ihren Stunden. Arbeitete der König an Schriften und Büchern, so wendete Er die sonst gewöhnlichen Lesestunden dazu an, und wenn Er auch des Abends schrieb, so unterblieb die Unterhaltung mit einem Gelehrten. Als Er die Flöte nicht mehr blasen konnte, wendete Er die dazu bestimmt gewesene Zeit entweder zum Lesen, oder dazu an, daß Er einen oder einige Gelehrte und Officiere sprach.

Ein Lexikon über den kleinen Gernegroß Friedrich

1790 erschien ein freches Abc der Friedrich-Verdammung: «Aus dem Lexikon aller Anstössigkeiten und Prahlereyen, welche in denen zu Berlin in funfzehn Bänden erschienenen sogenannten Schriften Friedrichs des Zweyten vorkommen. Der Freyheit im Denken gewidmet von ihrem Vetter G – fen von M – Historiographen in P–s.» Der Verfasser wählte also die Maske des Grafen von Mirabeau, des Historiographen in Paris, der von Juli 1786 bis Januar 1787 im Auftrag der französischen Regierung in Berlin weilte und mit seiner «Histoire secrète de la cour de Berlin» für einiges Aufsehen sorgte.

Die Schriften, die man unter dem Namen Friedrichs herausgegeben hat, könnten – so die Fiktion des Lexikonschreibers – nicht die wahren Schriften des Königs sein: «Sollte sich Friedrich der Große, wenn er eine Geschichte von den merkwürdigsten Begebenheiten seines Lebens hätte schreiben wollen, nicht über die niedrigen Kunstgriffe kleiner Skribler hinweggesetzt haben? Würde er wohl seine Fehler und Schwachheiten so sorgfältig verschwiegen haben – Er, der auch die kleinsten Mängel an sich zu verbessern suchte?» Das Lexikon will helfen, Wahres vom Falschen zu sondern. Der Wiener Aufklärer Josef Richter (1749–1813) hat nachträglich bekannt, das Lexikon verfasst zu haben.

Architektur

Friedrich, der sehr viel baute, verstand – nach der einstimmigen Aussage der Kenner – von der Architektur sehr wenig. Die wenigen Kenntnisse, die er noch in diesem Fache besaß, hatte er aus den Kupferstichen der alten, mittlern und neuern Zeiten gezogen. Da er die Regeln der Baukunst nicht wußte, und dennoch zu allen seinen Gebäuden die Risse selbst verfertigen wollte, kamen bisweilen Risse und Gebäude zum Vorschein, die den Kenner in die alten, mittlern und neuern Zeiten zugleich versetzten, und einen komischen Anblick verursachten. Seine Gebäude hatten noch den unbedeutenden Fehler, daß sie nach zwanzig Jahren schon wieder baufällig war(en). Ein Thurm, den der König einst bauen ließ, stürzte ein, eh er noch zur Hälfte aufgeführt war. – Friedrich fragte nie, wenn er bauen wollte, nach dem geschicktesten, sondern nach dem wohlfeilsten Baumeister. Dieser Umstand machte, daß die Berliner dem Könige schlechten Dank wußten, wenn er ihnen Häuser bauete. Hatte der Hausbesitzer nicht so viel Vermögen, daß er dem Baumeister wenigstens eben so viel zulegen konnte, als er vom Könige erhielt, so mußte er zusehen, wie man ihm sein altes festes Haus, das vielleicht noch hundert Jahre gestanden hätte, wegriß, und ihm ein neues hinsetzte, das höchstens zwanzig bis dreißig Jahre zu stehen versprach. – In Potsdam war in jedem Hause der erste Stock dem Militair gewidmet. Die Soldaten hiengen ihre Beinkleider, Strümpfe und was sie sonst noch zu putzen pflegen, auf die Säulen und Statuen, womit ihre Palläste gezieret waren. Der Eindruck, den dieses Gemische von Größe und Niedrigkeit auf den Fremden machte, der es zum erstenmal sah, kann nur belacht, aber nicht beschrieben werden.

Nicht minder lächerlich ist es, wenn man vor den Fenstern eines Pallastes einen Stiefel – einen aufgespannten Strumpf, oder ein anderes Zeichen sieht, das den Bewohner eines solchen Pallais ankündiget. Wenn die schönen Häuser eine Stadt glücklich machen – Berlin und Potsdam! dann seyd ihr zu beneiden. Doch nein, ihr könnte nicht glücklich seyn denn eure Bewohner sind keinen Augenblick sicher, wann sie unter prächtigen Ruinen begraben werden.

Eßlust
Friedrich, der den Grundsatz hatte, daß es ausser der Sinnlichkeit kein wesentliches Glück auf der Welt gäbe, machte sich täglich so glücklich, als es nur ein König durch Essen, trinken und ...... werden kann. Seine Philosophie – ich wollte sagen, seine Eßlust – verließ ihn auch nicht bis an sein Ende. Ein paar Tage vor seinem Tode aß er noch Rindfleisch und Seespinne. Man kann also in der That von Friedrich dem Großen sagen, daß er gestorben ist, wie er gelebt hat – en philosophe.

Glaubensbekenntniß
Friedrichs des Großen, Königs von Preußen.

Ich glaube an Gott Mars, den allmächtigen Schöpfer meines Schlesiens.

Und an seine vielgeliebten Söhne, meine Preußen; die empfangen sind von nervigten Männern, und gebohren von Jungfrauen (Friedrich nahm die unehelichen Söhne seiner Soldaten unter das Militär, und leistete ihnen zu ihrer Beförderung besondern Vorschub); gelitten unter mir und meinen Generalen bey Kollin, bey Jägersdorf, bey Breslau, bey Kay, bey Kunersdorf (Lauter Oerter, die Friedrich durch seine verlohrne Schlachten in der Geschichte merkwürdig machte), gehenkt (weil die Racker davonlaufen wollten) zerschossen, zerhauen, zerfetzt, gestorben, begraben, zum Teufel gefahren: wider auferstanden von den Todten (Friedrich setzt in seinen hinterlassenen Schriften die Zahl der Todten immer um einige Tausende geringer an, als sie wirklich ist. Wie könnte er diese Tausende aus der Todtenliste wegstreichen, wenn sie nicht wieder auferstanden wären?), mir aufs neue statt der Spielmarken gedient (Friedrich der Menschenfreund sagt in seinen hinterlassenen Schriften: Wenn die Könige um Provinzen spielen, wären die Unterthanen die Spielmarken), und endlich in ihre Heimath gezogen sind, von dannen sie kommen werden, zu plündern die Lebendigen und die Todten.

Ich glaube an die heilige Politik, an die Geschicklichkeit meiner Spione, und an meine eigene Betrügereyen, eine Gemeinschaft der Länder (meine gegenwärtige Besitzungen ausgenommen, die ich mir allein vorbehalte) Vergebung der Schnitzer und Sottisen, keine Auferstehung des Fleisches, und kein ewiges Leben, Amen!

Hunde

Je weniger Friedrich die Menschen liebte, destomehr liebte er die Hunde, worunter er den Windspielen den Vorzug gab. Von dieser Hundsart hielt er sich gewöhnlich fünfzig Stücke, die er bisweilen auch bis auf achtzig vermehrte. Der Liebling unter ihnen schlief mit Friedrich in einem Bette, und war von der königlichen Tafel gespeist. Er liebte die Hunde so sehr, daß er ihnen auf seinen Zimmern alle Unarten gestattete, die dergleichen Thieren eigen sind. Und wehe dem, der sie, auch wider Willen, beleidigte! Die gelindeste Strafe für einen solchen Verbrecher war Spandau.

Seine Lieblingshunde hatten in Sanssouci einen eigenen Begräbnißort, wo sie nach ihrem Ableben in ausgemauerten Grüften mit allem Pomp, den sonst Menschen bey den Beerdigungen ihrer verstorbenen Freunden anzuwenden pflegen, in prächtigen Särgen beygesetzt wurden. Friedrich gieng in seiner Liebe gegen die Hunde noch weiter. Er ließ ihre Namen in Steine hauen, diese

Steine auf die Gräber setzen, und so das Andenken seiner Lieblinge in königlichen Denkmälern verewigen – eine Ehre, die nur wenigen Generalen wiederfahren ist.

Seine Zärtlichkeit gegen die Hündin Alkmene kann mit nichts, als mit Friedrichs Untröstlichkeit und Schmerz über ihren Verlust verglichen werden. Als man ihm ihren Tod nach Schlesien berichtet hatte, befahl er, man solle sie in einem Sarge in seine Bibliothek stellen, und bis zu seiner Zurückkunft aufbewahren. Kaum war er zurückgekommen, als er in die Bibliothek lief, den Sarg aufriß, die geliebte Hündinn in seine Arme faßte, und, Trotz des unausstehlichen Gestanks, den die Fäulniß verursachte, mit Küssen überhäufte. Die Zärtlichkeit, die er ihr in diesem Augenblicke bewies, war gränzenlos, wie sein Schmerz. Er ließ seinen Thränen freyen Lauf. Als er lange über den todten Körper geweint hatte, und sich endlich von ihm trennen mußte, ließ er ihn zu Sanssouci in der nämlichen Gruft beysetzen, die er zu seinem eigenen Begräbnisse bestimmt hatte – um mit dem geliebten Gegenstande, der seinem empfindsamen Herzen hier so früh entrissen ward, wenigstens im Tode wieder vereint zu werden.

Friedrichs Lieblingshunde liegen in ausgemauerten Begräbnissen unter Grabsteinen, die ihre Namen tragen – und die Gebeine seiner Freunde und Tischgesellschafter, eines Jordans und Kaiserlings, ehrt kein Zeichen von Friedrichs Achtung. Sein Schmerz über ihren Verlust war gemäßigt. Friedrich sparte die Thränen für seine Hunde. Alles, was er für seine zween Freunde that, schränkte sich auf eine hölzerne Lobrede, und ein kaltes, empfindelndes Gedicht ein.

Kommerz
Friedrich, der um Aufklärung zu verbreiten die Schulmeisterstellen mit Invaliden besetzte, wollte durch schlechte Strassen und seine Regisseurs den Handel befördern. Ob dieß weise war, mö-

gen andere entscheiden; ich begnüge mich, hier anzumerken, daß Friedrichs Einsichten in das Handlungswesen eben so beschränkt waren, als in den übrigen Fächern, denen er als Landesfürst hätte vorstehen sollen. Der weise Friedrich glaubte, die inländischen Fabriken durch die Erhöhung des Einfuhrzolls fremder Waaren empor zu bringen – allein er irrte. Der Erfolg bewies es, daß er durch seine verkehrten Maaßregeln den inländischen Handel äußerst geschwächt hatte. Vielleicht wollte auch Friedrich, durch diese Erhöhung des Einfuhrzolls, mehr seinen Schatz füllen, als den inländischen Fabriken aufhelfen. Seine unverzeihliche Habsucht erzeugte die Schwärzung, die diesen Fabriken äußerst nachtheilig war. Diesem Uebel zu steuern, stellte er eine Menge Aufschauer und Güterbeschauer an. Weil zu dieser Gattung von Leuten seine Landeskinder nicht tauglich waren, so ließ er einen Schwarm Franzosen in seine Staaten kommen, denen er das Privilegium gab, sich auf Kosten seiner Unterthanen und der Eingebohrnen des Landes zu bereichern. Sie benützten auch, trotz aller Klagen, die beynahe täglich wider sie gemacht wurden, dieses Privilegium so gut, daß sie alle mit Reichthümern beladen in ihr Vaterland zurückkehrten, daß sie arm verlassen hatten. – Die Franzosen ließen sich auf diese Weise die Schläge theuer bezahlen, die sie von den Preußen bey Roßbach bekommen hatten.

Sprache (deutsche)

So wenig auch Friedrich von der deutschen Sprache verstand, so wollte er sie doch verbessern. Im 1sten Bande, S. 84 tadelt er die Weitschweifigkeit dieser Sprache, und setzt hinzu. «Man muß sie zusammenziehen, und, wenn man einige Wörter von gar zu harter Aussprache sanfter machte, würde sie wohlklingender werden.» – Wollte z. B. ein General seinen Truppen vor einer Schlacht Muth einsprechen, so würde es viel zu hart klingen, wenn er sagte: «Meine Kinder! beweiset es itzt, daß ihr Männer seyd, die für das

Wohl ihres Vaterlandes zu fechten wissen, und einen rühmlichen Tod einem schmachvollen Leben vorziehen!» – Weit kürzer, weit angenehmer sagte Friedrich in der Kolliner Bataille: Ihr Racker, wollt ihr ewig leben.

Zeitvertreib
Als Kronprinz verlebte Friedrich, da er einmal sich selbst überlassen war, seine Tage in thatloser Thätigkeit – er aß, er trank, er schlicf, er ...... und machte französische Verse.

Als König und als Mann beschäftigte er sich, wenn es auswärts nichts zu thun gab, mit seinen schönen Pagen, mit seiner Wachparade, und mit seinen Windspielen.

Als Greis auf dem Todbette weidete er seine Augen an seinen schönen Tabtieren, Ringen, Banknoten u.s.w. u.s.w. – und sein Herz an der Hoffnung, noch einige Jahre zu leben — — —

Wie klein war nicht der große Friedrich!

Otto von Bismarck über das Beifallsbedürfnis der Könige
Der eiserne Kanzler Otto von Bismarck (1815–1898), neben Friedrich der imposanteste preußische Staatsmann, nutzte in seiner Autobiographie «Gedanken und Erinnerungen» den Rückblick auf die Reihe der Hohenzollernherrscher, um mit Wilhelm II., der ihn 1890 entlassen hatte, abzurechnen.

Ausgeprägter noch ist die Vererbung der Neigung Friedrich Wilhelms I. und Friedrichs II. zu selbstherrlicher Leitung der Regierungsgeschäfte und der Glaube an die Berechtigung des hoc volo, sic jubeo. Aber jene übten die Selbstherrlichkeit, wie es der Tendenz ihrer Zeit entsprach, ohne Rücksicht darauf, ob sie durch die Art, wie sie regierten, Beifall erwarben oder nicht. Es läßt sich kaum ermitteln, ob die Zeitgenossen Friedrich Wilhelms I. ihm die Anerkennung gezollt haben wie die Nachwelt, daß er in seinen gewaltthätigen Eingreifen frei gewesen ist von der Rücksicht auf das Urtheil Anderer, wie sein Vater sie nahm. Heute steht das Urtheil der Geschichte fest, daß ihm salus publica und nicht Anerkennung seiner Person suprema lex gewesen ist.

Friedrich der Große hat sein Blut nicht fortgepflanzt; seine Stellung in unserer Vorgeschichte muß aber auf jeden seiner Nachfolger wirken als eine Aufforderung, ihm ähnlich zu werden. Ihm waren zwei einander fördernde Begabungen eigen, des Feldherrn und eines hausbackenen, bürgerlichen Verständnisses für die Interessen seiner Unterthanen. Ohne die erste würde er nicht in der Lage gewesen sein, die zweite dauernd zu bethätigen, und ohne die zweite würde sein militärischer Erfolg ihm die Anerkennung der Nachwelt nicht in dem Maße erworben haben, wie es der Fall ist – obschon man von den europäischen Völkern im Allgemeinen sagen kann, daß diejenigen Könige als die volkstümlichsten und beliebtesten gelten, welche ihrem Lande die blutigsten Lorbeern gewonnen, zuweilen auch wieder verscherzt haben. Karl XII. hat seine Schweden eigensinnig dem Niedergange ihrer Machtstellung entgegen geführt, und dennoch findet man sein Bild in den schwedischen Bauernhäusern als Symbol des schwedischen Ruhmes häufiger als das Gustav Adolfs. Friedliebende, zivilistische Volksbeglückung wirkt auf die christlichen Nationen Europas in der Regel nicht so werbend, so begeisternd wie die Bereitwilligkeit, Blut und Vermögen der Unterthanen auf dem Schlachtfelde siegreich zu verwenden. Ludwig XIV. und Napoleon, deren Kriege die Nation ruinirten und mit wenig Erfolg abschlossen, sind der Stolz der Franzosen geblieben, und die bürgerlichen Verdienste anderer Monarchen und Regierungen treten gegen sie in den Hintergrund. Wenn ich mir die Geschichte der europäischen Völker vergegenwärtige, so finde ich kein Beispiel, daß eine ehrliche und hingebende Pflege des friedlichen Gedeihens der Völker für das Gefühl der letzteren eine stärkere Anziehungskraft gehabt hätte als kriegerischer Ruhm, gewonnene Schlachten und Eroberungen selbst widerstrebender Landstriche.

Im Gegensatz gegen seinen Vater hatte Friedrich II. unter dem Einfluß der veränderten Zeiten und seines Verkehrs mit ausländischen Schöngeistern ein Beifallsbedürfniß, das sich früh im Kleinen verrieth. In seinem Briefwechsel mit dem Grafen Seckendorff sucht er diesem alten Sünder durch Excesse auf dem geschlechtlichen Gebiet und daraus folgende Krankheiten zu imponiren, und seinen Aufbruch nach Schlesien gleich nach dem Regierungsantritt bezeichnet er selbst als das Ergebniß seines Verlangens nach Ruhm. Er versandte Gedichte aus dem Felde mit der Unterschrift: «Pas trop mal pour la veille d'une grande bataille». Aber das Verlangen nach Beifall, love of approbation, ist in einem Monarchen eine mächtige und mitunter nützliche Triebfeder; fehlt dieselbe, so verfällt er leichter als ein anderer in genußsüchtige Unthätigkeit; un petit roy d'Yvetot, se levant tard, se couchant tôt, dormant fort bien sans gloire, ist auch kein Glück für sein Land.

Hätte die Welt den «großen» Friedrich, hätte sie den heldenmüthigen Einsatz Wilhelms I. erlebt, wenn beide ohne Beifallsbedürfniß gewesen wären? Die Eitelkeit an sich ist eine Hypothek, welche von der Leistungsfähigkeit des Mannes, auf dem sie lastet, in Abzug gebracht werden muß, um den Reinertrag darzustellen, der als brauchbares Ergebniß seiner Begabung übrig bleibt. Bei Friedrich II. waren Geist und Muth so groß, daß sie durch keine Selbstüberschätzung entwerthet werden konnten und daß man Uebertreibungen seines Selbstvertrauens, wie bei Colin und Kunersdorf, bei der Vergewaltigung des Kammergerichts in dem Arnold'schen Prozesse und bei der Mißhandlung Trenck's, ohne Schaden für das Gesammturtheil in den Kauf nimmt. Bei Wilhelm I. war das Bewußtsein als preußischer Offizier und als preußischer König sehr lebhaft, aber die edlen Eigenschaften seines Herzens, die Zuverlässigkeit und Gradheit seines Charakters waren groß genug, um die Belastung zu ertragen, um so mehr, als sein Bedürfniß nach Anerkennung frei von Selbstüberschätzung, im Gegentheil seine vornehme Bescheidenheit ebenso groß wie sein Pflichtgefühl und seine Tapferkeit war. Das versöhnende Element für alle Schärfen in Charakter und Haltung unsrer früheren Könige lag in ihrem herzlichen und ehrlichen Wohlwollen für ihre Unterthanen und Diener, in ihrer Treue gegen beide.

Die Gewohnheit Friedrichs des Großen, in die Ressorts seiner Minister und Behörden und in die Lebensverhältnisse seiner Unterthanen einzugreifen, schwebt Sr. M. zeitweise als Muster vor. Die Neigung zu Randbemerkungen in dessen Stile, verfügender oder kritisirender Natur, war während meiner Amtszeit so lebhaft, daß dienstliche Unbequemlichkeit daraus entstand, weil der drastische Inhalt und Ausdruck dazu nöthigte, die betreffenden Actenstücke streng zu secretiren. Vorstellungen, welche ich darüber an S. M. richtete, fanden keine gnädige Aufnahme, hatten indessen doch die Folge, daß die Marginalien nicht mehr auf den Rand unentbehrlicher Actenstücke geschrieben, sondern denselben angeklebt wurden. Die weniger complicirte Verfassung und der geringere Umfang Preußens gestatteten Friedrich dem Großen eine leichtere Uebersicht der Gesamtlage des Staates im Innern und nach außen, so daß für einen Monarchen von seiner geschäftlichen Erfahrung, seiner Neigung zu gründlichster Arbeit und seinem klaren Blicke die Praxis kurzer Randbescheide im Kabinetsdienste weniger Schwierigkeit darbot als in den heutigen Verhältnissen. Die Geduld, mit welcher er sich vor definitiven Entscheidungen über Rechts- und Sachfragen unterrichtete, die Gutachten competenter und sachkundiger Geschäftsleute hörte, gab seinen Marginalien ihre geschäftliche Autorität.

Theodor Fontane bedichtet das Friedrich-Denkmal

1851 wurde nach jahrzehntelangen Diskussionen und verschiedenen Entwürfen in Berlin, Unter den Linden, das Reiterdenkmal Friedrichs des Großen enthüllt, ein Werk des Bildhauers Christian Daniel Rauch. Theodor Fontane nahm an den Feierlichkeiten teil; in den Untertitel seines Gedichts schlich sich ein Fehler ein, das Denkmal wurde bereits am 31. Mai eingeweiht.

DER ALTE FRITZ ZUR ENTHÜLLUNGSFEIER
DES FRIEDRICH-DENKMALS IM AUGUST 1851

Bist endlich da! Gott sei's geklagt,
Hast lange warten lassen;
Nun lehr uns wieder, unverzagt
Den Feind beim Schopfe fassen,
Den Feind in Ost, den Feind in West,
Die Feinde drauß und drinnen,
Zerreiß die Netze dicht und fest,
Womit sie uns umspinnen.

Blitz nur herab von deiner Wacht,
Solch Wächter mag uns taugen:
Wir brauchen wieder, Tag und Nacht,
Die Alten-Fritzen-Augen;
Blitz nur herab! und wenn im Nu
Die Schleicher du erraten,
Dann heb den Stock und droh: «Du, du!»
Wie weiland dem Kroaten.

Blitz nur herab von deiner Wacht;
Und wenn uns Feinde spotten,
Pandurentum und Slawenmacht

Sich rings zusammenrotten,
Dann, dir zu Füßen, weck und wink
Dem alten Leibhusaren,
Und sprich: «He, Zieten, sattl Er flink,
Wir wolln mal drunterfahren.»

Vor allem aber blitz ins Herz
Den Lenkern und den Leitern,
Sei du das Vorgebirg von Erz,
Dran ihre Ängste scheitern;
Ruf ihnen zu: «*Mein* war der Mut,
Dies Preußen aufzurichten,
Es tut nicht gut
Solch Zagen und Verzichten.

Wohl, angesichts von meinem Schloß,
Mag ich hier droben wohnen,
Doch gilt's mein Volk – mit Mann und Roß
Einschmelzt mich zu Kanonen;
Wohl thron ich hier auf sichrem Sitz,
Mein Schimmel selbst ward erzen,
Doch sichrer thront der Alte Fritz
In alten Preußenherzen.»

FRIEDRICH UND KEIN ENDE

Er habe wie ein Philosoph gelebt und wolle als solcher begraben werden, hatte Friedrich bereits 1752 geschrieben: «ohne Pomp, ohne Prunk und ohne die geringsten Zeremonien. Ich will weder geöffnet und einbalsamiert werden. Sterbe ich in Berlin oder Potsdam, so will ich der eitlen Neugier des Volkes nicht zur Schau gestellt werden. Man bringe mich beim Schein einer Laterne, und ohne daß mir jemand folgt, nach Sanssouci und bestatte mich dort ganz schlicht auf der Höhe der Terrasse, rechterhand, wenn man hinaufsteigt, in einer Gruft, die ich mir habe herrichten lassen.»[102] Sein Nachfolger, Friedrich Wilhelm II., hielt sich nicht an die testamentarische Verfügung des Verstorbenen, sondern folgte dynastischem Brauch. Am Abend des Todestages ließ er den Leichnam im großen Marmorsaal des Potsdamer Schlosses aufbahren, am 18. August 1786 wurde der tote König in die Garnisonkirche überführt und dort in der Gruft hinter dem Altar beigesetzt, in der schon der Sarg seines Vaters lag. Für die Trauerfeier am 9. September 1786 legte Friedrich Wilhelm II. fest, dass alles so einzurichten sei, «wie es bey den Exequien König Friedrich Wilhelms des Ersten wäre gehalten worden»[103].

Friedrich II. hatte Preußen in eine kleine Großmacht verwandelt, ihm eine politische Rolle zugedacht, die seine Ressourcen regelmäßig zu überfordern drohten. Eine ständige Anspannung der Kräfte blieb notwendig, sollte die neue Position behauptet werden. Mit Friedrich Wilhelm II. aber saß zum ersten Mal seit 1713 ein Durchschnittsregent auf dem preußischen Thron. Der neue König ging nicht in Pflichterfüllung auf, er genoss das Leben, unterhielt zahlreiche Liebeleien. Die so schöne wie kluge Wilhelmine Enke erhob er zur Gräfin von Lichtenau, womit auch Preußen nach dem monogamen Soldatenkönig und dem asexuell lebenden Friedrich endlich eine Mätresse bekam. Friedrich Wilhelm II. war überhaupt beeinflussbar, ließ sich in vielen Fragen von seinen Ministern lenken. Die preußischen Staaten profitierten kulturell von den neuen Sitten, auch wenn sie mit verschärften Zensurbestimmungen einhergingen. Das Netzwerk der deutschen Aufklärer war stark genug, die Attacke auf die Gedankenfreiheit bravourös zu parieren. In erstaunlicher Geschwindigkeit fand die Kultur in den Residenzstädten Berlin und Potsdam nun Anschluss an neuere europäische Entwicklungen. Der Klassizismus in der Nachfolge Johann Joachim Winckelmanns, der in Friedrichs Preußen keine Anstellung gefunden hatte, erlebte eine frühe Blüte. Griechenland war das unübertreffliche, aber nachzuahmende Ideal, Schönheit und Freiheit galten als Geschwister, Kunstausübung und antiquarische Gelehrsamkeit vereinten sich im Zeichen individueller Bildung.

Dem Vorbild seines Onkels folgend, beteiligte sich Friedrich Wilhelm II. an den beiden folgenden Teilungen Polens 1793 und 1795. Auch der Basler Sonderfrieden, den er 1795 mit dem revolutionären Frankreich schloss und der Norddeutschland zehn Jahre Ruhe inmitten eines kriegführenden Europas garantierte, lag in einer Linie mit dem Fürstenbund Friedrichs des Großen. Preußen agierte als Schutzmacht. Das politische Abenteuer aber, das dem Basler Frieden vorangegangen war, die Teilnahme am Koalitionskrieg gegen Frankreich, widersprach allen Empfehlungen und Grundsätzen des verschiedenen Königs. Das rächte sich. Alle Bedenken gegen Koalitionen, in denen jeder neben den gemeinsamen auch eigene Interessen verfolgt, wurden bestätigt. Obendrein hatte Friedrich ausdrücklich vor einem Kampf so fern im Westen, so weit von den Magazinen und daher mit gewaltigen Nachschubproblemen, gewarnt. Das preußische Heer, die Soldaten und Offiziere, die so lange am Ruhm Friedrichs partizipiert hatten, büßten einen Teil ihres Selbstbewusstseins ein. Ihr Ruf litt, und die Klügsten unter ihnen wussten, dass Veränderungen notwendig waren, wollte man in kommenden Kriegen bestehen. Zumal die französischen Revolutionstruppen einen Enthusiasmus und eine Beweglichkeit an den Tag legten, der die auf Furcht und Drill basierende altpreußische Militärmaschinerie wenig entgegenzusetzen hatte.

Dennoch wurde Friedrich der Große in diesen Tagen endgültig zur Legende: Seine Werke wurden übersetzt, man sammelte Anekdoten und Lebenszeugnisse, hielt Erinnerungen fest und versuchte sich in ausgreifenden Charakterisierungen. Der «Alte Fritz» diente als Gegenbild zum regierenden Monarchen, als Beispiel vernünftiger, zeitgemäßer Herrschaft. Das verklärte Ideal strahlte umso stärker, je mehr Joseph II. mit seinen Bemühungen um Aufklärung und Rationalisierung per Dekret scheiterte. Die Hilflosigkeit des französischen Königs, Ludwigs XVI., angesichts leerer Kassen und eines aufmüpfigen Dritten Standes trug zur Überzeugung bei, dass Friedrich II. als Monarch einzigartig und ein Glück für die preußischen Staaten gewesen war.

Zu der gewaltigen Sammlung der «Anekdoten und Charakterzüge Friedrichs des zweyten, Königs von Preussen», die nach 1786 in mehreren Teilen erschien, steuerte kein Geringerer als Daniel Chodowiecki zwölf Radierungen bei. Sie zeigen den König ohne jedes Rokoko-Dekor. Er ist eine stets das Richtige tuende, die angemessenen Empfindungen äußernde Figur in der ewigen Gegenwart des bürgerlichen Menschen.

Die ersten Pläne, ihm in Berlin ein Denkmal zu errichten, führten rasch zum Streit um das angemessene Kostüm. Sollte man ihn darstellen wie einen römischen Kaiser oder in der Tracht, in der ihn noch viele in Erinnerung hatten? Die antikisierende Variante entsprach den Regeln der Kunst, aber die Römer galten aufgeklärten Köpfen als ein Volk von Sklaven. Ihre Kunst konnte also kein Vorbild sein, wenn man den besonderen Charakter des großen Königs und seine Bedeutung für die vaterländische Geschichte in einem Denkmal verewigen wollte. So wurde Friedrich als Sujet wichtig für die Entwicklung der neuen bürgerlichen Kunst. Indem man ihn darstellte, richtete man sich gegen zwei Extreme: gegen den Despotismus und gegen die Herrschaft des abstrakten Gesetzes. Der König verkörpert Staat und Staatsräson, er ermöglicht den Staatsbürgern eine persönliche Bindung an das Gemeinwesen. Er ist das menschliche Antlitz des Staates. Vieles in diesem Ideal verrät die Illusionen und Interessen des Beamtentums, der König wird zum obersten Verwalter stilisiert.

Wie modern die Friedrich-Legenden waren, zeigt eine der größten preußischen Architekturphantasien: der Entwurf einer monumentalen Tempelanlage zum Gedächtnis Friedrichs des Großen, den der genialische Friedrich Gilly, Freund und Vorbild Schinkels, 1797 in Berlin ausstellte. In der Mitte des Leipziger Platzes sollte sich auf dunklem, massigem, viereckigem Unterbau ein heller, dorischer Tempel erheben. Vor den Giebelseiten des Tempels würden Weihaltäre errichtet werden, dem Beschützer und dem friedlichen Beherrscher gewidmet. Obelisken flankierten die weitläufige Anlage, die trutzig und drohend am Eingang der Stadt stand und doch zum Spaziergang, zum Herumwandeln einlud. Gilly griff hier die wuchtigen, abstrakt geometrischen Formen der französischen Revolutionsarchitektur auf. In der Tat hätte die Anlage gut auch Schauplatz für eines der Revolutionsfeste oder für Robespierres Vergötzung des «höchsten Wesens» werden können. Gilly wusste, was er tat, er hatte das revolutionäre Paris bereist. Sein Entwurf, dessen Realisierung nicht zuletzt aus Kostengründen undenkbar war und auch nie recht erwogen wurde, zog eine radikale Konsequenz aus dem Friedrich-Bild der preußischen Spätaufklärer. Es stand der Herrschaft der Vernunft näher als einer Glorifizierung des Königtums. Die von Gilly vorgesehene Anordnung des Sarkophags in der Mitte des Mausoleums – allen zugänglich, keinem erreichbar – gleicht der von Napoleons Grabmal im Invalidendom zu Paris.[104]

Der Neuerer und Herrscher im Namen der Vernunft, dieses – wenn man so will – «linke» Friedrichbild[105] verblasste allmählich. Romantische Staatsdenker, Patrioten der Befreiungskriege und frühe Konservative wussten an Friedrich oft wenig mehr zu schätzen als seine kriegerischen Erfolge und die Macht, die Preußen unter ihm gewonnen hatte. Es ist wohl kein Zufall und nicht allein dem hundertjährigen Jubiläum der Thronbesteigung 1840 geschuldet, dass die Beschäftigung mit Friedrich einen ersten Höhepunkt im Vormärz erlebte. Das bis heute erfolgreiche Volksbuch «Geschichte Friedrichs des Großen» stammte von dem preußischen Beamten und Kunsthistoriker Franz Kugler und dem Genie der Zeichenkunst, Adolph Menzel. Seine Holzschnitte prägen bis heute die Vorstellung vom Jahrhundert Friedrichs. Kostüm und Ausstattung, Waffen und Werkzeuge hatte Menzel nach gründlichen historischen Studien gezeichnet. Durch perspektivische Verkürzungen und ein virtuoses Spiel mit Hell und Dunkel, durch Nahsicht und die Dramatisierung der Szenen erzeugte er beim Leser und Betrachter die Illusion des Dabeiseins. Auch dieses Werk hatte ein französisches Vorbild: eine illustrierte Geschichte Napoleons. Kugler und Menzel gelang ein Volksbuch nicht durch pädagogischen Überschuss oder moralische Mobilmachung. Auf seltene Weise glückte hier die Verbindung von Information und Unterhaltung, wurde die Lebensgeschichte als eine spannende, abwechslungsreiche Szenenfolge dargeboten.

Erst nach der Achtundvierziger-Revolution bekam Friedrich endlich sein Denkmal Unter den Linden in Berlin, Ende Mai 1851 konnte das Reiterstandbild des Bildhauers Christian Daniel Rauch eingeweiht werden. Bereits 1847/48 waren Leopold von Rankes «Neun Bücher preußischer Geschichte» erschienen. Darin warf der Historiker auch die Frage auf, «wie die Dinge im Jahre 1740 und nachher gegangen sein könnten ohne ein Preußen und einen Friedrich II.»[106]. Rankes Antwort: Im Krieg habe auch Österreich seine eigenen Kräfte kennen und anwenden gelernt, die «beiden großen deutschen Staaten» gingen aus ihrem Kampf mit einer vorher nie gesehenen Waffenmacht hervor. Daher seien Friedrich in seiner Eigenständigkeit und Preußen mit seiner Armee ein Glücksfall gewesen, wichtiger als die Verfassung des Reichs, das in der Auseinandersetzung zwischen Hohenzollern und Habsburgern zerrüttet wurde. Man gerät leicht auf Spekulationspfade und Glaubensfragen, wenn man darüber nachdenkt. Hätte das Reich, wenn es durch den preußischen Aufstieg nicht geschwächt worden wäre, die Kraft gehabt, sich zu erneuern, und später Napoleon erfolgreicher entgegentreten können? Oder hätte gar Frankreich im unvermeidlichen österreichischen Erbfolgekrieg seine Macht so sehr erweitert, dass es zur Revolution und zum Kaisertum des Korsen gar nicht erst gekommen wäre?

Solche Fragen enthalten zu viele Mutmaßungen, zu viele Annahmen, um sie zu beantworten. Sie taugen, wenn man den Gang der deutschen Geschichte bewerten will. Diejenigen, denen das Reich Bismarcks Erfüllung und Ankunft bedeutete, haben sich ebenso ihr Friedrich-Bild gemacht wie Spätere, die im «Sonderweg» der Deutschen eine Verkettung von Unglück und Katastrophen sahen. Der kluge sozialdemokratische Historiker Franz Mehring, der Friedrich unablässig kritisierte in einer Zeit, in der Mut dazu gehörte, schrieb 1893: «Es ist kaum nötig zu sagen, daß die wissenschaftliche Geschichtsforschung mit den preußenfeindlichen Mythologen ebensowenig zu schaffen hat wie mit den preußenfreundlichen; in Friedrich den Quell alles Bösen zu sehen, ist der entgegengesetzte Pol derselben Verkehrtheit, die in seiner Person den Quell alles Guten erblickt.»[107]

Unmittelbar fortgewirkt hat aus der Zeit des großen Königs wenig. Sein Preußen schien einige Jahre nach seinem Tod schon veraltet, dringend reformbedürftig. Militär und Verwaltung, von Wissenschaft und Künsten ganz zu schweigen, veränderten sich mit atemberaubender Geschwindigkeit, nachdem ihnen nicht mehr sein Wille die Entwicklungsrichtung vorgab. Gewaltiges Echo aber über mehrere Generationen hinweg fand seine Auffassung vom Dienst, die in der Idee des Opfers gipfelte. «Er war ein Opfer», schrieb Thomas Mann im letzten Absatz seines Essays «Friedrich und die große Koalition», der 1916 erschien und in dem er den Ausbruch des Ersten Weltkriegs in den Ereignissen des Siebenjährigen Krieges spiegelte. «Er meinte zwar, daß er sich geopfert habe: seine Jugend dem Vater, seine Mannesjahre dem Staate. Aber er war im Irrtum, wenn er glaubte, daß es ihm freigestanden hätte, es anders zu halten. Er war ein Opfer. Er mußte unrecht tun und ein Leben gegen den Gedanken führen, er durfte nicht Philosoph, sondern mußte König sein, damit eines großen Volkes Erdensendung sich erfülle.»[108]

Thomas Mann hat nicht geschönt, die Eigenheiten Friedrichs grell beleuchtet: Er schilderte eine schauerliche, absonderliche Person. Das Unglück von Friedrichs Existenz schien gerechtfertigt im Namen eines Größeren, dem er sich gewidmet haben soll, im Namen von Dienst und Opfer. Von beidem ist seitdem nie geschwiegen worden, denn Dienst gibt Halt und verleiht Sicherheit, ein Opfer verspricht Sinn. Gerade in einer hedonistischen Kultur wie der unseren, die immer neue Individualisierungsschübe erlebt, ist die Versuchung groß, sich auf den «Alten Fritz» zu berufen: auf seine zähe, jahrzehntelange Arbeit als «erster Diener des Staates». Man kann Friedrichs Leben als eines der ersten Beispiele für den ganz modernen Konflikt zwischen Pflicht und Neigung verstehen. Und weil das so ist und jeder sich diesem Zwiespalt stellen muss, werden die Gespräche über Friedrich wohl so rasch nicht enden.

Auf seiner Grabplatte in Sanssouci liegen heute frische Blumen und Kartoffeln. Damit hat sich seine Erdensendung vorläufig erfüllt.

ANMERKUNGEN

1 «Aktion Sarg und Asche». In: Spiegel 33/1991, S. 28.
2 Francesco Algarotti: Briefwechsel mit Friedrich II. Herausgegeben von Wieland Giebel. Berlin 2008, S. 61.
3 Carl Hinrichs: Friedrich Wilhelm I. König in Preußen. Eine Biographie. Darmstadt 1974, S. 723.
4 Christian Garve: Fragmente zur Schilderung Friedrichs des Zweyten. Sämmtliche Werke. Band 10. Breslau 1801, S. 226.
5 Giacomo Casanova: Geschichte meines Lebens. Vollständige Übersetzung in zwölf Bänden von Heinrich Conrad. Herausgegeben und kommentiert von Günter Albrecht in Zusammenarbeit mit Barbara Albrecht. Leipzig und Weimar 1983, S. 80.
6 Friedrich der Große: Werke. In deutscher Übersetzung. Herausgegeben von Gustav Berthold Volz. 10 Bände. Berlin 1912–1914. Band 1, S. 99.
7 Friedrich, Werke, Band 1, S. 117.
8 Hinrichs, a. a. O., S. 344.
9 Voltaire: Candide oder der Optimismus. Leipzig 1972, S. 6.
10 Hinrichs, a. a. O., S. 730.
11 Friedrich der Große: Potsdamer Ausgabe. Band VI. Philosophische Schriften. Berlin 2007, S. 73.
12 Vgl. die überzeugende Darstellung von Jürgen Kloosterhuis: Katte. Ordre und Kriegsartikel. Aktenanalytische und militärhistorische Aspekte einer «facheusen» Geschichte. Berlin 2006, S. 54.
13 Reinhold Koser: Geschichte Friedrichs des Großen. 6. und 7. Auflage. Stuttgart und Berlin 1921. Band 1, S. 42.
14 Kloosterhuis, a. a. O., S. 71.
15 Ebd., S. 76.
16 Ebd., S. 77.
17 Theodor Fontane: Wanderungen durch die Mark Brandenburg. Herausgegeben von Gotthard Erler und Rudolf Mingau. Band 2. Berlin 1997, S. 299.

18 Kloosterhuis, a.a.O., S. 79.

19 Patriotisches Archiv für Deutschland. 1785. Band 3, S. 152.

20 Hinrichs, a.a.O., S. 343 f.

21 Voltaire – Friedrich der Große: Briefwechsel. Herausgegeben und übersetzt von Hans Pleschinski. Revidierte Neuausgabe. München 2004, S. 10 f.

22 Ebd., S. 19.

23 Friedrich der Große, Philosophische Schriften, S. 35.

24 Ebd., S. 37.

25 Ebd., S. 39 u. 41.

26 Friedrich der Große: Gespräche mit Catt. Verdeutscht und herausgegeben von Willy Schüßler. Wiesbaden o.J., S. 100 f.

27 Ebd., S. 86.

28 Ebd., S. 87.

29 Ebd., S. 89.

30 Friedrich der Große: Ausgewählte Werke. In deutscher Übersetzung. Herausgegeben von Gustav Berthold Volz. Berlin 1918. Band 2.2, S. 258.

31 Ebd.

32 Friedrich, Werke, Band 1, S. 226.

33 Ebd., S. 241.

34 Ebd., S. 242.

35 Friedrich, Ausgewählte Werke, Band 2.2, S. 259.

36 Friedrich, Werke, Band 7, S. 6.

37 Ebd.

38 Ebd.

39 Ebd., S. 7.

40 Algarotti, a.a.O., S. 32.

41 Friedrich, Werke, Band 2, S. 18.

42 Vgl. Ingrid Mittenzwei/Erika Herzfeld: Brandenburg-Preußen 1648–1789. Das Zeitalter des Absolutismus in Text und Bild. Berlin 1987, S. 284 ff.

43 Zitiert nach Friedrich Bennighoven/Helmut Börsch-Supan/Iselin Gundermann: Friedrich der Große. Ausstellungskatalog. Berlin 1986, S. 64.

44 Ludwig Geiger: Geschichte der Juden in Berlin. Reprint. Leipzig 1988, S. 52.

45 E. G. Fried: Der Ger Zedek Josef aus Nicolai. Ein schlesischer Übertrittsprozeß zur Zeit Friedrichs des Großen. In: Menorah. Jahrgang 4 (1926). Nummer 5, S. 290–292, S. 291.

46 Eduard Vehse: Illustrierte Geschichte des preußischen Hofes, des Adels und der Diplomatie vom großen Kurfürsten bis zum Tode Kaiser Wilhelms I. Fortgesetzt von Vehse redivivus. 2 Bände. Stuttgart o. J., S. 312.

47 Friedrich, Werke, Band 1, S. 219.

48 Ebd., S. 220.

49 Johannes Richter (Hrsg.): Die Briefe Friedrichs des Großen an seinen vormaligen Kammerdiener Fredersdorf. Berlin 1926, S. 231.

50 Friedrich, Werke, Band 2, S. 58.

51 Ebd., S. 60.

52 Ebd., S. 61.

53 Ebd., S. 61 f.

54 Hans Delbrück: Geschichte der Kriegskunst. Die Neuzeit. Vom Kriegswesen der Renaissance bis zu Napoleon. Hamburg 2003, S. 421.

55 Friedrich, Werke, Band 2, S. 221.

56 Ebd.

57 Gustav Berthold Volz (Hrsg.): Friedrich der Große im Spiegel seiner Zeit. Berlin 1926. Band 1, S. 209.

58 Ebd., S. 210.

59 Garve, a. a. O., S. 173.

60 Ebd., S. 179.

61 Ebd., S. 192 f.

62 Otto Hintze: Die Hohenzollern und ihr Werk. Fünfhundert Jahre vaterländischer Geschichte. 8. Auflage. Berlin 1916, S. 354.

63 Novalis: Werke, Tagebücher und Briefe Friedrich von Hardenbergs. Herausgegeben von Hans-Joachim Mähl und Richard Samuel. 3 Bände. Darmstadt 1999. Band 2, S. 300.

64 Adolph Kohut: Friedrich der Große als Humorist. Leipzig 1908, S. 236.

65 Zitiert nach Hans Meier-Welcker (Hrsg.): Offiziere im Bild von Dokumenten aus drei Jahrhunderten. Stuttgart 1964, S. 47.

66 Zitiert nach Koser, Band 2, S. 137.

67 Gerd Heinrich: Friedrich II. von Preußen. Leistung und Leben eines großen Königs. Berlin 2009, S. 76 f.

68 Hans-Joachim Giersberg/Rolf Herbert Krüger: Die Ruhestätte Friedrichs des Großen zu Sanssouci. 2., überarbeitete und erweiterte Auflage. Berlin 1992, S. 88.

69 Friedrich Nicolai: Beschreibung der Königlichen Residenzstädte Berlin und Potsdam. Neudruck der Originalausgabe der 3. Auflage, Berlin 1786. 3 Bände. Berlin 1980. Band 3, S. 1213.

70 Ebd., S. 1205.

71 Zitiert nach Martin Fontius: Voltaire in Berlin. Berlin 1966, S. 119 f.

72 Ingrid Mittenzwei (Hrsg.): Friedrich II. von Preußen. Schriften und Briefe. Leipzig 1985, S. 275.

73 Johann Wilhelm von Archenholtz: Geschichte des Siebenjährigen Krieges in Deutschland. Berlin 1793, S. 1 f.

74 Friedrich, Werke, Band 3, S. 210.

75 Friedrich, Werke, Band 3, S. 38.

76 Friedrich, Werke, Band 3, S. 39.
77 Heinrich, a.a.O., S. 427.
78 Zitiert nach Koser, Band 3, S. 34f.
79 Zitiert nach ebd., S. 36.
80 Vgl. ebd., S. 38.
81 Friedrich, Ausgewählte Werke, Band 1.2, S. 317f.
82 Vgl. Marian Füssel: Der Siebenjährige Krieg. Ein Weltkrieg im 18. Jahrhundert. München 2010, S. 109ff.
83 Friedrich, Werke, Band 5, S. 219.
84 Gotthold Ephraim Lessing: Briefe. 1743–1770. Herausgegeben von Helmuth Kiesel unter Mitwirkung von Georg Braungart und Klaus Fischer. Frankfurt am Main 1987, S. 311f.
85 Zitiert nach Martin Kagel: Militärisches Heldentum und symbolische Ordnung in Gotthold Ephraim Lessings «Philotas» und «Minna von Barnhelm». In: «Krieg ist mein Lied». Der Siebenjährige Krieg in den zeitgenössischen Medien. Herausgegeben von Wolfgang Adam und Holger Dainat in Verbindung mit Ute Pott. Göttingen 2007, S. 296–317, S. 298.
86 Haug von Kuenheim (Hrsg.): Aus den Tagebüchern des Grafen Lehndorff. Berlin 1982, S. 137f.
87 Ebd., S. 146.
88 Friedrich, Werke, Band 4, S. 181f.
89 Ebd., S. 183.
90 Gotthold Ephraim Lessing: Werke in drei Bänden. München 2003. Band 1, S. 504.
91 Vgl. Hugh Barr Nisbet: Lessing. Eine Biographie. Aus dem Englischen übersetzt von Karl S. Guthke. München 2008, S. 444.
92 Vgl. Koser, Band 3, S. 190.
93 Zitiert nach ebd., S. 177.
94 Ebd., S. 220.
95 Ebd., S. 335.
96 George Peabody Gooch: Friedrich der Große. Herrscher, Schriftsteller, Mensch. Mit einem Geleitwort von Willy Andreas. Frankfurt am Main und Hamburg 1964, S. 118.
97 Friedrich, Werke, Band 8, S. 98.
98 Ingrid Mittenzwei (Hrsg.): Friedrich II. von Preußen. Schriften und Briefe. Leipzig 1985, S. 306.
99 James Boswell: Große Reise. Deutschland und die Schweiz. Herausgegeben mit einer Einleitung und Anmerkungen von Frederick A. Pottle. Zürich 1955, S. 40.
100 Gustav Berthold Volz (Hrsg.): Friedrich der Große im Spiegel seiner Zeit. 3 Bände. Berlin 1926. Band 3, S. 233.

101 Ebd., S. 255.
102 Giersberg, a. a. O., S. 39.
103 Ebd., S. 51.
104 Vgl. Friedrich Mielke/Jutta von Simson: Das Berliner Denkmal für Friedrich II., den Großen. Frankfurt am Main, Berlin und Wien 1975, S. 36.
105 Vgl. dazu Sebastian Haffner/Wolfgang Venohr: Preußische Profile. Königstein/Ts. 1980.
106 Leopold von Ranke: Preußische Geschichte. Herausgegeben von Willy Andreas. Band 2. Essen o. J., S. 212.
107 Franz Mehring: Die Lessing-Legende. Berlin 1963, S. 67.
108 Thomas Mann: Friedrich und die große Koalition. Ein Abriß für den Tag und die Stunde. Stuttgart 1990, S. 88 f.

TEXTNACHWEIS

JUGEND

Besser – Gustav Berthold Volz (Hrsg.): Friedrich der Große im Spiegel seiner Zeit. Band 1. Berlin 1926, S. 3 f.

Loen – Gustav Berthold Volz (Hrsg.): Friedrich der Große im Spiegel seiner Zeit. Band 1. Berlin 1926, S. 6 ff.

Friedrich Wilhelm I. – Johann David Erdmann Preuß: Die Lebensgeschichte des großen Königs Friedrich von Preußen. Band 1. Berlin 1837, S. 10 ff.

Friedrich II. über das Tabakskollegium – Gustav Berthold Volz (Hrsg.): Ausgewählte Werke Friedrichs des Großen. Teil 2. Band 2. Berlin 1918, S. 9.

Fontane – Theodor Fontane: Wanderungen durch die Mark Brandenburg. Herausgegeben von Gotthard Erler und Rudolf Mingau. Band 2. Das Oderland. Berlin 1997, S. 299 ff.

Friedrich II. an Natzmer – Gustav Berthold Volz (Hrsg.): Die Werke Friedrichs des Großen. Berlin 1912–1914. Band 7, S. 197 ff.

Elisabeth Christine – Gustav Berthold Volz (Hrsg.): Friedrich der Große im Spiegel seiner Zeit. Berlin 1926. Band 1, S. 64 f.

Bielfeld – Gustav Berthold Volz (Hrsg.): Friedrich der Große im Spiegel seiner Zeit. Berlin 1926. Band 1, S. 66 ff.

Friedrich II. an Voltaire – Gustav Berthold Volz (Hrsg.): Ausgewählte Werke Friedrichs des Großen. Teil 2. Band 2. Berlin 1918, S. 262 ff.

Friedrich II. über Ostpreußen – Gustav Berthold Volz (Hrsg.): Ausgewählte Werke Friedrichs des Großen. Teil 2. Band 2. Berlin 1918, S. 271 ff.

Podewils – Gustav Berthold Volz (Hrsg.): Friedrich der Große im Spiegel seiner Zeit. Band 1. Berlin 1926, S. 87 f.

GLANZ

Zimmermann – Johann Georg Ritter von Zimmermann: Fragmente über Friedrich den Grossen zur Geschichte seines Lebens, seiner Regierung, und seines Charakters. Band 1. Frankfurt und Leipzig 1790, S. 38 ff.

König – Gustav Berthold Volz (Hrsg.): Friedrich der Große im Spiegel seiner Zeit. Band 1. Berlin 1926, S. 103 ff.

Friedrichs Manifest gegen Österreich – Gustav Berthold Volz (Hrsg.): Ausgewählte Werke Friedrichs des Großen. Teil 1. Band 1. Berlin 1918, S. 95 ff.

Belle-Isle – Gustav Berthold Volz (Hrsg.): Friedrich der Große im Spiegel seiner Zeit. Berlin 1926. Band 1, 170 ff.

Schwicheldt – Gustav Berthold Volz (Hrsg.): Friedrich der Große im Spiegel seiner Zeit. Berlin 1926. Band 1, 176 ff.

Zeitungsartikel – Martin Engel: Das Forum Fridericianum und die monumentalen Residenzplätze des 18. Jahrhunderts. Berlin 2001, S. 325 f.

Borchmann – Deutsche Staatsoper Berlin (Hrsg.): Programmheft zu Carl Heinrich Graun – Cleopatra e Cesare. Berlin 1992, S. 40 f.

Friedrich II. zu Heiratsangelegenheiten – Johann David Erdmann Preuß: Urkundenbuch zu der Lebensgeschichte Friedrichs des Großen. Teil 1. Berlin 1832, S. 19 ff.

Nettelbeck – Joachim Nettelbeck: Eine Lebensbeschreibung von ihm selbst aufgezeichnet. Hrsg. von Walter Sohn. Meersburg und Leipzig 1930, S. 3 ff.

Voltaire an Richelieu – Gustav Berthold Volz (Hrsg.): Friedrich der Große im Spiegel seiner Zeit. Berlin 1926. Band 1, S. 244.

Voltaire an Madame Denis – Gustav Berthold Volz (Hrsg.): Friedrich der Große im Spiegel seiner Zeit. Berlin 1926. Band 1, S. 244 ff.

Lehndorff – Aus den Tagebüchern des Grafen Lehndorff. Herausgegeben und eingeleitet von Haug von Kuenheim. Berlin 1982, S. 16 ff.

KRIEG

Podewils – Gustav Berthold Volz (Hrsg.): Die Werke Friedrichs des Großen. Berlin 1912–1914. Band 3, S. 171 f.

Bräker – Ulrich Bräker: Lebensgeschichte und Natürliche Ebentheuer des Armen Mannes im Tockenburg. Herausgegeben von Samuel Voellmy. Zürich 1978, S. 155 ff.

Lehndorff – Aus den Tagebüchern des Grafen Lehndorff. Herausgegeben und eingeleitet von Haug von Kuenheim. Berlin 1982, S. 65 ff.

Goethe – Johann Wolfgang Goethe: Dichtung und Wahrheit. Herausgegeben von Peter Sprengel. Münchner Ausgabe. Band 16. München 2006, S. 52 ff.

Kleist – Deutsche Gedichte des 18. Jahrhunderts. Herausgegeben von Klaus Bohnen. Stuttgart 1987, S. 221 f.

Gleim – Johann Wilhelm Ludwig Gleim: Ausgewählte Werke. Herausgegeben von Walter Hettche. Göttingen 2003, S. 81 f.

Friedrich II. an August Wilhelm – Gustav Berthold Volz (Hrsg.): Ausgewählte Werke Friedrichs des Großen. Teil 2. Band 2. Berlin 1918, S. 295.

August Wilhelm an Prinzessin Heinrich – Gustav Berthold Volz (Hrsg.): Friedrich der Große im Spiegel seiner Zeit. Berlin 1926. Band 2, S. 30 ff.

Lehndorff – Aus den Tagebüchern des Grafen Lehndorff. Herausgegeben und eingeleitet von Haug von Kuenheim. Berlin 1982, S. 86 ff.

Spottverse – Gustav Berthold Volz (Hrsg.): Friedrich der Große im Spiegel seiner Zeit. Berlin 1926. Band 2, S. 44.

Clausewitz – Gustav Berthold Volz (Hrsg.): Friedrich der Große im Spiegel seiner Zeit. Berlin 1926. Band 2, S. 48 f.

Nicolai – Friedrich Nicolai: Anekdoten von König Friedrich II. von Preussen und von einigen Personen, die um ihn waren. Nebst Berichtigung einiger schon gedruckten Anekdoten. Berlin und Stettin 1788 ff. 3. Heft, S. 243 ff.

Lessing – Gotthold Ephraim Lessing: Briefe. 1743–1770. Herausgegeben von Helmuth Kiesel unter Mitwirkung von Georg Braungart und Klaus Fischer. Frankfurt am Main 1987, S. 305 f.

Kunersdorf – Charakteristik der wichtigsten Ereignisse des Siebenjährigen Krieges, in Rücksicht auf Ursachen und Wirkungen. Von einem Zeitgenossen. Teil 2. Berlin 1802, S. 96 ff.

Lehndorff – Aus den Tagebüchern des Grafen Lehndorff. Herausgegeben und eingeleitet von Haug von Kuenheim. Berlin 1982, S. 121 ff.

Abbt – Thomas Abbt: Vermischte Werke. Zweyter Theil. Berlin 1770, S. 38 ff.

Maria Theresia – Johannes Kunisch: Das Mirakel des Hauses Brandenburg. Studien zum Verhältnis von Kabinettspolitik und Kriegführung im Zeitalter des Siebenjährigen Krieges. München und Wien 1978, S. 96 ff.

Gellert – Dichter lesen. Von Gellert bis Liliencron. Marbach am Neckar 1984, S. 27 ff.

Nicolai – Friedrich Nicolai: Anekdoten von König Friedrich II. von Preussen und von einigen Personen, die um ihn waren. Nebst Berichtigung einiger schon gedruckten Anekdoten. Berlin und Stettin 1788 ff. 1. Heft, S. 47 ff.

Goethe – Johann Wolfgang Goethe: Dichtung und Wahrheit. Herausgegeben von Peter Sprengel. Münchner Ausgabe. Band 16. München 2006, S. 303 ff.

ALTER

Nüßler – Carl Hinrichs: Der allgegenwärtige König. Friedrich der Große im Kabinett und auf Inspektionsreisen. 2. Auflage. Berlin 1942, S. 293 ff.

Derschau – Carl Hinrichs: Der allgegenwärtige König. Friedrich der Große im Kabinett und auf Inspektionsreisen. 2. Auflage. Berlin 1942, S. 184 ff.

Nicolai – Friedrich Nicolai: Anekdoten von König Friedrich II. von Preussen und von einigen Personen, die um ihn waren. Nebst Berichtigung einiger schon gedruckten Anekdoten. Berlin und Stettin 1788ff. 1. Heft, S. Xff.

Reichardt – Johann Friedrich Reichardt: Der lustige Passagier. Erinnerungen eines Musikers und Literaten. Herausgegeben von Walter Salmen. Berlin 2002, S. 168ff.

Nicolai – Friedrich Nicolai: Anekdoten von König Friedrich II. von Preussen und von einigen Personen, die um ihn waren. Nebst Berichtigung einiger schon gedruckten Anekdoten. Berlin und Stettin 1788ff. 1. Heft, S. 46.

Arnold – Malte Dießelhorst: Die Prozesse des Müllers Arnold und das Eingreifen Friedrichs des Großen. Göttingen 1984, S. 52–54, S. 59f., S. 188ff.

Fontane – Theodor Fontane: Wanderungen durch die Mark Brandenburg. Herausgegeben von Gotthard Erler und Rudolf Mingau. Band 1. Die Grafschaft Ruppin. Berlin 1997, S. 35ff.

Kant – Erhard Bahr: Was ist Aufklärung? Thesen und Definitionen. Stuttgart 1974, S. 10ff.

Marwitz – Aus dem Nachlasse Friedrich August Ludwig's von der Marwitz auf Friedersdorf. Band 1. Lebensbeschreibung. Berlin 1852, S. 18ff.

Büsching – Anton Friedrich Büsching: Charakter Friedrichs des Zweyten, Königs von Preussen. Halle 1788, S. 5ff.

Lexikon – Aus dem Lexikon aller Anstössigkeiten und Prahlereyen, welche in denen zu Berlin in funfzehn Bänden erschienenen sogenannten Schriften Friedrichs des Zweyten vorkommen. Prag 1790. Reprint. Berlin 1982.

Bismarck – Otto von Bismarck: Gedanken und Erinnerungen. Darmstadt 1998, S. 582ff.

Fontane – Theodor Fontane: Gedichte. Herausgegeben von Joachim Krueger und Anita Goltz. Band 1. Berlin und Weimar 1989, S. 258f.

Die Überschriften der Teile I, II und IV verdanke ich Franz Kuglers «Geschichte Friedrichs des Großen» (1842).

LITERATUR

Abbt, Thomas: Vermischte Werke. Zweyter Theil. Berlin 1770.

Adam, Wolfgang/Holger Dainat in Verbindung mit Ute Pott (Hrsg.): «Krieg ist mein Lied». Der Siebenjährige Krieg in den zeitgenössischen Medien. Göttingen 2007.

Algarotti, Francesco: Briefwechsel mit Friedrich II. Herausgegeben von Wieland Giebel. Berlin 2008.

Anekdoten und Charakterzüge aus dem Leben Friedrichs des Zweiten. Berlin 1787 ff.

Archenholtz, Johann Wilhelm von: Geschichte des Siebenjährigen Krieges in Deutschland. Berlin 1793.

Augstein, Rudolf: Preußens Friedrich und die Deutschen. Frankfurt am Main 1986.

Aus dem Lexikon aller Anstössigkeiten und Prahlereyen, welche in denen zu Berlin in funfzehn Bänden erschienenen sogenannten Schriften Friedrichs des Zweyten vorkommen. Prag 1790. Reprint. Berlin 1982.

Aus dem Nachlasse Friedrich August Ludwig's von der Marwitz auf Friedersdorf. Erster Band. Lebensbeschreibung. Berlin 1852.

Aus den Tagebüchern des Grafen Lehndorff. Herausgegeben und eingeleitet von Haug von Kuenheim. Berlin 1982.

Bahr, Erhard: Was ist Aufklärung? Thesen und Definitionen. Stuttgart 1974.

Bennighoven, Friedrich/Helmut Börsch-Supan/Iselin Gundermann: Friedrich der Große. Ausstellungskatalog. Berlin 1986.

Bismarck, Otto von: Gedanken und Erinnerungen. Darmstadt 1998.

Boswell, James: Große Reise. Deutschland und die Schweiz. Herausgegeben und mit einer Einleitung und Anmerkungen von Frederick A. Pottle. Zürich 1955.

Bräker, Ulrich: Lebensgeschichte und Natürliche Ebentheuer des Armen Mannes im Tockenburg. Herausgegeben von Samuel Voellmy. Zürich 1978.

Briefe, die neueste Litteratur betreffend. (www.ub.uni-bielefeld.de/diglib/aufkl/brieneulit)

Büsching, Anton Friedrich: Charakter Friedrichs des Zweyten, Königs von Preussen. Halle 1788.

Casanova, Giacomo: Geschichte meines Lebens. Herausgegeben und kommentiert von Günter Albrecht in Zusammenarbeit mit Barbara Albrecht. Leipzig und Weimar 1983.

Charakteristik der wichtigsten Ereignisse des Siebenjährigen Krieges, in Rücksicht auf Ursachen und Wirkungen. Von einem Zeitgenossen. Zweiter Theil. Berlin 1802.

Delbrück, Hans: Geschichte der Kriegskunst. Die Neuzeit. Vom Kriegswesen der Renaissance bis zu Napoleon. Hamburg 2003.

Deutsche Gedichte des 18. Jahrhunderts. Herausgegeben von Klaus Bohnen. Stuttgart 1987.

Deutsche Staatsoper Berlin (Hrsg.): Programmheft zu Carl Heinrich Graun – Cleopatra e Cesare. Berlin 1992.

Dichter lesen. Von Gellert bis Liliencron. Marbach am Neckar 1984.

Dießelhorst, Malte: Die Prozesse des Müllers Arnold und das Eingreifen Friedrichs des Großen. Göttingen 1984.

Engel, Martin: Das Forum Fridericianum und die monumentalen Residenzplätze des 18. Jahrhunderts. Berlin 2001.

Falk, Rainer/Alexander Kosenina: Friedrich Nicolai und die Berliner Aufklärung. Hannover 2008.

Fontane, Theodor: Gedichte. Herausgegeben von Joachim Krueger und Anita Goltz. Band 1. Berlin und Weimar 1989.

Fontane, Theodor: Wanderungen durch die Mark Brandenburg. Herausgegeben von Gotthard Erler und Rudolf Mingau. 8 Bände. Berlin 1997.

Fontius, Martin: Voltaire in Berlin. Berlin 1966.

Fried, E. G.: Der Ger Zedek Josef aus Nicolai. Ein schlesischer Übertrittsprozeß zur Zeit Friedrichs des Großen. In: Menorah. Jahrgang 4 (1926). Nummer 5, S. 290–292. (www.compactmemory.de)

Friedrich der Große: Gespräche mit Catt. Verdeutscht und herausgegeben von Willy Schüßler. Wiesbaden o. J.

Friedrich der Große: Potsdamer Ausgabe. Band VI. Philosophische Schriften. Herausgegeben von Anne Baillot und Brunhilde Wehinger. Berlin 2007.

Füssel, Marian: Der Siebenjährige Krieg. Ein Weltkrieg im 18. Jahrhundert. München 2010.

Garve, Christian: Fragmente zur Schilderung Friedrichs des Zweyten. Sämmtliche Werke. Band 10 und 11. Breslau 1801.

Geiger, Ludwig: Geschichte der Juden in Berlin. Reprint. Leipzig 1988.

Giersberg, Hans-Joachim/Rolf Herbert Krüger: Die Ruhestätte Friedrichs des Großen zu Sanssouci. 2., überarbeitete und erweiterte Auflage. Berlin 1992.

Gleim, Johann Wilhelm Ludwig: Ausgewählte Werke. Herausgegeben von Walter Hettche. Göttingen 2003.

Goethe, Johann Wolfgang: Dichtung und Wahrheit. Herausgegeben von Peter Sprengel. Münchner Ausgabe. Band 16. München 2006.

Gooch, George Peabody: Friedrich der Große. Herrscher, Schriftsteller, Mensch. Frankfurt am Main und Hamburg 1964.

Göse, Frank: Der «unpolitische Hof»? Zum Verhältnis von Hof und Zentralbehörden in friderizianischer Zeit. (perspectivia.net)

Haffner, Sebastian/Wolfgang Venohr: Preußische Profile. Königstein/Ts. 1980.

Heinrich, Gerd: Friedrich II. von Preußen. Leistung und Leben eines großen Königs. Berlin 2009.

Hinrichs, Carl: Der allgegenwärtige König. Friedrich der Große im Kabinett und auf Inspektionsreisen. 2. Auflage. Berlin 1942.

Hinrichs, Carl: Friedrich Wilhelm I. König in Preußen. Eine Biographie. Darmstadt 1974.

Hintze, Otto: Die Hohenzollern und ihr Werk. Fünfhundert Jahre vaterländischer Geschichte. 8. Auflage. Berlin 1916.

Holmsten, Georg: Friedrich II. Reinbek bei Hamburg 2006.

Hüneke, Saskia, u. a. (Hrsg.): Antiken I. Kurfürstliche und königliche Erwerbungen für die Schlösser und Gärten Brandenburg-Preußens vom 17. bis zum 19. Jahrhundert. Berlin 2009.

Kagel, Martin: Militärisches Heldentum und symbolische Ordnung in Gotthold Ephraim Lessings «Philotas» und «Minna von Barnhelm». In: «Krieg ist mein Lied». Der Siebenjährige Krieg in den zeitgenössischen Medien. Herausgegeben von Wolfgang Adam und Holger Dainat in Verbindung mit Ute Pott. Göttingen 2007, S. 296–317.

Kloosterhuis, Jürgen: Katte. Ordre und Kriegsartikel. Aktenanalytische und militärhistorische Aspekte einer «facheusen» Geschichte. Berlin 2006.

Klopp, Onno: Friedrich der Große und die deutsche Nation. Schaffhausen 1860.

Kohle, Hubertus: Adolph Menzels Friedrich. Eine Apologie historischer Größe? (perspectivia.net)

Kohut, Adolph: Friedrich der Große als Humorist. Leipzig 1908.

Koser, Reinhold: Geschichte Friedrichs des Großen. 6. und 7. Auflage. 3 Bände. Stuttgart und Berlin 1921.

Kroll, Frank-Lothar (Hrsg.): Preußens Herrscher. Von den ersten Hohenzollern bis Wilhelm II. München 2000.

Kugler, Franz: Geschichte Friedrichs des Großen. Mit 378 Holzschnitten von Adolph Menzel. Reprint. Leipzig o. J.

Kunisch, Johannes: Das Mirakel des Hauses Brandenburg. Studien zum Verhältnis von Kabinettspolitik und Kriegführung im Zeitalter des Siebenjährigen Krieges. München und Wien 1978.

Kunisch, Johannes: Friedrich der Große. Der König und seine Zeit. München 2004.

Lessing, Gotthold Ephraim: Briefe. 1743–1770. Herausgegeben von Helmuth Kiesel unter Mitwirkung von Georg Braungart und Klaus Fischer. Frankfurt am Main 1987.

Lessing, Gotthold Ephraim: Werke in drei Bänden. München 2003.

Luh, Jürgen/Michael Kaiser: Friedrich 300. Hof und Familie. Einleitung. (perspectivia.net)

Mann, Thomas: Friedrich und die große Koalition. Ein Abriß für den Tag und für die Stunde. Stuttgart 1990.

Mehring, Franz: Die Lessing-Legende. Berlin 1963.

Meier-Welcker, Hans (Hrsg.): Offiziere im Bild von Dokumenten aus drei Jahrhunderten. Stuttgart 1964.

Mielke, Friedrich/Jutta von Simson: Das Berliner Denkmal für Friedrich II., den Großen. Frankfurt am Main, Berlin und Wien 1975.

Mittenzwei, Ingrid (Hrsg.): Friedrich II. von Preußen. Schriften und Briefe. Leipzig 1985.

Mittenzwei, Ingrid/Erika Herzfeld: Brandenburg-Preußen 1648–1789. Das Zeitalter des Absolutismus in Text und Bild. Berlin 1987.

Möller, Horst: Fürstenstaat oder Bürgernation. Deutschland 1763–1815. Berlin 1998.

Nettelbeck, Joachim: Eine Lebensbeschreibung von ihm selbst aufgezeichnet. Herausgegeben von Walter Sohn. Meersburg und Leipzig 1930.

Nicolai, Friedrich: Anekdoten von König Friedrich II. von Preussen und von einigen Personen, die um ihn waren. Nebst Berichtigung einiger schon gedruckten Anekdoten. Berlin und Stettin 1788 ff.

Nicolai, Friedrich: Beschreibung der Königlichen Residenzstädte Berlin und Potsdam. Neudruck der Originalausgabe der 3. Auflage, Berlin 1786. 3 Bände. Berlin 1980.

Nisbet, Hugh Barr: Lessing. Eine Biographie. München 2008.

Novalis: Werke, Tagebücher und Briefe Friedrich von Hardenbergs. Herausgegeben von Hans-Joachim Mähl und Richard Samuel. 3 Bände. Darmstadt 1999.

Œuvres de Frédéric le Grand. Werke Friedrichs des Großen. Digitale Ausgabe der Universitätsbibliothek Trier. (friedrich.uni-trier.de)

Preuß, Johann David Erdmann: Die Lebensgeschichte des großen Königs Friedrich von Preußen. Band 1. Berlin 1837.

Preuß, Johann David Erdmann: Urkundenbuch zu der Lebensgeschichte Friedrichs des Großen. Berlin 1832.

Ranke, Leopold von: Preußische Geschichte. Herausgegeben von Willy Andreas. Essen o. J.

Reemtsma, Jan Philipp: Lessing in Hamburg. 1766–1770. München 2007.

Reichardt, Johann Friedrich: Der lustige Passagier. Erinnerungen eines Musikers und Literaten. Herausgegeben von Walter Salmen. Berlin 2002.

Richter, Johannes (Hrsg.): Die Briefe Friedrichs des Großen an seinen vormaligen Kammerdiener Fredersdorf. Berlin 1926.

Schieder, Theodor: Friedrich der Große. Ein Königtum der Widersprüche. Frankfurt am Main und Berlin 1986.

Schmidt, Georg: Wandel durch Vernunft. Deutsche Geschichte im 18. Jahrhundert. München 2009.

Sheehan, James J.: Der Ausklang des alten Reiches. Berlin 1994.

Spranger, Eduard: Der Philosoph von Sanssouci. Berlin 1941.

Stollberg-Rilinger, Barbara: Das Heilige Römische Reich Deutscher Nation. Vom Ende des Mittelalters bis 1806. 4., durchgesehene Auflage. München 2009.

Straub, Eberhard: Eine kleine Geschichte Preußens. Berlin 2001.

Vehse, Eduard: Illustrierte Geschichte des preußischen Hofes, des Adels und der Diplomatie vom großen Kurfürsten bis zum Tode Kaiser Wilhelms I. Fortgesetzt von Vehse redivivus. 2 Bände. Stuttgart o. J.

Voltaire: Candide oder der Optimismus. Aus dem Deutschen übersetzt von Herrn Doktor Ralph samt den Bemerkungen, die man in der Tasche des Doktors fand, als er zu Minden im Jahre des Heils 1759 starb. Leipzig 1972.

Voltaire – Friedrich der Große: Briefwechsel. Herausgegeben und übersetzt von Hans Pleschinski. Revidierte Neuausgabe. München 2004.

Volz, Gustav Berthold (Hrsg.): Ausgewählte Werke Friedrichs des Großen in deutscher Übersetzung. 2 Teile in 4 Bänden. Berlin 1918.

Volz, Gustav Berthold: Die Werke Friedrichs des Großen in deutscher Übersetzung. 10 Bände. Berlin 1912–1914.

Volz, Gustav Berthold (Hrsg.): Friedrich der Große im Spiegel seiner Zeit. 3 Bände. Berlin 1926–1927.

Wehinger, Brunhilde (Hrsg.): Geist und Macht. Friedrich der Große im Kontext europäischer Kulturgeschichte. Berlin 2005.

Zimmermann, Johann Georg Ritter von: Fragmente über Friedrich den Grossen zur Geschichte seines Lebens, seiner Regierung, und seines Charakters. Band 1. Frankfurt und Leipzig 1790.

BILDNACHWEIS

Friedrich Wilhelm I.: akg-images; Sophie Dorothea von Preußen: akg-images; Friedrich und Wilhelmine: akg-images; Kattes Hinrichtung: akg-images; Vermählung mit Prinzessin Elisabeth Christine: akg-images; Ansicht von Rheinsberg: bpk/Stiftung Preußische Schlösser und Gärten Berlin-Brandenburg; Friedrich der Große (1736): akg-images; Friedrichs Regierungsantritt: akg-images; Goldene Galerie im Schloss Charlottenburg: picture-alliance/akg-images; Entwurf Friedrich II. Sanssouci: akg-images; Mittelteil von Schloss Sanssouci: akg-images; Flötenkonzert Friedrichs des Großen: akg-images; Voltaire: akg-images/Erich Lessing; Maria Theresia von Österreich: akg-images/Nimatallah; Seydlitz in der Schlacht: akg-images; Schlacht bei Leuthen: akg-images; Friedrich und Kosaken bei Kunersdorf: akg-images; Schlacht bei Kunersdorf: bpk/Bayerische Staatsbibliothek; Das Neue Palais: akg-images/Schütze/Rodemann; Friedrich II. und Joseph II.: akg-images; Wachtparade in Potsdam: akg-images; Allegorie auf die erste Teilung Polens: akg-images; Friedrich II. (1781): akg-images; Friedrich II. und Marquis d'Argens: akg-images/Erich Lessing; Frieden von Teschen: akg-images; General Zieten: bpk/Kupferstichkabinett, SMB/Jörg P. Anders; Totenmaske Friedrich II.: akg-images; Napoleon I. am Sarg Friedrich II.: bpk/RMN; Beisetzung der Särge Friedrichs II. und Friedrich Wilhelms I.: akg-images; Denkmal Friedrichs des Großen: akg-images/Cordia Schlegelmilch

DANK

Für Gespräche über Friedrich den Großen und Hinweise danke ich Eberhard Straub, meinem Verleger Gunnar Schmidt sowie meinen Kollegen Stephan Speicher und Lothar Müller. Sie haben mir uneigennützig geholfen, einen Weg durch das Gestrüpp der Friedrich-Literatur zu finden. Gustav Seibt hat die Mühe auf sich genommen, das Manuskript mit den kritischen Augen eines Historikers durchzusehen. Peter Schmidt hat beharrlich zur Fertigstellung gedrängt. Ihm ist dieses Lesebuch gewidmet.

Preußen beim Tode von Friedrich II. (1786)

KGR. NORWEGEN

KGR. SC

Christiania

Göteborg

Schottland

Edinburgh

Nordsee

Belfast

Kopenhagen   Lund

KGR. GROSSBRITANNIEN

KGR. DÄNEMARK

Dublin

York

Schleswig   Rügen

Chester

Hamburg

Vor-
pommern
1720

Fsm.
Ostfriesland
1744

VEREINIGTE
NIEDERLANDE

Bremen

Prignitz
Ücker-
mark

Birmingham

Lingen
1702

Altmark

Kurmark

Berlin

England

Amsterdam

Lingen
Tecklenburg
1707

Bm. Minden

Minden
Ravensberg

Erzhm.
Magdeburg

Potsda

London

Utrecht

Bm.
Halberstadt
1714

Cottbus

Plymouth

Hzm. Kleve
Obergeldern
1715

Gft. Mark

Wernigerode

Hohnstein

Österr.-
Niederlande

Brüssel

Kfsm. Sachsen

Köln

Dresden

DEUTSCHES REICH

Rouen

Frankfurt

Prag

Reims

Kgr. Bö

Rennes

Paris

Metz

Nantes

Orléans

Straßburg

Regensburg

Tours

Dijon

München   Salzb

KGR.
FRANKREICH

Fsm. Neuenburg
1707

Neuenburg

Bern

Innsbruck

SCHWEIZ

Genf

Tirol

Bordeaux

Lyon

Trient

REP.
VENEDIG

Tri

Mailand

Venedig

Turin

Parma

Bologna

Toulouse

Avignon

Genua

Modena

Monaco

Lucca

Florenz

Marseille

KIRCHE
STAAT

Saragossa

KGR. SPANIEN

Barcelona

Mittelmeer

Korsika

Rom

0   100   200   300 km